Abenteuer: Literatur

Eine Geschichte der deutschen Literatur

Peter Groenewold
Harry Rours
Hans Würzner

unter Mitarbeit von Piet Calis

Schroedel Schulbuchverlag

Abenteuer: Literatur

Eine Geschichte der deutschen Literatur

Peter Groenewold
Harry Rours
Hans Würzner

unter Mitarbeit von
Piet Calis

ISBN 3-507-42238-7
Schroedel Schulbuchverlag GmbH, Hannover 1994

Lizenzausgabe des Werkes „Varieté der Wörter"
© Copyright by Meulenhoff Educatief bv, Amsterdam 1993

Druck A $^{5\ 4\ 3\ 2\ 1}$ / Jahr 1998 97 96 95 94

Alle Drucke der Serie A sind im Unterricht parallel verwendbar.
Die letzte Zahl bezeichnet das Jahr des Druckes.

Vorwort

Ritter und Mönche schrieben im Mittelalter Literatur. Heute kann jedes Kind schreiben und lesen. In unserer Zeit erzählt Literatur auch von den alltäglichen Problemen und Sorgen aller Schichten und Gruppen der Gesellschaft.

Die Geschichte der deutschen Literatur gibt es nicht. Was es gibt, ist eine Vielzahl von kunstvollen Texten, die ganz Verschiedenes wollen und können.

Hieraus haben wir *eine* Geschichte der deutschen Literatur gemacht.
Und ob es nun um die Ritter des Mittelalters geht oder um die Männer und Frauen von heute: Wir haben probiert, für Euch, für die Schüler, für unsere Leser zu schreiben und eine Auswahl aus den Texten zu treffen, die für Euch interessant und lesbar ist: Literatur als Abenteuer.

Unser Einteilungsprinzip ist eine chronologische Ordnung der Autoren, unterteilt in Hauptabschnitte, die jeweils historisch eingeleitet werden. Innerhalb dieser Ordnung werden auch thematische Gesichtspunkte behandelt.

Eine aufgeschlagene Doppelseite, ein 'spread', bildet eine Einheit, mit der im Unterricht gearbeitet werden kann: Neben einer informierenden und erläuternden Einführung enthält ein 'spread' ein oder mehrere Textfragmente, Inhaltsangaben zu den behandelten Hauptwerken sowie Abbildungen aus der bildenden Kunst der entsprechenden Stilperiode. Wir glauben, daß das Betrachten dieser Bilder zum Verständnis des Geschriebenen beitragen kann.

Bei der Literatur des 20. Jahrhunderts haben wir die Unterhaltungs- und Jugendliteratur berücksichtigt. Wegen der Beschränkung des Umfangs und zur Vermeidung einer allzu globalen Darstellung mußten wir auf eine Reihe von Schriftstellern, die wir gern in diesem Buch gesehen hätten, verzichten.

Peter Groenewold
Harry Rours
Hans Würzner

Inhaltsverzeichnis

1 Das Mittelalter

Im frühen Mittelalter (750-1170) wurden die germanischen Stämme zum Christentum bekehrt. Im Jahre 800 krönte der Papst den fränkischen König Karl den Großen (768-814) zum Kaiser des römischen Reiches. Das Reich hatte seitdem ein weltliches und ein geistliches Oberhaupt. Der Kampf um die Vorherrschaft zwischen Kaisertum und Papsttum einerseits, sowie zwischen dem Kaiser und den Landesherren andererseits, bestimmte die folgenden Jahrhunderte.

Im 9. und 10. Jahrhundert erhielt das römische Reich mehr den Charakter eines europäischen Staatenbundes. Das ostfränkisch-deutsche Reich bestand aus den fünf Stammesherzogtümern Bayern, Sachsen, Schwaben, Franken und Lothringen, die alle relativ selbständig waren.

Im hohen Mittelalter (1170-1250) schuf das gemeinsame Ziel der Kreuzzüge, die Befreiung des Heiligen Landes vom Islam, einen einheitlichen europäischen Ritterstand.

Unter Kaiser Friedrich Barbarossa (1152-1190) aus dem Hause Hohenstaufen und seinen Nachfolgern erlebte die weltliche höfische Kultur ihren Höhepunkt.

Im späten Mittelalter (1250-1500) verlor der Kaiser gegenüber den Landesherren an Macht. Die Städte und ihre Bürger gewannen durch den wachsenden Handel politische Freiheit und militärische Macht. Die Kaufleute schlossen sich in mächtigen Organisationen zusammen, zum Beispiel in der Hanse, einem Städtebund an der Nord- und Ostsee.

◁◁ *Rogier van der Weyden, 'Das letzte Urteil' (um 1450). Die Werke in der bildenden Kunst des europäischen Mittelalters waren vor allem Sakralkunst, d.h. auf die christliche Lehre bezogen*

Die deutsche Literatur im Mittelalter

Die deutsche Literatur des 8. und 9. Jahrhunderts diente hauptsächlich religiösen Zwecken. Das Ziel war die Christianisierung der germanischen Völker. Die Literatur entstand in den Klöstern. Lesen und Schreiben war eine Kunst, die fast ausschließlich von Mönchen beherrscht wurde. Ein Beispiel eines weltlichen germanischen Heldenliedes ist das *Hildebrandslied,* das seine Ursprünge in der vorchristlichen Völkerwanderungszeit hat und um 810 aufgeschrieben wurde. Die eigentliche Literatur- und Gelehrtensprache blieb lange Zeit das Latein.

Erst im 11. und 12. Jahrhundert kam es zu einer neuen deutschen Literatur. Sie erreichte ihre Blüte mit dem Rückgang der Macht der Kirche. Die 'vorhöfische' Literatur des 12. Jahrhunderts wurde noch von Geistlichen geschrieben. Das *Alexanderlied* (um 1125) des Pfaffen Lamprecht und das *Rolandslied* (um 1170) des Pfaffen Konrad hatten aber bereits die Welt des Hofes, die Welt der Ritter und ihrer Abenteuer zum Thema. Mit den Kreuzzügen wurden die ritterlichen Ideale zur Leitidee einer ganzen Epoche. Die Dichter, die das Ritterleben besangen, waren meist Ministeriale. Sie dienten an den Fürstenhöfen als Beamte oder im Kriegsdienst und erhielten dadurch die Chance, selbst Ritter zu werden. Heinrich von Veldeke schrieb den ersten höfischen Roman, den *Eneit* (um 1180). Hartmann von Aue bearbeitete französische Vorbilder zu den Versepen *Erec* (um 1185) und *Iwein* (um 1202). Wolfram von Eschenbach brachte diese Gattung mit seinem *Parzifal* (um 1200) zu ihrem Höhepunkt.

Im 13. Jahrhundert zerfiel die staufische Ritterkultur. Im Laufe des 14. und 15. Jahrhunderts wurde die Literatur mehr und mehr eine Sache des Stadtbürgertums. Das literarische Publikum wurde größer. Die literarischen Gattungen entwickelten sich weiter: das Versepos wurde zum Prosaroman, und das weltliche Theater entstand. Die Dichtung hatte oft einen lehrhaften Charakter. Daneben gab es im 14. Jahrhundert eine Blüte der geistlichen Literatur.

Literarische Formen
◆ **Höfisches Epos** ◆ Roman in gereimten Verspaaren. Seine Themen entstammen der höfischen Ritterwelt: Liebe, Kampf und Abenteuer. Die Stoffe kamen aus französischen und keltischen Quellen.
◆ **Heldenepos** ◆ Roman in Strophen. Seine Stoffe kamen aus den überlieferten germanischen Heldenliedern.
◆ **Minnesang** ◆ Gesungene Lyrik, die aus mehreren gleichgebauten Strophen besteht. Im 12. und 13. Jahrhundert vor allem Lieder, in denen ein Ritter die geliebte – aber oft unerreichbare – Frau und seinen Liebesschmerz besingt.
◆ **Spruch** ◆ Einzelne Strophe, in der mit didaktischer oder kritischer Absicht die verschiedensten Themen behandelt werden.

▽ *Deutschland im Mittelalter*

Die Kreuzzugsdichtung

Im Jahre 1095 rief Papst Urban II. die abendländische Ritterschaft zur Befreiung des Heiligen Landes auf. Mit Begeisterung nahmen die Ritter seinen Ruf 'Gott will es' auf. Sie schnitten weiße Kreuze aus Stoff, hefteten sie an ihre Kleidung und machten sich auf nach Jerusalem zum 'Heiligen Krieg' gegen die 'Ungläubigen'. Die Wirklichkeit des Ritterlebens war oft von inhumaner Grausamkeit in den vielen Kriegen und Fehden bestimmt. Die Vereinigung der ritterlichen und religiösen Ideale im Kreuzzugsgedanken bot dem Adel die Möglichkeit, Krieg und Gottesdienst zu verbinden. Die Tötung der Heiden, Raub und Plünderung wurden auf einmal mit der Vergebung der Sünden belohnt.

Die meisten Schriftsteller des 11. und 12. Jahrhunderts kamen aus dem Ritterstand. Das Kreuzzugsthema spielt in ihren Dichtungen häufig eine Rolle. Das *Rolandslied* (um 1170) des Pfaffen Konrad ist eine bearbeitete Übersetzung des altfranzösischen *Chanson de Roland* (um 1100).

Das Rolandslied

Erzählt wird die Geschichte des treuen Ritters Roland, der unter Karl dem Großen gegen die Mauren kämpft. Konrad betonte den Aspekt des Kampfes der Christen gegen die Heiden. Roland stirbt als Märtyrer. Aber ein Kreuzfahrer braucht den Tod nicht zu scheuen. Das ist die Botschaft des Klerus an die christlichen Ritter.

▽ *Kreuzritter aus dem Rolandslied (um 1170)*

Bischof Turpin aber sagte:
'Bittet alle den Herrn,
daß er um seines Opfertodes willen
unser aller Not ansehe
5 und uns geläutert zu sich rufe.
Heute werden wir wiedergeboren
zu der ewigen Seligkeit.
Heute gehen wir in die Gemeinschaft der Engel ein.
Heute können wir fröhlich sein.
10 Heute werden wir rein wie die neugebornen Kindlein.
Heute ist unser Freudentag,
dessen sich auch die ganze Christenheit
wird freuen können.
Heute erwartet uns der Lohn für unsere Mühsal.
15 Heute werden wir
unter dem Gesang der Engel
ins Himmelreich aufgenommen.
Heute noch werden wir den Herrn schauen
am Ort unserer ewigen Glückseligkeit.'
20 Dann sangen sie das Gloria.
Die Heiden ließen ihre Hörner erklingen.
Wilde, zähneknirschende Wut
war in ihnen erwacht.
Tiefer Schmerz erfüllte sie.
25 Sie griffen die Christen an,
die ihrerseits nicht zurückstanden.

Ein richtiger Ritter empfand die Teilnahme am Kreuzzug als Verpflichtung. Das brachte ihn in Konflikt mit der anderen großen Ritterpflicht: dem Dienst an einer auserwählten Frau, der er Treue geschworen hat. Wer nach Jerusalem zog, mußte die geliebte 'frouwe' verlassen. In einem französischen Kreuzlied wird das Problem so gelöst: der Körper macht die Kreuzfahrt mit, das Herz bleibt bei der Geliebten. Diesen Gedanken greift Friedrich von Hausen auf, der 1189 mit Kaiser Friedrich Barbarossa ins Heilige Land zog.

Mein Herz und mein Leib, die wollen sich trennen,
die miteinander gewandert sind so lange Zeit.
Der Leib will gerne fechten gegen die Heiden:
jedoch das Herz hat sich erwählt eine Frau
5 vor der ganzen Welt. Das bekümmert mich seitdem,
daß keiner dem andern folgen kann. [...]

Der Minnesang

Die 'Minne' war eine gesellschaftliche Form der Liebe, die im 12. und 13. Jahrhundert vom Adel betrieben wurde. Der Minnende stellte sich öffentlich in den Dienst einer Frau. Diese Frau konnte auch verheiratet oder von gesellschaftlich höherem Stande sein, zum Beispiel eine Schloßherrin oder die Königin. Der ritterliche Liebhaber unterwarf sich ihr und widmete sein Leben, Denken und Fühlen dem 'Minnedienst', ohne auf Erfüllung seines Liebesverlangens hoffen zu dürfen. Diese Unterwerfung diente einer höheren Idee von Vollkommenheit und Reinheit, die in der Person der auserwählten Frau im Minnesang besungen und beklagt wurde.

Der Wiener Hofpoet, Reinmar von Hagenau (um 1190), gab dieser erduldenden Klage in folgenden Versen Ausdruck.

> Si ist mir liep, und dunket mich
> daz ich ir volleclîche gar unmære sî.
> nu waz darumbe? daz lîd ich,
> und bin ir doch mit triuwen stæteclîchen bî.
>
> *Sie ist mir lieb, doch scheint mir,*
> *daß ich ihr vollkommen gleichgültig bin.*
> *Was tut's! Das ertrage ich*
> *und bin ihr dennoch stets mit meiner Treue nah.*

Ungeduldiger klingt Heinrich von Morungen (um 1185), der aus Thüringen stammte und möglicherweise dem Hofgefolge Friedrich Barbarossas angehört hat.

> Verkêre daz, du sêlic wîp.
> sprichest iemer neinâ nein,
> neinâ neinâ neinâ nein,
> daz brichet mir mîn herze enzwein.
> 5 maht du doch etswan sprechen jâ,
> ja jâ ja jâ ja jâ jâ?
> daz lît mir an dem herzen nâ.
>
> *Ändere das, du seelige Frau.*
> *Du sagst immer nein! nein,*
> *nein! nein! nein! nein,*
> *das bricht mir das Herz entzwei.*
> *5 Würdest du doch sprechen ja!*
> *ja, ja! ja, ja! ja, ja!*
> *das liegt mir sehr am Herzen.'*

Die Idee der hohen Minne überforderte die Menschen. Hartmann von Aue (um 1190) wollte wirkliche gegenseitige Liebe. Da er die bei seiner verehrten Dame nicht erhielt, suchte er sie außerhalb der höfischen Gesellschaft. Nach der Teilnahme an einem Kreuzzug widmete er sich nur noch der 'Gottesminne'.

▷ *Warmluftdrachen des Konrad Kyeser*
▷▷ *Kraft von Toggenburg. Aus der Manessischen Liederhandschrift (14. Jht.)*
▷▷▷ *Walther von der Vogelweide. Aus der Manessischen Liederhandschrift (14. Jht.)*

Walther von der Vogelweide

Über das Leben der Minnesänger sind uns nur Bruchstücke bekannt, oft nur das, was aus ihrer eigenen Dichtung hervorgeht. Vom berühmtesten von ihnen, Walther von der Vogelweide (± 1170-1230), wissen wir weder seine Herkunft, noch sein Geburts- und Todesjahr. Er war ein Berufsdichter ohne festen Wohnsitz. An den Höfen, wo er diente, hatte er keine besondere gesellschaftliche Stellung. Erst 1220, gegen Ende seines Lebens, erhielt er von Friedrich II. ein Lehen, ein Stück Grund, auf dem er sich niederlassen konnte. Voller Freude reagierte er in einem Gedicht darauf.

Ich hab mein Lehen, in alle Welt ruf ich's hinein: ich hab mein Lehen!
Nun fürchte ich nicht mehr den Februarfrost an den Füßen, und werde künftig die geizigen Herren nicht mehr anflehen.
Der edelmütige König, der großmütige König hat mich versorgt.

Walther war nicht nur Minnesänger, sondern auch ein politischer Dichter. Er kommentierte mit seinen 'Sprüchen' wichtige Ereignisse und Personen seiner Zeit. Als Minnesänger vermittelte er zwischen dem Gegensatz der hohen und der niederen Minne. Er schrieb gegen die reine, unerfüllbare Minne Reinmars, dessen Schüler er

gewesen war, und zog die Konsequenzen aus der Ungeduld Heinrichs von Morungen. Viele seiner schönsten Gedichte handeln von der echten Liebe zwischen Mann und Frau.

> Unter der Linde
> auf der Heide,
> wo unser beider Lager war,
> da kann man sehn
> 5 liebevoll gebrochen
> Blumen und Gras.
> Vor dem Wald in einem Tal,
> tandaradei,
> sang schön die Nachtigall.
>
> 10 Ich kam gegangen
> zu der Wiese,
> da war mein Liebster schon vor mir gekommen.
> Da wurde ich empfangen
> – Heilige Jungfrau! –
> 15 daß es mich immer glücklich machen wird.
> Ob er mich küßte? Wohl tausendmal,
> tandaradei,
> seht wie rot mein Mund ist.
>
> Da hatte er bereitet
> 20 in aller Pracht
> von Blumen ein Lager.
> Daran wird sich freuen
> von Herzen,
> wer daran vorübergeht.
> 25 An den Rosen kann er noch
> – tandaradei –
> sehen wo mein Kopf lag.
>
> Daß er bei mir lag,
> wüßte es jemand
> 30 (da sei Gott vor!), so schämte ich mich.
> Was er tat mit mir,
> niemals soll jemand
> das erfahren als er und als ich –
> und die liebe Nachtigall,
> 35 tandaradei;
> die wird gewiß verschwiegen sein.

Der höfische Roman

Das große Thema des höfischen Romans war die Geschichte von König Artus und den Rittern der Tafelrunde. Dieser Stoff war aus England über Frankreich in den deutschen Raum gekommen. Ort und Zeit der Artuserzählung sind nicht feststellbar. Es ist eine Märchenwelt. Die spannenden Geschichten von Artus, der das Zauberschwert aus dem Amboß zog, von den Rittern Lanzelot, Gawan und Parzifal und dem weisen Zauberer Merlin sind uns heute meist nicht aus Büchern, sondern aus den alten Hollywoodfilmen bekannt. Ein schönes Beispiel ist Erec von Hartmann von Aue.

Dieser Stoff eignete sich wie kein anderer, die Ideale des europäischen Rittertums auszudrücken. Der runde Tisch ist ein Sinnbild für die Gleichheit der ritterlichen Gesellschaft. Abenteuer und Liebe sind das tägliche Brot jedes Ritters, und die Suche nach dem Heiligen Gral das große Ziel. Der Gral ist in der französischen Überlieferung die Schale, in der das Blut Christi am Kreuz aufgefangen wurde.

Im *Parzifal* des bayerischen Ritters Wolfram von Eschenbach (± 1170-1220) handelt es sich beim Gral um einen geheimnisvollen Stein mit großer Kraft. Er ist ein Symbol für die Harmonie von Gott und Welt. Dieses große Epos, das rund 25000 Verse umfaßt, war eines der bekanntesten Werke des deutschen Mittelalters.

Parzifal

Die Hauptfigur in Wolfram von Eschenbachs *Parzifal* wird von der Mutter einsam im Wald erzogen. Der unwissende Jüngling begegnet eines Tages Rittern. Er verläßt seine Mutter. Nach vielen Abenteuern wird er zum Ritter, gewinnt die Liebe einer Frau und gelangt an König Artus' Hof. Turniere und ritterliche Liebe sind nicht der Endpunkt in Parzifals Karriere. Er begibt sich auf die Suche nach der Gralsburg. Der Gralkönig Amfortas ist todkrank. Parzifal versäumt, ihn nach der Ursache der Krankheit zu fragen. Er kehrt zu Artus zurück und wird in die Tafelrunde aufgenommen. Aber bald darauf trifft ihn der Fluch des Grals. Er verläßt Artus und sucht die Gralsburg auf. Diesmal stellt er die richtige Frage und wird der neue Gralkönig.

△ *Szenen aus dem 'Parzifal' Wolframs von Eschenbach (13. Jht.)*

Bei dem Roman *Tristan und Isolde* ist das Hauptthema die Liebe. Sein Autor, Gottfried von Straßburg (um 1200), war ein gebildeter Bürger. Das Rittertum, bei Wolfram verherrlicht, kommt bei ihm schlecht weg. Das ist ein Zeichen für die wachsende Bedeutung des Stadtbürgertums.

Tristan und Isolde

Der Roman ist eine Liebesgeschichte. Tristan ist von einem vergifteten Schwert verwundet worden und reist zur zauberkundigen Königin von Irland, die ihn heilen kann. Er besiegt einen schrecklichen Drachen und begleitet Isolde, die seinen Herrn heiraten soll. Versehentlich trinken sie einen Liebestrank, der zwischen ihnen eine heftige Liebe entflammen läßt. Zwar heiratet Isolde Tristans Herrn, aber heimlich treffen sie sich immer wieder, bis sie vom Hofe verbannt werden. In einer Liebesgrotte im Wald erleben sie das höchste Glück. Doch Isolde geht zum Hof zurück, und er zieht unglücklich durch die Lande. Am Ende steht beider Tod.

Aus *Erec*

König Artus ist mit seinen Rittern auf die Jagd nach dem Weißen Hirsch gegangen. Ginover, die Königin, folgt eine Weile später der Jagdgesellschaft. Sie wird von Erec begleitet. Er trägt keine Rüstung und ist nur mit einem Schwert bewaffnet.

[...] Sie waren noch nicht lange
nebeneinander geritten,
als sie über die Heide
in einiger Entfernung in großer Eile
5 einen Ritter und zwei andere
Personen herbeireiten sahen:
vorweg einen Zwerg, und in der Mitte
ein liebliches Mädchen,
schön und wohlgekleidet.
10 Da hätte die Königin gern gewußt,
wer der Ritter wohl sei [...]
Ein Hoffräulein machte sich auf,
dorthin, wo es den Zwerg reiten sah.
Wohlerzogen sprach es ihn an:
15 'Gott zum Gruß, lieber Freund,
hört mein Begehr:
Meine Herrin hat mich hergeschickt, [...]
sie wüßte gern Bescheid,
wer der Ritter ist
20 und dieses schöne Mädchen.' [...]
Der Zwerg wollte ihr nichts sagen,
hieß sie stillschweigen
und ihn nicht zu behelligen.
Das Mädchen wollte sich dadurch nicht davon
25 abbringen lassen, weiterzureiten
und sich bei dem Ritter selbst zu erkundigen,
wer er sei.
Der Zwerg verwehrte ihr den Weg;
die Königin und Erec sahen,
30 daß er sie mit der Peitsche,
die er in der Hand hatte, auf Kopf und Hände schlug,
daß sie Striemen davontrug.
Mit dieser Antwort schied sie,
kehrte zu ihrer Herrin zurück
35 und zeigte ihr,
wie schmerzhaft sie geschlagen worden war [...]
Erec sagte: 'Ich will hinreiten,

um für Euch die Auskunft zu erlangen.'
Die Herrin sagte: 'Reite!'
40 Erec ritt sogleich davon,
bis er ihnen so nahe war,
daß der Zwerg seine Worte hören konnte:
'Wollt Ihr, Kleiner, mir wohl sagen,
warum Ihr das Mädchen geschlagen habt?
45 Ihr habt Euch schwer verfehlt,
die gute Sitte hätte es Euch verbieten sollen.
Sagt mir den Namen Eures Herren:
meine Herrin möchte wissen, wer er
und das schöne Mädchen sind.'
50 Der Zwerg sagte: 'Halt den Mund!
Von mir hörst du nur,
daß es dir ebenso gehen wird [...]'.
Erec wollte ebenfalls weiterreiten,
doch der Zwerg ließ es nicht zu:
55 er schlug ihn mit der Peitsche
ebenso wie das Mädchen.
Erec hätte Rache nehmen wollen,
doch er bemeisterte klug
seinen Zornesausbruch.
60 Der Ritter würde ihm das Leben genommen haben,
denn Erec war ungerüstet wie eine Frau.
Ihm war nie schwereres Leid widerfahren
als durch den Peitschenhieb,
und nichts beschämte ihn mehr,
65 als daß diese Schande
die Königin und ihre Damen mit angesehen hatten.
Als er den Hieb mit der Peitsche erhalten hatte,
ritt er in großer Beschämung zurück.
Er klagte sein Leid,
70 – schamrot waren seine Wangen:
'Herrin, ich kann nicht abstreiten, [...]
daß mir vor Euren Augen
eine so große Schande zugefügt worden ist,
wie meinesgleichen nie
75 eine größere erlebt hat.
Daß mich ein so winziger Kerl
so schändlich geschlagen hat,
und ich ihm das hingehen lassen mußte,
darüber schäme ich mich so tief,
80 daß ich Euch in Zukunft
nicht mehr unter die Augen treten kann.

Das Nibelungenlied

Das Nibelungenlied (um 1200) ist die berühmteste deutsche Heldendichtung des Mittelalters. Der Verfasser ist unbekannt. Wir begegnen in den 2440 Strophen höfischen Rittern und Damen, die sich immer mal wieder wie die 'wilden' alten Germanen benehmen. Hier verbinden sich die Ideale des europäischen Rittertums mit heidnischen germanischen Vorstellungen. Der Gedanke der Rache ist sehr beherrschend; das christliche Element fehlt.

Der Verfasser hat für sein umfangreiches Werk verschiedene, ursprünglich voneinander unabhängige Stoffkreise benutzt. Seine Quellen dafür waren die altgermanischen Heldensagen aus Mittel- und Nordeuropa. Anders als bei auf englischen und französischen Quellen beruhenden Artusepen ist der Ort der Handlung des Nibelungenliedes genau feststellbar: nämlich der Rhein- und Donauraum. Der ritterliche Held Siegfried stammt aus Xanten am Niederrhein. Auch das Leben am Hofe, das Verhältnis der Personen untereinander, ist realistischer und genauer dargestellt. Reale historische Ereignisse und Personen, wie der Untergang des Burgunderreiches und der Hunnenkönig Etzel (Attila), spielen eine Rolle.

Zu Anfang des 19. Jahrhunderts, während der Befreiungskriege gegen die napoleonische Besetzung, wurde das Nibelungenlied als das große deutsche Nationalepos gepriesen. Auch Richard Wagners Oper *Der Ring des Nibelungen* (1876) hat zur Entstehung dieses deutschen Mythos beigetragen, der heute wesentlich nüchterner betrachtet wird.

Der erste Teil des Nibelungenliedes handelt von den Taten des Helden Siegfried. Er erobert mit seinem Schwert Balmung den Schatz der Nibelungen, nimmt dem Zwerg Alberich die Tarnkappe ab und besiegt einen schrecklichen Drachen. Durch ein Bad im Blute des Drachen wird Siegfried unverwundbar, bis auf eine Stelle zwischen den Schultern, an der ein Eichenblatt klebte. Siegfried heiratet Kriemhild, die burgundische Königstochter. Vorher muß er allerdings ihrem Bruder Gunther helfen, die schöne und starke Brünhild zur Frau zu gewinnen. Mit seiner unsichtbar machenden Tarnkappe hilft er Gunther, die Aufgaben zu lösen, die Brünhild gestellt hatte. Später erfährt Brünhild von dem Betrug. Hagen, einer ihrer Ritter, kennt das Geheimnis der verwundbaren Stelle und ermordet Siegfried.

Der zweite Teil des Liedes handelt von Kriemhilds Rache an Hagen und den Burgundern. Kriemhild wird die Frau des Hunnenkönigs Etzel. Bei einem Besuch der burgundischen Fürsten und ihres Heeres am Hofe Etzels, läßt Kriemhild Tausende Burgunder ermorden. Sie selbst enthauptet Hagen und wird daraufhin von dessen Waffenmeister erschlagen.

◁ *Der Dom zu Worms. Ein Beispiel für den romanischen Baustil*
▷▷ *Tristans und Morolts Zweikampf (13. Jht.)*
▽ *Seite aus der Nibelungenhandschrift A (13. Jht.)*

Wie Gunther nach Island fuhr und um Brünhild warb.

[325] Ganz neue Kunde drang zu ihnen über den Rhein. Man erzählte davon, es gäbe dort irgendwo schöne Jungfrauen. Gunther, der treffliche König, faßte den Plan, eine von ihnen zur Gemahlin zu gewinnen. Bei 5 diesem Gedanken schlug dem Recken das Herz vor Freude höher.

[326] Jenseits des Meeres hatte eine Königin ihre Burg, der – jedenfalls soweit man wußte – überhaupt keine andere gleichkam: sie war unermeßlich schön, aber 10 außerdem besaß sie noch ungeheure Stärke. Wenn ein tapferer Held ihre Liebe gewinnen wollte, dann maß sie sich mit ihm im Speerwurf.

[327] Sie konnte den Stein weit schleudern und sprang ihm dann in ungeheurem Sprunge nach. Wer immer um 15 ihre Liebe warb, der mußte in drei Wettkämpfen über die edle Frau siegen. Versagte er auch nur in einem, dann hatte er sein Leben verwirkt.

[328] Die Jungfrau hatte bereits unzählige solcher Kampfspiele bestanden; davon erfuhr ein edler Ritter am 20 Rhein, der nun alle seine Gedanken auf die schöne Frau richtete. Aus diesem Grund mußten später Helden in den Tod gehen.

[329] Da sagte der König vom Rhein: 'Was auch immer mir geschehen mag, ich will den Fluß hinab bis ans 25 Meer zu Brünhild segeln und aus Liebe zu ihr mein Leben aufs Spiel setzen. Wenn sie nicht meine Frau wird, will ich es verlieren.'

[330] 'Davon möchte ich abraten', sagte da Siegfried. 'Die Königin stellt so schreckliche Bedingungen, daß es 30 den, der um ihre Liebe wirbt, teuer zu stehen kommt. Deshalb solltet Ihr Euch die Reise ein für allemal aus dem Kopf schlagen.'

[331] 'In diesem Falle', sagte da Hagen, 'rate ich Euch, Siegfried zu bitten, mit Euch zusammen die beschwer- 35 lichen Gefahren zu bestehen. Ja, das rate ich Euch in allem Ernst, da er so genau über Brünhild Bescheid weiß.'

[332] Gunther sagte: 'Willst Du mir helfen, edler Siegfried, die liebliche Jungfrau zu gewinnen? Wenn Du 40 meine Bitte erfüllst und die liebliche Frau meine Liebste wird, dann werde ich auch für Dich Ansehen und Leben einsetzen, wenn Du es verlangst.'

[333] Da antwortete Siegfried, der Sohn Siegmunds: 'Gibst Du mir Deine Schwester, die schöne Kriemhild, 45 die edle Königin, zur Frau, dann willige ich ein und will außerdem keinen Lohn für meine schwierige Aufgabe.'

[334] 'Siegfried', sagte Gunther, 'das verspreche ich Dir in Deine Hand: wenn die schöne Brünhild hierher in dieses Land kommt, so werde ich Dir meine Schwester 50 zur Frau geben. Dann kannst Du mit der Schönen für alle Zeit in großer Freude leben.'

[336] Siegfried mußte den Tarnmantel mitnehmen, den der tapfere Held unter großen Gefahren einem Zwerg mit Namen Alberich abgenommen hatte. Die tapferen, 55 mächtigen Recken bereiteten sich auf die Reise vor.

[337] Sobald der starke Siegfried den Tarnmantel anzog, besaß er gewaltige Kraft: die Stärke von 12 Männern kam zu seiner eigenen noch hinzu. Durch zauberische List wußte er später die schöne Frau zu erlangen.

60 [338] Der Tarnmantel war überdies so beschaffen, daß jeder in ihm ausführen konnte, was er wollte, ohne gesehen zu werden. Auf diese Weise gewann er Brünhild, aber es sollte ihn teuer zu stehen kommen.

Das sechzehnte Jahrhundert

Das 15. und 16. Jahrhundert bildeten den Übergang vom Mittelalter zur Neuzeit. Die Machtansprüche der Päpste und der Kaiser wurden nicht mehr ohne Einschränkung anerkannt. Die ersten Ansätze zur Bildung von Staaten auf einer nationalen Grundlage machten sich in Frankreich und England bemerkbar. Aber auch in Deutschland versuchten die Fürsten ihre Macht gegenüber dem Kaiser zu verstärken. Ein Teil der Fürsten, wie der Kurfürst von Sachsen, schloß sich der von Luther eingeleiteten Reformation (1517) an, einer religiösen Bewegung, die die Erneuerung der Kirche erstrebte.

Zugleich protestierten die Bauern gegen die Eingriffe der Landesherren in ihre althergebrachten Rechte. Als es zu gewaltsamen Aufständen kam, warfen die Landesherren diese in wenigen Wochen blutig nieder (1525). Sie verstärkten dadurch ihre Macht, während die Bauern für Jahrhunderte politisch ausgeschaltet wurden.

Durch die Kriege mit Franz I. von Frankreich und den Türken war es dem katholischen Kaiser Karl V. nicht möglich, die innenpolitischen Probleme zu lösen. Auf dem Reichstag in Speyer 1526 muß er den Protestantismus als neue Glaubensrichtung neben dem Katholizismus anerkennen. Die wirkliche Gleichstellung wurde auf dem Reichstag in Augsburg 1555 beschlossen. In der zweiten Hälfte des Jahrhunderts kam es zur Gegenreformation. Durch Reformen innerhalb der katholischen Kirche versuchte man, den Katholizismus zu erneuern.

Schon 1291 hatte sich die Schweizer Eidgenossenschaft gebildet. 1499 löste sie sich vom Reich. Seit dem 16. Jahrhundert hat das Territorium der Schweiz keine wesentlichen Gebietsveränderungen mehr erfahren.

◁◁ *Tizian, 'Karl V.' (1548).*
Karl V. war König von
Deutschland und Spanien und
Kaiser des Römischen Reiches
deutscher Nation. Durch die
spanischen Eroberungen in der
Neuen Welt war er ein
Herrscher in einem Reich, 'in
dem die Sonne nicht untergeht'

Renaissance und Humanismus

Nach 1250 wuchs die Macht der Landesherren gegenüber
dem schwachen Kaiser- und Papsttum. Die Idee einer
einheitlichen europäischen Ritterkultur hatte keine Grundlage mehr. Der niedere und mittlere Adel verarmte.
Dagegen wurden die Bauern und Stadtbürger immer
wohlhabender. In der Literatur gab der Adel noch lange
den Ton an, aber die gesellschaftlichen Veränderungen
sind auch hier zu spüren.

Die Abwendung vom Mittelalter begann im 14. Jahrhundert in Italien mit der *Renaissance*, d.h. der Wiederent-
deckung der Schönheit der antiken Kunst und Literatur.
Damit verband sich eine neue Bewertung des Menschen
als unabhängiges und selbständig urteilendes Individuum. Der mittelalterliche Mensch hatte ein absolutes
Vertrauen in Gott, der Mensch der Renaissance wurde
immer selbstbewußter ohne aber antireligiös zu werden.
Durch die Beschäftigung mit der antiken Kultur sollte
der Mensch seine Persönlichkeit ausbilden. In der bildenden Kunst fand dies seinen Ausdruck im Portrait. Die
Künstler signierten jetzt auch ihre Bilder, im Mittelalter
waren sie meistens unbekannt geblieben.

Gleichzeitig entstand eine neue Auffassung von Wissenschaft, die mehr auf die diesseitige Welt gerichtet war.
Diese Bewegung wird als *Humanismus* bezeichnet, weil
der Mensch zur Deutung der Welt zum Maßstab genommen wird. Sie entwickelte sich in ganz Europa und man
bediente sich der lateinischen Sprache als Sprache der
Wissenschaft. Die Gelehrten gaben die Werke vieler antiker Autoren heraus und versuchten, sie gleichzeitig nach-
zuahmen. Auf diese Weise entstand das humanistische
'Schuldrama' als Nachahmung der römischen Lustspiele.

Der bekannteste dieser Humanisten ist Erasmus von
Rotterdam (1469?-1536 in Basel). Er hat das griechische
Neue Testament mit Kommentar neu herausgegeben. Sein
bekanntestes Werk ist *Moriae encomium (Lob der Torheit)*
von 1509. Hierin läßt er die Torheit als Person selbst
sprechen. Sie stellt auf humorvolle und ironische Weise
die menschliche Torheit als die wahre Weisheit dar, die
letztlich glücklich macht und zu Gott hinführt.

△ *A. Herneißen (1577). Der Meistersänger Hans Sachs wird von dem
Maler A. Herneißen gemalt. Der Maler hat sein Selbstporträt in das
Gemälde eingefügt*
▷▷ *Titelblatt von Luthers Bibelübersetzung (1534). Altes und Neues
Testament Deutsch*

Literarische Formen

◆ **Prosaroman** ◆ Im Gegensatz zu den in Versen
geschriebenen mittelalterlichen Epen entstanden seit
dem 15. Jahrhundert in Prosa geschriebene Erzählwerke.
Zum Teil beziehen sie ihren Stoff aus diesen Epen, es
werden aber auch Stoffe aus anderen Sprachen übernommen oder neue Stoffe erfunden.

◆ **Schwank** ◆ Meist kurze Prosatexte, die typisch
menschliches Verhalten oder komische Situationen
schildern mit der Absicht, durch Humor zu belehren.

◆ **Schuldrama** ◆ In den humanistischen Gymnasien von
Schülern aufgeführte Theaterstücke, wodurch die Schüler Latein zu sprechen lernen sollten. Zugleich sollten
sie dadurch im Sinne des Humanismus erzogen werden.
Später wurde das Schuldrama in den Dienst der Reformation, aber auch der Gegenreformation gestellt.

◆ **Fastnachtsspiel** ◆ Spiele, die zur Fastnachtszeit aufgeführt wurden. Sie bestanden zunächst nur aus kurzen
Szenen ohne eigentliche Handlung. Erst seit dem 15.
Jahrhundert bekamen sie durch die Meistersinger literarische Bedeutung als Standessatiren, d.h. als Verspottung von Bauern, Bürgern, Rittern usw.

Martin Luther

Eine Fortsetzung fand die Erneuerungsbewegung von Renaissance und Humanismus durch die von Martin Luther (1483-1546) ausgelöste Reformation. Im Spätmittelalter war die Kirche immer mehr verweltlicht. Die Gläubigen konnten z.B. mit dem sogenannten 'Ablaß' gegen Geld ihre Sündenstrafen abkaufen. Hiergegen protestierte Luther mit seinen 95 Thesen im Jahre 1517. Er ging von der Überzeugung aus, daß der Mensch in seiner Sündhaftigkeit ganz von der Gnade Gottes abhängig ist und daß er in der Zuversicht auf die Gnade leben soll. Der Gläubige kann sich somit direkt in seinem Gebet an Gott wenden, er hat nicht mehr die Vermittlung der Priester und der Kirche nötig.

Auf dem Reichstag in Worms (1521) weigerte sich Luther, seine Lehre zu widerrufen. Daraufhin wurde er für vogelfrei erklärt. Seine Anhänger brachten ihn auf die Wartburg bei Eisenach, wo er die Bibel übersetzte. Luthers Bedeutung für die deutsche Sprache und Literatur liegt vor allem darin, daß er gleichsam mit seiner Bibelübersetzung eine neue Sprache geschaffen hat. Sie war sowohl in Nord- wie in Süddeutschland verständlich, vor allem aber verstand sie auch der einfache Mann. 1522 erschien das *Neue Testament* und 1534 die gesamte Bibel.

Durch die Erfindung des Buchdrucks verbreitete sich seine Lehre sehr rasch in Deutschland. Bis zu seinem Tode erschienen mehr als 20 Auflagen der Bibel. Es wurde möglich, nicht nur Texte, sondern auch Abbildungen in großer Zahl herzustellen und als Flugschriften zu verbreiten. Vor allem hierdurch läßt sich der große und schnelle Erfolg der Reformation erklären.

Eine besondere Rolle wies Luther dem Kirchenlied im protestantischen Gottesdienst zu. Er hat selbst 36 Kirchenlieder gedichtet, wovon das bekannteste *Ein feste Burg ist unser Gott* ist. Es bringt Luthers Glaubensüberzeugung zum Ausdruck und wurde später geradezu 'die Marseillaise des 16. Jahrhunderts' genannt. Damit wird der revolutionäre Charakter dieses Liedes umschrieben. Für die Entwicklung der deutschen Lyrik haben die Kirchenlieder große Bedeutung gehabt.

Ein feste Burg ist unser Gott

Ein feste Burg ist unser Gott,
Ein gute Wehr und Waffen.
Er hilft uns frei aus aller Not,
Die uns jetzt hat betroffen.
5 Der alt böse Feind,
Mit Ernst er's jetzt meint.
Groß Macht und viel List
Sein grausam Rüstung ist.
Auf Erd ist nicht seinsgleichen.

10 Mit unsrer Macht ist nichts getan.
Wir sind gar bald verloren.
Es streit't für uns der rechte Mann,
Den Gott hat selbst erkoren.
Fragst du, wer der ist?
15 Er heißt Jesus Christ,
Der Herr Zebaoth,
Und ist kein anderer Gott.
Das Feld muß er behalten.

Und wenn die Welt voll Teufel wär
20 Und wollt uns gar verschlingen,
So fürchten wir uns nicht so sehr,
Es soll uns doch gelingen.
Der Fürst dieser Welt,
Wie saur er sich stellt,
25 Tut er uns doch nicht.
Das macht, er ist gericht't.
Ein Wörtlein kann ihn fällen.

Das Wort sie sollen lassen stahn
Und kein' Dank dazu haben.
30 Er ist bei uns wohl auf dem Plan
Mit seinem Geist und Gaben.
Nehmen sie den Leib,
Gut, Ehr, Kind und Weib,
Laß fahren dahin.
35 Sie haben's kein Gewinn.
Das Reich muß uns doch bleiben.

Hans Sachs

Neben der gelehrten lateinischen Dichtung der Humanisten entwickelte sich im 16. Jahrhundert immer stärker eine volkstümliche, deutschsprachige Literatur. Träger dieser Literatur waren vor allem die Bürger, d.h. die wohlhabenden Handwerker in den großen Städten.
Einer der bekanntesten Dichter war der Nürnberger Schuhmachermeister Hans Sachs (1494-1576), den Richard Wagner im 19. Jahrhundert in seiner berühmten Oper *Die Meistersinger von Nürnberg* unsterblich gemacht hat. Mit seinen 6000 Dichtungen war er einer der fruchtbarsten Meistersinger dieser Zeit.

Seit dem 15. Jahrhundert schlossen sich Handwerker zu Dichtergesellschaften zusammen. Nach strengen Regeln dichteten sie Lieder mit religiösen Inhalten. 'Meistersinger' wurde man, wenn man ein neues Lied gedichtet und korrekt vorgetragen hatte.

Neben Meisterliedern hat Hans Sachs auch andere Gedichte geschrieben. Das bekannteste ist *Die Wittenbergische Nachtigall* (1523). Dieses Gedicht umfaßt 700 Verse. Es beginnt folgendermaßen:

> Wacht auf! Es nahent gen den Tag
> Ich hör singen im Grünen Hag
> Ein wunnigliche Nachtigall.
> Ihr Stimm durchklinget Berg und Tal [...]

Es handelt sich um eine Allegorie, eine bildhafte Darstellung der Reformation. Der Löwe (der Papst) hat nachts die Herde Schafe (die Gläubigen) von dem Hirten (Christus) weggelockt. Die Nachtigall (Luther) führt sie beim Anbruch des Tages wieder zum Hirten zurück. Damit hat Hans Sachs sein protestantisches Glaubensbekenntnis zum Ausdruck gebracht.

Er schrieb aber auch Theaterstücke, vor allem 'Fastnachtsspiele'. Hierin stellt er Laster und Schwächen der Menschen auf derb komische Weise dar mit der Absicht, moralisch zu belehren. Solch ein Fastnachtsspiel ist: *Der fahrende Schüler im Paradies* (1550 in Nürnberg uraufgeführt).

Der fahrende Schüler im Paradies

Ein Student übertölpelt eine gutgläubige Bäuerin, die gerade ihren ersten Mann verloren und sich wiederverheiratet hat. Er sagt, er komme aus Paris und sie versteht 'aus dem Paradies.' Er nützt das Mißverständnis aus und erzählt ihr, daß er dort ihren ersten Mann völlig mittellos angetroffen habe. Sie gibt ihm Geld und Kleider für ihn mit für den Fall, daß er wieder ins Paradies komme. Inzwischen kommt ihr zweiter Mann nach Hause, hört von dem Vorgefallenen und reitet dem Studenten nach, um ihm die Beute wieder abzujagen. Dieser sieht den Bauern kommen, er weist ihn in eine falsche Richtung und bietet sich an, das Pferd inzwischen festzuhalten. Kaum ist der Bauer weg, schwingt er sich auf das Pferd und reitet mit seiner Beute davon. Seiner Frau gegenüber will der Bauer aber nicht zugeben, daß er ebenfalls betrogen worden ist und er sagt, daß er dem Studenten das Pferd geschenkt habe, um schneller ins Paradies zu kommen. Am Ende sagt der Bauer, die Moral der Geschichte zusammenfassend:

> Denn zieh man Schad gen Schaden ab,
> damit man Fried im Ehstand hab
> und kein Uneinigkeit aufwachs;
> das wünschet uns allen Hans Sachs.

▷▷ *Till Eulenspiegel (1515)*
▷▷▷ *Hieronymus Bosch, 'Der verlorene Sohn' (um 1500)*
▽ *'Die Wittenbergische Nachtigall' (1523)*
▽▽ *'Der fahrende Schüler im Paradeis' (16. Jht.). Titelseite der Buchausgabe*

Volksbücher

Luthers sprachliche Leistung, seine Bibelübersetzung und seine Prosaschriften, hatte für die Entwicklung der Literatur des 16. Jahrhunderts weitreichende Folgen. Das humanistische Schuldrama wurde in den Dienst der Reformation gestellt. Es entstanden deutschsprachige Theaterstükke, die religiöse und biblische Themen behandelten, wodurch die neue Glaubenslehre auf anschauliche Weise verbreitet werden sollte. Ein beliebter Stoff war *Das Gleichnis vom verlorenen Sohn* (Lukas 15). Es ist die Geschichte von dem Sohn, der sein Elternhaus verläßt, seinen Erbteil verpraßt und als armer Bettler wieder zurückkehrt. Der Vater nimmt den reuigen Sünder aber mit Güte wieder in sein Haus auf.

Die erste Bearbeitung, die überhaupt zum Vorbild des Reformationsdramas wurde, ist von dem Niederländer Gulielmus Gnaphäus (= Willem van de Voldersgroft, 1493-1568). Er schrieb es 1529 lateinisch: *Acolastus, de filio prodigo comoedia.* Es erschien ein Jahr später in deutscher Bearbeitung und wurde mehr als fünfzigmal aufgeführt. Der Stoff wurde auch von Jörg Wickram bearbeitet: *Der verlorene Sohn* (1540).

Zugleich entstand eine neue Prosaliteratur. Von besonderer Bedeutung waren dabei die Volksbücher. Man verstand darunter Prosabearbeitungen der mittelalterlichen Versdichtungen *(Tristan und Isolde)* und Übersetzungen vor allem aus dem Französischen. Es entstanden aber auch ursprünglich deutsche Werke.

Ein berühmtes Volksbuch war *die Geschichte von Dr. Johann Faust*, der sich dem Teufel verschrieben hatte, mit dessen Hilfe er allerlei Zaubereien vollführte und der letztlich in die Hölle fuhr. Es erschien 1587 in Frankfurt und diente als Grundlage für alle späteren Faust-Bearbeitungen, u.a. auch für Goethes Faustdichtung.

Das bekannteste war der *Till Eulenspiegel*, eine Sammlung von kurzen, schwankhaften Erzählungen, die alle der zentralen Gestalt Till Eulenspiegel zugeschrieben wurden. Das älteste erhaltene Exemplar ist von 1515. Auf dem Titelblatt wird Till Eulenspiegel auf einem Pferd sitzend abgebildet. Er hält eine Eule – das Symbol der Weisheit – und einen Spiegel – das Symbol der Selbsterkenntnis – in den Händen.

Aus *Till Eulenspiegel*

Wie Eulenspiegel vorgab, daß er zu Magdeburg vom Erker des Rathauses fliegen wollte, und die Zuschauer mit Spottreden abwies.

Bald nach der Zeit [...] kam er nach Magdeburg und trieb viele Streiche, und sein Name wurde davon erst bekannt, so daß man von Eulenspiegel zu erzählen wußte. Da ging man ihn an, und zwar die besten Bürger
5 der Stadt, daß er ein Abenteuer treiben sollte. Er sagte, er wolle es tun und wolle von dem Rathauserker herabfliegen. Da gab es ein großes Geschrei in der Stadt, und jung und alt versammelte sich auf dem Markt und wollte es sehen. Also stand Eulenspiegel auf dem Erker
10 des Rathauses und bewegte die Arme und gebärdete sich so, als ob er fliegen wollte. Die Leute standen, taten Augen und Mäuler auf und meinten, er wolle fliegen. Da lachte Eulenspiegel und sprach: 'Ich meinte, es gäbe keinen größeren Toren oder Narren in der Welt, als ich
15 bin, aber ich sehe wohl, daß hier schier die ganze Stadt voll Toren ist. Und wenn ihr alle sagtet, daß ihr fliegen wolltet, ich glaubte es nicht. Ich bin doch weder Gans noch Vogel und habe keine Fittiche, ohne Fittiche oder Federn kann niemand fliegen. Nun seht ihr offenbar,
20 daß es erlogen ist.' Und er lief von dem Rathaus weg und ließ das Volk zurück, ein Teil fluchend, der andere Teil lachte; und sie sprachen: 'Das ist ein richtiger Schalksnarr, denn so hat er wahr gesprochen.'

3   Das siebzehnte Jahrhundert

In Deutschland wird das 17. Jahrhundert vom Dreißigjährigen Krieg (1618-1648) und den großen Verwüstungen, die er anrichtete, bestimmt. Er begann als Religionskrieg zwischen den protestantischen Fürsten und den katholischen Habsburgern, wurde jedoch durch den Kriegseintritt Schwedens und Frankreichs bald zu einem Krieg um die Vormachtstellung in Europa. In dem Frieden von Münster und Osnabrück (1648) gewannen die Landesherren. Verlierer war der Kaiser: er mußte ihre Rechte anerkennen und bestätigen. Die Folge war die Zersplitterung der Macht in Mitteleuropa in kleine Herrschaftsgebiete.

Durch Krieg, Hunger und den 'Schwarzen Tod', die Pest, starben fast neun Millionen von den 18 Millionen Einwohnern Deutschlands. Weite Landstriche waren verwüstet. Im Gegensatz dazu stand das verschwenderische Leben an den vielen kleinen Höfen. Die Fürsten wetteiferten im Bau prachtvoller Schlösser und gaben glänzende Feste. Ihr großes Vorbild war König Ludwig XIV. von Frankreich, der absolutistische 'Sonnenkönig'.

Die Musik des Barock wird noch heute viel gespielt. Sie erreichte ihren Höhepunkt im 18. Jahrhundert mit den Kompositionen von Bach (1685-1750) und Händel (1685-1759).

◁◁ *Die Wies-Kirche bei Steingaden (Bayern, um 1750). Als Baustil erreichte das Barock seinen Höhepunkt im 18. Jahrhundert. Die schönsten Beispiele barocker Architektur finden sich in Süddeutschland und Österreich*

Die deutsche Literatur im 17. Jahrhundert

Die Kultur des 17. Jahrhunderts wird *Barock* genannt (portugiesisch 'barocco' – 'unregelmäßige Perle'; 'schief', 'verzerrt'). Diese Bezeichnung war ursprünglich negativ gemeint. Unsicherheit und Chaos bestimmten das Leben, Denken und Fühlen der Menschen in Deutschland. Nicht nur der Krieg war die Ursache hierfür; auch die Erschütterung des jahrhundertealten Weltbildes durch wissenschaftliche Entdeckungen (Kopernikus, Galilei) trug dazu bei.

In der Barockkunst spiegeln sich die Folgen, die die Veränderungen in den Köpfen der Menschen bewirkten: die Loslösung vom alten Weltbild, gleichzeitig aber das Festhalten am alten Glauben. Die Spannung, die dadurch entstand, kann man am besten umschreiben als einen Gegensatz zwischen der bewußten Hinwendung zur Welt ('carpe diem' – 'genieße den Augenblick') und einer Abwendung von der Welt ('memento mori' – 'gedenke des Todes'). Beides war nicht miteinander in Übereinstimmung zu bringen. Der Ausdruck dieses Gegensatzes in der Kunst erzeugte eine besondere Intensität, die durch die Steigerung aller künstlerischen Mittel zustande kam. Wer ein barockes Gebäude oder Gemälde betrachtet, kann diesen Eindruck sofort nachvollziehen.

In der Literatur wird immer wieder das Auf und Ab der Fortuna (das Rad des Schicksals) beschrieben. Die Waffe der Menschen gegen die Unsicherheit war die Beständigkeit im Glauben. Hilfe bot die antike Philosophie der Stoa, die mit den Glaubensgeboten des Christentums in Übereinstimmung gebracht wurde: Wer standhaft leidet, wird siegen und im Jenseits belohnt werden.

Im Gegensatz zum 16. Jahrhundert entwickelte sich nun eine kunstvolle Dichtung in deutscher Sprache, die den antiken Kunstauffassungen entsprach. Dies ist vor allem Martin Opitz (1597-1639) zu verdanken, der in seinem *Buch von der Deutschen Poeterey* (1624) die wichtigsten Regeln der lateinischen Dichtkunst auf die deutsche Sprache angewendet hat.

Literarische Formen

◆ **Sonett** ◆ Gereimtes Gedicht aus vierzehn Versen, die in zwei vierzeilige und zwei dreizeilige Strophen eingeteilt sind. Das Reimmuster kann variieren.

◆ **Ode** ◆ Antike Form, die im Barock wieder aufgenommen wurde. Dreistrophiges Lied im gehobenen, pathetischen Stil zu großen Themen wie Welt, Gott, Liebe.

◆ **Epigramm** ◆ Ursprünglich Inschrift auf einem Denkmal. Im Barock sehr beliebte Form. Formulierung eines interessanten Gedankens in zwei Versen.

◆ **Märtyrertragödie** ◆ Theaterstück, das einen ausweglosen Konflikt darstellt. Die handelnden Figuren sind sich der Tragik des Geschehens bewußt und werden in Schuld verstrickt. Die klassische Tragödie spielt unter Fürsten und Königen.

◆ **Schelmenroman** ◆ Aus der Sicht eines 'Schelms' (eines Narren, einer einfältigen Person) erzählter Roman. Der Schelm erlebt eine Kette von Abenteuern. Der Autor nutzt die naive Betrachtungsweise der Hauptfigur als Möglichkeit zur Gesellschaftskritik.

▽ *Deutschland nach dem Dreißigjährigen Krieg (1648)*

0   156 km

Andreas Gryphius

Unter den Dichtern des 17. Jahrhunderts ragt vor allem einer heraus: Andreas Gryphius (1616-1664). Er versuchte, das Erleben seiner Zeit, die furchtbaren Ereignisse des Dreißigjährigen Krieges, in Lyrik und Drama auszudrükken. Schon als Kind wurde Gryphius mit Schicksalsschlägen und den Schrecken des Krieges konfrontiert. Seine Eltern starben früh. Seine Heimatstadt, das schlesische Glogau, wurde zerstört. Nach seinem Studium reiste er in die Niederlande. Dort blieb er sieben Jahre lang, hielt Vorlesungen an der Universität Leiden und lernte die großen holländischen Gelehrten seiner Zeit kennen.

Als Dichter schrieb auch Gryphius in der humanistischen Tradition zunächst lateinisch. Später ging er eigene Wege. Seine individuelle Ausdrucksfähigkeit fand er in der deutschen Sprache. Anders als Opitz lehnte er allzu starre Regeln für das Schreiben von Gedichten ab. Die Gedichte von Gryphius drücken seine persönliche Erfahrung aus, ohne daß in ihnen konkrete Erlebnisse dargestellt werden. Sie erfassen das Grauen seiner Zeit, den Krieg, den Tod, die Verwesung. Er ist der Dichter der 'Vanitas', der Vergänglichkeit. Dazu gehört das 'memento mori': der Mensch soll immer daran denken, daß es nach dem Tode erst die Erlösung gibt, d.h. das eigentliche Leben.

Es ist alles eitel

Du siehst, wohin du siehst nur Eitelkeit auf Erden!
  Was dieser heute baut, reißt jener morgen ein;
  Wo jetzund Städte stehn, wird eine Wiese sein,
Auf der ein Schäferskind wird spielen mit den Herden.
5 Was jetzund prächtig blüht, soll bald zertreten werden,
  Was jetzt so pocht und trotzt, ist morgen Asch und Bein.
  Nichts ist, das ewig sei, kein Erz, kein Marmorstein.
Jetzt lacht das Glück uns an, bald donnern die Beschwerden.
  Der hohen Taten Ruhm muß wie ein Traum vergehn.
10 Soll denn das Spiel der Zeit, der leichte Mensch bestehn?
Ach, was ist alles dies, was wir für köstlich achten,
  Als schlechte Nichtigkeit, als Schatten, Staub und Wind,
  Als eine Wiesenblum, die man nicht wiederfind't!
Noch will, was ewig ist, kein einig Mensch betrachten!

Der Name Gryphius verbindet sich jedoch vor allem mit den Anfängen des deutschsprachigen Dramas. Auch hier sind Theorie und Praxis der niederländischen Vorbilder, insbesondere Joost van den Vondels, bestimmend. Amsterdam hatte 1638 im Zuge der wirtschaftlichen und kulturellen Blüte der Niederlande sein Theater erhalten. Eine vergleichbare Institution gab es im verwüsteten Deutschland nicht.

Gryphius wollte ein Theater für die Gebildeten schaffen, das über das Niveau der Wanderbühnen hinausging. Er schrieb eine Reihe von Tragödien, deren Thematik die Vergänglichkeit des Irdischen war. Im Mittelpunkt der Handlung steht als Held ein Märtyrer, der für seine Überzeugung bereit ist zu sterben und den Verführungen der Welt nicht unterliegt. Daneben schuf er auch Komödien. Ihr Ziel ist, auf vergnügliche Weise die Überlegenheit des gebildeten Menschen zu zeigen.

Gryphius machte längere Reisen nach Frankreich und Italien und genoß als Gelehrter in Europa großes Ansehen. Nach dem großen Krieg wollte er am Wiederaufbau seiner Heimat teilnehmen und ging deshalb nach Glogau zurück, wo er 1664 starb.

◁ Antonio de Pereda, 'Allegorie der Vergänglichkeit' (um 1640)

Der Roman im 17. Jahrhundert

Deutschsprachige Romane sind im 17. Jahrhundert eine
Neuheit. In dieser Gattung entwickelten sich verschiedene
Arten. Besonders auffällig sind der 'höfische Roman' und
der 'Schelmenroman'.

Einer der beliebtesten Romane in Europa war im 16. und
17. Jahrhundert der *Amadis*, ein 'Ritter- und Zauber-
roman', der in allen Ländern in Übersetzung vorlag.
Hieran knüpfte der höfische Roman an, der adligen Kreisen zur Unterhaltung diente. In diesen Romanen wird
meist ein schönes junges Liebespaar in eine Kette bunter
Abenteuer in fremden Ländern verwickelt. Durch Schiff-
bruch, Piraten, Räuber, Unglücksfälle werden die Liebenden auseinandergerissen und auf die Probe gestellt. Am
guten Ende steht aber immer die glückliche Heirat. Der
Roman *Die durchlauchtige Syrerin Aramena* (1669-1673)
des Herzogs Anton Ulrich von Braunschweig (1633-1714)
zum Beispiel, hat eine sehr komplizierte Handlung mit
Dutzenden von Personen. Am Ende werden die 34 Hauptpersonen in 17 Fürstenhochzeiten glücklich vereint.

Beim Schelmenroman ist der Held der Handlung ein
Schelm, der aus der unteren Bevölkerungsschicht stammt.
Der berühmteste und noch heute lesenswerte Roman dieser Art ist von Hans Jakob Christoffel von Grimmelshausen (1622-1676). Niemand hat die Wirrnisse der Zeit und
das Leiden des einfachen Volkes so realistisch geschildert
wie er in *Der Abenteuerliche Simplicissimus Teutsch* (1669).
Der Erfolg beim Publikum veranlaßte Grimmelshausen,
weitere Romane zu schreiben. Auch die *Lebensbeschreibung
der Ertzbetrügerin und Landstörzerin Courasche* (1670)
spielt im Dreißigjährigen Krieg. Bertolt Brecht benutzte
sie als Vorlage für sein berühmtes Drama *Mutter Courage*.

Grimmelshausen verlor als Zehnjähriger seine Eltern und
erlebte die Zerstörung seines Geburtsstädtchens, Geln-
hausen in Hessen. Er wurde gefangengenommen und
zum Söldnerdienst gezwungen. Sechzehn Jahre lang
kämpfte er abwechselnd in verschiedenen Armeen. Nach
dem Krieg heiratete er. Seine letzten Jahre lebte er als
Beamter und Steuereintreiber in Renchen, einem
Städtchen im Schwarzwald.

△ *Paul Moreelse: 'Der Herzog Christian d.J. von Braunschweig'
(1599-1626). Der Herzog mit dem Beinamen 'der tolle Halberstädter'
war ein berühmter Heerführer im Dreißigjährigen Krieg*

Simplicissimus

Grimmelshausens *Simplicissimus* beginnt mit dem Über-
fall von schwedischen Reitern auf einen Bauernhof im
Spessart. Der Held wohnt dort als ein unwissender
Hirtenjunge. Er flieht und findet Zuflucht bei einem
Einsiedler, der ihn in der christlichen Lehre unterrichtet.
Später stellt sich heraus, daß es sein Vater war. Nach
dessen Tod zieht er in die Welt und erlebt verschiedene
Stadien von menschlichen Verhaltensweisen: er wird zum
Narren gemacht, wird dann Soldat, Abenteurer und
schließlich wieder Einsiedler. Obwohl der Held seine
Geschichte sehr realistisch und scheinbar naiv selbst
erzählt, ist sie sehr kunstvoll und geradezu symmetrisch
aufgebaut. Neben humorvollen und abenteuerlichen
Geschichten stehen belehrende Abschnitte. Das Ganze ist
ein Sinnbild der irdischen Unbeständigkeit. Durch die
zunehmende Weltkenntnis findet er schließlich zur
Gotteserkenntnis.

Weltliche und geistliche Lyrik

Neben der Vergänglichkeitsdichtung von zum Beispiel Martin Opitz gehörten auch deftige Trink-, Tanz- und Liebeslieder zum Leben der Barockzeit. Zahllose Buchausgaben solcher Liedersammlungen sind im Laufe des 17. Jahrhunderts erschienen.

Kunstvollere Formen der Liebeslyrik finden sich bei Paul Fleming (1609-1640), der sich in seinen *Teutschen Poemata* (1642) an Opitz und an der italienischen Renaissance orientierte.

Wie er wollte geküsset sein

Nirgends hin als auf den Mund,
Da sinkt's in des Herzen Grund.
Nicht zu frei, nicht zu gezwungen,
Nicht mit gar zu faulen Zungen.

5 Nicht zu wenig, nicht zu viel,
Beides wird sonst Kinderspiel.
Nicht zu laut und nicht zu leise,
Bei der Maß' ist rechte Weise.

Nicht zu nahe, nicht zu weit,
10 Dies macht Kummer, jenes Leid.
Nicht zu trocken, nicht zu feuchte,
Wie Adonis Venus reichte.

Nicht zu harte, nicht zu weich,
Bald zugleich, bald nicht zugleich.
15 Nicht zu langsam, nicht zu schnelle,
Nicht ohn Unterschied der Stelle.

Halb gebissen, halb gehaucht,
Halb die Lippen eingetaucht.
Nicht ohn Unterschied der Zeiten,
20 Mehr alleine denn bei Leuten.

Küsse nun ein jedermann,
Wie er weiß, will, soll und kann!
Ich nur und die Liebste wissen,
Wie wir uns recht sollen küssen.

Grabinschrift eines Kochs

Wie wird die Welt doch überall verkehrt,
Hier hat ein Koch im Grabe seine Ruh,
Der mancherlei von Speisen richtet' zu,
Jetzt haben ihn die Würmer roh verzehrt.

Berühmt geworden ist die Sammlung *Herrn von Hofmannswaldau und anderer Deutschen auserlesene Gedichte* (1695). Christian Hofmann von Hofmannswaldau (1617-1679) hatte seine *Lustgedichte* als nicht geeignet zur Veröffentlichung betrachtet. Sie erschienen erst lange nach seinem Tode und sind von den Literaturgeschichten wegen ihres erotischen Inhalts immer wieder verschwiegen worden. Typisch für die Barockzeit mit ihrer vielen Festen an den Fürstenhöfen sind Gelegenheitsgedichte. Diese wurden von den Fürsten anläßlich von Hochzeiten, Geburtstagen, Begräbnissen in Auftrag gegeben. Oft waren es nur kurze Epigramme, in denen Lob, Ehrung oder Verspottung ausgesprochen wurde.

Zu den Begleiterscheinungen der Reformation gehörten auch mystische Strömungen. Die Anhänger der Mystik behaupteten, im Besitz eines christlichen Geheimwissens ('Pansophie') zu sein. Sie organisierten sich gern in Form geheimer Brüderschaften. Im 17. Jahrhundert war Jakob Böhme (1575-1624) der wichtigste Vertreter der Pansophie. Diese Tendenzen spielten bei vielen Barockdichtern eine Rolle. Ein radikaler Anhänger der Mystik war Quirinus Kuhlmann (1651-1689), der eine neue Jesusmonarchie errichten wollte. Er formulierte seine Ideen in lyrischer Form im *Kühlpsalter* (1684-1686) und betrieb sie derart aufrührerisch, daß er aus den Niederlanden ausgewiesen wurde. Nach dem Versuch, den Sultan von Konstantinopel zu bekehren, zog er nach Moskau, um das Jesueliterreich zu gründen. Dort aber wurde er auf dem Scheiterhaufen verbrannt.

In der zweiten Hälfte des Jahrhunderts entstand eine protestantische neue Frömmigkeitsbewegung, der 'Pietismus'. Viele evangelische Kirchenlieder aus dieser Zeit werden noch heute gesungen. Der bekannteste protestantische Autor von Kirchenliedern ist Paul Gerhardt (1607-1676) mit seinen *Geistlichen Andachten* (1667).

4 Das achtzehnte Jahrhundert

Nach dem Dreißigjährigen Krieg hatte der Kaiser nur noch eine repräsentative Funktion. Die Landesfürsten besaßen die eigentliche Macht, was zur Folge hatte, daß das Deutsche Reich in viele kleine Herrschaftsgebiete zersplittert war. Sie herrschten nach dem Vorbild von Ludwig XIV. von Frankreich als absolute Fürsten. Im Laufe des 18. Jahrhunderts waren es zwei Staaten, die sich über die anderen erhoben: Österreich und Preußen.

Die österreichischen Interessen richteten sich zunächst auf den Osten und Südosten Europas. Die Türken hatten im 15. und 16. Jahrhundert die Balkanhalbinsel erobert und belagerten 1683 Wien. Prinz Eugen von Savoyen (1663-1736) besiegte als kaiserlicher Feldherr die Türken, so daß sich die österreichische Herrschaft über Ungarn und den gesamten Balkan ausdehnen konnte.

In Norddeutschland entwickelte sich ein starker preußischer Staat. Seine größte Machtentfaltung erreichte er unter der Regierung Friedrichs des Großen (1712-1786). Als aufgeklärter Herrscher orientierte er sich an der französischen Aufklärung. Er war mit dem Philosophen Voltaire befreundet. Er begann den Krieg mit Österreich um den Besitz von Schlesien. Österreich wurde damals von Kaiserin Maria Theresia (1717-1780) regiert. Die Auseinandersetzung gipfelte im Siebenjährigen Krieg (1756-1763). Obwohl Preußen den Krieg nicht gewann, wurde es eine neue europäische Großmacht.

◁◁ *C.W.E. Dietrich,*
'Gartengesellschaft' (1746).
Das 'Zeitalter der Vernunft' war
auch ein Zeitalter der äußersten
Verfeinerung der feudalen
Lebensweise. Vorbild war das
französische Rokoko

Das Zeitalter der Aufklärung

Im 18. Jahrhundert entwickelte sich eine von der Vernunft bestimmte Denkweise, der *Rationalismus*. Richtungweisend für das Erkennen und Handeln des Menschen war nicht mehr allein die bisher gültige, durch die Bibel offenbarte Wahrheit. Entwicklungen in der Philosophie und der Naturwissenschaft hatten das Vertrauen in die Möglichkeit, daß der Mensch die Welt erkennen kann, verstärkt. Man war überzeugt, daß eine diesseitige Welterkenntnis möglich ist. Humanität und Toleranz waren die Leitbegriffe, in diesem Sinne mußten die Menschen erzogen werden.

Der Philosoph Immanuel Kant (1724-1804) appellierte an die Menschen, daß sie sich ihres eigenen Verstandes bedienen und sich nicht einfach irgendwelchen Autoritäten unterwerfen sollten. Er sagte: 'Aufklärung ist der Ausgang des Menschen aus seiner selbstverschuldeten Unmündigkeit.' Doch wollte die Aufklärung nicht nur das Denken, sondern den ganzen Menschen, also auch das Gefühl und das Empfindungsvermögen entwickeln. Der Pietismus war eine Glaubensrichtung, die sich im 18. Jahrhundert ausbreitete. Er berief sich nicht mehr auf die offizielle Lehre der Kirche, sondern auf die persönliche Erfahrung des Glaubens. Das hatte großen Einfluß auf die Literatur. Die Dichter begannen ihre eigene innere Gefühlswelt zu gestalten. Man nannte diese Richtung die *Empfindsamkeit*.

Eine Radikalisierung dieses Standpunktes führte zum *Sturm und Drang*. Die Dichter dieser Strömung betonten das subjektive Gefühl als einzigen Maßstab für die Wahrheit und lehnten die Überschätzung der Vernunft ab. Sie fühlten sich als ursprüngliche Originalgenies, unabhängig von allem Regelzwang. Ihr Vorbild sahen sie in Shakespeare.

Im ganzen gesehen war die Aufklärung eine bürgerliche Bewegung. In ihr ging es nicht in erster Linie um soziale und politische Auseinandersetzungen, sondern um das Entstehen eines neuen bürgerlichen Bewußtseins. Man berief sich dabei auf eine für alle Menschen gültige Moral. Sie sollte auch für den Adel gelten, der noch immer an seinen Sonderrechten festhielt.

Literarische Formen

◆ **Bildungsroman** ◆ Entwicklungsroman, in dem die psychologische Entwicklung einer Person, und vor allem der Einfluß der kulturellen Umgebung und anderer Personen auf die geistige und charakterliche Entwicklung des Helden eines Romans dargestellt wird.

◆ **Fabel** ◆ Kurze Geschichte, in der Tiere mit menschlichen Eigenschaften eine moralische Wahrheit mit einer erzieherischen Absicht veranschaulichen.

◆ **Parabel** ◆ Lehrhafte Erzählung, in der eine allgemeine moralische Wahrheit oder Erkenntnis bildhaft an einem Einzelfall dargestellt wird.

◆ **Bürgerliche Tragödie** ◆ Bis ins 18. Jahrhundert war der Held einer Tragödie eine gesellschaftlich hochgestellte Persönlichkeit. Mit dem Erstarken des Bürgertums traten nun Bürger mit ihren Problemen (z.B. dem Standesunterschied zwischen Adel und Bürgertum) in der Tragödie auf.

▽ *Daniel Chodowiecki, 'Kinder lernen mit ihrer Hauslehrerin' (Mitte 18. Jht.)*

Gottsched

Ein neuer Anstoß, über Literatur im Sinne der Aufklärung nachzudenken, ging von Johann Christoph Gottsched (1700-1766) aus. Er war in Ostpreußen geboren, aber vor den preußischen Werbern nach Leipzig geflohen, wo er Professor für Philosophie und Dichtkunst wurde. Sein Hauptwerk war: *Versuch einer kritischen Dichtkunst für die Deutschen* (1730). Sein Ausgangspunkt war, daß eine Dichtung in erster Linie nützen und gefallen sollte. Die ideale Form, die beides verbindet, ist die 'Fabel': eine Geschichte von Tieren mit menschlichen Eigenschaften, in der eine moralische Wahrheit dargestellt wird. Viele Dichter des 18. Jahrhunderts haben Fabeln geschrieben. Als Beispiel sei eine von Friedrich Karl von Moser (1723-1798) angeführt.

▽ *Anonym, 'Gottsched und Gottschedin' (18. Jht.)*

Wir haben gegessen

Am Geburtstag eines jungen Adlers gab König Adler seiner Familie ein großes Mahl und lud alles Heer des Himmels zu diesem Freudenfest ein. Ehrerbietig warteten Tausende von Vögeln bei seiner Tafel auf, bewunder-
5 ten den Reichtum der Speisen und noch mehr die heroischen Verdauungskräfte ihres Königs. 'Wir,' sprach endlich der gesättigte Adler zu dem zusehenden Volk, 'Wir haben gegessen'. 'Wir aber nicht,' zwitscherte ein vom Heißhunger geplagter Sperber. 'Ihr seid', erwiderte der
10 erhabene Monarch, 'mein Staat, ich esse für euch alle.'

Im Sinne des Rationalismus wollte Gottsched auf Grund der Vernunft Regeln aufstellen. Beim Schreiben eines Kunstwerkes mußten sie beachtet werden und zugleich als Maßstab bei der Beurteilung eines Kunstwerkes gelten. Vor allem die Regeln für die Tragödie waren Anlaß zu langen Diskussionen. Er hielt am Vorbild der französischen Tragödie fest, daß in ihr hohe Standespersonen auftreten müssen, während in einer Komödie Bürger auftreten können. Auch muß eine Tragödie die drei Einheiten einhalten: die Einheit der Handlung (nur eine und keine Nebenhandlungen), die Einheit der Zeit (Zeitdauer von etwa zwölf Stunden) und die Einheit des Ortes (ein Akt soll an einem Ort spielen). Es sollte damit die Steigerung der Spannung und die Konzentration auf das Wesentliche erreicht werden. Ein Dichter soll sich einen moralischen Lehrsatz wählen, dazu in der Geschichte nach einem Geschehen suchen, wodurch die Wahrheit des Lehrsatzes dargestellt werden kann. Das Ganze wird in fünf Teile von gleicher Länge eingeteilt (fünf Akte), wobei sich das Letztere aus dem Vorhergehenden entwickeln soll. Ob es sich in der Geschichte wirklich so ereignet hat, ist dabei nebensächlich. Nach diesem Rezept hat Gottsched selbst seine Tragödien geschrieben.

Er versuchte, in Leipzig mit der Theatergruppe der Neuberin seine Auffassungen in der Praxis auszuprobieren. Das Theater hatte zu dieser Zeit in Deutschland noch kaum literarische Bedeutung. Es gelang ihm das Niveau durch diese Zusammenarbeit wesentlich zu heben. Diesen tatkräftigen Anstoß zu einer qualitativ höheren deutschen Dichtung verdarb sich Gottsched durch sein starres Festhalten an den Regeln.

Lessing

Die nächste Generation protestierte gegen die Auffassungen von Gottsched, allen voran Gotthold Ephraim Lessing (1729-1781). Er studierte in Leipzig, wo er Gottsched und die Theateraufführungen der Neuberin kennenlernte. Er gewann seine Theatererfahrungen somit nicht aus der Theorie, sondern aus der Praxis. Über Gottsched schrieb er in seinem 17. Literaturbrief:

> Niemand [...] wird leugnen, daß die deutsche Schaubühne einen großen Teil ihrer ersten Verbesserung dem Herrn Professor Gottsched zu danken habe. Ich bin dieser Niemand; ich leugne es geradezu. Es wäre zu
> 5 wünschen, daß sich Herr Gottsched niemals mit dem Theater vermengt hätte. Seine vermeinten Verbesserungen betreffen entweder entbehrliche Kleinigkeiten, oder sind wahre Verschlimmerungen.

Durch seine Freundschaft mit dem Aufklärer Friedrich Nicolai und dem jüdischen Philosophen Moses Mendelssohn vertiefte er seine literaturkritischen Erkenntnisse. Sein wichtigstes Werk war die *Hamburgische Dramaturgie,* eine Sammlung von Theaterkritiken, die er 1767-1769 am neu gegründeten Hamburger Nationaltheater schrieb. Ausgehend von den aufgeführten Stücken entwickelte er seine Auffassung von der bürgerlichen Tragödie. Es geht nicht um die krampfhafte Einhaltung der drei Einheiten, sondern um die Darstellung einer Handlung, die wahrscheinlich ist und den Erfahrungen des bürgerlichen Publikums entspricht. Er ist der Meinung, daß auch Bürger als Hauptpersonen in einer Tragödie auftreten können. In seiner bürgerlichen Tragödie *Emilia Galotti* (1772) wird ein neues moralisches Bewußtsein dargestellt, das sich von den frivolen höfischen Intrigen deutlich absetzt.

Emilia Galotti

Der Prinz von Guastalla hat sich in Emilia Galotti, die Tochter eines Offiziers verliebt. Zu seinem Schrecken hört er, daß sie kurz vor der Hochzeit mit Graf Appiani steht. Durch die Intrige eines Kammerherren soll die Hochzeit verhindert werden. Bei einem in Szene gesetzten Überfall wird Appiani getötet und Emilia fällt in die Hände des Prinzen, der als ihr Retter auftritt. Nachdem Emilia die ganze Wahrheit erfahren hat, bittet sie ihren Vater sie zu töten, weil sie ihre moralische Integrität gegenüber den Verführungskünsten des Prinzen bewahren will.

Schon 1767 hatte Lessing eine der schönsten deutschen Komödien geschrieben: *Minna von Barnhelm.* Im Gegensatz zur Tragödie, in der der Konflikt meistens mit dem Tod des Helden gelöst wird, stellt sich in der Komödie der Konflikt als ein Scheinkonflikt heraus.

Minna von Barnhelm

Das Stück spielt am Ende des Siebenjährigen Krieges. Der preußische Major von Tellheim mußte in Sachsen hohe Kontribitionen eintreiben. Da die sächsischen Landesstände den gesamten Betrag nicht zahlen konnten, hat er die fehlende Summe aus eigenen Mitteln vorgeschossen. Das reiche sächsische Fräulein Minna von Barnhelm hatte diese Tat sehr beeindruckt und sie hat sich, ohne Tellheim gesehen zu haben, mit ihm verlobt. Nach dem Krieg wurde der Major verabschiedet und

△ *Kolorierter Holzstich nach einem Gemälde von Moritz Daniel Oppenheim (1856).*
Mendelssohn, Lessing (stehend) und Lavater beim Schachspiel. Es handelt sich hierbei um eine fiktive Darstellung eines Zusammentreffens dieser drei berühmten Männer. Lavater hat Mendelssohn 1763 in Berlin besucht, Lessing war damals in Breslau
◁◁ *Anton Graff, 'Gotthold Ephraim Lessing' (1770)*

man vermutete, daß er von den Sachsen bestochen worden sei. Tellheim fühlte sich in seiner Ehre tief gekränkt und glaubte, daß er Minna nicht mehr heiraten könne. Diese ist nach Berlin gekommen, um ihn zu suchen. Zufällig steigt Minna in dem gleichen Gasthof ab, wo auch Tellheim wohnt. Minna versucht nun mit allerlei Intrigen Tellheim von seinem übertriebenen Ehrgefühl zu heilen. Inzwischen erfährt Tellheim, daß sich die Beschuldigung als Mißverständnis herausgestellt hat. Doch Minna spielt das Spiel noch weiter und so wären beinahe doch noch alle Bemühungen gescheitert, wenn nicht ihr Onkel erschienen wäre und die Liebenden versöhnt hätte.

Die aufgeklärte Weltauffassung Lessings kommt am deutlichsten in seinem letzten Drama zum Ausdruck, *Nathan der Weise, ein dramatisches Gedicht* (1779).

Nathan der Weise

Es spielt zur Zeit der Kreuzzüge in Jerusalem. Hier berühren sich die drei großen Weltreligionen Christentum, Judentum und Islam. Bei einem Pogrom hatte der Jude Nathan seine gesamte Familie verloren. Er hatte darauf Recha, ein christliches Waisenkind, angenommen und erzogen. Bei einem Brand in Abwesenheit von Nathan wird Recha von einem Tempelherren, einem Gefangenen des Sultan Saladin, gerettet. Später stellt sich heraus, daß der Tempelherr und Recha Geschwister und Kinder des verschollenen Bruders des Sultans Saladin sind. Diese Verwandtschaft hat einen symbolischen Charakter. Es erweisen sich die als Jüdin erzogene Recha, der christliche Tempelherr und der Muselman Saladin als Glieder einer einzigen Familie. Dies kommt auch in der Ringparabel zum Ausdruck. In einem Gespräch fragt Saladin den Juden Nathan nach der wahren Religion. Dieser antwortet mit einer 'Parabel', einer lehrhaften Erzählung.

NATHAN:

   Vor grauen Jahren lebt' ein Mann in Osten,
   Der einen Ring von unschätzbarem Wert
   Aus lieber Hand besaß. Der Stein war ein
   Opal, der hundert schöne Farben spielte,
5 Und hatte die geheime Kraft, vor Gott
   Und Menschen angenehm zu machen, wer
   In dieser Zuversicht ihn trug. Was Wunder,
   Daß ihn der Mann in Osten darum nie
   Vom Finger ließ; und die Verfügung traf,
10 Auf ewig ihn bei seinem Hause zu
   Erhalten? Nämlich so. Er ließ den Ring
   Von seinen Söhnen dem geliebtesten;
   Und setzte fest, daß dieser wiederum
   Den Ring von seinen Söhnen dem vermache,
15 Der ihm der liebste sei; und stets der liebste,
   Ohn' Ansehn der Geburt, in Kraft allein
   Des Rings, das Haupt, der Fürst des Hauses werde. –
   Versteh mich, Sultan.

SALADIN:

   Ich versteh dich. Weiter!

NATHAN:

20 So kam nun dieser Ring, von Sohn zu Sohn,

Auf einen Vater endlich von drei Söhnen;
Die alle drei ihm gleich gehorsam waren,
Die alle drei er folglich gleich zu lieben
Sich nicht entbrechen konnte. Nur von Zeit
25 Zu Zeit schien ihm bald der, bald dieser, bald
Der dritte, – sowie jeder sich mit ihm
Allein befand, und sein ergießend Herz
Die andern zwei nicht teilten, – würdiger
Des Ringes; den er denn auch einem jeden
30 Die fromme Schwachheit hatte, zu versprechen.
Das ging nun so, solang es ging. – Allein
Es kam zum Sterben, und der gute Vater
Kömmt in Verlegenheit. Es schmerzt ihn, zwei
Von seinen Söhnen, die sich auf sein Wort
35 Verlassen, so zu kränken. – Was zu tun? –
Er sendet in geheim zu einem Künstler,
Bei dem er, nach dem Muster seines Ringes,
Zwei andere bestellt, und weder Kosten,
Noch Mühe sparen heißt, sie jenem gleich,
40 Vollkommen gleich zu machen. Das gelingt
Dem Künstler. Da er ihm die Ringe bringt,
Kann selbst der Vater seinen Musterring
Nicht unterscheiden. Froh und freudig ruft
Er seine Söhne, jeden insbesondre;
45 Gibt jedem insbesondre seinen Segen, –
Und seinen Ring, – und stirbt. – Du hörst doch, Sultan?

SALADIN:

Ich hör, ich höre! – Komm mit deinem Märchen
Nur bald zu Ende. – Wird's?

NATHAN:

Ich bin zu Ende.
50 Denn was noch folgt, versteht sich ja von selbst. –
Kaum war der Vater tot, so kömmt ein jeder
Mit seinem Ring, und jeder will Fürst
Des Hauses sein. Man untersucht, man zankt,
Man klagt. Umsonst; der rechte Ring war nicht
55 Erweislich; – Fast so unerweislich, als
Uns itzt – der rechte Glaube.

SALADIN:

Wie? das soll
Die Antwort sein auf meine Frage?...

NATHAN:

Soll
60 Mich bloß entschuldigen, wenn ich die Ringe

△ Henschel, Der Schriftsteller und Schauspieler Iffland als 'Nathan'
▷▷ 'Nathan der Weise' in moderner Aufführung des Bochumer
Ensembles

Mir nicht getrau zu unterscheiden, die
Der Vater in der Absicht machen ließ,
Damit sie nicht zu unterscheiden wären.

SALADIN:

Die Ringe! – Spiele nicht mit mir! – Ich dächte,
65 Daß die Religionen, die ich dir
Genannt, doch wohl zu unterscheiden wären.
Bis auf die Kleidung, bis auf Speis' und Trank!

NATHAN:

Und nur von seiten ihrer Gründe nicht. –
Denn gründen alle sich nicht auf Geschichte?
70 Geschrieben oder überliefert! – Und
Geschichte muß doch wohl allein auf Treu
Und Glauben angenommen werden? – Nicht? –
Nun, wessen Treu und Glauben zieht man denn
Am wenigsten in Zweifel? Doch der Seinen?
75 Doch deren Blut wir sind? doch deren, die
Von Kindheit an uns Proben ihrer Liebe
Gegeben? die uns nie getäuscht, als wo
Getäuscht zu werden uns heilsamer war? –
Wie kann ich meinen Vätern weniger
80 Als du den deinen glauben? Oder umgekehrt, –
Kann ich von dir verlangen, daß du deine
Vorfahren Lügen strafst, um meinen nicht
Zu widersprechen? Oder umgekehrt.

Das nämliche gilt vor den Christen. Nicht?
SALADIN *(Bei dem Lebendigen! Der Mann hat recht.*
Ich muß verstummen):
NATHAN:
85 Laß auf unsre Ring'
Uns wieder kommen. Wie gesagt: die Söhne
Verklagten sich; und jeder schwur dem Richter,
Unmittelbar aus seines Vaters Hand
Den Ring zu haben. – Wie auch wahr! – Nachdem
90 Er von ihm lange das Versprechen schon
Gehabt, des Ringes Vorrecht einmal zu
Genießen. – Wie nicht minder wahr! – Der Vater,
Beteuerte jeder, könne gegen ihn
Nicht falsch gewesen sein; und eh' er dieses
95 Von ihm, von einem solchen lieben Vater
Argwohnen lass': eh' müss' er seine Brüder,
So gern er sonst von ihnen nur das Beste
Bereit zu glauben bereit sei, des falschen Spiels
Bezeihen; und er wolle die Verräter
100 Schon auszufinden wissen; sich schon rächen.
SALADIN:
Und nun der Richter? – Mich verlangt zu hören,
Was du den Richter sagen lässest. Sprich!
NATHAN:
Der Richter sprach: Wenn ihr mir nun den Vater
Nicht bald zur Stelle schafft, so weis ich euch
105 Von meinem Stuhle. Denkt ihr, daß ich Rätsel
Zu lösen da bin? Oder harret ihr,

Bis daß der rechte Ring den Mund eröffne? –
Doch halt! Ich höre ja, der rechte Ring
Besitzt die Wunderkraft beliebt zu machen;
110 Vor Gott und Menschen angenehm. Das muß
Entscheiden! Denn die falschen Ringe werden
Doch das nicht können! – Nun; wen lieben zwei
Von Euch am meisten? – Macht, sagt an! Ihr schweigt?
Die Ringe wirken nur zurück? und nicht
115 Nach außen? Jeder liebt sich selber nur
Am meisten? – Oh, so seid ihr alle drei
Betrogene Betrüger! Eure Ringe
Sind alle drei nicht echt. Der echte Ring
Vermutlich ging verloren. Den Verlust
120 Zu bergen, zu ersetzen, ließ der Vater
Die drei für einen machen.
SALADIN:
Herrlich! Herrlich!
NATHAN:
Und also, fuhr der Richter fort, wenn ihr
Nicht meinen Rat, statt meines Spruches, wollt:
125 Geht nur! – Mein Rat ist aber der: ihr nehmt
Die Sache völlig wie sie liegt. Hat von
Euch jeder seinen Ring von seinem Vater:
So glaube jeder sicher seinen Ring
Den echten. – Möglich; daß der Vater nun
130 Die Tyrannei des einen Ringes nicht länger
In seinem Haus dulden wollen! – Und gewiß;
Daß er euch alle drei geliebt, und gleich
Geliebt: indem er zwei nicht drücken mögen,
Um einen zu begünstigen. – Wohlan!
135 Es eifre jeder seiner unbestochnen
Von Vorurteilen freien Liebe nach!
Es strebe von euch jeder um die Wette,
Die Kraft des Steins in seinem Ring' an Tag
Zu legen! komme dieser Kraft mit Sanftmut,
140 Mit herzlicher Verträglichkeit, mit Wohltun,
Mit innigster Ergebenheit in Gott
Zu Hilf'! Und wenn sich dann der Steine Kräfte
Bei euern Kindes-Kindeskindern äußern:
So lad ich über tausend Jahre
145 Sie wiederum vor diesen Stuhl. Da wird
Ein weisrer Mann auf diesem Stuhle sitzen
Als ich; und sprechen. Geht! So sagte der
Bescheidne Richter.

Der junge Goethe

Johann Wolfgang von Goethe (1782 geadelt) wurde 1749
in Frankfurt am Main geboren und ist in der bürgerlichen
Welt dieser freien Reichsstadt aufgewachsen. Er studierte
die Rechte in Leipzig, kehrte 1768 nach Frankfurt zurück
und beendete 1770-1771 sein Studium in Straßburg. Inzwischen hatte er mit dem Pietismus und der Empfindsamkeit Bekanntschaft gemacht. In Straßburg wurde er
zum wichtigsten Vertreter der Sturm-und-Drang-Bewe-
gung. Vor allem in zwei Werken gestaltete Goethe die
neuen Erfahrungen, im Drama *Götz von Berlichingen mit
der eisernen Hand* (1773) und in dem Roman *Die Leiden
des jungen Werthers* (1774).

Götz von Berlichingen

Als Vorbild für das Drama *Götz von Berlichingen* galten
die Dramen von Shakespeare. Sie setzten sich über allen
rationalen Regelzwang hinweg und stellten individuelle
Charaktere in ihrer Natürlichkeit dar. Götz, ein freier
Reichsritter, ist so eine starke Persönlichkeit. Er beruft
sich auf das Faustrecht und verteidigt seine Freiheit gegen
das im 16. Jahrhundert vordringende Territorialfürsten-
tum. Letztlich aber scheitert er als Rebell, weil er auf der
Seite der aufständischen Bauern am Bauernkrieg teilge-
nommen hat. In einer bunten Fülle von Szenen wird das
Leben auf Götzens Burg, dem intriganten Hof des
Bischofs von Bamberg und dem Bauernkrieg dargestellt.

Die Leiden des jungen Werthers

Im *Werther* wählt Goethe die Form des Briefromans, in
dem der Held – der Ich-Erzähler – seine eigenen Gefühle
und Gedanken in Briefen direkt zum Ausdruck bringt.
Werther ist ein junger Mann mit tiefer seelischer Empfin-
dung und hohen Erwartungen. Überall stößt er an un-
überwindliche Grenzen: in der Kunst, in der Gesellschaft
und in der Liebe. Er liebt Lotte, die jedoch bereits mit
einem anderen verlobt ist. Er steigert sich so in diese
Liebe hinein, daß die Verzweiflung über die Unmöglich-
keit nur in einem Selbstmord, enden kann. Das Neue in
diesem Roman war das Darstellen dieses totalen Scheiterns von Werther.

△ *G.O.May, 'Johann Wolfgang Goethe' (1779)*
△△ *J.H.W. Tischbein, 'Johann Wolfgang Goethe aus dem Fenster seiner
römischen Wohnung am Corso blickend' (1786)*
▷▷ *Aquarell eines unbekannten Zeitgenossen, Werther am Schreibpult,
die Pistolen in der Hand*

Am 12. August
  Gewiß, Albert ist der beste Mensch unter dem Himmel.
  Ich habe gestern eine wunderbare Szene mit ihm gehabt.
  Ich kam zu ihm, um Abschied von ihm zu nehmen;
5 denn mich wandelte die Lust an, ins Gebirge zu reiten,
  von woher ich Dir auch jetzt schreibe, und wie ich in
  der Stube auf und ab gehe, fallen mir seine Pistolen in
  die Augen. – Borge mir die Pistolen, sage ich, zu meiner
  Reise. – Meinetwegen, sagte er, wenn Du Dir die Mühe
10 nehmen willst, sie zu laden; bei mir hängen sie nur pro
  forma. – Ich nahm eine herunter, und er fuhr fort: Seit
  mir meine Vorsicht einen so unartigen Streich gespielt
  hat, mag ich mit dem Zeuge nichts mehr zu tun haben.
  – Ich war neugierig, die Geschichte zu wissen. – Ich
15 hielt mich, erzählte er, wohl ein Vierteljahr auf dem
  Lande bei einem Freunde auf, hatte ein paar Terzerolen,
  ungeladen, und schlief ruhig. Einmal an einem regne-
  rischen Nachmittag, da ich müßig sitze, weiß ich nicht,
  wie mir einfällt: wir könnten überfallen werden, wir
20 könnten die Terzerolen nötig haben und könnten – du
  weißt ja, wie das ist. – Ich gab sie dem Bedienten, sie zu
  putzen und zu laden; und der dahlt mit den Mädchen,
  will sie erschrecken, und Gott weiß wie, das Gewehr
  geht los, da der Ladestock noch drinsteckt, und schießt
25 den Ladestock einem Mädchen zur Maus herein an der
  rechten Hand und zerschlägt ihr den Daumen. Da hatte
  ich das Lamentieren und die Kur zu bezahlen oben-
  drein, und seit der Zeit lass' ich alles Gewehr ungeladen.

[...] Ich verfiel in Grillen, und mit einer auffahrenden
30 Gebärde drückte ich mir die Mündung der Pistole übers
rechte Aug' an die Stirn. – Pfui! sagte Albert, indem er
mir die Pistole herabzog, was soll das? – Sie ist nicht
geladen, sagte ich. – Und auch so, was soll's? versetzte er
ungeduldig. Ich kann mir nicht vorstellen, wie ein
35 Mensch so töricht sein kann, sich zu erschießen; der
bloße Gedanke erregt mir Widerwillen. [...] Du wirst
mir zugeben, sagte Albert, daß gewisse Handlungen la-
sterhaft bleiben, sie mögen geschehen, aus welchem
Beweggrunde sie wollen.
40 Ich zuckte die Achseln und gab's ihm zu.- Doch, mein
Lieber, fuhr ich fort, finden sich auch hier einige Aus-
nahmen. Es ist wahr, der Diebstahl ist ein Laster: aber
der Mensch, der, um sich und die Seinigen vom
gegenwärtigen Hungertode zu erretten, auf Raub aus-
45 geht, verdient der Mitleiden oder Strafe? Wer hebt den
ersten Stein auf gegen den Ehemann, der im gerechten
Zorne sein untreues Weib und ihren nichtswürdigen
Verführer aufopfert? Gegen das Mädchen, das in einer
wonnevollen Stunde sich in den unaufhaltsamen Freu-
50 den der Liebe verliert? Unsere Gesetze selbst, diese kalt-
blütigen Pedanten, lassen sich rühren und halten ihre
Strafe zurück. [...]
Das ist ganz was anders, versetzte Albert, weil ein
Mensch, den seine Leidenschaften hinreißen, alle Besin-
55 nungskraft verliert und als ein Trunkener, als ein Wahn-
sinniger angesehen wird.
Ach ihr vernünftigen Leute! rief ich lächelnd aus. Leidenschaft! Trunkenheit! Wahnsinn! Ihr steht so gelassen,
so ohne Teilnehmung da, ihr sittlichen Menschen! [...]
60 Das sind nun wieder von deinen Grillen, sagte Albert,
du überspannst alles und hast wenigstens hier gewiß
unrecht, daß du den Selbstmord, wovon jetzt die Rede

ist, mit großen Handlungen vergleichst: da man es doch
für nichts anderes als eine Schwäche halten kann. Denn
65 freilich ist es leichter zu sterben, als ein qualvolles Leben
standhaft zu ertragen. [...]
Laß uns denn sehen, ob wir uns auf eine andere Weise
vorstellen können, wie dem Menschen zu Mute sein
mag, der sich entschließt, die sonst angenehme Bürde
70 des Lebens abzuwerfen. Denn nur insofern wir empfinden, haben wir Ehre, von einer Sache zu reden.
Die menschliche Natur, fuhr ich fort, hat ihre Grenzen;
sie kann Freude, Leid, Schmerzen bis auf einen gewissen
Grad ertragen und geht zugrunde, sobald der überstie-
75 gen ist. Hier ist also nicht die Frage, ob einer schwach
oder stark ist? sondern ob es das Maß seines Leidens
ausdauern kann? es mag nun moralisch oder körperlich
sein: und ich finde es ebenso wunderbar zu sagen, der
Mensch ist feige, der sich das Leben nimmt, als es un-
80 gehörig wäre, den einen Feigling zu nennen, der an
einem bösartigen Fieber stirbt.
Paradox! sehr paradox! rief Albert aus. – Nicht so sehr,
als du denkst, versetzte ich. Du gibst mir zu, wir nennen
das eine Krankheit zum Tode, wodurch die Natur so
85 angegriffen wird, daß teils ihre Kräfte verzehrt, teils so
außer Wirkung gesetzt werden, daß sie sich nicht wieder
aufzuhelfen, durch keine glückliche Revolution den
gewöhnlichen Umlauf des Lebens wieder herzustellen
fähig ist.
90 Nun, mein Lieber, laß uns das auf den Geist anwenden.
Sieh den Menschen an in seiner Eingeschränktheit, wie
Eindrücke auf ihn wirken, Ideen sich bei ihm festsetzen,
bis endlich eine wachsende Leidenschaft ihn aller ruhigen Sinneskraft beraubt und ihn zugrunde richtet.
95 Vergebens, daß der gelassene vernünftige Mensch den
Zustand des Unglücklichen übersieht, vergebens, daß er
ihm zuredet! Ebenso wie ein Gesunder, der am Bette des
Kranken steht, ihm von seinen Kräften nicht das
geringste einflößen kann. [...]
100 Mein Freund, rief ich aus, der Mensch ist Mensch, und
das bißchen Verstand, das einer haben mag, kommt
wenig oder nicht in Anschlag, wenn Leidenschaft wütet
und die Grenzen der Menschheit einen drängen. Vielmehr – Ein andermal davon, sagte ich, und griff nach
105 meinem Hute. Oh, mir war das Herz so voll – Und wir
gingen auseinander, ohne einander verstanden zu haben.

Lyrik des jungen Goethe

Wie auf dem Gebiet des Dramas und des Romans schuf Goethe auch eine neue Lyrik. In Straßburg lernte er Johann Gottfried Herder (1744-1803) kennen, der eine neue Kunstauffassung verkündete. Er forderte Natürlichkeit, Einfachheit und Ausdruckskraft von der Dichtung. Auch wies er auf die Schönheit von Volksliedern hin. Goethe wollte diese Forderungen verwirklichen. Im Oktober 1770 hatte er Friederike Brion, eine Pfarrerstochter in Sesenheim bei Straßburg, kennengelernt und sich unsterblich in sie verliebt. Seinem Gefühl gab er Ausdruck in einigen Gedichten, in denen er eine ganz neue Sprache, vor allem eine neue Sprachmelodie in seinen Versen fand. Die Natur widerspiegelt gleichsam den inneren Gefühlszustand des Dichters. Der Ritt, die Ankunft und der Abschied sind die Themen des Gedichts *Willkommen und Abschied.*

Einen zweiten Höhepunkt in dieser Zeit bildeten seine grossen Hymnen (Lobgesang auf die Götter). Sie waren Ausdruck eines schöpferischen Genies, das aus seiner innerlichen Subjektivität heraus ein neues Weltbild formt. Das Gedicht *Prometheus* ist ein grosser Monolog von Prometheus, der sich gegen die Götter empört. Es spricht also nicht der Dichter, sondern Prometheus. Nach der griechischen Überlieferung ist es ein Halbgott, der das Feuer für die Menschen von den Göttern gestohlen hat.

Willkommen und Abschied

Es schlug mein Herz, geschwind zu Pferde!
Es war getan fast eh gedacht.
Der Abend wiegte schon die Erde,
Und an den Bergen hing die Nacht;
5 Schon stand im Nebelkleid die Eiche,
Ein aufgetürmter Riese, da,
Wo Finsternis aus dem Gesträuche
Mit hundert schwarzen Augen sah.

Der Mond von einem Wolkenhügel
10 Sah kläglich aus dem Duft hervor,
Die Winde schwangen leise Flügel,
Umsausten schauerlich mein Ohr;
Die Nacht schuf tausend Ungeheuer,
Doch frisch und fröhlich war mein Mut:
15 In meinen Adern welches Feuer!
In meinem Herzen welche Glut!

Dich sah ich, und die milde Freude
Floß von dem süßen Blick auf mich;
Ganz war mein Herz an deiner Seite
20 Und jeder Atemzug für dich.
Ein rosenfarbnes Frühlingswetter
Umgab das liebliche Gesicht,
Und Zärtlichkeit für mich – ihr Götter!
Ich hofft es, ich verdient es nicht!

25 Doch ach, schon mit der Morgensonne
Verengt der Abschied mir das Herz:
In deinen Küssen welche Wonne!
In deinem Auge welcher Schmerz!
Ich ging, du standst und sahst zur Erde
30 Und sahst mir nach mit nassem Blick:
Und doch, welch Glück, geliebt zu werden!
Und lieben, Götter, welch ein Glück!

◁◁ *Eines der angeblichen Bildnisse von Friederike Brion*
◁ *Auguste Hüsener, 'Käthchen Schönkopf'*
▷▷ *Dirck van Baburen, 'Prometheus, von Vulcanus in Ketten gelegt'*
(1623). Prometheus wurde dafür, daß er den Menschen das Feuer
gebracht hatte, von den Göttern bestraft
▷▷▷ *J.W.Goethe, 'Prometheus' (um 1810)*

Prometheus

Bedecke deinen Himmel, Zeus,
Mit Wolkendunst!
Und übe, Knaben gleich,
Der Disteln köpft,
5 An Eichen dich und Bergeshöhn!
Mußt mir meine Erde
Doch lassen stehn,
Und meine Hütte,
Die du nicht gebaut,
10 Und meinen Herd,
Um dessen Glut
Du mich beneidest.

Ich kenne nichts Ärmers
Unter der Sonne als euch Götter.
15 Ihr nähret kümmerlich
Von Opfersteuern
Und Gebetshauch
Eure Majestät
Und darbtet, wären
20 Nicht Kinder und Bettler
Hoffnungsvolle Toren.

Da ich ein Kind war,
Nicht wußte, wo aus, wo ein,
Kehrte mein verirrtes Aug
25 Zur Sonne, als wenn drüber wär
Ein Ohr, zu hören meine Klage,
Ein Herz wie meins,
Sich des Bedrängten zu erbarmen.

Wer half mir wider
30 Der Titanen Übermut?
Wer rettete vom Tode mich,
Von Sklaverei?
Hast du's nicht alles selbst vollendet,
Heilig glühend Herz?
35 Und glühtest, jung und gut,
Betrogen, Rettungsdank
Dem Schlafenden dadroben?

Ich dich ehren? Wofür?
Hast du die Schmerzen gelindert
40 Je des Beladenen?
Hast du die Tränen gestillt
Je des Geängsteten?

Hat nicht mich zum Manne
geschmiedet
Die allmächtige Zeit
45 Und das ewige Schicksal,
Meine Herrn und deine?

Wähnest du etwa,
Ich sollte das Leben hassen,
In Wüsten fliehn,
50 Weil nicht alle Knabenmorgen –
Blütenträume reiften?

Hier sitz ich, forme Menschen
Nach meinem Bilde,
Ein Geschlecht, das mir gleich sei,
55 Zu leiden, weinen,
Genießen, und zu freuen sich,
Und dein nicht zu achten,
Wie ich.

Der junge Schiller

Während Goethe in einer freien Reichsstadt geboren wurde, wuchs Friedrich von Schiller (1759-1805, 1802 geadelt) in dem absolutistisch regierten Herzogtum Württemberg auf. Er wurde 1773 gezwungen, die herzogliche Militärakademie (die Hohe Karlsschule) in Stuttgart zu besuchen. Sein starker Freiheitsdrang kam recht bald in Konflikt mit der strengen militärischen Erziehung auf dieser Schule. Heimlich schrieb er sein erstes Drama *Die Räuber*, das 1780 beendet und 1782 in Mannheim, außerhalb des Herzogtums, mit beispiellosem Erfolg aufgeführt wurde.

Die Räuber

Im Mittelpunkt des Stückes steht Karl Moor, ein nach Freiheit und Tatkraft strebendes Kraftgenie, der gegen die entartete feudale Gesellschaft rebelliert, gegen das 'tintenklecksende Säkulum'. Sein jüngerer Bruder Franz will ihm durch eine Intrige das ihm zustehende Erbe und seine Braut abspenstig machen. Aus Enttäuschung wird Karl der Anführer einer Räuberbande. Aber mit ungesetzlicher Gewalt kann man die Welt nicht verändern. Karl muß einsehen, daß dies ein Frevel gegen die göttliche Weltordnung ist. Er überliefert sich selbst dem weltlichen Gericht.

Es war die kraftvolle und Freiheit fordernde Sprache, die das Publikum begeisterte. Mit diesem Stück, das deutlich aus dem Geiste Shakespeares geschrieben ist, gehört Schiller zum Sturm und Drang. Der Herzog ist empört und verbietet Schiller, noch weitere Theaterstücke zu schreiben. 1782 gelingt ihm die Flucht aus Stuttgart. Er versucht, Theaterdichter in Mannheim zu werden. Inzwischen hatte er mit *Kabale und Liebe* in Anlehnung an Lessings *Emilia Galotti* das bedeutendste bürgerliche Trauerspiel geschrieben.

△ *Viktor Heideloff, Schiller liest vor aus 'Die Räuber' (1856)*
▽ *Die Karlsschule in Stuttgart, nach einer Zeichnung von Conz*

Kabale und Liebe

Es spielt in einer Residenzstadt im 18. Jahrhundert. Der Sohn des Präsidenten, Ferdinand von Walter, hat sich leidenschaftlich in die Tochter des Musikers Miller, Luise, verliebt. Der Vater lehnt die nicht standesgemäße Verbindung seines Sohnes mit einer Bürgerlichen ab. Er will seinen Sohn mit der Mätresse des Fürsten, Lady Milfort, verheiraten. Der Höhepunkt des Stückes ist ein Gespräch zwischen Lady Milfort und Ferdinand. Hierbei wird die ganze Verworfenheit und Korruption dieses absolutistischen Hofes entlarvt. Doch Lady Milfort hat sich in Ferdinand verliebt und will von ihrer Liebe nicht lassen. Durch eine infame Intrige des Präsidenten gelingt es ihm, Eifersucht bei Ferdinand zu wecken. Er glaubt sich betrogen, aus Verzweiflung tötet er Luise und sich selbst.

In den Jahren 1782-1787 arbeitete Schiller an seinem Drama *Don Karlos, Infant von Spanien*. Damit löst er sich von dem maßlosen Freiheitsverlangen des Sturm und Drang und wendete sich dem Ideendrama seiner späteren Jahre zu. Im Mittelpunkt dieser Dramen steht die Idee der Bindung der Freiheit an das Gesetz.

Wieland

Es ist ein Grundgedanke der Aufklärung, daß nicht nur die Vernunft, sondern auch das Empfindungsvermögen des Menschen entwickelt werden muß. Zur Erfahrung der Außenwelt muß die innere Erfahrung treten, die sich auf das eigene Ich richtet.

Dies hat Christoph Martin Wieland (1733-1813) für den Roman fruchtbar gemacht. Nach dem Vorbild englischer Romanschriftsteller, vor allem Richardson (1689-1761), schreibt Wieland den ersten deutschen Bildungsroman: *Geschichte des Agathon* (1766, endgültige Fassung 1794).

In ihm versucht er, mit psychologischer Folgerichtigkeit die Entwicklung seines Helden von idealistischen Träumereien zu einer realistischen Welteinschätzung zu schildern. Es geht ihm dabei vor allem um die Genauigkeit der seelischen Zustände und die Verarbeitung der Erfahrung.

Erst in der letzten Fassung gelingt es Wieland, in der Darstellung der Philosophie des Archytas einen Ausgleich zwischen Ideal und Wirklichkeit zu finden. Aber wegen dieser Philosophie des Maßhaltens wird er von den jungen Dichtern des Sturm und Drangs heftig kritisiert.

▽ *G.Melchior Kraus, Wieland im Kreise seiner Familie (1775)*

Geschichte des Agathon

Der Roman spielt im 4. Jahrhundert v. Chr. Diese Fiktion eines historischen Romans gibt dem Autor die Möglichkeit, mit der Bildungsgeschichte des Griechen Agathon allerlei religiöse, philosophische, erotische und gesellschaftlich-politische Probleme kritisch zu erörtern. Agathon wird in Delphi erzogen, doch die praktizierte Religion erweist sich als Betrug der Priester. Aus Athen wird er wegen seiner Reformpläne, die den Interessen mächtiger Bürger schaden, verbannt. In Smyrna verliebt er sich in die schöne Danae. Als sich jedoch herausstellt, daß sie eine Hetäre ist, verläßt er sie enttäuscht und geht nach Syrakus. Er will den Tyrannen Dionysius im Sinne des aufgeklärten Absolutismus erziehen, doch er scheitert an den Hofintrigen. In dieser Folge von Enttäuschungen wird er von seinen Illusionen geheilt.

In einem anderen bedeutenden Roman, *Die Abderiten*, (1774) dreht Wieland den Spieß um und beschreibt in einer treffsicheren Satire mit viel Humor, daß die Menschen sich gerade nicht ihrer Vernunft bedienen.

Die Abderiten

Sie sind die Bewohner des antiken Abdera und begehen allerlei dumme Streiche, die sie als hohe Weisheit verstehen. In fünf Büchern werden die Zustände auf satirische Weise in dieser kleinen Stadtrepublik geschildert. Im vierten Buch beschreibt Wieland den Streit um eines Esels Schatten zwischen dem Eseltreiber und dem Mieter des Esels. Es geht um die Frage, ob der Schatten des Esels im Mietpreis einbegriffen ist. Die Sache wird zu einer öffentlichen Angelegenheit, bei der sich die Stadt in zwei Parteien trennt, die sich mit allen erlaubten und unerlaubten Mitteln bekämpfen. Auf dem Höhepunkt des Streites wird die Sache hinfällig, weil die Volksmenge den mit Blumen geschmückten Esel auf dem Markt zerreißt.

Gemeint ist jedoch das zeitgenössische deutsche Bürgertum. Wieland will die Selbstzufriedenheit und den verkehrten und übertriebenen Fanatismus dieses Bürgertums kritisieren. Es ist der bedeutendste gesellschaftskritische Roman der Aufklärung.

Von der Klassik zum Jungen Deutschland

Seit der Französischen Revolution von 1789 beherrschten drei große politische Ideen die Geschichte: die liberal-demokratische, die sozialistische und die nationale Idee. Die blutige Diktatur Robespierres und die Expansionskriege der neuen französischen Republik enttäuschten die Hoffnungen liberaler Deutscher. Napoleon besiegte Österreich und Preußen. Preußen brach völlig zusammen und wurde von französischen Truppen besetzt. Die süd- und westdeutschen Fürsten gründeten unter Napoleons Schutz den Rheinbund (1806). Während der französischen Besatzung konnte sich ein deutsches Nationalbewußtsein nur in einem kulturellen Sinne verwirklichen.

Nach Napoleons Niederlage in Rußland (1812) begannen die Befreiungskriege, die erstmals den Charakter eines Volkskrieges annahmen. Napoleon wurde schließlich endgültig geschlagen (Waterloo, 1815). Die Neuordnung Europas auf dem Wiener Kongreß (1814-1815) wurde stark von dem konservativen österreichischen Fürsten Metternich bestimmt. Im Zeichen der Restauration entstand der Deutsche Bund (1815-1866). Nach der Julirevolution 1830 in Frankreich setzten die Bürger in einigen deutschen Ländern Verfassungen durch.

Die Industrialisierung hatte auch Arbeitsmigration, Arbeitslosigkeit und Hungersnöte zur Folge und verstärkte die sozialen Gegensätze. In der Märzrevolution von 1848 gingen Bürger und Arbeiter in Preußen und Österreich gemeinsam auf die Barrikaden. Karl Marx (1818-1883) entwickelte die Gesellschaftslehre des wissenschaftlichen Sozialismus und sagte eine Revolution des Proletariats, der Arbeiterklasse, voraus.

◁◁ Caspar David Friedrich, 'Mann und Frau den Mond betrachtend' (um 1824). Die Romantiker entwickelten ein tiefes Naturgefühl, in dem Vergänglichkeit und Unendlichkeit aufgehoben sind

Die Nationalversammlung in der Frankfurter Paulskirche beriet die Grundrechte der Bürger und die deutsche Frage. Sie bot dem preußischen König Friedrich Wilhelm IV. (1840-1861) die Kaiserkrone an. Er lehnte sie ab, weil an ihr 'der Ludergeruch der Revolution' klebe.

Klassik, Romantik, Biedermeier, Junges Deutschland

Die Aufklärung richtete sich in erster Linie an den Einzelnen, er sollte sich seines eigenen Verstandes bedienen. Es ging ihr aber auch um die Entwicklung des Gefühls. Dadurch ergab sich ein Gegensatz zwischen Gefühl und Verstand und die Frage, was den Vorrang haben sollte. Gegen Ende des Jahrhunderts versuchte man, diesen Gegensatz zu überbrücken.

Der erste Versuch geschah in der deutschen *Klassik*. Goethe und Schiller wollten mit dem Humanitätsideal und der Zurückbesinnung auf die Antike ein neues Dichtungsideal begründen. Sie glaubten, daß die Harmonie von Vernunft und Gefühl in der griechischen Antike schon einmal erreicht worden war.

Gegen diese Auffassung richtete sich die *Romantik*. Sie wollte im Gegensatz zur klassischen Antike eine moderne Dichtungsauffassung entwickeln. Sie fand ihren Ursprung in der nationalen Vergangenheit, im deutschen christlichen Mittelalter. Die höchste Form der Dichtung war für sie nicht mehr die Tragödie, sondern der Roman, weil er alle Formen enthalten konnte: Prosa, Dialog und Vers. Er entsprach damit dem universalen Ideal der Romantik, Kunst und Leben zu vereinigen.

Die folgende Generation von Dichtern wandte sich von dieser universalen Weltbetrachtung ab. Einerseits entwickelte sich eine Auffassung, die von Resignation beherrscht wurde. Diese Dichter waren davon überzeugt, daß sich der Gegensatz von Ideal und Wirklichkeit nicht mehr überbrücken läßt. Mäßigung und Zurückgezogenheit, verbunden mit einer schwermütig-heiteren Lebensauffassung gegenüber der harten Wirklichkeit kennzeichnet diese Dichter. Später nannte man diese Richtung *Biedermeier*.

Im Gegensatz hierzu erstrebten Heine und das *Junge Deutschland* nach 1815 eine Revolution in Deutschland und forderten eine politisch engagierte Literatur. Unter Junges Deutschland verstand man eine Gruppe von Dichtern, deren Publikationen nach 1833 durch den Bundestag

in Frankfurt verboten wurden, weil sie 'antichristlich' seien. Die Schriftsteller selbst hatten nur losen Kontakt miteinander. Sie wollten die politische Bewußtwerdung des deutschen Bürgertums erreichen.

Die Klassiker und Romantiker versuchten, durch die Kunst die Menschen zu erziehen. Kunst sollte den individuellen Menschen auf eine höhere geistige Ebene bringen. Hierdurch konnten dann auch die gesellschaftlichen Probleme gelöst werden. Damit richteten sie sich gegen die Französische Revolution und dienten der Restauration.

△ *Antoine Watteau, 'Der Ball' (1717)*
▽ *Ludwig Richter, 'Genoveva in der Waldeinsamkeit' (1841)*

Jetzt forderte die junge Generation eine reale Lösung: eine freie, nationale und republikanische Gesellschaftsordnung, und also die Abschaffung des Feudalismus. Die Schriftsteller beteiligten sich oft als Journalisten an den politischen Diskussionen. Heine sprach vom Ende der Kunstperiode, d.h. der klassischen und romantischen Kunstauffassung, und vom Anfang eines ganz neuen gesellschaftlich engagierten Kunstverständnisses.

△ *Europa nach dem Wiener Kongreß 1815*
▽ *Ferdinand Georg Waldmüller, Zwei Kinder des Notars Josef Eltz.*
Ausschnitt aus dem Bild der zehnköpfigen Familie (1835)

Literarische Formen

◆ **Märchen** ◆ Prosaerzählung, in der die Handlung von der Phantasie und dem Wunderbaren bestimmt wird. Oft spielt dabei die ausgleichende Gerechtigkeit eine große Rolle. Man unterscheidet das anonyme Volksmärchen von dem Kunstmärchen, das von einem Dichter geschrieben worden ist und vor allem in der Romantik sehr beliebt war.

◆ **Novelle** ◆ Kürzere Prosaerzählung, die straff aufgebaut ist und sich auf das Wesentliche, d.h. auf eine zentrale Begebenheit, konzentriert. Sie hat meistens eine sich dramatisch entwickelnde Handlung mit einem plötzlichen Wendepunkt und einer unerwarteten Lösung des Konfliktes.

◆ **Roman** ◆ Lange Prosaerzählung, wobei es sich meistens um das Schicksal eines Menschen oder einer Menschengruppe handelt. Es geht um die individuelle Auseinandersetzung mit der Welt. Meistens erzählt ein allwissender Erzähler oder ein Ich-Erzähler. Ein Erzähler hält meistens Distanz zum Erzählten und kann Kommentar liefern, während der Ich-Erzähler viel direkter und persönlicher beim Geschehen beteiligt ist.

◆ **Ballade** ◆ Erzählendes Gedicht, in dem sprunghaft ein auffallendes Ereignis dargestellt wird. Oft handelt es sich um ein dämonisches Geschehen mit tragischem Ausgang. Die Dialogform dient dazu, eine dramatische Spannung zu erwecken.

▽ *Barrikadenbau 1849 (Neuruppiner Bilderbogen)*

Goethe und Schiller

Während sich die größeren Höfe in Berlin und Wien
kaum um die deutsche Kultur kümmerten, entstand in
Weimar durch das Zusammentreffen einiger günstiger
Umstände der 'Musenhof' der hochgebildeten Herzogin
Anna Amalia. Sie hatte früh ihren Mann verloren und
suchte für ihre Söhne Erzieher. Auf diese Weise kamen erst
Wieland, dann Goethe und später Schiller nach Weimar.
Das Literaturprogramm, das sich hier entwickelte, wurde
im 19. Jahrhundert die deutsche Klassik genannt. Man sah
darin einen Höhepunkt in der Geschichte der deutschen
Literatur. Ihre Werke wurden als vorbildlich angesehen.

Goethe kam 1775 auf Einladung des Herzogs Karl August
nach Weimar und verblieb dort bis zu seinem Tode 1832.
Die ersten zehn Jahre verbrachte er als Minister und eng-
ster Vertrauter des Herzogs. Die politischen Aufgaben
drängten jedoch sein dichterisches Schaffen in den
Hintergrund. Er distanzierte sich vom Sturm und Drang
und versuchte, den einseitigen Subjektivismus durch
einen Ausgleich zwischen Gefühl und Vernunft zu überwinden. Einerseits sollte der Mensch 'sich ganz selbst
werden', d.h. nach Persönlichkeit streben, aber andererseits sich auch für Welt und Gesellschaft einsetzen.

Der Durchbruch zu einer neuen Auffassung von Dichtung
gelang ihm erst auf seiner italienischen Reise (1786-1788).
Es war eine Art Flucht aus den zu engen Lebensverhält-
nissen in Weimar, aber auch das Bedürfnis, die Überreste
der Antike direkt zu erleben. In Italien lernte Goethe eine
völlig neue Welt kennen: Kunst und Leben schienen sich
in einer ganz neuen Harmonie zu umschließen. Das neue
als klassisch bezeichnete Kunstverständnis hat der Kunsthistoriker Johann Joachim Winkelmann (1717-1768) so
umschrieben: 'Das allgemeine vorzügliche Kennzeichen
der griechischen Meisterstücke ist eine edle Einfalt und
eine stille Größe, sowohl in der Stellung wie im Ausdruck. So wie die Tiefe des Meeres allezeit ruhig bleibt,
die Oberfläche mag noch so wüten, ebenso zeigt der Ausdruck in den Figuren der Griechen bei allen Leidenschaften eine große und gesetzte Seele.' Goethe gestaltete dieses Ideal in seinem Drama *Iphigenie auf Tauris* (1787) und
in seinem Roman *Wilhelm Meisters Lehrjahre* (1795-1796).

In den ersten Jahren in Weimar wurde Goethe aber auch
durch seine Liebe zu Frau von Stein (1742-1827) geprägt.
Sie stellte das Ideal der Weiblichkeit für ihn dar. Diese
Liebe konnte aber keine Erfüllung finden, da sie die Frau
eines hohen Hofbeamten war und Mutter von mehreren
Kindern. Als Goethe aus Italien zurückgekehrte, war er
dem Weimarer Hof entfremdet. Zum Entsetzen der Hofgesellschaft verliebte er sich in Christiane Vulpius (1765-
1816), ein einfaches Mädchen, das er in sein Haus auf-
nahm. Dies führte zum Bruch mit Frau von Stein. 1806
heiratete er Christiane.

◁ Anton Graff, 'Friedrich von Schiller'. Typisch für die Porträtkunst dieser Zeit ist die Beschränkung auf den Kopf der dargestellten Person
◁◁ Josef Carl Stieler, 'Johann Wolfgang von Goethe' (1828)

bekanntestes Werk *Geschichte des Abfalls der vereinigten Niederlande von der spanischen Regierung.* Hierin stellt er den Freiheitskampf der Niederlande in den Jahren 1522-1567 dar. Durch seine Beschäftigung mit Don Karlos war er auf dieses Thema gestoßen. Im gleichen Jahr 1788 bekam er eine schlecht bezahlte Geschichtsprofessur in Jena, aber schon 1791 wurde er schwer krank und mußte die Lehrtätigkeit wieder aufgeben. Für Schiller waren es die Schriften des Philosophen Immanuel Kant, die grossen Einfluß auf sein Denken ausgeübt haben. Kant ging davon aus, daß der Mensch seine Neigungen, die er von Natur hat, der Pflicht, die seine Vernunft ihm vorschreibt, unterwerfen soll. Moralisches Handeln ist nach Kant Handeln aus Pflicht. Schiller möchte Pflicht und Neigung miteinander verbinden. Der Mensch soll aus Neigung, d.h. Einsicht und Zustimmung, seine Pflicht erfüllen.

Anders als Goethe hat sich Schiller dem klassischen Humanitätsideal angenähert. Die Jahre nach seiner Flucht aus Stuttgart waren sehr schwer und voller Unsicherheit. In diesen Jahren hat er sich mit Geschichte und Philosophie beschäftigt und daher vor allem historische und philosophische Schriften veröffentlicht. 1788 erschien sein

◁◁◁ 'Charlotte von Stein'. Getuschte Silhouette (um 1780). Sie war die Frau, die Goethe sein ganzes Leben verehrte
◁◁ J.W. Goethe, 'Christiane Vulpius' (1788). Goethes Heirat mit Christiane schockierte die Weimarer Gesellschaft
▽ Abendgesellschaft mit Anna Amalia, der Herzogin, die Goethe und Schiller nach Weimar einlud

Goethe versuchte zunächst, eine Begegnung mit Schiller zu vermeiden. Er kannte von Schiller nur die Sturm-und-Drang-Dramen und fand sie außerordentlich pathetisch und übertrieben. Es dauerte einige Zeit, bis ihm deutlich wurde, daß Schiller in der Zeit seines Italienaufenthaltes ebenfalls eine große Wandlung durchgemacht hatte. Auf verschiedenen Wegen hatten sie nach dem gleichen Ziel gestrebt.

Im Mittelpunkt von Goethes und Schillers Weltbetrachtung steht der Gedanke der Bildung. Der Mensch muß zur Freiheit und Verantwortung erzogen werden. Richtungweisend ist der Gedanke der Humanität, die reine Menschlichkeit im Dienst der gesamten Menschheit. Ziel ist harmonische Übereinstimmung von Gefühl und Verstand im Menschen. Literatur und Philosophie sind für sie wichtige Mittel dazu. Es läßt sich nicht plötzlich durch eine Revolution auf Grund der Vernunft – so wie die Aufklärung es sah – ein neuer Staat mit einer neuen Gesellschaft errichten. Anfänglich haben Goethe und Schiller die Französische Revolution von 1798 begrüßt, aber sich mit der Zunahme von Gewalt und Terror immer mehr von ihr abgewendet. Ihre Literaturauffassung war letztlich gegen die Ideen der Französischen Revolution gerichtet.

Die Lyrik Goethes und Schillers

Erst 1794 kommt es zur Freundschaft zwischen Goethe
und Schiller. Es sind ihrer Natur nach zwei gegensätzliche
Dichter. Gerade dieser Gegensatz wirkt sich fruchtbar für
beide Dichter aus. Das zeigt sich besonders in ihrer Lyrik.
Beide wenden sich klassischen Gedichtsformen zu, vor
allem der Elegie. Die Elegie ist ein wehmütiges, melancho-
lisches Gedicht. Berühmt sind Goethes *Römische Elegien*
(1795), in denen er seine Erinnerungen an die Schönheit
Roms und die Liebeserlebnisse auf seiner italienischen
Reise bringt. Schillers Elegie *Der Spaziergang* (1795) gibt
eine Vision von der Entwicklung der Menschheit. Durch
den Fortschritt der Kultur aus der ursprünglichen Einheit
mit der Natur hat der Mensch noch zu keiner höheren
Harmonie gefunden.

Beide haben Balladen geschrieben. Die Ballade, die aus
der europäischen Volksdichtung stammt, bekommt bei
Goethe und Schiller eine klassische Form. Bei Goethe
bleibt das unmittelbare Erleben der Natur bestimmend.
In der Ballade *Erlkönig* steht das nüchterne Denken des
Vaters dem direkten Naturerlebnis des Kindes gegenüber.
Die Natur ist ihm etwas Geheimnisvolles, etwas Magi-
sches, beglückend und tödlich zugleich.

Erlkönig

Wer reitet so spät durch Nacht und Wind?
Es ist der Vater mit seinem Kind;
Er hat den Knaben wohl in dem Arm,
Er faßt ihn sicher, er hält ihn warm.

5 Mein Sohn, was birgst du so bang dein Gesicht? –
Siehst, Vater, du den Erlkönig nicht?
Den Erlkönig mit Kron und Schweif? –
Mein Sohn, es ist ein Nebelstreif. –

'Du liebes Kind, komm, geh mit mir!
10 Gar schöne Spiele spiel' ich mit dir;
Manch' bunte Blumen sind an dem Strand;
Meine Mutter hat manch' gülden Gewand.'

Mein Vater, mein Vater, und hörest du nicht,
Was Erlkönig mir leise verspricht? –
15 Sei ruhig, bleib ruhig, mein Kind!
In dürren Blättern säuselt der Wind. –

'Willst, feiner Knabe, du mit mir gehn?
Meine Töchter sollen dich warten schön;
Meine Töchter führen den nächtlichen Reihn
20 Und wiegen und tanzen und singen dich ein.'

Mein Vater, mein Vater, und siehst du nicht dort
Erlkönigs Töchter am düstern Ort? –
Mein Sohn, mein Sohn, ich seh es genau;
Es scheinen die alten Weiden so grau. –

25 'Ich liebe dich, mich reizt deine schöne Gestalt;
Und bist du nicht willig, so brauch ich Gewalt.' –
Mein Vater, mein Vater, jetzt faßt er mich an!
Erlkönig hat mir ein Leids getan! –

Dem Vater graut's, er reitet geschwind,
30 Er hält in Armen das ächzende Kind,
Erreicht den Hof mit Mühe und Not;
In seinen Armen das Kind war tot.

◁ *Der Erlkönig. Buchillustration von Ernst Barlach zu 'Goethes
Gedichte', entstanden 1924. Die Abbildung bezieht sich auf die
Verszeilen 5-8 des obenstehenden Gedichtes*

Bei Schiller spielt das Gedankliche und die dramatische Entwicklung der Handlung eine größere Rolle. Im *Handschuh* wirft die Königstochter mutwillig einen Handschuh in den Löwenkäfig, der sie verehrende Ritter holt ihn heraus. Es geht nicht nur um die Verletzung der moralischen Normen und die unnötige Herausforderung des Schicksals, sondern auch um die Nutzlosigkeit dieser Tat. Eine ähnliche Thematik findet man im *Taucher*.

In dem von Schiller herausgegebenen *Musenalmanach auf das Jahr 1798* erschien eine Reihe von Balladen der beiden Dichter. Er wurde deshalb auch *Balladenalmanach* genannt.

Der Handschuh

Vor seinem Löwengarten,
Das Kampfspiel zu erwarten,
Saß König Franz,
Und um ihn die Großen der Krone
5 Und rings auf hohem Balkone
Die Damen in schönem Kranz.

Und wie er winkt mit dem Finger,
Auftut sich der weite Zwinger,
Und hinein mit bedächtigem Schritt
10 Ein Löwe tritt
Und sieht sich stumm
Ringsum
Mit langem Gähnen
Und schüttelt die Mähnen
15 Und streckt die Glieder
Und legt sich nieder.

Und der König winkt wieder,
Da öffnet sich behend
Ein zweites Tor,
20 Daraus rennt
Mit wildem Sprunge
Ein Tiger hervor.
Wie der den Löwen erschaut,
Brüllt er laut,
25 Schlägt mit dem Schweif
Einen furchtbaren Reif
Und recket die Zunge,

Und im Kreise scheu
Umgeht er den Leu,
30 Grimmig schnurrend,
Drauf streckt er sich murrend
Zur Seite nieder.

Und der König winkt wieder:
Da speit das doppelt geöffnete Haus
35 Zwei Leoparden auf einmal aus.
Die stürzen mit mutiger Kampfbegier
Auf das Tigertier;
Das packt sie mit seinen grimmigen Tatzen,
Und der Leu mit Gebrüll
40 Richtet sich auf, da wird's still,
Und herum im Kreis,
Von Mordsucht heiß,
Lagern sich die greulichen Katzen.

Da fällt von des Altans Rand
45 Ein Handschuh von schöner Hand
Zwischen den Tiger und den Leun
Mitten hinein.

Und zu Ritter Delorges, spottender Weis',
Wendet sich Fräulein Kunigund:
50 'Herr Ritter, ist Eure Lieb' so heiß,
Wie Ihr mir's schwört zu jeder Stund',
Ei, so hebt mir den Handschuh auf!'
Und der Ritter in schnellem Lauf
Steigt hinab in den furchtbarn Zwinger
55 Mit festem Schritte,
Und aus der Ungeheuer Mitte
Nimmt er den Handschuh mit keckem Finger.

Und mit Erstaunen und mit Grauen
Sehen's die Ritter und Edelfrauen,
60 Und gelassen bringt er den Handschuh zurück.
Da schallt ihm sein Lob aus jedem Munde,
Aber mit zärtlichem Liebesblick –
Er verheißt ihm sein nahes Glück –
Empfängt ihn Fräulein Kunigunde,
65 Und er wirft ihr den Handschuh ins Gesicht:
'Den Dank, Dame, begehr' ich nicht!'
Und verläßt sie zur selben Stunde.

Schillers Dramen

Die Freundschaft zwischen den beiden Dichtern bot die Möglichkeit, über ihre Werke zu diskutieren. Schiller begann 1798 wieder Dramen zu schreiben und spornte Goethe an, seine unvollendeten Werke wieder zur Hand zu nehmen: vor allem den Roman *Wilhelm Meister* und das Drama *Faust*.

Nach einer Pause erschien 1798-1799 Schillers Theaterstück *Wallenstein, Ein dramatisches Gedicht*. Durch seine Beschäftigung mit der Geschichte war er auf diesen berühmten Feldherrn gestoßen. Schiller hatte ein ursprüngliches Gefühl für dramatische Handlungen. Er wußte, daß man nicht einfach Geschichte oder reine Moral auf dem Theater darstellen kann. Daher wird für ihn Wallensteins Charakter die treibende Kraft der Handlung.

△ *'Maria Stuart', Öl auf Elfenbein (Miniatur). Schillers ideal gesehene Dramenheldin. Maria Stuart wurde wegen einer Verschwörung gegen die englische Königin Elizabeth I. (1587) enthauptet*

△ *Jeanne d'Arc war ein französisches Bauernmädchen, das als Jungfrau von Orleans an der Spitze eines Heeres 1429 das belagerte Orleans befreite. 1431 wurde sie als Ketzerin verbrannt*

Wallenstein

Es besteht aus drei Teilen. Im ersten Teil, 'Wallensteins Lager', wird die Grundlage von Wallensteins Macht in den verschiedenen Soldatentypen seines Söldnerheeres dargestellt. Im zweiten Teil, 'Die Piccolomini', wird deutlich, daß Wallenstein beim Kaiser, der ihm mißtraut, in Ungnade gefallen ist. Der kaisertreue Octavio Piccolomini soll ihn überwachen. Wallenstein will mit den bisherigen Feinden, den Schweden, verhandeln und den Kaiser zwingen, Frieden zu schließen. In Wallenstein verbindet sich die Sehnsucht des Volkes nach Beendigung des Krieges mit seinem eigenen Machtstreben. Doch er zögert – auf Grund seines Glaubens an die Astrologie – weil die Sterne noch nicht gut stehen. Im dritten Teil, 'Wallensteins Tod', rächt sich nun die Entschlußlosigkeit Wallensteins. Octavio, dem Wallenstein immer noch vertraut, hat inzwischen einige hohe Offiziere für den Kaiser zurückgewonnen. Wallenstein wird von einem seiner Offiziere ermordet, ehe er sich mit den Schweden verbinden kann.

Maria Stuart

Zu den wichtigsten späteren Dramen gehört *Maria Stuart* (1800). Sie hat den Mörder ihres zweiten Mannes geheiratet und wird deshalb aus Schottland vertrieben. Sie flieht nach England, aber Königin Elisabeth nimmt sie gefangen, weil sie ihre Macht fürchtet. Die Handlung beginnt, nachdem das Todesurteil über Maria ausgesprochen worden ist und endet mit ihrer Hinrichtung. Höhepunkt ist die Begegnung der beiden Königinnen.

Die Jungfrau von Orleans

In seiner 'romantischen Tragödie' *Die Jungfrau von Orleans* (1801) behandelt Schiller das legendäre lothringische Hirtenmädchen, das im 15. Jahrhundert im Hundertjährigen Krieg das französische Heer anführte und bei Orleans die Engländer besiegte. Sie gerät in englische Gefangenschaft und wird als Hexe verbrannt. Bei Schiller ist das Wunderbare der Legende der poetische Ausdruck für das Übersinnliche. Es geht um den Konflikt zwischen ihrer göttlichen Sendung und den dadurch geforderten Verzicht auf ihr persönliches, natürlich weibliches Gefühl. Ihre göttliche Sendung kommt in Gefahr, als sie sich in den Engländer Lionel verliebt. Sie bringt es nicht über sich, ihn zu töten und verletzt damit das göttliche Gebot. Sie muß sich nun aus eigner Kraft aus den irdischen Verstrickungen lösen. Sie überwindet ihre Liebe und stirbt – anders als in der Legende – den Opfertod auf dem Schlachtfeld. Auch hier geht es Schiller um die freie Entscheidung zwischen dem überpersönlichen Auftrag und der menschlichen Autonomie.

Wilhelm Tell

Das letzte Drama ist *Wilhelm Tell* (1804). Schiller verbindet die Tell-Sage mit dem Freiheitskampf der Schweizer Kantone gegen die Landvögte der Habsburger.
Den Schweizern wird bewußt, daß sie nur eine Chance haben, ihre Freiheit zu retten: nicht einzeln, sondern gemeinsam gegen die Unterdrücker zu kämpfen. Heimlich kommen sie zusammen und schwören:

> Wir wollen sein ein einzig Volk von Brüdern,
> in keiner Not uns trennen und Gefahr.
> Wir wollen frei sein, wie die Väter waren,
> Eher den Tod, als in der Knechtschaft leben!
> 5 Wir wollen trauen auf den höchsten Gott
> Und uns nicht fürchten vor der Macht der Menschen.

Wilhelm Tell bleibt zunächst abseits. Erst durch die Konfrontation mit dem Landvogt Geßler wird ihm deutlich, daß ihm nichts anderes übrig bleibt, als Geßler zu töten. Dies ist das Zeichen für den Aufstand. Die Freiheit der Schweiz wird wiederhergestellt. Es entsteht eine neue, bewußt gewählte, freie Volksgemeinschaft. Damit hat Schiller in diesem Freiheitsdrama ein Gegenbild zur Französischen Revolution geschaffen.

GESSLER *(nach einigem Stillschweigen):*
> Du bist ein Meister auf der Armbrust, Tell
> Man sagt, du nähmst es auf mit jedem Schützen?

WALTER TELL:
> Und das muß wahr sein, Herr – 'nen Apfel schießt
> Der Vater dir vom Baum auf hundert Schritte.

GESSLER:
> 5 Ist das dein Knabe, Tell?

TELL:
> Ja, lieber Herr.

GESSLER:
> Hast du der Kinder mehr?

TELL:
> Zwei Knaben, Herr.

GESSLER:
> Und welcher ist's, den du am meisten liebst?

TELL:
> 10 Herr, beide sind mir gleich liebe Kinder.

GESSLER:
> Nun, Tell! Weil du den Apfel triffst vom Baume
> Auf hundert Schritte, so wirst du deine Kunst
> Vor mir bewähren müssen. Nimm die Armbrust –
> Du hast sie gleich zur Hand – und mach dich fertig,
> 15 Einen Apfel von des Knaben Kopf zu schießen.
> Doch will ich raten, ziele gut, daß du
> Den Apfel treffest auf den ersten Schuß,
> Denn fehlst du ihn, so ist dein Kopf verloren.

(Alle geben Zeichen des Schreckens.)

TELL:
> Herr, welches Ungeheuere sinnet Ihr
> 20 Mir an? Ich soll vom Haupte meines Kindes –
> Nein, nein doch, lieber Herr, das kömmt Euch nicht
> Zu Sinn – verhüt's der gnäd'ge Gott! – das könnt Ihr
> Im Ernst von einem Vater nicht begehren!

GESSLER:
> Du wirst den Apfel schießen von dem Kopf
> 25 Des Knaben. – Ich begehr's und will's.

TELL:
> Ich soll
> Mit meiner Armbrust auf das liebe Haupt
> Des eignen Kindes zielen? Eher sterb ich!

GESSLER:
> Du schießest oder stirbst mit deinem Knaben.

◁ *Wilhelm Tell, Apfelschußszene. Alter Holzschnitt zur Tellsage*

TELL:

30 Ich soll der Mörder werden meines Kinds!
   Herr, Ihr habt keine Kinder, wisset nicht,
   Was sich bewegt in eines Vaters Herzen.

GEßLER:

   Ei, Tell, du bist ja plötzlich so besonnen!
   Man sagte mir, daß du ein Träumer seist
35 Und dich entfernst von andrer Menschen Weise.
   Du liebst das Seltsame – Drum hab ich jetzt
   Ein eigen Wagstück für dich ausgesucht.
   Ein andrer wohl bedächte sich – Du drückst
   Die Augen zu und greifst es herzhaft an.
   [...]

GEßLER *(zeigt auf den Knaben)*:

40 Man bind' ihn an die Linde dort!

WALTER TELL:

   Mich binden!
   Nein, ich will nicht gebunden sein. Ich will
   Stillhalten wie ein Lamm und auch nicht atmen.
   Wenn ihr mich bindet, nein, so kann ich's nicht,
45 So werd' ich toben gegen meine Bande.

RUDOLF DER HARRAS:

   Die Augen laß dir verbinden, Knabe.

WALTER TELL:

   Warum die Augen? Denket Ihr, ich fürchte
   Den Pfeil von Vaters Hand? Ich will ihn fest
   Erwarten und nicht zucken mit den Wimpern.
50 – Frisch, Vater, zeig's, daß du ein Schütze bist!
   Er glaubt dir's nicht, er denkt uns zu verderben –
   Dem Wütrich zum Verdrusse, schieß und triff.

(Er geht an die Linde, man legt ihm den Apfel auf.)

MELCHTAL *(zu den Landleuten)*:

   Was? Soll der Frevel sich vor unsern Augen
   Vollenden? Wozu haben wir geschworen?

STAUFACHER:

55 Es ist umsonst. Wir haben keine Waffen,
   Ihr seht den Wald von Lanzen um uns her.

MELCHTAL:

   O hätten wir's mit frischer Tat vollendet!
   Verzeih's Gott denen, die zum Aufschub rieten!

GEßLER *(zu Tell)*:

   Ans Werk! Man führt die Waffen nicht vergebens.
60 Gefährlich ist's, ein Mordgewehr zu tragen,
   Und auf den Schützen springt der Pfeil zurück.

Dies stolze Recht, das sich der Bauer nimmt,
Beleidiget den höchsten Herrn des Landes.
Gewaffnet sei niemand, als wer gebietet.
65 Freut's euch, den Pfeil zu führen und den Bogen,
   Wohl, so will ich das Ziel euch dazu geben.

TELL *(spannt die Armbrust und legt den Pfeil auf)*:

   Öffnet die Gasse! Platz!

MELCHTAL:

   Was, Tell? Ihr wolltet – Nimmermehr! Ihr zittert,
   Die Hand erbebt Euch, Eure Kniee wanken –

TELL *(läßt die Armbrust sinken)*:

70 Mir schwimmt es vor den Augen!

WEIBER:

   Gott im Himmel!

TELL *(zum Landvogt)*:

   Erlasset mir den Schuß! Hier ist mein Herz!

(Er reißt die Brust auf.)

   Ruft Eure Reisigen und stoßt mich nieder!

GEßLER:

   Ich will dein Leben nicht, ich will den Schuß.
75 Du kannst ja alles, Tell, an nichts verzagst du:
   Das Steuerruder führst du wie den Bogen,
   Dich schreckt kein Sturm, wenn es zu retten gilt –
   Jetzt, Retter, hilf dir selbst – du rettest alle!

*(Tell steht in fürchterlichem Kampf, mit den Händen zuckend
und die rollenden Augen bald auf den Landvogt, bald zum
Himmel gerichtet – Plötzlich greift er in seinen Köcher, nimmt
einen zweiten Pfeil heraus und steckt ihn in seinen Göller. Der
Landvogt bemerkt all diese Bewegungen.)*

WALTER TELL *(unter der Linde)*:

   Vater, schieß zu, ich fürcht mich nicht.
80 Es muß!

TELL: *(Er rafft sich zusammen und legt an.)*

   [...]

VIELE STIMMEN:

   Der Apfel ist getroffen!

(Walter Fürst schwankt und droht zu sinken, Berta hält ihn.)

GEßLER *(erstaunt)*:

   Er hat geschossen? Wie? Der Rasende!

BERTA:

   Der Knabe lebt! Kommt zu Euch, guter Vater!

WALTER TELL *(kommt mit dem Apfel gesprungen)*:

   Vater, hier ist der Apfel – Wußt' ich's ja,
85 Du würdest deinen Knaben nicht verletzen.

△ Ferdinand Hodler, 'Wilhelm Tell' (1897). Hinter Wilhelm Tell zerreißt die Sonne eine Nebelwand. Die Freiheit verdrängt die Düsternis der Knechtschaft.

(Tell stand mit vorgebognem Leib, als wollt' er dem Pfeil folgen – die Armbrust entsinkt seiner Hand – wie er den Knaben kommen sieht, eilt er ihm mit ausgebreiteten Armen entgegen und hebt ihn mit heftiger Inbrunst zu seinem Herzen auf, in dieser Stellung sinkt er kraftlos zusammen. Alle stehen gerührt.)

BERTA:
  O güt'ger Himmel!

WALTER FÜRST *(zu Vater und Sohn):*
  Kinder! Meine Kinder!

MELCHTAL:
  Gott sei gelobt!

LEUTHOLD:
  Das war ein Schuß! Davon
90 Wird man noch reden in den spätsten Zeiten.

RUDOLF DER HARRAS:
  Erzählen wird man von dem Schützen Tell,
  Solang die Berge stehn auf ihrem Grunde.

(Reicht dem Landvogt den Apfel.)

GEßLER:
  Bei Gott! Der Apfel mittendurch geschossen!

Es war ein Meisterschuß, ich muß ihn loben.

RÖSSELMANN:
95 Der Schuß war gut, doch wehe dem, der ihn
  Dazu getrieben, daß er Gott versuchte.

MELCHTAL:
  Kommt zu Euch, Tell, steht auf! Ihr habt Euch männlich
  Gelöst, und frei könnt Ihr nach Hause gehen.

RÖSSELMANN:
  Kommt, kommt und bringt der Mutter ihren Sohn!

(Sie wollen ihn wegführen.)

GEßLER:
100 Tell, höre!

TELL *(kommt zurück):*
  Was befehlt Ihr, Herr?

GEßLER:
  Du stecktest
  Noch einen zweiten Pfeil zu dir – Ja ja,
  Ich sah es wohl - Was meintest du damit?

TELL *(verlegen):*
105 Herr, das ist also bräuchlich bei den Schützen.

GEßLER:
  Nein, Tell, die Antwort laß ich dir nicht gelten,
  Es wird was anders wohl bedeutet haben.
  Sag mir die Wahrheit frisch und fröhlich, Tell!
  Was es auch sei, dein Leben sich're ich dir.
110 Wozu der zweite Pfeil?

TELL:
  Wohlan, o Herr,
  Weil Ihr mich meines Lebens habt gesichert,
  So will ich Euch die Wahrheit gründlich sagen.

(Er zieht den Pfeil aus dem Goller und sieht den Landvogt mit einem furchtbaren Blick an.)

  Mit diesem zweiten Pfeil durchschoß ich – Euch,
115 Wenn ich mein liebes Kind getroffen hätte,
  Und Eurer, wahrlich, hätt' ich nicht gefehlt.

GEßLER:
  Wohl, Tell! Des Lebens hab ich dich gesichert,
  Ich gab mein Ritterwort, das will ich halten –
  Doch weil ich deinen bösen Sinn erkannt,
120 Will ich dich führen lassen und verwahren,
  Wo weder Mond noch Sonne dich bescheint,
  Damit ich sicher sei vor deinen Pfeilen.
  Ergreift ihn, Knechte! Bindet Ihn!

(Tell wird gebunden.)

Goethes Dramen und Romane

Nach der italienischen Reise vollendete Goethe das Drama *Iphigenie auf Tauris* (1787). Er knüpft an die Sage von Orest an, der den Mord seiner Mutter an Agamemnon rächen und seine eigene Mutter töten muß.

Iphigenie auf Tauris

Agamemnon hat für den Feldzug nach Troja seine Tochter Iphigenie geopfert, aber die Göttin Diana hat sie gerettet und nach Tauris gebracht. Dort ist sie Priesterin im Tempel der Diana geworden. Mit viel Mühe hat sie die Menschenopfer abgeschafft, denn vorher wurde jeder an die Küste verschlagene Fremde den Göttern geopfert. König Thoas möchte Iphigenie zu seiner Frau haben, sie aber weist ihn ab. Sie hofft, noch einmal nach Griechenland zurückkehren zu können. Der abgewiesene König ist gekränkt und befiehlt ihr, zwei gefangene Fremde zu opfern. Dies sind aber Orest, ihr Bruder, und sein Freund Pylades. Orest soll, weil er seine Mutter Klytämnestra ermordet hat, zur Sühne das Bild der Schwester des Apollon aus dem Tempel entführen. Von Orest hört Iphigenie das Schicksal ihrer Familie. Orest gibt sich der Schwester zu erkennen. Sie entschließen sich zu fliehen, aber Iphigenie will den König nicht hintergehen. Durch ihre Offenheit und Menschlichkeit kann sie Thoas überzeugen. Er läßt die Geschwister nach Griechenland zurückkehren.

Nachdem Thoas erfahren hat, daß die beiden Fremden der Bruder und der Freund von Iphigenie sind, will er einen Beweis haben, daß es auch wahr ist.

IPHIGENIE:
  Befreit von Sorge mich, eh' ihr zu sprechen
  Beginnet! Ich befürchte bösen Zwist,
  Wenn du, o König, nicht der Billigkeit
  Gelinde Stimme hörest, du, mein Bruder,
5 der raschen Jugend nicht gebieten willst.
THOAS:
  Ich halte meinen Zorn, wie es dem Ältern
  Geziemt, zurück. Antworte mir! Womit
  Bezeugst du, daß du Agamemnons Sohn
  und dieser Bruder bist?

△ *J.H.W. Tischbein, 'Goethe in der Campagna' (1786-1788). Der Maler beschwört durch mehrere Hinweise auf die Antike eine 'klassische' Atmosphäre herauf*
▷▷ *Anselm Feuerbach, 'Iphigenie'. Beispiel eines klassizistischen Gemäldes (Mitte 19. Jht.)*

OREST:
10 Hier ist das Schwert,
  Mit dem er Trojas tapfre Männer schlug.
  Dies nahm ich seinem Mörder ab, und bat
  Die Himmlischen, den Mut und Arm, das Glück
  Des großen Königes mir zu verleihn,
15 Und einen schönern Tod mir zu gewähren.
  Wähl einen aus den Edlen deines Heers
  Und stelle mir den Besten gegenüber!
  So weit die Erde Heldensöhne nährt,
  Ist keinem Fremdling dies Gesuch verweigert.
THOAS:
20 Dies Vorrecht hat die alte Sitte nie
  Dem Fremden hier gestattet.
OREST:
  So beginne
  Die neue Sitte denn von dir und mir!
  Nachahmend heiliget ein ganzes Volk
25 Die edle Tat der Herrscher zum Gesetz.
  Und laß mich nicht allein für unsre Freiheit,
  Laß mich, den Fremden, für die Fremden kämpfen!
  Fall ich, so ist ihr Urteil mit dem meinen
  Gesprochen, aber gönnt mir das Glück
30 Zu überwinden, so betrete nie

Ein Mann dies Ufer, dem der schnelle Blick
Hilfreiche Liebe nicht begegnet, und
Getröstet scheide jeglicher hinweg!

THOAS:

Nicht unwert scheinest du, o Jüngling, mir
35 Der Ahnherrn, deren du dich rühmst, zu sein.
Groß ist die Zahl der edlen, tapfern Männer,
Die mich begleiten; doch ich stehe selbst
In meinen Jahren noch dem Feinde, bin
Bereit, mit dir der Waffen Los zu wagen.

IPHIGENIE:

40 Mitnichten! Dieses blutigen Beweises
Bedarf es nicht, o König! Laßt die Hand
Vom Schwerte! Denkt an mich und mein Geschick!
Der rasche Kampf verewigt einen Mann:
Er falle gleich, so preiset ihn das Lied.
45 Allein die Tränen, die unendlichen,
Der überbliebnen, der verlaßnen Frau,
Zählt keine Nachwelt, und der Dichter schweigt
Von tausend durchgeweinten Tag und Nächten,
Wo eine stille Seele den verlor'nen,

50 Rasch abgeschiednen Freund vergebens sich
Zurückzurufen bangt und sich verzehrt.
Mich selbst hat eine Sorge gleich gewarnt,
Daß der Betrug nicht eines Räubers mich
Vom sichern Schutzort reiße, mich der Knechtschaft
55 Verrate. Fleißig hab' ich sie befragt,
Nach jedem Umstand mich erkundigt, Zeichen
Gefordert, und gewiß ist nun mein Herz.
Sieh hier an seiner rechten Hand das Mal
Wie von drei Sternen, das am Tage schon,
60 Da er geboren ward, sich zeigte, das
Auf schwere Tat, mit dieser Faust zu üben,
Der Priester deutete.

In Italien vollendete Goethe noch zwei andere Dramen:
In *Egmont* (1788) geht es nicht so sehr um den niederländischen Freiheitskampf, sondern vor allem um den Charakter und die Persönlichkeit Egmonts. Das zweite ist *Torquato Tasso* (1790), die Tragödie des genialen Dichters am Hofe von Ferrara, der sich der adligen Hofgesellschaft gleichgestellt fühlt, die ihn aber – obwohl sie ihm wohlwollend gegenübersteht – zurückstößt.

Wilhelm Meisters Lehrjahre

1796 erschien unter großer Anteilnahme Schillers der Bildungsroman *Wilhelm Meisters Lehrjahre*. Wilhelm, ein Kaufmannssohn, erzählt seiner Geliebten, der Schauspielerin Mariane, von seinen Theaterträumen. Enttäuscht von der vermeintlichen Untreue Marianes macht er eine Geschäftsreise. Um sich aus seiner bürgerlichen Befangenheit zu befreien, schließt er sich einer Theatertruppe an und wird Schauspieler. Seine Theaterlaufbahn verbindet sich mit vielen Abenteuern und Begegnungen mit eigentümlichen Menschen. Der Höhepunkt ist die Erfüllung seines Wunsches, in Shakespears *Hamlet* die Hauptrolle zu spielen. Doch bringt das Theater nicht die Erfüllung, die er erhofft hatte. Er erfährt, daß die Untreue Marianes ein Irrtum war. Sie ist gestorben, hat ihm aber einen Sohn hinterlassen. Die Erziehung seines Sohnes sieht er nun als seine Aufgabe. In einer geheimen Gesellschaft, in der Adlige und Bürger verbunden sind, lernt er ein neues Lebensideal kennen, das auf humane Tätigkeit für die Mitmenschen gerichtet ist.

Der alte Goethe

Nach Schillers Tod 1805 konnte Goethe nur mühsam seinen Weg finden. In den folgenden Jahren bis zu seinem Tode 1832 entstanden noch einige große Werke. Zunächst schrieb er seine Autobiographie *Dichtung und Wahrheit* (1811-1814). Er behandelt darin die Zeit bis zu seiner Abreise nach Weimar 1775. Er beschreibt, wie die Zeitverhältnisse auf ihn wirkten und wie er selbst darauf als Künstler und Dichter reagierte.

Die Alterswerke Goethes gehören nicht mehr zur Klassik, aber auch nicht zur Romantik, sie haben einen eigenen Stil. Goethe ist der Überzeugung, daß die Vielgestaltigkeit des Lebens nicht auf einen Nenner zu bringen ist. Die Einzelheiten verhalten sich widersprüchlich zueinander, werden aber von der einen großen geheimnisvollen göttlichen Natur zusammengehalten.

Goethes Faust

Goethes bekannteste Dichtung ist der *Faust*. Sein ganzes Leben hat er sich damit beschäftigt: In der Sturm-und-Drangperiode schrieb er den *Urfaust* (erst 1887 gedruckt), 1808 erschien *Faust. Der Tragödie erster Teil* und 1832 nach seinem Tode der zweite Teil.

Goethe schließt beim Volksbuch *Historie von D. Johann Fausten* (1587) an. Faust ist in seinem unbezähmbaren Erkenntnisdrang unzufrieden mit dem, was die Wissenschaften zu bieten haben. Er verbindet sich mit dem Teufel, der sich anbietet, ihm das wirkliche Leben zu zeigen. Sie stürzen sich in die Welt. Faust verliebt sich in ein Mädchen, Gretchen, das für ihn die höchste Form der Weiblichkeit verkörpert. Er erlebt alle Wonnen der sinnlichen Liebe. Sie bekommt ein Kind von ihm. Sie aber glaubt, daß Faust sie verlassen hat. In ihrer Verzweiflung tötet sie das Kind, worauf sie als Kindsmörderin hingerichtet wird. Das Leben bedeutet also nicht nur höchste Erhebung, sondern auch tiefe Schuld.

Im zweiten Teil durchreist Faust mit Mephistopheles die große Welt. Er kommt an den Kaiserhof und soll Helena herbeirufen, das Urbild weiblicher Schönheit. Mit der Hilfe des Mephistopheles findet er sie in der Geisterwelt der klassischen Walpurgisnacht, aber sie entschwindet wieder. Nun wendet sich Faust neuen Taten zu. Er hilft

△ *Rembrandt, 'Magier' (um 1650-1653). Warscheinlich handelt es sich bei dieser Radierung um eine Faust-Darstellung*

mit den Künsten des Mephistopheles die Feinde des Kaisers zu besiegen. Als Dank wird er mit einem Meeresstrand belehnt. Er will Land aus dem Meer gewinnen, um so Land für ein freies Volk zu schaffen. Mit dieser Tat überwindet er seine Ich-Bezogenheit und findet zum Dienst an der Gemeinschaft. Faust hat sich nicht dem Genuß hingegeben. Durch sein immer unbefriedigtes Streben kann er erlöst werden. Am Anfang der Tragödie ist Faust völlig verzweifelt:

FAUST:

   Habe nun, ach! Philosophie,
   Juristerei und Medizin,
   Und leider auch Theologie
   Durchaus studiert, mit heißem Bemühn,
5 Da steh' ich nun, ich armer Tor,
   Und bin so klug als wie zuvor!
   Heiße Magister, heiße Doktor gar,
   Und ziehe schon an die zehn Jahr'
   Herauf, herab und quer und krumm
10 Meine Schüler an der Nase herum –
   Und sehe, daß wir nichts wissen können!

Das will mir schier das Herz verbrennen.
Zwar bin ich gescheiter als alle die Laffen,
Doktoren, Magister, Schreiber und Pfaffen;
15 Mich plagen keine Skrupel noch Zweifel,
Fürchte mich weder vor Hölle noch Teufel –

Er ist davon überzeugt, daß die Geisterwelt dem Menschen nicht verschlossen ist. Daher hat er sich der Magie ergeben. Er will den Erdgeist herbeirufen, der ihn jedoch auf den Geist verweist, den Faust begreifen kann. Das ist der Teufel. Von einem Spaziergang bringt Faust einen Hund mit nach Hause. Doch bald zeigt sich, daß es kein gewöhnlicher Hund ist. Faust zwingt ihn mit seiner Zauberkunst, sein wahres Wesen zu offenbaren. Mephisto tritt als fahrender Schüler hinter dem Ofen hervor.

FAUST:
    Das also war des Pudels Kern!
    Ein fahrender Skolast? Der Casus macht mich lachen.
MEPHISTO:
    Ich salutiere den gelehrten Herrn!
20 Ihr habt mich weidlich schwitzen machen.
FAUST:
    Wie nennst du dich?
MEPHISTO:
    Die Frage scheint mir klein
    Für einen, der das Wort so sehr verachtet,
    Der, weit entfernt von allem Schein,
25 Nur in der Wesen Tiefe trachtet.
FAUST:
    Bei euch, ihr Herrn, kann man das Wesen
    Gewöhnlich aus dem Namen lesen,
    Wo es sich allzudeutlich weist,
    Wenn man euch Fliegengott, Verderber, Lügner heißt.
30 Nun gut, wer bist du denn?
MEPHISTO:
    Ein Teil von jener Kraft,
    Die stets das Böse will und stets das Gute schafft.
FAUST:
    Was ist mit diesem Rätselwort gemeint?
MEPHISTO:
    Ich bin der Geist, der stets verneint!
35 Und das mit Recht; denn alles, was entsteht,
    Ist wert, das es zugrunde geht;

Drum besser wär's, daß nichts entstünde.
So ist denn alles, was ihr Sünde,
Zerstörung, kurz das Böse nennt,
40 Mein eigentliches Element.

Mit ihm schließt Faust eine Wette ab. Mephisto will ihm in dieser Welt dienen, Faust soll das im Jenseits tun.

FAUST:
    Das Drüben kann mich wenig kümmern;
    Schlägst du erst diese Welt in Trümmern,
    Die andere mag darnach entstehn.
    Aus dieser Erde quillen meine Freuden,
45 Und diese Sonne scheint meinen Leiden;
    Kann ich mich erst von ihnen scheiden,
    Dann mag, was will und kann, geschehn. [...]
    Werd' ich beruhigt je mich auf ein Faulbett legen,
    So sei es gleich um mich getan!
50 Kannst du mich schmeichelnd je belügen,
    Daß ich mir selbst gefallen mag,
    Kannst du mich mit Genuß betrügen,
    Das sei für mich der letzte Tag!
    Die Wette biet' ich!
MEPHISTO:
55 Topp!
FAUST:
    Und Schlag auf Schlag!
    Werd ich zum Augenblicke sagen:
    Verweile doch! Du bist so schön!
    Dann magst du mich in Fesseln schlagen,
60 Dann will ich gern zugrunde gehn!

▷ R. Gernhardt,
'Der Teufel
liest Faust II'

Heinrich von Kleist

Heinrich von Kleist war in seiner Lebensüberzeugung von ungewöhnlicher Kompromißlosigkeit. 1771 als Sohn eines Offiziers in Frankfurt/Oder geboren, wurde er mit elf Jahren in eine Kadettenanstalt geschickt. Er gab aber 1799 die Offizierlaufbahn auf. Auf der Grundlage der Vernunft wollte er einen Lebensplan entwerfen. Durch die Beschäftigung mit der Philosophie von Kant kam er zu der Überzeugung, daß der Mensch nichts sicher wissen kann, daß er also auch in seinem Handeln nicht wahr und falsch unterscheiden kann. Die menschliche Vernunft reicht nicht aus. Nur im unmittelbaren, inneren Gefühl des Menschen gibt es für Kleist Sicherheit in dieser Welt des Zufalls und der Täuschung.

Das ist das Thema in dem Drama *Amphitryon* (1807). Der antike Gott Jupiter versucht Alkmene, die Gattin des Amphitryon, zu verführen. Er nimmt dazu die Gestalt des Amphitryon an. In der Verwirrung, die hierdurch entsteht, bewahrt Alkmene durch die Sicherheit ihres Gefühls ihre Identität.

In dem Lustspiel *Der zerbrochene Krug* (1808) sitzt der Dorfrichter Adam über seine eigenen Verfehlungen zu Gericht: er hat ein Mädchen verführen wollen und dabei einen Krug zerbrochen. Er soll, was sich zugetragen hat, an den Tag bringen, versucht es aber mit allen Mitteln zu verschleiern. Letztlich wird er aber doch entlarvt.

Kleists gelungenste Tragödie ist *Prinz Friedrich von Homburg* (1809-1810). Es ist alles andere als ein preußisches Offiziersstück. Der Konflikt zwischen Gesetz und Freiheit wird auf eine sehr unpreußische Weise gelöst, die freiwillige Anerkennung des Gesetzes hat wenig mit preußischem Kadavergehorsam zu tun.

Prinz Friedrich von Homburg

Kurz vor der Schlacht von Fehrbellin 1675 träumt der nachtwandelnde Prinz von Homburg von seinem Ruhm bei dem zukünftigen Sieg über die Schweden. Als Anführer der Reiterei erhält er den Befehl, nur auf ausdrücklichen Befehl des Kurfürsten in den Kampf einzugreifen. Er wartet aber die Weisung nicht ab und erkämpft einen glänzenden Sieg. Durch dieses zu frühe Eingreifen ist jedoch der Feind nicht restlos geschlagen. Der Kurfürst erklärt, daß er denjenigen, der den Befehl zum Angriff der Reiterei gab, vor ein Kriegsgericht stellen will. Der Prinz wird gefangen genommen. Er glaubt aber auch im Kerker noch nicht an die Vollziehung des inzwischen ausgesprochenen Todesurteils. Als ihm seine Lage bewußt wird, entschließt er sich, die Kurfürstin zu bitten, für ihn beim Kurfürsten zu vermitteln. Unterwegs sieht er das für ihn bestimmte Grab. Es überfällt ihn eine schreckliche Todesangst. Der Kurfürst schreibt an den Prinzen, daß er ihn begnadigen will, wenn er das Todesurteil für ungerecht hält. Der Prinz sieht ein, daß dies nicht der Fall ist und nimmt das Urteil als Sühne auf sich. Erst jetzt kann der Kurfürst ihn begnadigen.

Die innere Zustimmung zu dem, was das Gesetz vom Einzelnen fordert, ist auch das Thema von Kleists Novellen wie zum Beispiel *Michael Kohlhaas* (1808). Weil der Pferdehändler Michael Kohlhaas im 16. Jahrhundert für ein erlittenes Unrecht kein Recht bekommen kann, greift er zur Selbsthilfe und begeht dadurch selbst Unrecht. Als er endlich Recht bekommt, nimmt er den Tod für das von ihm begangene Unrecht auf sich.

▷▷ *Zeitgenössisches Kleist-Bildnis (1807). Kleist gehört heute zu den meistgelesenen Schriftstellern seiner Zeit*
▽ *B. Heller, aus einem Zyklus zum 'Kohlhaas' (1949)*

Der Findling

In einer anderen Novelle, *Der Findling* (1811), nimmt der wohlhabende Piachi, der gerade seinen kleinen Sohn durch die Pest verloren hat, den Findling Nicolo in sein Haus auf. Dieser offenbart jedoch immer deutlicher seinen schlechten Charakter. Rücksichtslos gebraucht er seine Macht über seine Pflegeeltern und stürzt sie ins Unglück. Piachi ermordet schließlich Nicolo und wird dafür zum Tode verurteilt. Die Novelle endet folgendermaßen:

In dem Kirchenstaat herrschte ein Gesetz, nach welchem kein Verbrecher zum Tode geführt werden kann, bevor er die Absolution empfangen. Piachi, als ihm der Stab gebrochen war, verweigerte sich hartnäckig der Absolu-
5 tion. Nachdem man vergebens alles, was die Religion an die Hand gab, versucht hatte, ihm die Strafwürdigkeit seiner Handlung fühlbar zu machen, hoffte man, ihn durch den Anblick des Todes, der seiner wartete, in das Gefühl der Reue hineinzuschrecken, und führte ihn
10 nach dem Galgen hinaus. Hier stand ein Priester und schilderte ihm, mit der Lunge der letzten Posaune, alle Schrecknisse der Hölle, in die seine Seele hinabzufahren im Begriff war; dort ein anderer, den Leib des Herrn, das heilige Entsühnungsmittel in der Hand, und pries ihm
15 die Wohnungen des ewigen Friedens. – 'Willst du der Wohltat der Erlösung teilhaftig werden?' fragten ihn beide. 'Willst du das Abendmahl empfangen?' – 'Nein,' antwortete Piachi. – 'Warum nicht?' – 'Ich will nicht selig sein. Ich will in den untersten Grund der Hölle
20 hinabfahren. Ich will den Nicolo, der nicht im Himmel sein wird, wiederfinden, und meine Rache, die ich hier nur unvollständig befriedigen konnte, wieder aufnehmen!' – Und damit bestieg er die Leiter und forderte den Nachrichter auf, sein Amt zu tun. Kurz, man sah sich
25 genötigt, mit der Hinrichtung einzuhalten, und den Unglücklichen, den das Gesetz in Schutz nahm, wieder in das Gefängnis zurückzuführen. Drei hintereinander folgende Tage machte man dieselben Versuche und immer mit dem selben Erfolg. Als er am dritten Tage
30 wieder, ohne an den Galgen geknüpft zu werden, die Leiter herabsteigen mußte, hob er, mit einer grimmigen Gebärde, die Hände empor, das unmenschliche Gesetz verfluchend, das ihn nicht zur Hölle fahren lassen wolle. Er rief die ganze Schar der Teufel herbei, ihn zu holen,
35 verschwor sich, sein einziger Wunsch sei, gerichtet und verdammt zu werden, und versicherte, er würde noch dem ersten, besten Priester an den Hals kommen, um des Nicolo in der Hölle wieder habhaft zu werden! – Als man dem Papst dies meldete, befahl er, ihn ohne Absolu-
40 tion hinzurichten; kein Priester begleitete ihn, man knüpfte ihn, ganz in der Stille, auf dem Platz del popolo auf.

Für seine eigenen Lebensprobleme fand Kleist keine Lösung. Am 21. November 1811 beging er mit seiner Freundin Henriette Vogel am Ufer des Wannsees bei Berlin Selbstmord. An der Stelle steht heute noch immer ein Gedenkstein, der von vielen Kleistbewunderern besucht wird.

Friedrich Hölderlin

Friedrich Hölderlin wurde 1770 in Lauffen am Neckar geboren. Er besuchte das Tübinger Stift, wo er Theologie studierte und mit Hegel und Schelling Freundschaft schloß. Die Französische Revolution und die griechische Antike wurden seine bestimmenden Erlebnisse. Er wollte nicht Pfarrer werden, so blieb ihm nichts anderes übrig als eine Hauslehrerstelle anzunehmen. In Frankfurt wurde er 1796 Hauslehrer bei dem Bankier Gontard, wo er sich bald in Freundschaft und tiefer Liebe zu dessen Frau Susette hingezogen fühlte, die er als *Diotima* in seinen Dichtungen verehrte. 1798 mußte er Frankfurt verlassen. Die ersten Zeichen einer Geisteskrankheit machten sich bemerkbar, die sich schnell verschlimmerte. Ab 1807 wohnte er bei einem Schreinermeister in Tübingen. Er dichtete kaum noch und starb 1843.

Hölderlin ist vor allem Lyriker. In der antiken griechischen Welt sah er die Erfüllung seines Ideals: das harmonische Zusammensein von Göttern und Menschen. Aber am Ende der Antike wenden sich die Götter von den Menschen ab. Die Gegenwart ist kalt und unerträglich. Wie er in seiner Elegie *Brot und Wein* ausführt, sind es nur die Dichter und die Liebenden, die die Erinnerung an die Götter und die Hoffnung auf ihre Wiederkehr wachhalten. In dem Gedicht *Hälfte des Lebens* bringt er den Schmerz über die Gegenwart zum Ausdruck:

> Mit gelben Birnen hängt
> Und voll mit wilden Rosen
> Das Land in den See,
> Ihr holden Schwäne,
> 5 Und trunken von Küssen
> Tunkt ihr das Haupt
> Ins heilignüchterne Wasser.
>
> Weh mir, wo nehm ich, wenn
> Es Winter ist, die Blumen, und wo
> 10 Den Sonnenschein,
> Und Schatten der Erde?
> Die Mauern stehn
> Sprachlos und kalt, im Winde
> Klirren die Fahnen.

Neben seinen Hymnen, Oden und Elegien schrieb er den Briefroman *Hyperion oder der Eremit in Griechenland* (1797-1799). Der junge Grieche Hyperion schreibt in einem sehr lyrischen Stil Briefe an seinen deutschen Freund Bellarmin über seine Jugend, seinen Lehrer Adamas, den Freiheitskampf Griechenlands und seine Liebe zu Diotima. Doch der Freiheitskampf mißlingt und Diotima stirbt. Er kommt nach Deutschland, aber er ist schwer enttäuscht. Im vorletzten Brief schreibt er an Bellarmin:

> 'So kam ich unter die Deutschen, Barbaren von alters her, durch Fleiß und Wissenschaft und selbst durch Religion barbarischer geworden, tiefunfähig jedes göttlichen Gefühls, verdorben bis ins Mark zum Glück der heiligen
> 5 Grazien, in jedem Grad der Übertreibung und der Ärmlichkeit beleidigend für jede gutgeartete Seele, dumpf und harmonielos, wie die Scherben eines weggeworfenen Gefäßes – das, mein Bellarmin! waren meine Tröster. Es ist ein hartes Wort und dennoch sage ichs, weil es
> 10 Wahrheit ist: ich kann kein Volk mir denken, das zerrißner wäre, wie die Deutschen. Handwerker siehst du, aber keine Menschen, Denker, aber keine Menschen, Priester, aber keine Menschen, Herren und Knechte, Jungen und gesetzte Leute, aber keine Menschen – ist
> 15 das nicht, wie ein Schlachtfeld, wo Hände und Arme und alle Glieder zerstückelt untereinander liegen, indessen das vergoßne Lebensblut im Sande zerrinnt?'

▽▽*Franz Karl Hiemer, 'Friedrich Hölderlin' (1792)*
▽*Landolin Ohnmacht, 'Diotima'. Marmorbüste (um 1800)*

Romantische Geselligkeit

In der kleinen thüringischen Stadt Jena lebte am Ende des 18. Jahrhunderts für kurze Zeit eine Gruppe von Schriftstellern und Schriftstellerinnen zusammen. Zu der ungewöhnlichen Wohngemeinschaft gehörten die Brüder Friedrich und August Wilhelm Schlegel, ihre Frauen Caroline und Dorothea, das Ehepaar Tieck, Friedrich von Hardenberg und der Philosoph Schelling sowie drei Kinder. Das neue Denken und Leben der Jenaer Romantik wurde gemeinsam von diesen Männern und Frauen entwickelt. Es setzte sich gegen die Klassik Goethes und Schillers ab. In ihrer bewußten Lebensform der 'Geselligkeit' überwanden die Romantiker die Beschränkungen der bürgerlichen Familie. Damit forderten sie den Klatsch und den Haß des Spießbürgertums heraus.

Das Zentrum der Frühromantik verlagerte sich dann nach Berlin, wo die Geselligkeit in den literarischen Salons gepflegt wurde. Den berühmtesten Berliner Salon führte Rahel von Varnhagen (1771-1833). Nirgendwo sonst war es in dieser Zeit möglich, daß sich Angehörige verschiedener gesellschaftlicher Schichten von Gleich zu Gleich trafen.

Im Gespräch über Literatur entstand hier neue Literatur. Die Zeitschrift *Athenäum* (1798-1800) wurde zum Sprachrohr der romantischen Bewegung. Hier veröffentlichte Friedrich Schlegel (1772-1829) seine Fragmente, in denen er seine Ideen über die Verschmelzung von Philosophie und Poesie formulierte.

Das Wort 'romantisch' bedeutet 'romanhaft'. Romantische Poesie ist nach Schlegel eine romanhafte 'Universalpoesie': In der Gattung des Romans sollten sich alle anderen literarischen Formen vereinigen. Dieses künstlerische Verfahren sollte die 'unendliche Fülle' der Welt, die 'Ahnung des Ganzen' vermitteln. Romantische Poesie ist gleichzeitig ein Lebensprinzip: Kunst und Leben werden eins. Das Leben wird zum Roman, zum gelebten Kunstwerk. Romantische Poesie ist außerdem 'Poesie der Poesie'. Mit Hilfe der 'romantischen Ironie' reflektiert sich die Poesie selbst. Der Dichter schreibt und reflektiert zugleich über den Vorgang und die Bedingungen des Schreibens.

Schlegels Roman *Lucinde* (1799) war formal und inhaltlich für seine Zeit etwas völlig Neues. Er besteht aus ganz unterschiedlichen Textfragmenten. Ihr Thema ist die Liebe und die Möglichkeit der schrankenlosen Verwirklichung von Liebe in der Gesellschaft. Der Roman verursachte einen Skandal. Schlegels Offenheit in der Schilderung seiner erotischen Beziehung zu seiner Freundin Dorothea durchbrach die Normen seiner Zeit. Auch sein Lobpreis des Müßiggangs war nicht geeignet, beim fleißigen Berliner Bürgertum Anerkennung zu finden.

Der Freundeskreis der Jenaer Romantik ist nach 1800 auseinandergebrochen. Schlegel trat 1808 zur katholischen Kirche über. Diese Konsequenz hat sich für manchen Romantiker ergeben, der 'das Irdische nur als Vorbereitung und Symbol des Ewigen' (Eichendorff) sah. Politisch konnten die Ideen der deutschen Romantik auf widersprüchliche Wege führen. Schlegel wurde nach 1815 als Beamter der österreichischen Regierung Metternich zum Feind republikanischer und demokratischer Bestrebungen.

◁ *Philipp Otto Runge, 'Die Lehrstunde der Nachtigall' (1804). Das Bild ist eine Allegorie (Sinnbild) der romantischen Poesie*

Novalis

Friedrich von Hardenberg (1772-1801) ist unter dem
Namen Novalis bekannt geworden, den er sich selbst
gegeben hat. Er war das Kind pietistisch-frommer Eltern
und erhielt eine dementsprechende Erziehung. Die
Erwartung eines zukünftigen Goldenen Zeitalters, eines
Himmelreichs auf Erden, die auch zu den Ideen der Aufklärung gehörte, hatte ihn von früher Jugend an bestimmt.
Die Französische Revolution erschien ihm – er war 1789
siebzehn Jahre alt – wie ein Vorbote dieser Zukunfts-
hoffnungen.

Hardenberg studierte ab 1790 in Jena und Leipzig
Rechtswissenschaft, beschäftigte sich aber hauptsächlich
mit Philosophie, Literatur und Geschichte. 1795 verlobte
er sich mit der dreizehnjährigen Sophie von Kühn, die
zwei Jahre später an der Schwindsucht starb. In tiefer
Trauer und Liebe verfaßte er mit den *Hymnen an die
Nacht* (1800) Visionen des jenseitigen Lebens.
Aber auch die revolutionären Schrecken der neunziger
Jahre in Frankreich verstärkten seine Skepsis gegenüber
einem irdischen Reich des Glücks. Er wurde zum Dichter
des Gefühls, der Todessehnsucht und der Mystik.

In der Freundschaft mit Friedrich Schlegel und Ludwig
Tieck entwickelte er seine poetischen Ansichten. Unter
dem Namen Novalis veröffentlichte er *Blütenstaub* (1798),
eine Sammlung von Textfragmenten. Novalis wendete
sich gegen die Gedankensysteme der rationalen Philosophen. Er war der Meinung, daß die Wahrheit in immer
neuen Versuchen, in immer neuen Facetten erfaßt werden
muß. Dafür erschien ihm die Form des Fragments, des
Gedankenbruchstücks, am geeignetsten. In dieser Zeit
schrieb er auch die später veröffentlichte Programmschrift
Die Christenheit oder Europa (1826). Die geschichtliche
Utopie des Goldenen Zeitalters orientierte sich am christlichen Mittelalter.

Es waren schöne, glänzende Zeiten, wo Europa ein
christliches Land war, wo eine Christenheit diesen
menschlich gestalteten Weltteil bewohnte; ein großes
gemeinschaftliches Interesse verband die entlegensten
5 Provinzen dieses weiten geistlichen Reiches. – Ohne
große weltliche Besitztümer lenkte und vereinigte ein
Oberhaupt die großen politischen Kräfte. – Eine zahl-
reiche Zunft, zu der jedermann den Zutritt hatte, stand
unmittelbar unter demselben und vollführte seine
10 Winke und strebte mit Eifer, seine wohltätige Macht zu
befestigen. Jedes Glied dieser Gesellschaft wurde allent-
halben geehrt, und wenn die gemeinen Leute Trost oder
Hilfe, Schutz oder Rat bei ihm suchten und gerne dafür
seine mannigfaltigsten Bedürfnisse reichlich versorgten,
15 so fand es auch bei den Mächtigeren Schutz, Ansehn
und Gehör, und alle pflegten diese auserwählten, mit
wunderbaren Kräften ausgerüsteten Männer wie Kinder
des Himmels, deren Gegenwart und Zuneigung mannig-
fachen Segen verbreitete. Kindliches Zutrauen knüpfte
20 die Menschen an ihre Verkündigungen. – Sie waren die
erfahrenen Steuerleute auf dem großen unbekannten
Meere, in deren Obhut man alle Stürme geringschätzen
und zuversichtlich auf eine sichere Gelangung und Lan-
dung an der Küste der eigentlichen vaterländischen
25 Welt rechnen durfte.

△ *Franz Gareis, 'Novalis' (um 1799)*
◁◁ *Philipp Otto Runge, 'Der große Morgen' (1809/1810). Das Enstehen einer neuen romantischen Kunst*

Das wichtigste literarische Werk von Novalis ist der *Heinrich von Ofterdingen* (1802). Mit diesem Roman wollte er das Wesen der Poesie erklären, die er als universelles Prinzip verstand: Nicht nur ein Genie, sondern jeder Mensch ist imstande die Grenzen seines materiellen Lebens zu überschreiten und am göttlichen Dasein teilzuhaben. Das Mittel dazu ist die Poesie. Aber die meisten Menschen haben sich von ihr abgewendet; ihr Leben ist kalt und tot. Nur Kinder, Liebende und Dichter verfügen noch über die Macht der Poesie.
Novalis starb 1801, mit 28 Jahren, an der Schwindsucht.

Heinrich von Ofterdingen

Der Roman spielt in einer romantisierten mittelalterlichen Welt. Dem Dichter Heinrich erscheint in seinem Elternhaus im Traum eine blaue Blume. In ihrer Blüte erblickt er das Gesicht eines Mädchens, das in ihm eine tiefe Sehnsucht erweckt.
Heinrichs Mutter will ihn auf andere Gedanken bringen und nimmt ihn mit auf eine Reise nach Augsburg. Auf dieser Reise lernt er die Welt der Kaufleute kennen und hört von den Dichtungen der Minnesänger. Auf einer fränkischen Ritterburg eröffnet sich ihm die kriegerische Welt der Kreuzzüge, und er macht Bekanntschaft mit einem gefangenen Mädchen aus dem Morgenland.

Ein alter Bergmann vertraut ihm die Geheimnisse des Bergbaus an, und ein Einsiedler weiht ihn in die Geschichte der Menschheit ein. In Augsburg schließt er Freundschaft mit dem Sänger Klingsohr, der ihm ein Märchen erzählt, in dem die blaue Blume vorkommt. Heinrich fühlt sich sehr zu Mathilde, der Tochter Klingsohrs, hingezogen. Im Traum wird ihm klar, daß das Mädchen, das er in der blauen Blume erblickt hat, Mathilde war. Im zweiten Teil des Romans, der Fragment geblieben ist, sollte Heinrich Mathilde verlieren und nach abenteuerlichen Reisen wiedergewinnen.

Es sind die Dichter, diese seltenen Zugmenschen, die zuweilen durch unsere Wohnsitze wandeln, und überall den alten ehrwürdigen Dienst der Menschheit und ihrer ersten Götter, der Gestirne, des Frühlings, der Liebe, des
5 Glücks, der Fruchtbarkeit, der Gesundheit, und des Frohsinns erneuern; sie, die schon hier im Besitz der himmlischen Ruhe sind, und von keinen törichten Begierden umhergetrieben, nur den Duft der irdischen Früchte einatmen, ohne sie zu verzehren und dann un-
10 widerruflich an die Unterwelt gekettet zu sein. Freie Gäste sind sie, deren goldener Fuß nur leise auftritt, und deren Gegenwart in allen unwillkürlich die Flügel ausbreitet. Ein Dichter läßt sich wie ein guter König, frohen und klaren Gesichtern nach aufsuchen, und er ist es, der
15 allein den Namen eines Weisen mit Recht führt. Wenn man ihn mit dem Helden vergleicht, so findet man, daß die Gesänge der Dichter nicht selten den Heldenmut in jugendlichen Herzen erweckt, Heldentaten aber wohl nie den Geist der Poesie in ein neues Gemüt gerufen haben.
20 Heinrich war von Natur zum Dichter geboren. Mannigfaltige Zufälle schienen sich zu seiner Bildung zu vereinigen, und noch hatte nichts seine innere Regsamkeit gestört. Alles was er sah und hörte schien nur neue Riegel in ihm wegzuschieben, und neue Fenster ihm zu
25 öffnen. Er sah die Welt in ihren großen und abwechselnden Verhältnissen vor sich liegen. Noch war sie aber stumm, und ihre Seele, das Gespräch, noch nicht erwacht. Schon nahte sich ein Dichter, ein liebliches Mädchen an der Hand, um durch Laute der Mutter-
30 sprache und durch Berührung eines süßen zärtlichen Mundes, die blöden Lippen aufzuschließen, und den einfachen Akkord in unendliche Melodien zu entfalten.

Ludwig Tieck und
Wilhelm Heinrich Wackenroder

'O wenn ich jetzt ein Franzose wäre! Dann wollt ich hier nicht sitzen, dann... Doch leider, bin ich in einer Monarchie geboren, die gegen die Freiheit kämpft, unter Menschen, die noch Barbaren genug sind, die Franzosen zu verachten,' so schrieb Ludwig Tieck (1773-1853) im Jahre 1792 an seinen Berliner Schulfreund Wilhelm Heinrich Wackenroder (1773-1798). Er drückte damit den Enthusiasmus aus, den alle Romantiker zunächst der Französischen Revolution entgegenbrachten. Aber die blutige Realität dieser historischen Wende enttäuschte ihn tief und trieb ihn in ein idealistisches Reich der Kunst. Der Gegensatz zwischen Kunst und Wirklichkeit wurde zum beherrschenden Thema zwischen den beiden Freunden. Wackenroder formulierte die neue Kunstauffassung in den *Herzensergießungen eines kunstliebenden Klosterbruders* (1796). Die Kunst erscheint darin wie eine religiöse Offenbarung: 'Ich kenne zwei wunderbare Sprachen, durch welche die Schöpfung den Menschen vergönnt hat, die himmlischen Dinge in ganzer Macht zu erfassen und zu begreifen. Die eine dieser wundervollen Sprachen redet nur Gott, die andere reden nur wenige Auserwählte unter den Menschen, die er zu seinen Lieblingen gesalbt hat. Ich meine: die Natur und die Kunst.'

Tieck gab seiner 'Ideenwelt' in den *Volksmärchen* (1797) Gestalt. Anders als die Brüder Grimm in ihrer späteren Märchensammlung hat Tieck die Märchen die ihm erzählt wurden, frei bearbeitet. Auch selbsterfundene 'Kunstmärchen' befinden sich darunter. Das bekannteste ist *Der blonde Eckbert*.

Der blonde Eckbert

In diesem Märchen erzählt Bertha, die Frau des Ritters Eckbert, dessen Freund Walther wie sie als Kind bei einer alten Frau gelebt hat. Die Alte hatte einen sprechenden Vogel und einen kleinen Hund. Bertha läuft fort und nimmt den Vogel mit, der immer wieder ein Lied von der verlorenen Waldeinsamkeit singt, bis sie ihn erwürgt. Merkwürdigerweise kennt Walther den Namen des Hündchens. Bertha fühlt sich verfolgt und stirbt vor Angst. Eckbert gibt Walther die Schuld am Tod seiner Frau und ermordet ihn. Er begegnet ihm aber mehrfach wieder. Eines Tages hört er einen Vogel von der Waldeinsamkeit singen und trifft eine alte Frau. Sie erzählt ihm, sie habe sich in Walther verwandelt und Bertha sei seine eigene Schwester gewesen. Eckbert wird daraufhin wahnsinnig und stirbt.

In der satirischen Komödie *Der gestiefelte Kater* (1797) rechnete Tieck mit den Erziehungsidealen des 18. Jahrhunderts ab. Er verspottete die Autoren und das Publikum, die noch den rationalistischen Ideen einer Verbesserung der Menschheit anhingen.

Ein Jahr darauf veröffentlichte Tieck *Franz Sternbalds Wanderungen* (1798). Er hatte diesen Romans über die Entwicklung eines jungen Künstlers ursprünglich zusammen mit Wackenroder schreiben wollen. Aber der Freund war bereits mit 24 Jahren gestorben.
Tieck, der in Berlin geboren war, zog 1799 nach Jena, wo er Freundschaft mit Novalis schloß. Später entfernte er sich von der Romantik.

▽ Gustave Doré, Illustration zu
'Der gestiefelte Kater' (1862)

▽ Hans Fischer,
'Der gestiefelte Kater' (1957)

Clemens Brentano und Achim von Arnim

Während Napoleon mit seinen Truppen von Sieg zu Sieg zog, gab es in den geschlagenen und besetzten deutschen Ländern Versuche zu einer inneren Erneuerung Deutschlands. Viele Schriftsteller idealisierten die Zeit des alten deutschen Reiches, das Mittelalter. Sie sammelten und erneuerten alte Lieder und Geschichten, die im Volk gesungen und erzählt wurden.

Clemens Brentano (1778-1842) ist jahrelang mit der Gitarre als fahrender Sänger durch die deutschen Länder gezogen. Mit seinem Freund Achim von Arnim (1781-1831) unternahm er im Sommer 1802 eine Sängerfahrt auf dem Rhein. Die *Rheinromantik* wurde in den Jahren darauf sehr populär. In zahlreichen Liedern wurde der Rhein als der urdeutsche Fluß besungen. Die Volkslieder, die sie auf ihren Reisen gesammelt hatten, gaben die beiden Freunde unter dem Titel *Des Knaben Wunderhorn* (1806-1808) in Heidelberg heraus. Manche dieser Lieder werden noch heute gesungen, zum Beispiel *Schlaf, Kindlein, schlaf; Maikäfer flieg; Wenn ich ein Vöglein wär* und *O Tannenbaum*. Die *Heidelberger Romantik* unterschied sich durch ihren volkstümlichen Charakter deutlich von dem mehr philosophischen Jenaer Kreis.

Die bekanntesten Werke Brentanos sind die *Geschichte vom braven Kasperl und dem schönen Annerl* (1817) und das Kunstmärchen *Gockel, Hinkel und Gackeleia* (1811). Beispielhaft für die Lyrik Brentanos ist das Gedicht *Der Spinnerin Lied*.

Geschichte vom braven Kasperl und dem schönen Annerl

In einer Rahmenerzählung erzählt eine alte Bäurin dem Dichter diese Geschichte. Ihr Enkel Kasperl ist in Annerl verliebt. Er will sich Ehre verdienen und wird Soldat. Bei einem Überfall wird ihm sein Pferd gestohlen. Er findet die Diebe in seinem Heimatdorf: seinen Vater und seinen Bruder. Kasperl sieht seine Ehre befleckt. Annerl soll nicht den Sohn eines Diebes heiraten. Er erschießt sich. Annerl hat sich während der Abwesenheit Kasperls von einem Adeligen verführen lassen. Sie tötet ihr Kind, um nicht ihre Ehre zu verlieren. Nun soll sie hingerichtet werden. Der Dichter, der dies von der Bäurin hört, will die Hinrichtung verhindern. Der Bote mit der Begnadigung, ein Graf, kommt jedoch zu spät. Er bekennt, Annerls Verführer gewesen zu sein, und vergiftet sich. Kasperl und Annerl erhalten ein kirchliches Begräbnis. Dies hatte die Großmutter erreichen wollen. Sie sinkt tot in die Arme des Dichters.

△ *Eduard von Steinle,*
'*Clemens Brentano*' *(1841)*

Der Spinnerin Lied

Es sang vor langen Jahren
Wohl auch die Nachtigall:
Das war wohl süßer Schall,
Da wir zusammen waren.

5 Ich sing und kann nicht weinen
Und spinne so allein
Den Faden klar und rein,
Solang der Mond wird scheinen.

Da wir zusammen waren,
10 Da sang die Nachtigall:
Nun mahnet mich ihr Schall,
Daß du von mir gefahren.

So oft der Mond mag scheinen,
Gedenk ich dein allein:
15 Mein Herz ist klar und rein,
Gott wolle uns vereinen!

Seit du von mir gefahren,
Singt stets die Nachtigall:
Ich denk bei ihrem Schall,
20 Wie wir zusammen waren.

Gott wolle uns vereinen,
Hier spinn ich so allein,
Der Mond scheint klar und rein,
Ich sing und möchte weinen!

Joseph von Eichendorff

Ein einsamer Wanderer schreitet durch eine wilde, un-
berührte Landschaft mit dunklen Wäldern, hohen Bergen und rauschenden Bächen: Viele Maler des 19. Jahrhunderts haben in solchen Bildern das romantische
Naturgefühl und die romantische Sehnsucht wiedergege-
ben. Musikalischen Ausdruck findet dieses Gefühl in Carl
Maria von Webers Oper *Der Freischütz* (1821).
Der bekannteste Dichter des deutschen Waldes als Heimat
und Zuflucht des Menschen ist Joseph von Eichendorff
(1788-1857). Der Wald ist bei ihm das zentrale Motiv für
die Natur. Diese kann auch 'unheimlich' sein, bis sie
durch das 'Zauberwort' des Dichters erlöst wird.

Eichendorff verlebte eine glückliche Jugend auf dem
schlesischen Schloß Lubowitz. Unter anderem durch die
Kriegsereignisse gingen die Besitzungen seines Vaters aber
später verloren. Die Sehnsucht nach dem verlorenen Para-
dies seiner Kindheit ist in vielen Gedichten zu spüren.
Als Student in Heidelberg lernte er Brentano und von
Arnim kennen. Sein dichterisches Werk wurde zum
Höhepunkt der Heidelberger Romantik.

In dem Roman *Ahnung und Gegenwart* (1815) wird der
Wald zum Reich der alten Freiheit, aus dem heraus sich
die Erneuerung der deutschen Nation vollziehen soll. Das
hängt mit Eichendorffs Erfahrungen als Mitglied eines
Freikorps im Jahre 1813 zusammen. Die Freikorps waren
eine Art adelige Guerillatruppe gegen die französischen
Besatzer. Viele idealistische Intellektuelle schlossen sich
ihnen an. 1815 nahm Eichendorff an der Verfolgung der
geschlagenen napoleonischen Truppen teil.

Aus dem Leben eines Taugenichts

Eichendorffs Mittel, die verlorene heile Welt wiederzuer-
langen, war Frömmigkeit. Das zeigt auch sein naiver
Held in *Aus dem Leben eines Taugenichts* (1826).
Der Roman handelt von dem Sohn eines Müllers, der
mit seiner Geige in die Welt hinauszieht, um sein Glück
zu machen. Er gibt sein Schicksal völlig in die Hand des
Zufalls, der ihn mal hierhin, mal dorthin führt. In Wien
verliebt er sich in Aurelie, die er für eine vornehme Dame

△ *Adolf Schroedter, 'Aus dem Leben eines Taugenichts' (1842)*
△△ *'Wanderschaft', Holzschnitt von Ludwig Richter*
▷▷ *Venusstatue aus dem Palazzo Pitti in Florenz*

hält. Als er sie mit einem anderen Manne sieht, verläßt er
sie und zieht nach Italien. Er wird in ein buntes Spiel von
Abenteuern, Verwechslungen und Liebeleien verwickelt.
Die Liebe zu Aurelie treibt ihn zurück nach Wien. Er
erfährt, daß sie gar keine Gräfin ist. Seine Liebe wird
erwidert, und sie heiraten.

Das Marmorbild

Die Romantiker schwärmten von der südlichen Landschaft Italiens. Dorthin verlegte Eichendorff auch die
Handlung seiner Novelle *Das Marmorbild* (1819). Sie
spielt in Italien in der toskanischen Stadt Lucca. Der
junge reisende Dichter Florio lernt auf einem Fest den
frommen Sänger Fortunato, das Mädchen Bianka und
den unheimlichen Ritter Donati kennen. Nach anfäng-
licher Zuneigung zu Bianka verliebt er sich in einem
nächtlichen Garten in eine Marmorstatue der Venus. Er
trifft später eine schöne Dame, die dem Marmorbild
gleicht. Donati bringt ihn auf ihr Schloß. Florio erliegt
ihrem Zauber, aber ein Lied Fortunatos bringt ihn wieder
zu sich. Die Dame erstarrt, das Schloß wird zur Ruine.
Florio erkennt, daß Bianka seine wahre Liebe ist.

Florio begibt sich nach dem Fest in seine Herberge:

Florio warf sich angekleidet auf das Ruhebett hin, aber
er konnte lange nicht einschlafen. In seiner von den Bildern des Tages aufgeregten Seele wogte und hallte und
sang es noch immerfort. Und wie die Türen im Haus

nun immer seltener auf und zu gingen, nur manchmal
noch eine Stimme erschallte, bis endlich Haus, Stadt
und Feld in tiefe Stille versank: da war es ihm, als führe
er mit schwanenweißen Segeln einsam auf einem mond-
beglänzten Meer. Leise schlugen die Wellen an das
10 Schiff, Sirenen tauchten aus dem Wasser, die alle aus-
sahen wie das schöne Mädchen mit dem Blumenkranze
vom vorigen Abend. Sie sang so wunderbar, traurig und
ohne Ende, als müsse er vor Wehmut untergehn. Das
Schiff neigte sich unmerklich und sank langsam immer
15 tiefer und tiefer. – Da wachte er erschrocken auf.
Er sprang von seinem Bett und öffnete das Fenster. Das
Haus lag am Ausgange der Stadt, er übersah einen weiten, stillen Kreis von Hügeln, Gärten und Tälern, vom
Monde klar beschienen. Auch da draußen war es überall
20 in den Bäumen und Strömen noch wie ein Verhallen
und Nachhallen der vergangenen Lust, als sänge die
ganze Gegend leise, gleich den Sirenen, die er im
Schlummer gehört. Da konnte er der Versuchung nicht
widerstehen. Er ergriff die Gitarre, die Fortunato bei
25 ihm zurückgelassen, verließ das Zimmer und ging leise
durch das ruhige Haus hinab. Die Tür unten war nur
angelehnt, ein Diener lag schlafend auf der Schwelle.

So kam er unbemerkt ins Freie und wandelte fröhlich
zwischen Weingärten durch leere Alleen an schlum-
30 mernden Hütten vorüber immer weiter fort.
Zwischen den Rebengeländen hinaus sah er den Fluß im
Tale; viele weißglänzende Schlösser, hin und wieder zer-
streut, ruhten wie eingeschlafene Schwäne unten in dem
Meer von Stille. [...]
35 So in Gedanken schritt er noch lange fort, als er uner-
wartet bei einem großen, von hohen Bäumen rings
umgebenen Weiher anlangte. Der Mond, der eben über
die Wipfel trat, beleuchtete scharf ein marmornes
Venusbild, das dort dicht am Ufer auf einem Stein
40 stand, als wäre die Göttin soeben erst aus den Wellen
aufgetaucht und betrachte nun, selber verzaubert, das
Bild der eigenen Schönheit, das der trunkene Wasser-
spiegel zwischen den leise aus dem Grunde aufblühen-
den Sternen widerstrahlte. Einige Schwäne beschrieben
45 still ihre einförmigen Kreise um das Bild, ein leichtes
Rauschen ging durch die Bäume ringsumher.
Florio stand wie eingewurzelt im Schauen, denn ihm
kam jenes Bild wie eine langgesuchte, nun plötzlich
erkannte Geliebte vor, wie eine Wunderblume, aus der
50 Frühlingsdämmerung und träumerischen Stille seiner
frühesten Jugend heraufgewachsen. Je länger er hinsah,
je mehr schien es ihm, als schläge es die seelenvollen
Augen langsam auf, als wollten sich die Lippen bewegen
zum Gruße, als blühe Leben wie ein lieblicher Gesang
55 erwärmend durch die schönen Glieder herauf. Er hielt
die Augen lange geschlossen vor Blendung, Wehmut
und Entzücken. –
Als er wieder aufblickte, schien auf einmal alles wie verwandelt. Der Mond sah seltsam zwischen den Wolken
60 hervor, ein stärkerer Wind kräuselte den Weiher in trübe
Wellen, das Venusbild, so fürchterlich weiß und
regungslos, sah ihn fast schreckhaft mit den steinernen
Augenhöhlen aus der grenzenlosen Stille an. Ein nie
gefühltes Grauen überfiel da den Jüngling. Er verließ
65 schnell den Ort, und immer schneller und ohne auszu-
ruhen eilte er durch die Gärten und Weinberge wieder
fort, der ruhigen Stadt zu; denn auch das Rauschen der
Bäume kam ihm nun wie ein verständiges, vernehm-
liches Geflüster vor, und die langen, gespenstischen Pap-
70 peln schienen mit ihren weitgestreckten Schatten hinter
ihm dreinzulangen.

Volksmärchen und Kunstmärchen

Grimms Märchen werden in aller Welt gelesen und haben die Brüder Jacob (1785-1863) und Wilhelm Grimm (1786-1859) zu den bekanntesten Autoren der deutschen Romantik gemacht. Jahrelang haben die beiden Sprachwissenschaftler sich von alten 'Märchenfrauen' die Geschichten erzählen lassen, die an langen Winterabenden zur Unterhaltung für Jung und Alt dienten. Diese mündlich überlieferten Märchen schrieben sie möglichst genau auf. Auf diese Weise wollten sie die uralte deutsche Volkpoesie wiederbeleben. Im Jahre 1812 veröffentlichten sie den ersten Band ihrer berühmten Märchensammlung, die *Kinder- und Hausmärchen*. *Rotkäppchen*, *Schneewittchen*, *Hänsel und Gretel* und *Aschenputtel* sind die bekanntesten unter den 200 Märchen, die in der Ausgabe von 1819 gesammelt waren.

Die drei Faulen

Ein König hatte drei Söhne, die waren ihm alle gleich lieb, und er wußte nicht, welchen er zum König nach seinem Tode bestimmen sollte. Als die Zeit kam, daß er sterben wollte, rief er sie vor sein Bett und sprach: 'Liebe
5 Kinder, ich habe etwas bei mir bedacht, das will ich euch eröffnen: welcher von euch der Faulste ist, der soll nach mir König werden.' Da sprach der älteste: 'Vater, so gehört das Reich mir, denn ich bin so faul, wenn ich liege und will schlafen, und es fällt mir ein Tropfen in
10 die Augen, so mag ich sie nicht zutun, damit ich einschlafe.' Der zweite sprach: 'Vater, das Reich gehört mir, denn ich bin so faul, wenn ich beim Feuer sitze, mich zu wärmen, so ließ ich mir eher die Fersen verbrennen, eh ich die Beine zurückzöge.' Der dritte sprach: 'Vater, das
15 Reich ist mein, denn ich bin so faul, sollt ich aufgehängt werden und hätte den Strick schon um den Hals und einer gäbe mir ein scharf Messer in die Hand, damit ich den Strick zerschneiden dürfte, so ließ ich mich eher aufhenken, eh ich meine Hand erhübe zum Strick.' Wie
20 der Vater das hörte, sprach er: 'Du hast es am weitesten gebracht und sollst der König sein.'

▷ *Die Brüder Grimm bei Dorothea Viehmann in Niederzwehren*

Die Form des Märchens war besonders geeignet, die Ideen der Romantiker auszudrücken. Daher schrieben beinahe alle romantischen Autoren auch eigene, selbsterfundene Märchen. Diese werden als 'Kunstmärchen' bezeichnet. Die volkstümlichsten Kunstmärchen hat Wilhelm Hauff (1802-1827) verfaßt. Beispiele aus seinen drei *Märchenalmanachen* (1825-1827) sind *Das Wirtshaus im Spessart*, *Kalif Storch* und *Der Zwerg Nase*.

Das schönste Naturmärchen der Romantik ist *Undine* (1811). Der Autor, Friedrich de la Motte-Fouqué (1777-1843), ist als Sohn einer geflüchteten französischen Adelsfamilie in Brandenburg aufgewachsen.

Undine

Undine ist eine verirrte Nixe, die bei Fischersleuten lebt. Der Ritter Huldbrand verliebt sich in sie. Durch die Heirat mit ihm erhält sie eine menschliche Seele, aber auch die Fähigkeit zu menschlichem Leid. Die Mächte der Natur, personifiziert in dem Wassergeist Kühleborn, treten gegen diese Entwicklung auf. Als Huldbrand Undine auf einer Bootsfahrt beleidigt, muß sie ins Wasserreich zurückkehren.

E.T.A. Hoffmann

Wahnsinn, Angst und Entsetzen brechen plötzlich und brutal in unsere nüchterne Alltagsexistenz ein. Die Schreckensbilder moderner Horrorfilme hat Ernst Theodor Amadeus Hoffmann (1776-1822) bereits vor fast zweihundert Jahren gesehen. Jedoch ging es dem 'Gespenster-Hoffmann', wie er damals genannt wurde, nicht um den Horror an sich. Er beschrieb die Verwirrungen der menschlichen Seele im Zusammenhang mit der unerträglichen Wirklichkeit. Er gestaltete dies in seinen Märchen und Erzählungen mit Motiven des Doppelgängers, der Vertauschung, Verwandlung und Maskierung. Seine Werke waren nicht 'krankhaft', wie Goethe meinte. Sie waren nur näher am 20. Jahrhundert als alle anderen seiner Zeit.

Hoffmann führte eine Doppelexistenz. Zum Broterwerb schlug er eine Juristenlaufbahn ein, zur Bezwingung seiner inneren Unruhe wurde er Komponist und Schriftsteller. Den Vornamen Amadeus hat er sich selbst gegeben, aus Verehrung für Wolfgang Amadeus Mozart.

▽ *Johann-Heinrich Füssli, 'Der Nachtmahr' (1790)*

Der goldene Topf

Das Kunstmärchen *Der goldene Topf* (1814) setzt in einer phantastischen Handlung das 'Leben in der Poesie' gegen die 'Bürde des alltäglichen Lebens'.

Der Student Anselmus leidet an merkwürdigen Visionen. Seine Freunde halten ihn für geistig verwirrt. Er geht zum Archivar Lindhorst, der ihm eine Anstellung geben will.

Unerachtet des weiten Weges bis in die einsame Straße, in der sich das uralte Haus des Archivarius Lindhorst befand, war der Student Anselmus doch vor zwölf Uhr an der Haustür. Da stand er und schaute den großen
5 schönen bronzenen Türklopfer an; aber als er nun auf den letzten die Luft mit mächtigem Klange durchbebenden Schlag der Turmuhr an der Kreuzkirche den Türklopfer ergreifen wollte, da verzog sich das metallene Gesicht im ekelhaften Spiel blauglühender Lichtblicke
10 zum grinsenden Lächeln. [...] Entsetzt taumelte der Student Anselmus zurück, er wollte den Türpfosten ergreifen, aber seine Hand erfaßte die Klingelschnur und zog sie an, da läutete es stärker und stärker in gellenden Mißtönen, und durch das ganze öde Haus rief und spot-
15 tete der Widerhall: 'Bald dein Fall ins Kristall!' – Den Studenten Anselmus ergriff ein Grausen, das im krankhaften Fieberfrost durch alle Glieder bebte. Die Klingelschnur senkte sich hinab und wurde zur weißen durchsichtigen Riesenschlange, die umwand und drückte ihn,
20 fester und fester ihr Gewinde schnürend, zusammen, daß die mürben zermalmten Glieder knackend zerbröckelten und sein Blut aus den Adern spritzte, eindringend in den durchsichtigen Leib der Schlange und ihn rot färbend. – 'Töte mich, töte mich!' wollte er schreien in der
25 entsetzlichen Angst, aber sein Geschrei war nur ein dumpfes Röcheln. – Die Schlange erhob ihr Haupt und legte die lange spitzige Zunge von glühendem Erz auf die Brust des Anselmus, da zerriß ein schneidender Schmerz jählings die Pulsader des Lebens, und es vergin-
30 gen ihm die Gedanken. – Als er wieder zu sich selbst kam, lag er auf seinem dürftigem Bettlein, vor ihm stand aber der Konrektor Paulmann und sprach: 'Was treiben Sie denn um des Himmels willen für tolles Zeug, lieber Herr Anselmus!'

Adelbert von Chamisso

Eine der bekanntesten Erzählungen der deutschen Romantik ist die von dem Mann, der seinen Schatten verloren hat. *Peter Schlemihls wundersame Geschichte* (1814) stammt von Adelbert von Chamisso (1781-1838). Chamisso war ein französischer Adeliger. Er mußte als Neunjähriger mit seinen Eltern vor den Wirren der französischen Revolution fliehen. Die Familie fand schließlich in Berlin ein neues Zuhause.

In den wechselhaften deutsch-französischen Kriegszeiten wurde Chamisso zu einem Vermittler zwischen beiden Kulturen. Er empfand sich als Franzose und Deutscher zugleich. Der Zwiespalt in seiner nationalen Identität hat ihn sein ganzes Leben beschäftigt. Das ist letztlich auch das Thema des *Peter Schlemihl*.

Wie seine Figur Peter Schlemihl machte auch Chamisso sich die wissenschaftliche Beschäftigung mit der Erde und der Natur zur Aufgabe. Im Jahre 1815 nahm er als Naturforscher an einer russischen Schiffsexpedition teil. Sein Bericht von dieser dreijährigen *Reise um die Welt* (1836) gehört zu den lesenswertesten Reisebeschreibungen des 19. Jahrhunderts.

1985 wurde in der Bundesrepublik Deutschland der Adelbert-von-Chamisso-Preis gestiftet. Mit ihm werden deutschschreibende Migranten ausgezeichnet, die die Problematik der Begegnung zwischen zwei Kulturen literarisch gestalten.

Peter Schlemihls wundersame Geschichte

Schlemihl verkauft einem geheimnisvollen grauen Mann seinen Schatten. Er erhält dafür einen Glücksbeutel, der immer mit Dukaten gefüllt ist. Der Verlust des Schattens bedeutet jedoch auch den Verlust aller menschlichen Beziehungen. Sogar seine Geliebte wendet sich von Schlemihl ab. Schließlich wirft er den Glücksbeutel fort. Er kauft sich auf dem Markt alte Schuhe, die sich als Siebenmeilenstiefel erweisen. Mit ihnen reist er durch die Welt und widmet sich den Rest seines Lebens der Erforschung der Natur.

Ich begegnete im Walde einem alten Bauern, der mich freundlich begrüßte und mit dem ich mich in Gespräch einließ. [...] Er bemerkte bald, was mir fehlte, und hielt mitten in seiner Rede ein: 'Aber wie geht denn das zu, 5 der Herr hat ja keinen Schatten!' – 'Leider! leider!' erwiderte ich seufzend. [...] 'Ei! ei!' versetzte der alte Mann kopfschüttelnd, 'keinen Schatten, das ist bös!' [...] und bei dem nächsten Querweg, der sich darbot, ging er, ohne ein Wort zu sagen, von mir ab. – Bittere Tränen zit-10 terten aufs neue auf meinen Wangen und meine Heiterkeit war hin. Ich setzte traurigen Herzens meinen Weg fort und suchte ferner keines Menschen Gesellschaft. [...] Ich mußte ein Paar neue Stiefel anschaffen. Am nächsten Morgen besorgte ich dieses Geschäft mit vielem Ernst in 15 einem Flecken, wo Kirmes war und wo in einer Bude alte

und neue Stiefel zu Kauf standen. [...] Ich zog sie gleich
an und ging zum nördlich gelegenen Tor aus dem Ort.
Ich war in meinen Gedanken sehr vertieft und sah
kaum, wo ich den Fuß hinsetzte, denn ich dachte an das
20 Bergwerk, wo ich auf den Abend noch anzulangen hoffte und wo ich nicht recht wußte, wie ich mich ankündi-
gen sollte. Ich war noch keine zweihundert Schritte gegangen, als ich bemerkte, daß ich aus dem Wege gekommen war; ich sah mich danach um, ich befand mich in
25 einem wüsten, uralten Tannenwalde, woran die Axt nie
gelegt worden zu sein schien. Ich drang noch einige
Schritte vor, ich sah mich mitten unter den Felsen, die
nur mit Moos und Steinbrecharten bewachsen waren,
und zwischen welchen Schnee- und Eisfelder lagen. Die
30 Luft war sehr kalt, ich sah mich um, der Wald war hinter mir verschwunden. Ich machte noch einige Schritte
– um mich herrschte die Stille des Todes, unabsehbar
dehnte sich das Eis, worauf ich stand, und worauf ein
dichter Nebel schwer ruhte; die Sonne stand blutig am
35 Rande des Horizontes. Die Kälte war unerträglich. Ich
wußte nicht, wie mir geschehen war, der erstarrende
Frost zwang mich, meine Schritte zu beschleunigen, ich

◁◁ *Kupferstich von George Cruikshank zu 'Peter Schlemihl's
wundersame Geschichte' (Ausgabe von 1835)*
▽ *Empfang der Expeditionsteilnehmer durch König Tameimeia.
Illustration von Louis Choris zu seiner Reisebeschreibung 'Voyage
pittoresque autour de monde' (1822)*

vernahm nur das Gebrause ferner Gewässer, ein Schritt,
und ich war am Eisufer eines Ozeans. Unzählbare Her-
40 den von Seehunden stürzten sich vor mir rauschend in
die Flut. Ich folgte diesem Ufer, ich sah wieder nackte
Felsen, Land, Birken- und Tannenwälder, ich lief noch
ein paar Minuten gerade vor mir hin. Es war erstickend
heiß, ich sah mich um, ich stand zwischen schön gebau-
45 ten Reisfeldern unter Maulbeerbäumen. Ich setzte mich
in deren Schatten, ich sah nach meiner Uhr, ich hatte
vor nicht einer Viertelstunde den Marktflecken verlassen, – ich glaubte zu träumen, ich biß mich in die
Zunge, um mich zu erwecken; aber ich wachte wirklich.
50 – Ich schloß die Augen zu, um meine Gedanken zusam-
menzufassen. – Ich hörte vor mir seltsame Silben durch
die Nase zählen; ich blickte auf: zwei Chinesen, an der
asiatischen Gesichtsbildung unverkennbar, wenn ich
auch ihrer Kleidung keinen Glauben beimessen wollte,
55 redeten mich mit landesüblichen Begrüßungen in ihrer
Sprache an; ich stand auf und trat zwei Schritte zurück.
Ich sah sie nicht mehr, die Landschaft war ganz verändert: Bäume, Wälder, statt der Reisfelder. Ich betrachtete diese Bäume und die Kräuter, die um mich blühten;
60 die ich kannte, waren südöstlich asiatische Gewächse;
ich wollte auf den einen Baum zugehen, ein Schritt –
und wiederum war alles verändert. Ich trat nun an, wie
ein Rekrut, der geübt wird, und schritt langsam, gesetzt
einher. Wunderbar veränderliche Länder, Fluren, Auen,
65 Gebirge, Steppen, Sandwüsten entrollten sich vor meinem staunenden Blick; es war kein Zweifel, ich hatte
Siebenmeilenstiefel an den Füßen.
Ich fiel in stummer Andacht auf meine Knie und vergoß
Tränen des Dankes – denn klar stand plötzlich meine
70 Zukunft vor meiner Seele. Durch frühe Schuld von der
menschlichen Gesellschaft ausgeschlossen, ward ich zum
Ersatz an die Natur, die ich stets geliebt, gewiesen, die
Erde mir zu einem reichen Garten gegeben, das Studium
zur Richtung und Kraft meines Lebens, zu ihrem
75 Ziel die Wissenschaft. Es war nicht ein Entschluß, den
ich faßte. Ich habe nur seitdem, was da hell und vollendet im Urbild vor meinem inneres Auge trat, getreu, mit
stillem, strengem, unausgesetztem Fleiß darzustellen
gesucht, und meine Selbstzufriedenheit hat von dem
80 Zusammenfallen des Dargestellten mit dem Urbild
abgehangen.

Biedermeier

Eduard Mörike (1804-1875) führte als Pfarrer ein ruhiges, zurückgezogenes Leben im süddeutschen Württemberg, fern von den politischen und gesellschaftlichen Umwälzungen seiner Zeit. Er verschloß sich allen extremeren Lebenserfahrungen.

Diese Ruhe des 'Biedermeier', die mit einer geheimen Unruhe verbunden ist, drückt sich auch in seinem Werk aus. Seine bedeutendste Erzählung ist *Mozart auf der Reise nach Prag* (1856). Mit der Wahl der konkreten Hauptfigur Mozart entfernte er sich von den 'zeitlosen' Künstlernovellen der Romantik.

Verborgenheit

Laß, o Welt, o laß mich sein!
Locket nicht mit Liebesgaben,
Laß dies Herz alleine haben
Seine Wonne, seine Pein!

5 Was ich traure, weiß ich nicht,
Es ist ein unbekanntes Wehe:
Immerdar durch Tränen sehe
Ich der Sonne liebes Licht.

Oft bin ich mir kaum bewußt,
10 Und die helle Freude zücket
Durch die Schwere, so mich drücket,
Wonniglich in meiner Brust.

Laß, o Welt, o laß mich sein!
Locket nicht mit Liebesgaben,
15 Laß dies Herz alleine haben
Seine Wonne, seine Pein!

Franz Grillparzer (1791-1872) lebte in Wien im Zentrum des bürgerlichen und aristokratischen Konservativismus. Der europäische Fortschritt machte um Österreich einen Bogen, und so hatte Grillparzer als Theaterschriftsteller nicht nur Probleme mit der Zensur, sondern auch mit seinem Publikum. Sein Thema war immer wieder der Wille des Einzelnen im Widerstreit mit dem Gesetz der Gemeinschaft. Auch sein schönstes Stück, das Drama

Des Meeres und der Liebe Wellen (1831), handelt davon. Als 1838 ein Stück vom Publikum völlig abgelehnt wurde, zog Grillparzer sich verbittert von der Bühne zurück und schrieb nur noch für die Schublade. Nach 1850 kam er aber als österreichischer Nationalschriftsteller zu hohen Ehren. Seine bekannteste Erzählung ist *Der arme Spielmann* (1848).

Der arme Spielmann

Der Ich-Erzähler trifft auf dem Jahrmarkt in Wien einen Bettelmusikanten. Der alte Geiger erzählt ihm sein Leben. Er war ein weich und träumerisch veranlagter Junge, der nicht den Vorstellungen seines Vaters entsprach. Den Anforderungen des Lebens zeigte er sich nicht gewachsen. Er flüchtete sich ins Geigenspiel, das er auch nicht sonderlich gut beherrscht. Die Diskrepanz zwischen dem Eifer des Spielmanns und der Unvollkommenheit seiner Kunst ist das Thema der Erzählung. Die Figur des alten Mannes ist tragisch und rührend menschlich zugleich. In dem Text beschreibt der Ich-Erzähler seine Begegnung mit dem Spielmann.

▷▷ *Ferdinand Georg Waldmüller, 'Mädchen, einen Brief lesend'. Waldmüller war der bekannteste Maler des Wiener Biedermeiers*
▽ *Carl Spitzweg, 'Der arme Poet' (1837). Spitzwegs Bilder zeigen auf humoristische Art Motive des kleinbürgerlichen Biedermeiers*

Der alte Mann [hatte] mitten in dem Gewühle ein kleines, leicht tragbares Pult vor sich hingestellt mit schmut-
zigen, zergriffenen Noten, die das in schönster Ordnung
enthalten mochten, was er so außer allem Zusamenhange
5 zu hören gab. Gerade das Ungewöhnliche dieser Aus-
rüstung hatte meine Aufmerksamkeit auf ihn gezogen, so
wie es auch die Heiterkeit des vorüberwogenden Haufens
erregte, der ihn auslachte und den zum Sammeln hinge-
stellten Hut des alten Mannes leer ließ, indes das übrige
10 Orchester ganze Kupferminen einsackte. Ich war, um das
Original ungestört zu betrachten, in einiger Entfernung
auf den Seitenabhang des Dammes getreten. Er spielte
noch eine Weile fort. Endlich hielt er ein, blickte, wie aus
einer langen Abwesenheit zu sich gekommen, nach dem
15 Firmament, das schon die Spuren des nahenden Abends
zu zeigen anfing, darauf abwärts in seinen Hut, fand ihn
leer, setzte ihn mit ungetrübter Heiterkeit auf, steckte
den Geigenbogen zwischen die Saiten; 'Sunt certi deni-
que fines,' sagte er, ergriff sein Notenpult und arbeitete
20 sich mühsam durch die dem Feste zuströmende Menge
in entgegengesetzter Richtung, als einer, der heimkehrt.

Das ganze Wesen des alten Mannes war eigentlich wie
gemacht, um meinen anthropologischen Heißhunger
aufs äußerste zu reizen. Die dürftige und doch edle
25 Gestalt, seine unbesiegbare Heiterkeit, so viel Kunsteifer
bei so viel Unbeholfenheit; daß er gerade zu einer Zeit
heimkehrte, wo für andere seinesgleichen erst die eigentliche Ernte anging; endlich die wenigen, aber mit der
richtigsten Betonung, mit völliger Geläufigkeit gespro-
30 chenen lateinischen Worte. Der Mann hatte also eine
sorgfältigere Erziehung genossen, sich Kenntnisse zu
eigen gemacht, und nun – ein Bettelmusikant! Ich
zitterte vor Begierde nach dem Zusammenhange.
Aber schon befand sich ein dichter Menschenwall zwi-
35 schen mir und ihm. Klein, wie er war, und durch das
Notenpult in seiner Hand nach allen Seiten hin störend,
schob ihn einer dem andern zu, und schon hatte ihn das
Ausgangsgitter aufgenommen, indes ich noch in der
Mitte des Dammes mit der entgegenströmenden Men-
40 schenwoge kämpfte. So entschwand er mir, und als ich
endlich selbst ins ruhige Freie gelangte, war nach allen
Seiten weit und breit kein Spielmann mehr zu sehen.
Das verfehlte Abenteuer hatte mir die Lust an dem
Volksfest genommen. Ich durchstrich den Augarten
45 nach allen Richtungen und beschloß endlich, nach
Hause zu kehren.
In die Nähe des kleinen Türchens gekommen, das aus
dem Augarten nach der Taborstraße führt, hörte ich
plötzlich den bekannten Ton der alten Violine wieder.
50 Ich verdoppelte meine Schritte, und siehe da! der
Gegenstand meiner Neugier stand, aus Leibeskräften
spielend, im Kreise einiger Knaben, die ungeduldig
einen Walzer von ihm verlangten. 'Einen Walzer spiel!'
riefen sie; 'einen Walzer, hörst du nicht?' Der Alte geigte
55 fort, scheinbar ohne auf sie zu achten, bis ihn die kleine
Zuhrerschar schmähend und spottend verließ, sich um
einen Leiermann sammelnd, der seine Drehorgel in der
Nähe aufgestellt hatte.
'Sie wollen nicht tanzen,' sagte wie betrübt der alte
60 Mann, seine Musikgeräte zusammenlesend. Ich war ganz
nahe zu ihm getreten. 'Die Kinder kennen eben keinen
anderen Tanz als den Walzer,' sagte ich. 'Ich spielte
einen Walzer,' versetzte er, mit dem Geigenbogen den
Ort des soeben gespielten Stücks auf seinem Notenblatte
65 bezeichnend.

Heinrich Heine

'Wenn ich, beseligt von schönen Küssen,
In deinen Armen mich wohl befinde,
Dann muß du mir nie von Deutschland reden; –
Ich kanns nicht vertragen – es hat seine Gründe.'

Heinrich Heine (1797-1856) schrieb diese Verse im Exil in
Paris. Nach der Pariser Julirevolution 1830 war er in die
von ihm bewunderte Stadt gekommen, die ihm in seiner
demokratisch-revolutionären Neigung entgegenkam. 1835
verbot der Deutsche Bundestag seine Schriften. Das
bedeutete für Heine ein lebenslanges Exil. Mit Deutschland verband ihn eine Haßliebe.
Heines Geburtsort war Düsseldorf. Er studierte in Bonn,
Göttingen und Berlin in der Zeit nach den Befreiungs-
kriegen. Die Restauration hatte in den deutschen Ländern nach 1815 für ein christlich-konservatives Klima gesorgt. Unter dem damit einhergehenden Antisemitismus
hatte Heine zu leiden. Er setzte sich politisch für das
Judentum ein, verachtete aber gleichzeitig die Religionen
als 'das Eiapopeia vom Himmel'.
In Berlin fand er 1821 im Salon Rahel Varnhagens, der
'geistreichsten Frau des Universums', eine geistige Heimat. Obwohl er schon früh die Romantiker kritisierte,
waren seine ersten Gedichte romantisch und volkstümlich. Ihr Hauptthema ist die Liebe und zwar die unglück-
liche Liebe. Er veröffentlichte sie im *Buch der Lieder*
(1827), das seinen Weltruhm begründete.

Ich weiß nicht, was soll es bedeuten,
Daß ich so traurig bin;
Ein Märchen aus alten Zeiten,
Das kommt mir nicht aus dem Sinn.

5 Die Luft ist kühl und es dunkelt,
Und ruhig fließt der Rhein;
Der Gipfel des Berges funkelt
Im Abendsonnenschein.

Die schönste Jungfrau sitzet
10 Dort oben wunderbar,
Ihr goldnes Geschmeide blitzet,
Sie kämmt ihr goldenes Haar.

Sie kämmt es mit goldenem Kamme,
Und singt ein Lied dabei;
15 Das hat eine wundersame,
Gewaltige Melodei.

Den Schiffer im kleinen Schiffe
Ergreift es mit wildem Weh;
Er schaut nicht die Felsenriffe,
20 Er schaut nur hinauf in die Höh.

Ich glaube, die Wellen verschlingen
Am Ende Schiffer und Kahn;
Und das hat mit ihrem Singen
die Lore-Ley getan.

△ *Ernst Benedikt Kietz, 'Heine und Mathilde' (Paris 1851)*
◁◁ *Gottlieb Gassen, 'Heinrich Heine' (1828)*
◁◁◁ *Johann Ludwig Bleuler, 'Loreley bei St. Goarshausen' (um 1840)*

25 weitläufig; auch sind mir in diesem Augenblick nicht
alle Studentennamen im Gedächtnisse, und unter den
Professoren sind manche, die noch gar keinen Namen
haben. Die Zahl der Göttinger Philister muß sehr groß
sein, wie Sand, oder besser gesagt, wie Kot am Meer;
30 wahrlich, wenn ich sie des Morgens, mit ihren schmutzi-
gen Gesichtern und weißen Rechnungen, vor den Pfor-
ten des akademischen Gerichtes aufgepflanzt sah, so
möchte ich kaum begreifen, wie Gott nur so viel Lum-
penpack erschaffen konnte.

Heines Stil hat mit seinen vielen Pointen, Witzen und
ironischen Wendungen eine Frische und Leichtigkeit, die
auch den heutigen Leser unmittelbar anspricht. Er veraltet
nicht. Auch politisch behält er seinen Biß: Die Unterdrückung Heines durch nationalkonservative Kräfte
reicht bis in die Gegenwart.

Die Harzreise (1826) und weitere Reisebilder, in die Heine
mit großem Humor beißende politische Kritik einfließen
ließ, erweckten die Wut seiner politischen Gegner.

Aus *Die Harzreise*

Die Stadt Göttingen, berühmt durch ihre Würste und
Universität, gehört dem Könige von Hannover, und
enthält 999 Feuerstellen, diverse Kirchen, eine Entbin-
dungsanstalt, eine Sternwarte, einen Karzer, eine Biblio-
5 thek und einen Ratskeller, wo das Bier sehr gut ist. [...]
Die Stadt selbst ist schön, und gefällt einem am besten,
wenn man sie mit dem Rücken ansieht. Sie muß schon
sehr lange stehen [...]. Einige behaupten sogar, die Stadt
sei zur Zeit der Völkerwanderung erbaut worden, jeder
10 deutsche Stamm habe damals ein ungebundenes Exemplar seiner Mitglieder darin zurückgelassen, und davon
stammten all die Vandalen, Friesen, Schwaben, Teuto-
nen, Sachsen, Thüringer usw., die noch heutzutage in
Göttingen hordenweis, und geschieden durch Farben der
15 Mützen und der Pfeifenquäste, über die Weenderstraße
einherziehen, [...] sich ewig untereinander herumschla-
gen [und] in Sitten und Gebräuchen noch immer wie
zur Zeit der Völkerwanderung dahinleben. [...]
Im allgemeinen werden die Bewohner Göttingens ein-
20 geteilt in Studenten, Professoren, Philister und Vieh;
welche vier Stände doch nichts weniger als streng
geschieden sind. Der Viehstand ist der bedeutendste.
Die Namen aller Studenten und aller ordentlichen und
unordentlichen Professoren hier herzuzählen, wäre zu

Sie saßen und tranken am Teetisch

Sie saßen und tranken am Teetisch
Und sprachen von Liebe viel.
Die Herren, die waren ästhetisch,
Die Damen von zartem Gefühl.

5 'Die Liebe muß sein platonisch',
Der dürre Hofrat sprach.
Die Hofrätin lächelt ironisch,
Und dennoch seufzet sie: 'Ach!'

Der Domherr öffnet den Mund weit:
10 'Die Liebe sei nicht zu roh,
Sie schadet sonst der Gesundheit.'
Das Fräulein lispelt: 'Wieso?'

Die Gräfin spricht wehmütig:
'Die Liebe ist eine Passion!'
15 Und präsentiert gütig
Die Tasse dem Herrn Baron.

Am Tisch war noch ein Plätzchen;
Mein Liebchen, da hast du gefehlt.
Du hättest so hübsch, mein Schätzchen,
20 Von deiner Liebe erzählt.

In Paris arbeitete Heine als Journalist. Er informierte die Franzosen über Deutschland und die Deutschen über Frankreich. In *Die Romantische Schule* (1835) setzte er sich kritisch mit Goethe und insbesondere mit den Romantikern auseinander. Er warf ihnen ihre Flucht in die Vergangenheit und ihren Hang zum Katholizismus vor. Für Heine war die klassisch-romantische Epoche der deutschen Literatur mit Goethes Tod 1832 zuende und mußte von einer neuen, politisch engagierten Literatur abgelöst werden.

Im Herbst 1843 verließ Heine Paris zu einer kurzen Reise nach Deutschland. Das lange Reisegedicht, das er daraufhin verfaßte, *Deutschland. Ein Wintermärchen* (1844), ist die wichtigste literarische Darstellung der deutschen Politik und Gesellschaft seiner Zeit. Karl Marx, den er kurz nach der Reise in Paris kennenlernte, sorgte für den Abdruck des Gedichts in der Zeitung *Vorwärts*. Der preußische Gesandte protestierte bei der französischen Regierung, die daraufhin Marx auswies und den Vorwärts verbot. Die letzten acht Jahre seines Lebens verbrachte Heine mit einer schleichenden Rückenmarkserkrankung im Bett, in seiner 'Matratzengruft'.

△ *N.N. Shukow, Heinrich Heine zu Besuch bei Karl Marx und dessen Frau Jenny in Paris 1848*
▷▷ *Max Schwimmer, Illustrationen zu Heinrich Heines 'Deutschland. Ein Wintermärchen'*

Deutschland. Ein Wintermärchen

In diesem satirischen Gedichtzyklus beschreibt Heine die Eindrücke seiner Deutschlandreise von 1843. Der preußische Zoll durchsucht sein Gepäck, aber die verbotene Ware befindet sich in Heines Kopf. Nach Aachen, der Stadt Karls des Großen, besucht er den Kölner Dom und freut sich, daß der immer noch nicht fertig ist. Er hofft auf die protestantische Kraft Deutschlands. Ein Gespräch mit dem deutsch-französischen 'Vater Rhein' schließt sich an. Im Traum folgt ihm sein Henker mit dem Beil. In einem weiteren Traum unterhält er sich mit dem alten deutschen Kaiser Barbarossa. Schließlich erreicht er sein Ziel Hamburg, den Wohnort seiner Mutter und seines Verlegers. Träumend begegnet er Hamburgs Schutzgöttin, der er seinen Ärger mit Deutschland anvertraut. Er klagt über sein Heimweh. Die Göttin läßt ihn in die Zukunft schauen: Der Dicher erblickt den Nachttopf Karls des Großen, aus dem ihm der deutsche 'Zukunftsdunst' entgegenstinkt. Es bleibt nur die Hoffnung auf ein 'neues Geschlecht mit freien Gedanken'.

Aus *Deutschland. Ein Wintermärchen*

Im traurigen Monat November war's,
Die Tage wurden trüber,
Der Wind riß von den Bäumen das Laub,
Da reist' ich nach Deutschland hinüber.

5 Und als ich an die Grenze kam,
Da fühlt' ich ein stärkeres Klopfen
In meiner Brust, ich glaube sogar,
Die Augen begunnen zu tropfen.

Und als ich die deutsche Sprache vernahm,
10 Da ward mir seltsam zumute;
Ich meinte nicht anders, als ob das Herz
Recht angenehm verblute.

Ein kleines Harfenmädchen sang.
Sie sang mit wahrem Gefühle
15 Und falscher Stimme, doch ward ich sehr
Gerühret von ihrem Spiele.

Sie sang von Liebe und Liebesgram,
Aufopfrung und Wiederfinden
Dort oben, in jener besseren Welt,
20 Wo alle Leiden schwinden.

Sie sang vom irdischen Jammertal,
Von Freuden, die bald zerronnen,
Vom Jenseits, wo die Seele schwelgt
Verklärt in ew'gen Wonnen.

25 Sie sang das alte Entsagungslied,
Das Eiapopeia vom Himmel,
Womit man einlullt, wenn es greint,
Das Volk, den großen Lümmel.

Ich kenne die Weise, ich kenne den Text,
30 Ich kenne auch die Herren Verfasser;
Ich weiß, sie tranken heimlich Wein
Und predigten öffentlich Wasser.

Ein neues Lied, ein besseres Lied,
O Freunde, will ich euch dichten!
35 Wir wollen hier auf Erden schon
Das Himmelreich errichten.

Wir wollen auf Erden glücklich sein
Und wollen nicht mehr darben;
Verschlemmen soll nicht der faule Bauch,
40 Was fleißige Hände erwarben.

Es wächst hienieden Brot genug
Für alle Menschenkinder,
Auch Rosen und Myrten, Schönheit und Lust,
Und Zuckererbsen nicht minder.

45 Ja, Zuckererbsen für jedermann
Sobald die Schoten platzen!
Den Himmel überlassen wir
Den Engeln und den Spatzen.

Und wachsen uns Flügel nach dem Tod,
50 So wollen wir euch besuchen
Dort oben, und wir, wir essen mit euch
Die seligsten Torten und Kuchen.

Ein neues Lied, ein besseres Lied,
Es klingt wie Flöten und Geigen!
55 Das Miserere ist vorbei,
Die Sterbeglocken schweigen.

Die Jungfer Europa ist verlobt
Mit dem schönen Geniusse
Der Freiheit, sie liegen einander im Arm,
60 Sie schwelgen im ersten Kusse.

Und fehlt der Pfaffensegen dabei,
Die Ehe wird gültig nicht minder –
Es lebe Bräutigam und Braut,
Und ihre zukünftigen Kinder!

65 Ein Hochzeitskarmen ist mein Lied,
Das bessere, das neue!
In meiner Seele gehen auf
Die Sterne der höchsten Weihe –

Begeisterte Sterne, sie lodern wild,
70 Zerfließen in Flammenbächen -
Ich fühle mich wunderbar erstarkt,
Ich könnte Eichen zerbrechen!

Seit ich auf deutsche Erde trat,
Durchstürmen mich Zaubersäfte –
75 Der Riese hat wieder die Mutter berührt,
Und es wuchsen ihm neu die Kräfte.

Georg Büchner

Der Medizinstudent Georg Büchner (1813-1837) gründete 1834 in Gießen eine 'Gesellschaft der Menschenrechte'. Er hatte erkannt, daß eine Revolution des Bürgertums gegen den Adel nur ein Vorläufer einer Revolution der Armen gegen die Reichen sein konnte. Die Französische Revolution, mit der er sich intensiv beschäftigt hat, hatte den Armen nicht geholfen.

In dem Drama *Dantons Tod* (1835) ließ Büchner erstmals einen passiven Helden auftreten. Eine Handlung im traditionellen Sinne des klassischen Dramas gibt es nicht. Die Reden der Revolutionsführer Robespierre und Danton sind großenteils wörtlich aus den historischen Quellen übernommen. Büchners Geschichtsauffassung ist skeptisch. Er läßt Danton sagen: 'Ich fühle mich wie zernichtet unter dem gräßlichen Fatalismus der Geschichte. Ich finde in der Menschennatur eine entsetzliche Gleichheit... Der einzelne nur Schaum auf der Welle, die Größe ein bloßer Zufall, die Herrschaft des Genies ein Puppenspiel, ein lächerliches Ringen gegen ein ehernes Gesetz.'

In der Erzählung *Lenz* (1839) machte Büchner die Geisteskrankheit des Sturm-und-Drang-Dichters Michael Reinhold Lenz (1751-1792) zum Thema. Er erklärte sie als Reaktion auf die Erfahrung des Chaos der Welt. Hierbei benutzte er Texte von Lenz und aus dessen Umgebung als Quelle.

Lenz

Zu Anfang der Erzählung befindet sich die Hauptfigur auf dem Weg durchs Gebirge zum Pfarrer Oberlin, bei dem er Ruhe vor seinen Wahnzuständen zu finden hofft. Lenz' Raum- und Zeitwahrnehmung ist stark gestört. Büchner versucht dies sprachlich nachzuvollziehen. Im Pfarrhaus beruhigt sich Lenz zunächst, wird aber erneut von Angst gepackt. Er stürzt sich mehrfach aus dem Fenster. In einem Gespräch über Kunst mit einem befreundeten Dichter kommt er zu sich selbst. Auf einer Reise trifft er ein todkrankes Mädchen, in dem er einmal seine Geliebte, einmal seine Mutter erkennt. Auf der Rückfahrt ist sie tot. Er hält sich für ihren Mörder und will sie zum Leben erwecken. Nach mehreren Selbstmordversuchen bringt man ihn fort.

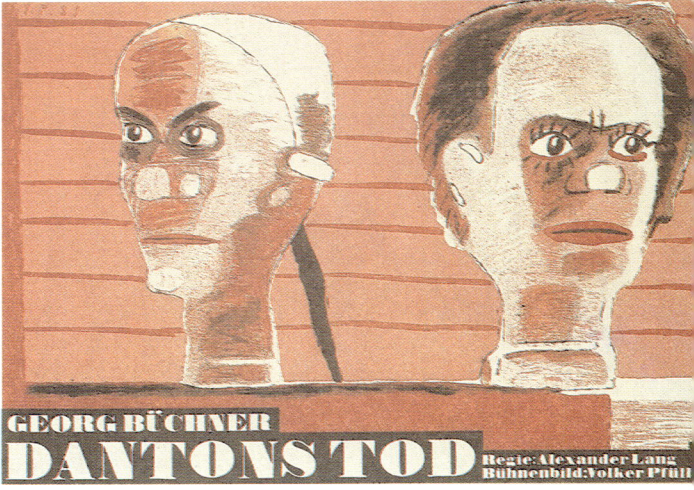

△ *Plakat von Volker Pfüller (1981). Die beiden Köpfe stellen Danton und Robespierre dar, die beiden Hauptfiguren des Dramas. Sie vertraten in der Französischen Revolution gegensätzliche Positionen*

Das Drama *Woyzeck* wurde erst 1879 aus dem Nachlaß herausgegeben. Ein einfacher Soldat, der seine Geliebte ersticht, ist der negative Held dieses Stückes. Wieder handelt es sich um eine wahre Geschichte. Büchner hat sich der Quellen eines 1821 geschehenen Mordes bedient. Der Realismus des Büchnerschen Werks geht über alles im 19. Jahrhundert Geschriebene hinaus. Seine Stücke hatten formal und inhaltlich großen Einfluß auf das Theater des frühen 20. Jahrhunderts. Er gehört heute zu den meistaufgeführten und gelesenen Autoren seiner Zeit. Georg Büchner starb kurz nach seiner Berufung als Privatdozent an der Universität Zürich im Alter von 23 Jahren an Typhus.

Woyzeck

Die Reihenfolge der Szenen dieses Dramas ist umstritten, da sie aus den Handschriften nicht deutlich abzuleiten ist. Thema des Stückes ist die Aufdeckung der Ursachen des Mordes des Soldaten Woyzeck an Marie und zwar vor allem der sozialen Ursachen. Zwei Jahre hat Woyzeck mit Marie zusammengelebt. Sein Sold reicht nicht für den Lebensunterhalt einer Familie. Marie treibt sich mit dem Major herum, einem Vorgesetzten Woyzecks, der ihm befehlen kann. Woyzeck zwingt sich, an ihre Treue zu glauben, bis er das Gegenteil erlebt. Er kauft sich ein Messer und verteilt seinen kleinen Besitz. Er tötet Marie, die er noch liebt. Er tut dies wohlüberlegt aus einem allgemeinen Haß auf die Welt, die ihn hierzu zwingt.

Beim Hauptmann.
Hauptmann auf einem Stuhl; Woyzeck rasiert ihn.

HAUPTMANN:

Langsam, Woyzeck, langsam; eins nach dem andern! Er macht mir ganz schwindlig. Was soll ich dann mit den zehn Minuten anfangen, die Er heut zu früh fertig wird? Woyzeck, bedenk Er: Er hat noch seine schöne dreißig
5 Jahr zu leben, dreißig Jahr! Macht dreihundertsechzig Monate! und Tage! Stunden! Minuten! Was will Er denn mit der ungeheuren Zeit all anfangen? Teil Er sich ein, Woyzeck!

WOYZECK:

Jawohl, Herr Hauptmann.

HAUPTMANN:

10 Es wird mir ganz angst um die Welt, wenn ich an die Ewigkeit denke. Beschäftigung, Woyzeck, Beschäftigung! Ewig: das ist ewig, das ist ewig – das siehst du ein; nun ist es aber wieder nicht ewig, und das ist ein Augenblick, ja ein Augenblick – Woyzeck, es schaudert mich,
15 wenn ich denke, daß sich die Welt in einem Tag herumdreht! Was 'n Zeitverschwendung! Wo soll das hinaus? Woyzeck, ich kann kein Mühlrad mehr sehn, oder ich werd melancholisch.

WOYZECK:

Jawohl, Herr Hauptmann.

HAUPTMANN:

20 Woyzeck, Er sieht immer so verhetzt aus! Ein guter Mensch tut das nicht, ein guter Mensch, der sein gutes Gewissen hat. – Red Er doch was, Woyzeck! Was ist heut für Wetter?

WOYZECK:

Schlimm, Herr Hauptmann, schlimm: Wind!

HAUPTMANN:

25 Ich spür's schon, 's ist so was Geschwindes draußen; so ein Wind macht mir den Effekt wie eine Maus. *Pfiffig:* Ich glaub, wir haben so was aus Süd-Nord?

WOYZECK:

Jawohl, Herr Hauptmann.

HAUPTMANN:

Ha! ha! ha! Süd-Nord! Ha! ha! ha! Oh, Er ist dumm,
30 ganz abscheulich dumm! – *Gerührt:* Woyzeck, Er ist ein guter Mensch, – aber *mit Würde:* Woyzeck, Er hat keine Moral! Moral, das ist, wenn man moralisch ist, versteht

Er. Es ist ein gutes Wort. Er hat ein Kind ohne den Segen der Kirche, wie unser hochehrwürdiger Herr Gar-
35 nisonsprediger sagt, – ohne den Segen der Kirche, es ist nicht von mir.

WOYZECK:

Herr Hauptmann, der liebe Gott wird den armen Wurm nicht drum ansehen, ob das Amen drüber gesagt ist, eh er gemacht wurde. Der Herr sprach: Lasset die Kleinen
40 zu mir kommen.

HAUPTMANN:

Was sagt Er da? Was ist das für eine kuriose Antwort? Er macht mich ganz konfus mit seiner Antwort. Wenn ich sag: Er, so mein' ich Ihn, Ihn –

WOYZECK:

Wir arme Leut – Sehn Sie, Herr Hauptmann: Geld,
45 Geld! Wer kein Geld hat – Da setz einmal eines seinesgleichen auf die Moral in die Welt! Man hat auch sein Fleisch und Blut. Unsereins ist doch einmal unselig in der und der andern Welt. Ich glaub, wenn wir in den Himmel kämen, so müßten wir donnern helfen.

HAUPTMANN:

50 Woyzeck, Er hat keine Tugend! Er ist kein tugendhafter Mensch! Fleisch und Blut? Wenn ich am Fenster lieg, wenn's geregnet hat, und den weißen Strümpfen so nachseh, wie sie über die Gassen springen – verdammt, Woyzeck, da kommt mir die Liebe! Ich hab auch Fleisch und
55 Blut. Aber, Woyzeck, die Tugend! die Tugend! Wie sollte ich dann die Zeit herumbringen? Ich sag mir immer: du bist ein tugendhafter Mensch, *gerührt* ein guter Mensch, ein guter Mensch.

WOYZECK:

Ja, Herr Hauptmann, die Tugend, – ich hab's noch nit
60 so aus. Sehn Sie: wir gemeine Leut, das hat keine Tugend, es kommt einem nur so die Natur; aber wenn ich ein Herr wär und hätt' ein' Hut und eine Uhr und eine Anglaise und könnt vornehm reden, ich wollt schon tugendhaft sein. Es muß was Schönes sein um die
65 Tugend, Herr Hauptmann. Aber ich bin ein armer Kerl!

HAUPTMANN:

Gut, Woyzeck. Du bist ein guter Mensch, ein guter Mensch. Aber du denkst zuviel, das zehrt; du siehst immer so verhetzt aus. – Der Diskurs hat mich ganz angegriffen. Geh jetzt, und renn nicht so; langsam,
70 hübsch langsam die Straße hinunter!

'Friede den Hütten!
Krieg den Palästen!'

Im Jahre 1835 fuhr die erste deutsche Dampflokomotive von Nürnberg nach Fürth. Die Erfindung der Geschwindigkeit, gefaßt in dem Symbol des geflügelten Rades, das wir noch heute über manchem Bahnhof finden, ist ein Bild für den Zustand der gesamten Gesellschaft. Die Zeit begann zu rasen.

Die entstehende Industriegesellschaft führte zur Verarmung der unteren Gesellschaftsschichten. Die gekrönten Häupter der dreiunddreißig deutschen Fürstentümer verschlossen vor dieser Entwicklung die Augen. Das ökonomisch erstarkende Bürgertum scheiterte in der Revolution von 1848 mit seinen Versuchen, die Macht auch in Staat und Verfassung auszuüben.

Karl Marx (1818-1883) und Friedrich Engels (1820-1895) kamen zu dem Schluß, daß eine Revolution der gesamten Gesellschaftsordnung bevorstand. Im *Manifest der kommunistischen Partei* (1848) stellten sie fest, daß nach dem Gesetz der Geschichte die Arbeiterklasse die Herrschaft übernehmen wird.

Viele Intellektuelle, auch aus dem Kleinbürgertum und der Arbeiterschaft, taten nach 1840 den Schritt von der geistigen zur revolutionär-aktiven Auseinandersetzung. Zu den Dichtern des Jungen Deutschland gehörten auch Heine und Büchner.

In dieser Zeit des Vormärz, die auf die Märzrevolution von 1848 in vielen deutschen Städten hinführte, entstand eine umfangreiche Revolutionslyrik.

Der Kaufmann Ferdinand Freiligrath (1810-1876) mußte wegen seiner aufrührerischen Lieder sein Leben im Londoner Exil verbringen.

Der Stuttgarter Georg Herwegh (1817-1875) floh wegen Beleidigung eines Offiziers in die Schweiz. Seine *Gedichte eines Lebendigen* (1841) hatten einen großen Erfolg und wurden in Preußen sofort verboten. Der allem Künstlerischen aufgeschlossene preußische König Friedrich Wilhelm IV. gewährte ihm zwar eine Audienz, verwies ihn aber gleich darauf des Landes. In der Revolution von 1848 stellte Herwegh in Paris ein Freikorps auf und kam den Aufständischen in Baden zu Hilfe.

Der 'erste und bedeutendste Dichter des deutschen Proletariats' (Engels) war der junge Kaufmann Georg Weerth (1822-1856). Er hatte im englischen Industriegebiet die brutale Ausbeutung der Arbeiter erlebt. Die ökonomischen Analysen seiner Freunde Marx und Engels drückte er in Poesie und Prosa aus. Für die Satire *Leben und Taten des berühmten Ritters Schnapphahnski* (1848) erhielt er drei Monate Gefängnis.

Georg Büchner

Aus *Der hessische Landbote*

FRIEDE DEN HÜTTEN! KRIEG DEN PALÄSTEN!
Im Jahre 1834 siehet es aus, als würde die Bibel Lügen gestraft. Es sieht aus, als hätte Gott die Bauern und Handwerker am fünften Tage und die Fürsten und Vornehmen
5 *am sechsten gemacht, und als hätte der Herr zu diesen gesagt: 'Herrschet über alles Getier, das auf Erden kriecht', und hätte die Bauern und Bürger zum Gewürm gezählt. Das Leben der Vornehmen ist ein langer Sonntag: sie wohnen in schönen Häusern, sie tragen zierliche Klei-*
10 *der, sie haben feiste Gesichter und reden eine eigne Sprache; das Volk aber liegt vor ihnen wie Dünger auf dem Acker. Der Bauer geht hinter dem Pflug, der Vornehme aber geht hinter ihm und dem Pflug und treibt*

◁ *Adolph Menzel, 'Aufbahrung der Märzgefallenen' (1848)*
▷▷ *Karl Wilhelm Hübner, 'Die schlesischen Weber' (1844)*

ihn mit den Ochsen am Pflug, er nimmt das Korn und
15 läßt ihm die Stoppeln. Das Leben des Bauern ist ein langer Werktag; Fremde verzehren seine Äcker vor seinen
Augen, sein Leib ist eine Schwiele, sein Schweiß ist das
Salz auf dem Tische des Vornehmen.
Im Großherzogtum Hessen sind 718 373 Einwohner, die
20 geben an den Staat jährlich an 6 363 436 Gulden [...].
Dies Geld ist der Blutzehnte, der vom Leib des Volkes
genommen wird. An 700 000 Menschen schwitzen,
stöhnen und hungern dafür. Im Namen des Staates wird
es erpreßt, die Presser berufen sich auf die Regierung,
25 und die Regierung sagt, das sei nötig, die Ordnung im
Staat zu erhalten. Was ist denn nun das für gewaltiges
Ding: der Staat? Wohnt eine Anzahl Menschen in einem
Land und es sind Verordnungen oder Gesetze vorhanden, nach denen jeder sich richten muß, so sagt man, sie
30 bilden einen Staat. Der Staat also sind alle; die Ordner
im Staate sind die Gesetze, durch welche das Wohl aller
gesichert wird und die aus dem Wohl aller hervorgehen
sollen. – Seht nun, was man in dem Großherzogtum aus
dem Staat gemacht hat; seht, was es heißt: die Ordnung
35 im Staate erhalten! 700 000 Menschen bezahlen dafür
6 Millionen, d.h. sie werden zu Ackergäulen und Pflug-
stieren gemacht, damit sie in Ordnung leben. In Ordnung leben heißt hungern und geschunden werden.
Wer sind denn die, welche diese Ordnung gemacht
40 haben und die wachen, diese Ordnung zu erhalten? Das
ist die Großherzogliche Regierung. Die Regierung wird
gebildet von dem Großherzog und seinen obersten
Beamten. Die andern Beamten sind Männer, die von
der Regierung berufen werden, um jene Ordnung in
45 Kraft zu erhalten. Ihre Anzahl ist Legion: Staatsräte und
Regierungsräte, Landräte und Kreisräte, geistliche Räte
und Schulräte, Finanzräte und Forsträte usw. mit allem
ihrem Heer von Sekretären usw. Das Volk ist ihre
Herde, sie sind seine Hirten, Melker und Schinder; sie
50 haben die Hute der Bauern an, der Raub der Armen ist
in ihrem Hause; die Tränen der Witwen und Waisen
sind das Schmalz auf ihren Gesichtern; sie herrschen frei
und ermahnen das Volk zur Knechtschaft. Ihnen gebt
ihr 6 000 000 Fl. Abgaben; sie haben dafür die Mühe,
55 euch zu regieren; d.h. sich von euch füttern zu lassen
und euch eure Menschen- und Bürgerrechte zu rauben.
Sehet, was die Ernte eures Schweißes ist!

Heinrich Heine
Die schlesischen Weber

Im düstern Auge keine Träne,
Sie sitzen am Webstuhl und fletschen die Zähne:
Deutschland, wir weben dein Leichentuch,
Wir weben hinein den dreifachen Fluch –
5 Wir weben, wir weben!

Ein Fluch dem Gotte, zu dem wir gebeten
In Winterskälte und Hungersnöten;
Wir haben vergebens gehofft und geharrt,
Er hat uns geäfft und gefoppt und genarrt –
10 Wir weben, wir weben!

Ein Fluch dem König, dem König der Reichen,
Den unser Elend nicht konnte erweichen,
Der den letzten Groschen von uns erpreßt
Und uns wie Hunde erschießen läßt -
15 Wir weben, wir weben!

Ein Fluch dem falschen Vaterlande,
Wo nur gedeihen Schmach und Schande,
Wo jede Blume früh geknickt,
Wo Fäulnis und Moder den Wurm erquickt –
20 Wir weben, wir weben!

Das Schiffchen fliegt, der Webstuhl kracht,
Wir weben emsig Tag und Nacht –
Altdeutschland, wir weben dein Leichentuch,
Wir weben hinein den dreifachen Fluch,
25 Wir weben, wir weben!

6   Vom Realismus zum Dadaismus

Nach der gescheiterten Revolution von 1848-1849 wanderten Hunderttausende Deutsche nach Amerika aus. Das enttäuschte Bürgertum, das auf eine Verfassung gehofft hatte, verlegte seine Aktivität von der Politik auf die Wirtschaft. Die Macht blieb in den Händen der Aristokratie.

Die Politik Otto von Bismarcks machte Preußen zur Vormacht in Deutschland. Der Krieg gegen Österreich 1866 bereitete die kleindeutsche Lösung vor, eine Vereinigung der deutschen Länder ohne Beteiligung Österreichs. Die Donaumonarchie blieb bis zum Ende des ersten Weltkriegs bestehen.

Die Entstehung der preußischen Großmacht in Mitteleuropa führte 1870 zum Krieg mit Frankreich. Die nationale Begeisterung gipfelte nach dem Sieg 1871 in der Gründung des Deutschen Reichs in Versailles. Der preußische König Wilhelm I. wurde zum deutschen Kaiser (1871-1888) gekrönt. Der neue Reichstag war ein Parlament mit begrenzter Macht. Die Sozialdemokratische Partei ließ der Reichskanzler Bismarck verbieten. Er bekämpfte sozialistische Tendenzen aber auch durch eine moderne Sozialgesetzgebung.

Bismarcks Bündnispolitik hatte für einen friedlichen Ausgleich mit den anderen europäischen Mächten gesorgt. Kaiser Wilhelm II. (1888-1918) entließ den ehrgeizigen Kanzler. Nun gewannen die Kräfte des deutschen Imperialismus, u.a. die florierende Wirtschaft, die Oberhand.

Gegensätzliche Interessen der europäischen Mächte und die Selbstüberschätzung der militaristischen deutschen Führungsschicht führten 1914 zum Ersten Weltkrieg. Moderne Waffen entwickelten eine ungekannte Zerstörungskraft. Millionen Menschen, die im nationalistischen Überschwang in den Krieg zogen, starben einen elenden Tod. Nach Kriegseintritt der USA brachen die Mittelmächte 1918 zusammen. In Versailles wurde 1919 der Friedensvertrag unterzeichnet.

◁◁ *Adolph Menzel, 'Das Eisenwalzwerk' (1875). In der zweiten Jahrhunderthälfte wurde die Industriewelt und die damit verbundene soziale Frage ein neues Thema in der Malerei*

Realismus, Naturalismus, Symbolismus, Expressionismus, Dadaismus

Ähnlich wie im politischen Bereich vollzog sich auch auf dem Gebiet der Literatur eine Hinwendung zur Realität. Im Freiheitsenthusiasmus der Jungdeutschen sah man nach der gescheiterten Revolution von 1848 nur einen wirklichkeitsfremden Idealismus. In der neuen Strömung des *Realismus* versuchten die Dichter, die sichtbare Wirklichkeit darzustellen. Es ging ihnen darum, die bürgerlichen moralischen Normen mit den gegebenen Umständen auf eine vernünftige Weise zu verbinden. Die sozialen Verhältnisse interessierten sie kaum. Sie wollten Verständnis für die Probleme der Menschen erwecken. Daher milderten sie ihre moralische Kritik durch Humor.

Durch die Industrialisierung und die Zusammenballung großer Menschenmassen in den Großstädten entstanden in der zweiten Hälfte des Jahrhunderts ganz neue soziale Probleme. Mit der Verarmung breiter Schichten der Bevölkerung entstand auch ein neues Thema für die Literatur, das des *Naturalismus*.

Die Welt der Dirnen, Alkoholikern, Bettler usw. wurde von den Naturalisten behandelt. Nach dem Vorbild der Naturwissenschaften, die sich im 19. Jahrhundert zu einer bis dahin unbekannten Höhe entwickelt hatten, versuchte man nun auch in der Literatur den Menschen als ein Produkt von Vererbung und Milieu zu verstehen. Dichtung bekommt dadurch beinahe den Charakter von Reportage. Der Dichter vermeidet die Deutung der dargestellten Welt.

Die Darstellung der historischen Wirklichkeit und der Arbeitswelt führte zu einer auffälligen Konzentrierung auf die Form des Romans und der Novelle. Die häßliche Seite der Realität wurde nicht gezeigt. Hinter der Unvollkommenheit der Wirklichkeit verbirgt sich nach Überzeugung der Realisten eine Harmonie des Ganzen. Diese poetische Wahrheit wollen sie in ihrer Dichtung zeigen. Man spricht deshalb auch vom poetischen Realismus. Neben der neuen realistischen Literatur lebt auch eine biedermeierliche Unterhaltungsliteratur fort. In dieser Literatur kommen die wirklichen Probleme der Zeit überhaupt nicht vor. Hierzu gehört auch die Vorliebe für exotische Abenteuerliteratur, z.B. für die Romane von Karl May (1840-1912).

▽▽▽ Wilhelm Leibl, 'Das ungleiche Paar' (1876)
▽▽ Fritz von Uhde, 'Kartoffelschälerin' (ca. 1885)
▽ Raoul Hausmann, 'Tatlin zuhause', Fotomontage und Gouache (1920)

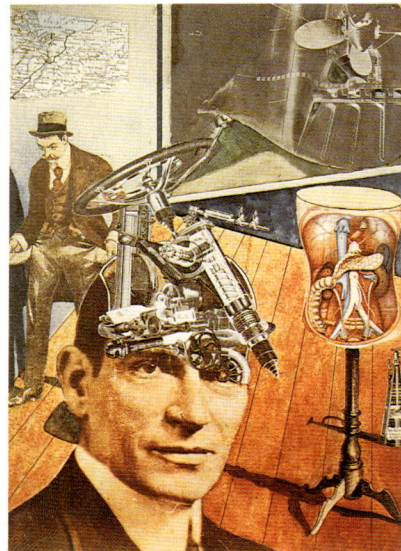

△ Gustave Moreau, 'Die tanzende Salomé' (1875-1880)
△△ Max Beckmann, 'Doppelporträt von Quappi und mir' (1941)

▽ Karte des Deutschen Reiches in den Grenzen von 1871

Am Ende des Jahrhunderts entwickelten sich als Reaktion auf den Realismus und Naturalismus einige Gegenströmungen. Sie gingen davon aus, daß die Realität in der Kunst nicht darstellbar ist und daß die Kunst sich auf ihre eigenen Mittel besinnen müsse, um Erfahrungen zum Ausdruck bringen zu können.

Im *Impressionismus* (= Eindruckskunst) ging es um die Darstellung der persönlichen Empfindungen und Stimmungen des Augenblicks. Der Begriff wurde aus der Malerei übernommen. Mit ihm wurden die französischen Maler wie Monet, Cézanne und Renoir bezeichnet, die nicht mehr im Atelier, sondern in der freien Natur malten.

Die *Symbolisten* wollten nicht mehr die unmittelbare Wirklichkeit darstellen, sondern sie suchten nach dem Geheimnis, das den Dingen zugrundeliegt. Die Dinge, die einen symbolischen Charakter haben, verweisen auf etwas anderes, auf eine tiefere Bedeutung. Es war vorwiegend ein Sprachproblem, weil sich das Geheimnisvolle nicht eindeutig aussprechen läßt. Sie verwendeten daher oft Synästhesie, die Verschmelzung von Eindrücken verschiedener Sinnesorgane, z.B. 'das Licht der Töne'.

Eine Generation später, etwa um 1910, versuchten die *Expressionisten* (Expressionismus = Ausdruckskunst) eine neue Verbindung von Kunst und Leben herzustellen. Sie wollten die Menschen aus der technisierten und völlig zweckbestimmten Welt befreien und sie auffordern, neue Werte und Normen zu suchen. Das innere Fühlen sollte ausgedrückt werden. Weltuntergang oder Welterneuerung war die Alternative. Im Drama wollte man nicht mehr einen Konflikt darstellen, sondern ein Bekenntnis ablegen. Die Verwandlung eines Menschen war vor allem ein Denkprozeß. Zu dem mit viel Pathos vorgetragenen Gedanken vom 'Neuen Menschen' eigneten sich Lyrik und Drama am besten.

Einen Schritt weiter ging der *Dadaismus* (dada: Stammellaut aus der Kindersprache). Er richtete sich gegen das bürgerliche Kunsterleben. Durch abstrakte, ungegenständliche und sinnlose Konstruktionen, bestimmt durch den Zufall, wollte man eine Anti-Kunst machen, die vor allem provozieren sollte.

Gottfried Keller

In der zweiten Hälfte des 19. Jahrhunderts versuchte eine
große Anzahl Schriftsteller das Lesebedürfnis des erstar-
kenden Bürgertums zu befriedigen. Es entstand eine
Fülle von zeitgebundener Unterhaltungsliteratur, die im
allgemeinen wenig kritisch die Lebensauffassungen des
Bürgertums bestätigte. Vorwiegend in Zeitschriften wie
der damals sehr beliebten *Gartenlaube,* einer Art Familien-
blatt, wurden neben populären Artikeln viele Erzählungen und Fortsetzungsromane veröffentlicht.

Nur wenige Dichter ragten über diese Trivialliteratur hinaus. Zu nennen wären die beiden Schweizer Gottfried
Keller und Conrad Ferdinand Meyer. Obwohl beide die
meiste Zeit ihres Lebens in Zürich verbracht haben, hatten sie kaum Kontakt miteinander.

Gottfried Keller (1819-1890) ist der bekannteste realistische
Erzähler dieser Zeit. Eigentlich wollte er Kunstmaler werden. 1840 ging er nach München, kehrte aber arm und
als Kunstmaler gescheitert nach Zürich zurück. Durch
ein Stipendium konnte er von 1848 bis 1850 in Heidelberg
und später in Berlin studieren. Anfang der fünfziger Jahre
schrieb er seinen Roman *Der grüne Heinrich* (1854-1855,
zweite Fassung 1879-1880). Es ist ein Bildungsroman in
der Nachfolge Goethes. Mit vielen autobiographischen
Zügen wird die Entwicklung und das schließliche Scheitern eines Kunstmalers geschildert. Die Erzählweise ist
lebendig und sehr anschaulich, wobei sich Keller an das
Konkrete hält. In der Alltagswirklichkeit selbst fand er
den Gegenstand seines Erzählens.

Der grüne Heinrich

Es wird die Lebensgeschichte von Heinrich Lee, der
wegen seiner grünen Kleidung der 'grüne Heinrich'
genannt wird, erzählt. Er wird von seiner Mutter erzogen,
denn er hat früh seinen Vater verloren. In ärmlichen Verhältnissen wächst er auf. Zwei Mädchen werden für ihn
von Bedeutung. Seine Kusine Anna ist ein zartes
Mädchen, das früh stirbt, dem er aber die Treue halten
möchte. Die andere ist Judith, ein lebensfrohes Mädchen,
mit dem er sich aber wegen Anna nicht verbinden will.

△ *Ludmilla Assing, 'Gottfried Keller' (1854)*
△△ *Balkon in Verona. Angeblich ist dies der Balkon, auf dem Romeo
und Julia sich getroffen haben*
▷▷ *Johannes Ruf, 'Zug der Freischärler' (1845). Gottfried Keller als
Trommler*

Er möchte Kunstmaler werden und begibt sich deshalb in
eine Kunstmetropole. Es gelingt ihm aber nicht, eine
Existenz aufzubauen. Verarmt muß er nach einigen Jahren die Heimreise antreten. Unterwegs auf einem Schloß
trifft er einen ihm bekannten Grafen, der bei einem
Trödler alle seine Kunstwerke gekauft hatte. Er hilft
Heinrich. Als er daheim ankommt, ist seine Mutter gerade gestorben. Die erste Fassung des Romans endet mit
dem Tod des Helden. In der zweiten Fassung mildert
Keller den Schluß ab, der Held findet in der Entsagung
sein Gleichgewicht zurück.

Romeo und Julia auf dem Dorfe

Keller ist aber auch ein Meister der Novelle. Er veröffentlichte seine Novellen in Zyklen. Der erste hat den Titel:
Die Leute von Seldwyla (1856), wobei 'Seldwyla' eine
kleine Stadt irgendwo in der Schweiz bedeuten sollte,
deren Einwohnern nichts Menschliches fremd ist.
Die Gattung der Novelle ermöglicht es ihm, sich auf ein
zentrales Ereignis und auf wenige Gestalten zu konzen-
trieren, diese dann aber auch sorgfältig auszuarbeiten.
Als Beispiel sei *Romeo und Julia auf dem Dorfe* (1856)
genannt. Ähnlich wie bei Shakespeare handelt es sich um
zwei verfeindete Familien, deren Kinder sich lieben. Der
Streitfall ist ein herrenloser Acker. Durch lange Prozesse
verarmen die beiden Bauern. Die beiden Kinder können
sich dadurch nicht heiraten und wählen schließlich den
gemeinsamen Freitod. Gleich am Anfang wird das
Thema angeschlagen:

An dem schönen Flusse, der eine halbe Stunde entfernt
an Seldwyl vorbeizieht, erhebt sich eine weitgedehnte
Erdwelle und verliert sich, selber wohlbebaut, in der
fruchtbaren Ebene. Fern an ihrem Fuße liegt ein Dorf,
5 welches manche große Bauernhöfe enthält, und über die
sanfte Anhöhe lagen vor Jahren drei prächtige lange
Äcker weithingestreckt gleich drei riesigen Bändern
nebeneinander. An einem sonnigen Septembermorgen
pflügten zwei Bauern auf zweien dieser Äcker, und zwar
10 auf jedem der beiden äußersten; der mittlere schien seit
Jahren brach und wüst zu liegen, denn er war mit Steinen und hohem Unkraut bedeckt und eine Welt von
geflügelten Tierchen summte ungestört über ihm. Die
Bauern aber, welche zu beiden Seiten hinter ihrem Pfluge
15 gingen, waren lange knochige Männer von ungefähr
vierzig Jahren und verkündeten auf den ersten Blick den
sichern, gutbesorgten Bauersmann. Sie trugen kurze
Kniehosen von starkem Zwillich, an dem jede Falte ihre
unveränderliche Lage hatte und wie in Stein gemeißelt
20 aussah. Wenn sie, auf ein Hindernis stoßend, den Pflug
fester faßten, so zitterten die groben Hemdsärmel von
der leichten Erschütterung, indessen die wohlrasierten
Gesichter ruhig und aufmerksam, aber ein wenig blin-
zelnd in den Sonnenschein vor sich hinschauend, die
25 Furche bemaßen oder auch wohl zuweilen sich umsahen,
wenn ein fernes Geräusch die Stille des Landes unterbrach. Langsam und mit einer natürlichen Zierlichkeit
setzten sie einen Fuß um den andern vorwärts und keiner sprach ein Wort, außer wenn er dem Knechte, der
30 die stattlichen Pferde antrieb, eine Anweisung gab. So
glichen sie einander vollkommen in einiger Entfernung;
denn sie stellten die ursprüngliche Art dieser Gegend

dar, und man hätte sie auf den ersten Blick nur daran
unterscheiden können, daß der eine den Zipfel seiner
35 weißen Kappe nach vorn trug, der andere aber hinten
im Nacken hängen hatte. Aber das wechselte zwischen
ihnen ab, indem sie in der entgegengesetzten Richtung
pflügten; denn wenn sie oben auf der Höhe zusammen-
trafen und aneinander vorüberkamen, so schlug dem,
40 welcher gegen den frischen Ostwind ging, die Zipfel-
kappe nach hinten über, während sie bei dem andern,
der den Wind im Rücken hatte, sich nach vorne sträubte.
Es gab auch jedesmal einen mittleren Augenblick, wo die
schimmernden Mützen aufrecht in der Luft schwankten
45 und wie zwei weiße Flammen gen Himmel züngelten.
So pflügten beide ruhevoll und es war schön anzusehen
in der stillen goldenen Septembergegend, wenn sie so
auf der Höhe aneinander vorbeizogen, still und langsam,
und sich mählig voneinander entfernten, immer weiter
50 auseinander, bis beide wie zwei untergehende Gestirne
hinter die Wölbung des Hügels hinabgingen und ver-
schwanden, um eine gute Weile darauf wieder zu
erscheinen. [...]
Als nun, mit der letzten Furche zu Ende gekommen, der
55 Knecht des einen halten wollte, rief sein Meister: 'Was
hältst du? Kehr noch einmal um!' 'Wir sind ja fertig!'
sagte der Knecht.
'Halt's Maul und tu, wie ich dir sage!' Und sie kehrten
um und rissen eine tüchtige Furche in den mittleren
60 herrenlosen Acker hinein, daß Kraut und Steine flogen.
Der Bauer hielt sich aber nicht mit der Beseitigung derselben auf, er mochte denken, hierzu sei noch Zeit
genug vorhanden, und er begnügte sich, für heute die
Sache nur aus dem Gröbsten zu tun. So ging es rasch die
65 Höhe empor in sanftem Bogen, und als man oben ange-
langt und das liebliche Windeswehen eben wieder den
Kappenzipfel des Mannes zurückwarf, pflügte auf der
anderen Seite der Nachbar vorüber, mit dem Zipfel nach
vorn, und schnitt ebenfalls eine ansehnliche Furche vom
70 mittleren Acker, daß die Schollen nur so zur Seite flogen.
Jeder sah wohl, was der andere tat, aber keiner schien es
zu sehen und sie entschwanden sich wieder, indem jedes
Sternbild still am andern vorüberging und hinter dieser
runden Welt hinabtauchte. So gehen die Weberschiffchen
75 des Geschickes aneinander vorbei und 'was er webt, das
weiß kein Weber!'

Conrad Ferdinand Meyer

Conrad Ferdinand Meyer (1825-1898) schrieb ebenfalls
Novellen, aber er interessierte sich vor allem für die
Renaissance und ihre Geschichte und Kunst. Er verfaßte
aber keine historischen Erzählungen mit der Absicht,
Geschichte darzustellen. Es ging ihm um die Menschen
im Konflikt zwischen Macht und Recht, Politik und Sittlichkeit, wobei er sich auf die Seite von Recht und Sittlichkeit stellte.

Die Versuchung des Pescara

Diese Novelle (1887) handelt von dem kaiserlichen Feld-
herrn Pescara, der in der Schlacht von Pavia für den Kai-
ser Italien erobert hat. Zugleich ist er in dieser Schlacht
unheilbar verwundet worden, was aber niemand weiß.
Der Kanzler von Mailand versucht ihn zum Verrat am
Kaiser zu verführen. Er bietet ihm im Auftrag der Liga
unter der Leitung des Papstes die Krone von Neapel an.
Er, der Todgeweihte, spielt das Spiel der Versuchung mit.
Ehe sich aber die Kaiserlichen an dem vermeintlichen
Verräter rächen können, stirbt er. Diese durch viele
Anspielungen hintergründige Geschichte zeigt Meyers
Neigung zum Symbolismus.

Der Heilige

Weiterhin war er ein Meister der Rahmenerzählung. In
einer Novelle erzählt ein Erzähler eine Geschichte, die
Binnenerzählung, wobei das Erzählen selbst die Rahmenerzählung darstellt. Dadurch entsteht eine Distanz zu
dem, was in der Binnenerzählung erzählt wird. In der
Novelle *Der Heilige* (1879) erzählt ein einfacher Mann,
ein Augenzeuge des Geschehens, die Geschichte von
Thomas Becket, ohne daß er die eigentlichen Hintergründe selbst erkennt. Becket ist ein Günstling des
Königs von England. Der König verführt jedoch die einzige Tochter Beckets und verschuldet ihren Untergang.
Er macht Becket zum Erzbischof von Canterbury, im
Glauben, einen Anhänger im Kampf gegen den Papst
ernannt zu haben. Becket nimmt sein Amt als Christ
ernst und wird nun zum Gegner des Königs. Daraufhin
läßt der König Becket ermorden. Dieser wird zum Märtyrer erhoben, was zum Untergang des Königs führt. Die
Motive Beckets, Rache oder christliche Überzeugung,
bleiben offen.

In Meyers Lyrik wird der symbolische Charakter seiner
Dichtung besonders deutlich. Die Natur soll nicht Stimmungen hervorrufen. Das Symbolische kommt in dem
gleichnishaften Charakter der Gedichte zum Ausdruck.

Im Spätboot

Aus der Schiffsbank mach ich meinen Pfühl.
Endlich wird die heiße Stirne kühl!
O wie süß erkaltet mir das Herz!
O wie weich verstummen Lust und Schmerz!
5 Über mir des Rohres schwarzer Rauch
Wiegt und biegt sich in des Windes Hauch.
Hüben hier und wieder drüben dort
Hält das Boot an manchem kleinen Port:
Bei der Schiffslaterne kargem Schein
10 Steigt ein Schatten aus und niemand ein.
Nur der Steurer noch, der wacht und steht!
Nur der Wind, der mir im Haare weht!
Schmerz und Lust erleiden sanften Tod.
Einen Schlummrer trägt das dunkle Boot.

Zwei Segel

Zwei Segel erhellend
Die tiefblaue Bucht!
Zwei Segel sich schwellend
Zu ruhiger Flucht!
5 Wie eins in den Winden
Sich wölbt und bewegt,
Wird auch das Empfinden
Des andern erregt.

Begehrt eins zu hasten,
10 Das andere geht schnell,
Verlangt eins zu rasten,
Ruht auch sein Gesell.

Conrad Ferdinand Meyer von Zürich

Friedrich Hebbel

Obwohl der Realismus vor allem in der Novelle und im Roman die ihm gemäße Ausdrucksform fand, kann man den Dramatiker Friedrich Hebbel (1813-1863) zu dieser Literaturströmung rechnen. Er kam aus sehr ärmlichen Verhältnissen, sein Vater war Tagelöhner. Nur mühsam hatte er sich mit vielen Entbehrungen aus dieser Situation befreien können. Erst durch seine Ehe mit der Burgschauspielerin Christine Enghaus 1846 in Wien bekam er die Möglichkeit, sich seinem dichterischen Schaffen ganz widmen zu können.

In den Theaterstücken von Hebbel geht es um die Spannung zwischen dem Individuum, das nach seiner Identität strebt, und der Gesellschaft, die durch die Selbstverwirklichung des Individuums gefährdet wird. Dabei interessieren ihn nicht die sozialen und politischen Probleme der Gegenwart. Es geht ihm um exemplarische Situationen.

◁◁ *Karl Stauffer-Bern, 'Conrad Ferdinand Meyer' (1887)*
▽ *Karl Rahl, 'Friedrich Hebbel' (1855)*

Die Tragik entsteht dadurch, daß das individuelle Selbstbewußtsein mit den bestehenden Normen und Mächten in einen unlösbaren Konflikt gerät.

Agnes Bernauer

In *Herodes und Mariamne* (1849) wäre Mariamne ihrem Gemahl, wenn er umgekommen wäre, freiwillig in den Tod gefolgt. Da er es aber von ihr fordert, verweigert sie es. In *Agnes Bernauer* (1852) hat sich der Bayernherzog Albrecht mit dem schönen Augsburger Bürgermädchen Agnes Bernauer vermählt. Dadurch wird er von der Thronfolge ausgeschlossen. Da aber kein anderer Erbe vorhanden ist und Agnes nicht auf ihre Ehe verzichten will, entschließt sich Herzog Ernst, Agnes aus staatlicher Notwendigkeit als Hexe töten zu lassen. Er selbst verzichtet auf den Thron, geht ins Kloster und läßt Agnes als Gemahlin seines Sohnes begraben. Albrecht ist nun bereit, der neue Herzog zu werden. Der individuelle Anspruch stört die Weltgeschichte, zugleich aber kann nur durch das Individuum die Weltgeschichte vorwärtsgetrieben werden.

Herodes und Mariamne

Herodes, als Herrscher vom römischen Kaiser in Jerusalem eingesetzt, muß nach Ägypten reisen, um sich vor dem Kaiser zu rechtfertigen. Da der Ablauf ungewiß ist, gibt er den Befehl, bei seinem Tode seine schöne Frau Mariamne ebenfalls zu töten. Diese ist ihm treu in Liebe ergeben und hat bei sich selbst schon beschlossen, ihrem Gemahl freiwillig in den Tod zu folgen. Ein öffentliches Gelöbnis lehnt sie jedoch ab. Mariamne erfährt den Befehl ihres Mannes. Nach seiner Rückkehr kommt es zu einer dramatischen Auseinandersetzung zwischen den Ehegatten. Nach einiger Zeit muß Herodes in den Krieg ziehen. Wieder gibt er den gleichen Befehl. Mariamne ist nun noch tiefer beleidigt. Sie gibt ein großes Fest. Sie will dadurch Herodes, der von ihrer Untreue überzeugt ist, zum Henker machen. Er läßt sie töten und erfährt danach, daß er eine Unschuldige umgebracht hat. Ihm wird bewußt, daß er seine Frau unter dem Gesichtspunkt des Besitzes zu einem Ding gemacht hat und sie nicht als Partner mit freier Entscheidung anerkannt hat.

Theodor Fontane

Theodor Fontane (1819-1898) ist im Norden Deutschlands der wichtigste Erzähler. Zunächst wurde er Apotheker, wechselte dann aber zum Journalismus über. Seine bekannten Berliner Gesellschaftsromane schrieb er erst in den letzten zwanzig Jahren seines Lebens. Er ist der einzige unter den Realisten, der nicht aus einer moralischen, sondern aus einer gesellschaftskritischen Perspektive die Darstellung der zeitgenössischen Gesellschaft unternimmt. Seine schriftstellerische Leistung zeigt sich in der Weise, wie er sprachliche Nuancen verwendet und wie er im scheinbar Nebensächlichen den Charakter der Figuren zeichnet. Dabei tritt der Erzähler hinter dem, was er erzählt, völlig zurück. Charakteristisch für Fontane ist eine scheinbar unparteiische Form des Erzählens. Die oberflächlichen Salongespräche sind ein Mittel scharfer Gesellschaftskritik. Stimmung und Ideen konnten auf diese Weise unmittelbar und in ihrer Bedeutungslosigkeit direkt zum Ausdruck gebracht werden.

Effi Briest

In seinem Roman *Effi Briest* (1895) heiratet die junge, lebensfrohe Effi einen älteren, etwas steifen Baron von Instetten. Aus Langeweile und Neugier läßt sie sich mit dem Major von Campas, der ihr den Hof macht, kurze Zeit ein, den sie aber auch bald wieder vergißt. Nach einigen Jahren findet Instetten zufällig die Briefe des Majors, die sein Ehrgefühl verletzen. Im Duell tötet er den Major, die Ehe wird geschieden und Effi aus der Gesellschaft ausgestoßen. Vereinsamt stirbt sie bald. Charakteristisch ist, wie Fontane die Hochzeit schildert. Von der Hochzeit selbst erfahren wir nicht viel. Am nächsten Tag, das junge Paar ist auf der Hochzeitsreise in Süddeutschland und Italien, unterhalten sich Vater und Mutter Briest darüber, ob ihre Tochter wohl glücklich sei. Darauf folgt folgender Abschnitt.

▽▽▽ *'Drei Generationen' (Ende 19. Jahrhundert)*
▽▽ *Das Theodor-Fontane-Denkmal im Tiergarten, Berlin*
▽ *Das Denkmal Prinz Albrechts von Preußen vor dem Schloß Charlottenburg, Berlin*

Dies war am Tage nach der Hochzeit. Drei Tage später kam eine kleine gekritzelte Karte aus München, die Namen alle nur mit zwei Buchstaben angedeutet. 'Liebe Mama! Heute vormittag die Pinakothek besucht. Geert
5 wollte auch noch nach dem andern hinüber, das ich hier nicht nenne, weil ich wegen der Rechtschreibung in Zweifel bin, und fragen mag ich ihn nicht. Er ist übrigens engelsgut gegen mich und erklärt mir alles. Überhaupt alles sehr schön, aber anstrengend. In Italien wird
10 es wohl nachlassen und besser werden. Wir wohnen in den 'Vier Jahreszeiten', was Geert veranlaßt, mir zu sagen, 'draussen sei Herbst, aber er habe in mir den Frühling'. Ich finde es sehr sinnig. Er ist überhaupt sehr aufmerksam. Freilich ich muß es auch sein, namentlich
15 wenn er was sagt oder erklärt. Er weiß übrigens alles so gut, daß er nicht einmal nachzuschlagen braucht. Mit Entzücken spricht er von Euch, namentlich von Mama. Hulda findet er etwas zierig: aber der alte Niemeyer hat es ihm ganz angetan. Tausend Grüße von Eurer ganz
20 berauschten, aber auch etwas müden Effi.'
Solche Karten trafen nun täglich ein, aus Innsbruck, aus Verona, aus Vicenza, aus Padua, eine jede fing an: 'Wir haben heute vormittag die hiesige berühmte Galerie besucht,' oder wenn es nicht die Galerie war, so war es
25 eine Arena oder irgendeine Kirche 'Santa Maria' mit einem Zunamen. Aus Padua kam, zugleich mit der Karte, noch ein wirklicher Brief. 'Gestern waren wir in Vicenza. Vicenza muß man sehen wegen des Palladio: Geert sagte mir, daß in ihm alles Moderne wurzele. Natürlich nur in
30 bezug auf Baukunst. Hier in Padua (wo wir heute früh ankamen) sprach er im Hotelwagen etliche Male vor sich hin: 'Er liegt in Padua begraben' und war überrascht, als er von mir vernahm, daß ich diese Worte noch nie gehört hätte. Schließlich aber sagte er, es sei eigentlich ganz gut
35 und ein Vorzug, daß ich nichts davon wüßte. Er ist überhaupt sehr gerecht. Und vor allem ist er engelsgut gegen mich und gar nicht überheblich und auch gar nicht alt. Ich habe noch immer das Ziehen in den Füßen, und das Nachschlagen und das lange Stehen vor den Bildern
40 strengt mich an. Aber es muß ja sein. Ich freue mich sehr auf Venedig. Da bleiben wir fünf Tage, ja, vielleicht eine ganze Woche. Geert hat mir schon von den Tauben auf dem Markusplatze vorgeschwärmt, und daß man sich da Tüten mit Erbsen kauft und dann die schönen Tiere

45 damit füttert. Es soll Bilder geben, die das darstellen, schöne blonde Mädchen, 'ein Typus wie Hulda,' sagte er. Wobei mir denn auch die Jahnkeschen Mädchen einfallen. Ach, ich gäbe was drum, wenn ich mit ihnen auf unserm Hof auf einer Wagendeichsel sitzen und unsere
50 Tauben füttern könnte. Die Pfauentaube mit dem starken Kropf dürft Ihr aber nicht schlachten, die will ich noch wiedersehen. Ach, es ist so schön hier. Es soll ja auch das Schönste sein. Eure glückliche, aber etwas müde Effi.'
Frau von Briest, als sie den Brief vorgelesen hatte, sagte:
55 'Das Arme Kind. Sie hat Sehnsucht.'
'Ja,' sagte Briest, 'sie hat Sehnsucht. Diese verwünschte Reiserei...'
'Warum sagst du das jetzt? Du hättest es ja auch hindern können. Aber das ist so deine Art, hinterher den Weisen
60 zu spielen. Wenn das Kind in den Brunnen gefallen ist, decken die Ratsherren den Brunnen zu.'
'Ach, Luise, komme mir doch nicht mit solchen Geschichten. Effi ist unser Kind, aber seit dem 3. Oktober ist sie Baronin Innstetten. Und wenn ihr Mann,
65 unser Herr Schwiegersohn, eine Hochzeitsreise machen und bei der Gelegenheit jede Galerie neu katalogisieren will, so kann ich ihn daran nicht hindern. Das ist eben das, was man sich verheiraten nennt.' 'Also jetzt gibst du das zu. Mir gegenüber hast du's immer bestritten, daß
70 die Frau in einer Zwangslage sei.'
'Ja, Luise, das habe ich. Aber wozu das jetzt. Das ist wirklich ein weites Feld.'

Die Themen seiner Romane drehen sich hauptsächlich um das Berliner Besitzbürgertum und den Adel mit seinen veralteten Standesvorstellungen, z.B. in *Irrungen und Wirrungen* (1888) und *Frau Jenny Treibel* (1892).

Irrungen und Wirrungen

Ein adliger Offizier liebt ein einfaches bürgerliches Mädchen. Die Liebenden sind sich darüber klar, daß ihre Beziehung eine Episode bleiben muß. Der Offizier heiratet ein reiches adliges Mädchen und hilft damit seiner Familie aus finanziellen Schwierigkeiten. Seine Geliebte heiratet einen Fabrikmeister. Beide finden in ihren Ehen nicht das wirkliche Glück. Es ist der Preis, den sie für die Erhaltung der gesellschaftlichen Ordnung bezahlen müssen.

Frau Jenny Treibel

Fontane schildert in diesem Roman das Berliner Bürgertum, das in den Gründerjahren reich geworden ist. Der Berliner Fabrikant Treibel ist mit einer Frau bescheidener Herkunft verheiratet. Diese ist aber umso standesbewußter. Folgendes Gespräch findet zwischen den Eheleuten statt, als der Sohn Leopold seiner Mutter erzählt hat, daß er sich mit Corinna, der hübschen und netten Tochter eines Gymnasiallehrers verlobt hat.

Als der Kommerzienrat Treibel eintrat und die Aufregung gewahr wurde, darin sich seine Frau ersichtlich befand, erstarb ihm das joviale 'Guten Abend, Jenny' auf der Zunge, und ihr die Hand reichend, sagte er nur: 'Was ist
5 vorgefallen, Jenny? Du siehst ja aus wie das Leiden... nein, keine Blasphemie... Du siehst ja aus, als wäre dir die Gerste verhagelt.'
'Ich glaube, Treibel,' sagte sie, während sie ihr Auf und Ab im Zimmer fortsetzte, 'du könntest dich mit deinen
10 Vergleichen etwas höher hinaufschrauben; 'verhagelte Gerste' hat einen überaus ländlichen, um nicht zu sagen bäuerlichen Beigeschmack...'
'Liebe Jenny, die Schuld liegt, glaube ich, weniger an mir als an dem Sprach- und Bilderschatze deutscher
15 Nation. Alle Wendungen, die wir als Ausdruck für Verstimmungen und Betrübnisse haben, haben einen ausgesprochenen Unterschichtscharakter, und ich finde da zunächst nur noch den Lohgerber, dem die Felle weggeschwommen.'
20 Er stockte, denn es traf ihn ein so böser Blick, daß er es doch für angezeigt hielt, auf das Suchen nach weiteren Vergleichen zu verzichten. Auch nahm Jenny selbst das Wort und sagte: 'Deine Rücksichten gegen mich halten sich immer auf derselben Höhe. Du siehst, daß ich eine
25 Alteration gehabt habe, und die Form, in der du deine Teilnahme kleidest, ist die geschmackloser Vergleiche. Was meiner Erregung zugrunde liegt, scheint deine Neugier nicht sonderlich zu wecken.'
'Doch, doch, Jenny... Du darfst das nicht übelnehmen;
30 du kennst mich und weißt, wie das alles gemeint ist. Alteration! Das ist ein Wort, das ich nicht gern höre. Gewiß wieder etwas mit Anna, Kündigung oder Liebesgeschichte. Wenn ich nicht irre, stand sie...'

'Nein, Treibel, das ist es nicht. Anna mag tun was sie
35 will. Wenn mich Liebesgeschichten alterieren sollen, müssen sie von anderer Seite herkommen...'
'Also doch Liebesgeschichten. Nun sage, wer?'
'Leopold.'
'Alle Wetter...' Und man konnte nicht heraushören, ob
40 Treibel bei dieser Namensnennung mehr in Schreck oder in Freude geraten war. 'Leopold? Ist es möglich?'
'Es ist mehr als möglich, es ist gewiß; denn vor einer Viertelstunde war er selber hier, um mich diese Liebesgeschichte wissen zu lassen...'
45 'Merkwürdiger Junge...'
'Er hat sich mit Corinna verlobt.'
Es war ganz unverkennbar, daß die Kommerzienrätin eine große Wirkung von dieser Mitteilung erwartete, welche Wirkung aber durchaus ausblieb. Treibels erstes
50 Gefühl war das einer heiter angeflogenen Enttäuschung. Er hatte was von kleiner Soubrette, vielleicht auch von 'Jungfrau aus dem Volk' erwartet und stand nun vor einer Ankündigung, die, nach seinen unbefangeneren Anschauungen, alles andere als Schreck und Entsetzen
55 hervorrufen konnte. 'Corinna,' sagte er. 'Und schlankweg verlobt und ohne die Mama zu fragen. Teufelsjunge. Man unterschätzt doch immer die Menschen und am meisten die eigenen Kinder.'
'Treibel, was soll das? Dies ist keine Stunde, wo sich's für
60 dich schickt, in einer solchen Stimmung ernste Fragen zu behandeln. Du kommst nach Hause und findest mich in einer großen Erregung, und im Augenblicke, wo ich dir den Grund dieser Erregung mitteile, findest du's angemessen, allerlei sonderbare Scherze zu machen.
65 Du mußt doch fühlen, daß das einer Lächerlichmachung meiner Person und meiner Gefühle ziemlich gleich kommt, und wenn ich deine ganze Haltung recht verstehe, so bist du weit davon ab, in dieser sogenannten Verlobung einen Skandal zu sehen. Und darü-
70 ber möchte ich Gewißheit haben, eh wir weiter sprechen. Ist es ein Skandal oder nicht?'
'Nein.'
'Und du wirst Leopold nicht darüber zur Rede stellen?'
'Nein.'
75 'Und du bist nicht empört über diese Person?'
'Nicht im geringsten.'
'Über diese Person, die deiner und meiner Freundlich-

keit sich absolut unwert macht, und nun ihre Bettlade –
denn um viel was anderes wird es sich nicht handeln –
80 in das Treibelsche Haus tragen will.'
Treibel lachte. 'Sieh, Jenny, diese Redewendung ist dir
gelungen, und wenn ich mir mit meiner Phantasie, die
mein Unglück ist, die hübsche Corinna vorstelle, wie
sie, sozusagen zwischen die Längsbretter eingeschirrt,
85 ihre Bettlade hier ins Treibelsche Haus trägt, so könnte
ich eine Viertelstunde lang lachen. Aber ich will doch
lieber nicht lachen und dir, da du so sehr fürs Ernste
bist, nun auch ein ernsthaftes Wort sagen. Alles, was du
da so hinschmetterst, ist erstens unsinnig und zweitens
90 empörend. Und was es außerdem noch alles ist, blind,
vergeßlich, überheblich, davon will ich gar nicht reden...'
Jenny war ganz blaß geworden und zitterte, weil sie
wohl wußte, worauf das 'blind und vergeßlich' abzielte.
Treibel aber, der ein guter und auch ganz kluger Kerl
95 war und sich aufrichtig gegen all den Hochmut aufrichtete, fuhr jetzt fort: 'Du sprichst da von Undank
und Skandal und Blamage, und fehlt eigentlich noch das
Wort "Unehre", dann hast du den Gipfel der Herrlich-
keit erklommen. Undank. Willst du der klugen, immer
100 heitren, immer unterhaltlichen Person die Datteln und
Apfelsinen nachrechnen, die sie von unserer Majolika-
schüssel mit einer Venus und einem Cupido darauf,
beiläufig eine lächerliche Pinselei, mit ihrer zierlichen
Hand heruntergenommen hat? Und waren wir nicht bei
105 dem guten alten Professor unsererseits auch zu Gast, bei
Willibald, der doch sonst dein Herzblatt ist, und haben
wir uns seinen Brauneberger, der ebenso gut war wie
meiner, oder doch nicht viel schlechter, nicht schmecken
lassen? Und warst du nicht ganz ausgelassen und hast du
110 nicht an dem Klimperkasten, der da in der Putzstube
steht, deine alten Lieder runtergesungen? Nein, Jenny,
komme mir nicht mit solchen Geschichten. Da kann ich
auch mal ärgerlich werden...'
Jenny nahm seine Hand und wollte ihn hindern weiter-
115 zusprechen.
'Nein, Jenny, noch nicht, noch bin ich nicht fertig. Ich
bin nun mal im Zuge. Skandal sagst du und Blamage.
Nun, ich sage dir, nimm dich in acht, daß aus der bloß
eingebildeten Blamage nicht eine wirkliche wird, und
120 daß – ich sage das, weil du solche Bilder liebst – der
Pfeil nicht auf den Schützen zurückfliegt. Du bist auf

dem besten Wege, mich und dich in eine unsterbliche
Lächerlichkeit hineinzubugsieren. Wer sind wir denn?
Wir sind weder die Montmorencys noch die Lusignans
125 – von denen, nebenher bemerkt, die schöne Melusine
herstammen soll, was dich vielleicht interessiert, – wir
sind auch nicht die Bismarcks oder die Arnims oder
sonst was Märkisches von Adel, wir sind die Treibels,
Blutlaugensalz und Eisenvitriol, und du bist eine gebore-
130 ne Bürstenbinder aus der Adlerstraße. Bürstenbinder ist
ganz gut, aber der erste Bürstenbinder kann unmöglich
höher gestanden haben als der erste Schmidt. Und so
bitt ich denn, Jenny, keine Übertreibungen. Und wenn
es sein kann, laß den ganzen Kriegsplan fallen und
135 nimm Corinna mit soviel Fassung hin, wie du Helene
hingenommen hast. Es ist ja nicht nötig, daß sich
Schwiegermutter und Schwiegertochter furchtbar lieben,
sie heiraten sich ja nicht; es kommt auf die an, die den
Mut haben, sich dieser ernsten und schwierigen Aufgabe
140 unterziehen zu wollen...'
Jenny war während dieser zweiten Hälfte von Treibels
Philippika merkwürdig ruhig geworden, was in einer
guten Kenntnis des Charakters ihres Mannes seinen
Grund hatte. Sie wußte, daß er in einem überhohen
145 Grade das Bedürfnis und die Gewohnheit des Sichaus-
sprechens hatte, und daß sich mit ihm erst wieder reden
ließ, wenn gewisse Gefühle von seiner Seele herunter-
geredet waren. [...]
Treibel war sehr der Mann der Betrachtung aller Dinge
150 von zwei Seiten her, und so war Jenny denn völlig überzeugt davon, daß er über Nacht dahingelangen würde,
die ganze Leopoldsche Verlobung auch mal von der
Kehrseite her anzusehen. Sie nahm deshalb seine Hand
und sagte: 'Treibel, laß uns das Gespräch morgen früh
155 fortsetzen. Ich glaube, daß du bei ruhigerem Blute die
Berechtigung meiner Anschauungen nicht verkennen
wirst. Jedenfalls rechne nicht darauf, mich anderen Sin-
nes zu machen. Ich wollte dir, als dem Manne, der zu
handeln hat, selbstverständlich auch in dieser An-
160 gelegenheit nicht vorgreifen; lehnst du jedoch jedes
Handeln ab, so handle ich. Selbst auf die Gefahr deiner
Nichtzustimmung.'
'Tu, was du willst.'
Und damit warf Treibel die Tür ins Schloß und ging in
165 sein Zimmer hinüber.

Gerhard Hauptmann

Der Naturalismus in Deutschland begann eigentlich mit einem Theaterskandal. Obwohl die Bücherzensur abgeschafft worden war, gab es noch immer eine Theaterzensur. Die Polizei konnte in Berlin Theaterstücke verbieten, wenn sie nach ihrer Meinung gegen die Sittlichkeit verstießen. Aus diesem Grunde wurden Theatervereine gegründet, die in geschlossenen Veranstaltungen für ihre Mitglieder Aufführungen moderner Theaterstücke organisierten. In Berlin wurde 1889 der Verein 'Die Freie Bühne' gegründet. Als zweites Stück wurde am 20. Oktober 1889 von dem noch unbekannten Gerhard Hauptmann *Vor Sonnenaufgang* aufgeführt.

Mit einem Schlag waren der Autor und die neue Richtung des Naturalismus überall bekannt.
Gerhard Hauptmann (1862-1946) kam 1885 aus Schlesien nach Berlin und schloß sich den Berliner Naturalisten an, von denen er bald der bedeutendste wurde. 1901 übersiedelte er nach Agnetendorf in Schlesien. Hauptmann ist vor allem Dramatiker. Seine größten Erfolge hatte er um die Jahrhundertwende. Nach *Vor Sonnenaufgang* erschien 1892 *Die Weber*. Hierin wird die Armut der schlesischen Weber und ihr kurzer und erfolgloser Aufstand von 1844 dargestellt. Das Neue ist, daß im Mittelpunkt nicht ein einzelner Held, sondern die Weber als Menschenmasse stehen.

Die Weber

Die Weber aus Peterswaldau in Schlesien liefern ihre in Heimarbeit hergestellte Ware bei dem Aufkäufer Dreißiger ab, der sie schlecht bezahlt und ständig die Preise drückt. Die Weber können von dem geringen Lohn kaum noch leben. Ein aus dem Militärdienst zurückkehrender Soldat macht ihnen deutlich, daß sie ihre Sache selbst ausfechten müssen. Die aufgebrachten Weber ziehen zu Dreißiger, stürmen seine Villa und schlagen alles kurz und klein. Dann ziehen sie weiter. Sie wollen auch den alten gottesfürchtigen Weber Hilse gewinnen. Dieser hält jedoch den Aufruhr für eine Sünde. Inzwischen greift das Militär ein, und ausgerechnet der alte Hilse wird von einer verirrten Kugel getötet.

Vor Sonnenaufgang

In einem schlesischen Dorf sind die Bauern über Nacht sehr reich geworden, weil man unter ihren Feldern Kohle gefunden hat. Mit ihrem Reichtum wissen sie nichts anderes anzufangen als sich den primitivsten Genüssen wie der Trunksucht hinzugeben. Loth, ein Sozialdemokrat, kommt in das Dorf, um die sozialen Verhältnisse zu studieren. Hier trifft er einen früheren Studienfreund, der die Tochter des reichen Bauern Krause geheiratet hat. Sie ist ebenfalls wie der Vater der Trunksucht verfallen und erwartet ein Kind. Auf dem Bauernhof ist noch eine andere Tochter aus der ersten Ehe von Krause, Helene. Sie verliebt sich in Loth und Loth in Helene. In dem Arzt Dr. Schimmelpfennig erkennt er noch einen zweiten Jugendfreund, der sich verpflichtet fühlt, Loth über die erbliche Belastung der Familie aufzuklären. Loth muß sich entscheiden, ob er Helene oder seinen Prinzipien folgen will. Er entscheidet sich für das letztere und verläßt das Dorf. Helene begeht daraufhin Selbstmord.

DOKTOR SCHIMMELPFENNIG *(vor Loth stillstehend, mit einem geraden Blick in seine Augen):*
    Es ist also wirklich etwas im Gange zwischen dir und Helene Krause?
LOTH:
    5 Ich? – Wer hat dir denn...?
DOKTOR SCHIMMELPFENNIG:
    Wie bist du nur in diese Familie..?
LOTH:
    Woher – weißt du denn das, Mensch?
DOKTOR SCHIMMELPFENNIG:
    Das war ja doch nicht schwer zu erraten.

◁ *Käthe Kollwitz,*
'Die Weber'

▷ *Gerhard Hauptmann*
während eines Aufenthaltes
auf der Insel Hiddensee, 1901

LOTH:

Na, dann halt um Gottes willen den Mund, daß nicht...

DOKTOR SCHIMMELPFENNIG:

10 Ihr seid also richtig verlobt?!

LOTH:

Wie man's nimmt. Jedenfalls sind wir beide einig.

DOKTOR SCHIMMELPFENNIG:

Hm. – ! wie bist du denn hier hereingeraten, gerade in
diese Familie?

LOTH:

Hoffmann ist ja doch mein Schulfreund. Er war auch
15 Mitglied – auswärtiges allerdings – Mitglied meines
Kolonialvereins.

DOKTOR SCHIMMELPFENNIG:

Von der Sache hörte ich in Zürich. – Also mit dir ist er
umgegangen! Auf diese Weise wird mir der traurige
Zwitter erklärlich.

LOTH:

20 Ein Zwitter ist er allerdings.

DOKTOR SCHIMMELPFENNIG:

Eigentlich nicht mal das. – Ehrlich, du! – Ist das wirklich dein Ernst? – die Geschichte mit der Krause?

LOTH:

Na, selbstverständlich! – Zweifelst du daran? Du wirst
mich doch nicht etwa für einen Schuft...

DOKTOR SCHIMMELPFENNIG:

25 Schon gut! Ereifere dich nur nicht. Hätt'st dich ja verändert haben können während der langen Zeit. Warum
nicht? Wär auch gar kein Nachteil! 'n bissel Humor
könnte dir gar nicht schaden! Ich seh' nicht ein, warum
man alles so verflucht ernsthaft nehmen sollte.

LOTH:

30 Ernst ist es mir mehr als je. *(Er erhebt sich und geht,*
immer ein wenig zurück, neben Schimmelpfennig her.)

Du kannst es ja nicht wissen, auch sagen kann ich dir's
nicht mal, was dieses Verhältnis für mich bedeutet.

DOKTOR SCHIMMELPFENNIG:

Hm!

LOTH:

35 Kerl, du hast keine Idee, was das für ein Zustand ist.
Man kennt ihn nicht, wenn man sich danach sehnt.
Kennte man ihn, dann, dann müßte man geradezu
unsinnig werden vor Sehnsucht.

DOKTOR SCHIMMELPFENNIG:

Das begreife der Teufel, wie ihr zu dieser unsinnigen
40 Sehnsucht kommt.

LOTH:

Du bist auch nicht sicher davor.

DOKTOR SCHIMMELPFENNIG:

Das möcht' ich mal sehen.

LOTH:

Du red'st wie der Blinde von der Farbe.

DOKTOR SCHIMMELPFENNIG:

Was ich mir für das bißchen Rausch koofe! Lächerlich.
45 Darauf eine lebenslängliche Ehe zu bauen... da baut
man noch nicht mal so sicher als auf'n Sandhaufen.

LOTH:

Rausch – Rausch – wer von einem Rausch redet, – na!
der kennt die Sache eben nicht. 'n Rausch ist flüchtig.
Solche Räusche hab' ich schon gehabt, ich geb's zu. Aber
50 das ist was ganz anderes.

DOKTOR SCHIMMELPFENNIG:

Hm!

LOTH:

Ich bin dabei vollständig nüchtern. Denkst du, daß ich
meine Liebste so – na, wie soll ich sagen?! – so mit 'ner
– na, wie soll ich sagen?! mit 'ner großen Glorie sehe?
55 Gar nicht! – Sie hat Fehler, ist auch nicht besonders
schön, wenigstens – na, häßlich ist sie auch gerade nicht.
Ganz objektiv geurteilt, ich – das ist ja schließlich
Geschmackssache – ich hab' so'n hübsches Mädel noch
nicht gesehen. Also, Rausch – Unsinn! Ich bin ja so
60 nüchtern wie nur möglich. Aber siehst du! das ist eben
das Merkwürdige! ich kann mich gar nicht mehr ohne
sie denken – das kommt mir so vor wie 'ne Legierung,
weißt du, wie wenn zwei Metalle so recht innig legiert
sind, daß man gar nicht mehr sagen kann, das ist das,
65 das ist das. Und alles so furchtbar selbstverständlich –
kurzum, ich quatsche vielleicht Unsinn – oder was ich

sage, ist vielleicht in deinen Augen Unsinn, aber so viel
steht fest: wer das nicht kennt, ist 'n erbärmlicher
Frosch. Und so'n Frosch war ich bisher – und so'n Jam-
70 merfrosch bist du noch.

DOKTOR SCHIMMELPFENNIG:

Das ist ja richtig der ganze Symptomen-Komplex. –
Daß ihr Kerls doch immer bis über die Ohren in Dinge
hineingeraten, die ihr theoretisch längst verworfen habt,
wie zum Beispiel du die Ehe. Solange ich dich kenne,
75 laborierst du an dieser unglücklichen Ehemanie.

LOTH:

Es ist Trieb bei mir, geradezu Trieb. Weiß Gott! mag ich
mich wenden, wie ich will.

DOKTOR SCHIMMELPFENNIG:

Man kann schließlich auch seinen Trieb niederkämpfen.

LOTH:

Ja, wenn's 'n Zweck hat, warum nicht?

DOKTOR SCHIMMELPFENNIG:

80 Hat's Heiraten etwa Zweck?

LOTH:

Das will ich meinen. Das hat Zweck! Bei mir hat es
Zweck. Du weißt nicht, wie ich mich durchgefressen
hab' bis hierher. Ich mag nicht sentimental werden. Ich
hab's auch vielleicht nicht so gefühlt, es ist mir vielleicht
85 nicht ganz so klar bewußt geworden wie jetzt, daß ich in
meinem Streben etwas entsetzlich Ödes, gleichsam
Maschinenmäßiges angenommen hatte. Kein Geist, kein
Temperament, kein Leben, ja wer weiß, war noch Glauben in mir? Das alles kommt seit... seit heut wieder in
90 mich gezogen. So merkwürdig voll, so ursprünglich, so
fröhlich... Unsinn, du kapierst's ja doch nicht.

DOKTOR SCHIMMELPFENNIG:

Was ihr da alles nötig habt, um flott zu bleiben, Glaube,
Liebe, Hoffnung. Für mich ist das Kram. Es ist eine
ganz simple Sache: die Menschheit liegt in der Agonie,
95 und unsereiner macht ihr mit Narkotics die Sache so
erträglich als möglich.

LOTH:

Dein neuester Standpunkt?

DOKTOR SCHIMMELPFENNIG:

Schon fünf bis sechs Jahre alt und immer derselbe.

LOTH:

Gratuliere!

DOKTOR SCHIMMELPFENNIG:

100 Danke! *(Eine lange Pause.)*

DOKTOR SCHIMMELPFENNIG *(nach einigen unruhigen Anläufen):*

Die Geschichte ist leider die: ich halte mich für verpflichtet... ich schulde dir unbedingt eine Aufklärung. Du
wirst Helene Krause, glaub' ich, nicht heiraten können.

LOTH *(kalt):*

So, glaubst du?

DOKTOR SCHIMMELPFENNIG:

Ja, ich bin der Meinung. Es sind da Hindernisse vorhanden, die gerade dir...

LOTH:

Hör mal, du! mach dir darüber um Gottes willen keine
110 Skrupel. Die Verhältnisse liegen auch gar nicht mal so
kompliziert, sind im Grunde sogar furchtbar einfach.

DOKTOR SCHIMMELPFENNIG:

Einfach furchtbar, solltest du eher sagen.

LOTH:

Ich meine, was die Hindernisse anbetrifft.

DOKTOR SCHIMMELPFENNIG:

Ich auch zum Teil. Aber auch überhaupt! Ich kann mir
115 nicht denken, daß du die Verhältnisse hier kennen solltest.

LOTH:

Ich kenne sie aber doch ziemlich genau.

DOKTOR SCHIMMELPFENNIG:

Dann mußt du notwendigerweise deine Grundsätze
geändert haben.

LOTH:

120 Bitte, Schimmel, drück dich etwas deutlicher aus!

DOKTOR SCHIMMELPFENNIG:

Du mußt unbedingt deine Hauptforderung in bezug auf
die Ehe fallengelassen haben, obgleich du vorhin durch-
blicken ließt, es käme dir nach wie vor darauf an, ein an
Leib und Seele gesundes Geschlecht in die Welt zu setzen.

LOTH:

125 Fallengelassen... fallengelassen? Wie sollte ich denn das...

DOKTOR SCHIMMELPFENNIG:

Dann bleibt nichts übrig... dann kennst du eben doch
die Verhältnisse nicht. Dann weißt du zum Beispiel
nicht, daß Hoffmann einen Sohn hatt, der mit drei
Jahren bereits am Alkoholismus zugrunde ging.

LOTH:

130 Wa... was – sagst du?

DOKTOR SCHIMMELPFENNIG:

's tut mir leid, Loth, aber sagen muß ich dir's doch, du
kannst ja dann noch machen, was du willst. Die Sache

war kein Spaß. Sie waren gerade wie jetzt zum Besuch hier. Sie ließen mich holen, eine halbe Stunde zu spät.
135 Der kleine Kerl hatte längst verblutet. – *(Loth mit den Zeichen tiefer, furchtbarer Erschütterung an des Doktors Munde hängend. – Dokter Schimmelpfennig.)* Nach der Essigflasche hatte das dumme Kerlchen gelangt in der Meinung, sein geliebter Fusel sei darin. Die Flasche war
140 herunter und das Kind in die Scherben gefallen. Hier unten, siehst du, die Vena saphena, die hatte es sich vollständig durchschnitten.

LOTH:

W..w..essen Kind, sagst du?

DOKTOR SCHIMMELPFENNIG:

Hoffmanns und eben derselben Frau Kind, die da oben
145 wieder... und auch die trinkt, trinkt bis zur Besinnungslosigkeit, trinkt, soviel sie bekommen kann.

LOTH:

Also von Hoffmann... Hoffmann geht es nicht aus?!

DOKTOR SCHIMMELPFENNIG:

Bewahre! Das ist tragisch an dem Menschen, er leidet darunter, soviel er überhaupt leiden kann. Im übrigen
150 hat er's gewußt, daß er in eine Potatorenfamilie hineinkam. Der Bauer nämlich kommt überhaupt gar nicht mehr aus dem Wirtshaus.

LOTH:

Dann freilich – begreife ich manches – nein! Alles begreife ich – alles. *(nach einem dumpfen Schweigen)* Dann
155 ist ihr Leben hier... Helenens Leben – ein... ein – wie soll ich sagen?! mir fehlt der Ausdruck dafür – ...nicht?

DOKTOR SCHIMMELPFENNIG:

Horrend geradezu! Das kann ich beurteilen. Daß du bei ihr hängenbliebst, war mir auch von Anfang an sehr begreiflich. Aber wie ges...

LOTH:

160 Schon gut! – verstehe... Tut denn...? könnte man nicht vielleicht... vielleicht könnte man Hoffmann bewegen, etwas... etwas zu tun? Könntest du nicht vielleicht – ihn zu etwas bewegen ? Man müßte sie fortbringen aus dieser Sumpfluft.

DOKTOR SCHIMMELPFENNIG:

165 Hoffmann?

LOTH:

Ja, Hofmann.

DOKTOR SCHIMMELPFENNIG:

Du kennst ihn schlecht... Ich glaube zwar nicht, daß er

sie schon verdorben hat. Aber ihren Ruf hat er sicherlich jetzt schon verdorben.

LOTH *(aufbrausend):*

Wenn das ist: ich schlag–ihn... Glaubst du wirklich...? hältst du Hoffmann wirklich für fähig...?

DOKTOR SCHIMMELPFENNIG:

Zu allem, zu allem halte ich ihn fähig, wenn für ihn ein Vergnügen dabei herausspringt.

LOTH:

175 Dann ist sie – das keuscheste Geschöpf, was es gibt...
(Loth nimmt langsam Hut und Stock und hängt sich ein Täschchen um.)

DOKTOR SCHIMMELPFENNIG:

Was gedenkst du zu tun, Loth?

LOTH:

Nicht begegnen...!

DOKTOR SCHIMMELPFENNIG:

180 Du bist also entschlossen?

LOTH:

Wozu entschlossen?

DOKTOR SCHIMMELPFENNIG:

Euer Verhältnis aufzulösen.

LOTH:

Wie sollt' ich wohl nicht dazu entschlossen sein?

DOKTOR SCHIMMELPFENNIG:

Ich kann dir als Arzt noch sagen, daß Fälle bekannt
185 sind, wo solche vererbte Übel unterdrückt worden sind, und du würdest deinen Kindern ja gewiß eine rationelle Erziehung geben.

LOTH:

Es mögen solche Fälle vorkommen.

DOKTOR SCHIMMELPFENNIG:

Und die Wahrscheinlichkeit ist vielleicht nicht gering,
190 daß...

LOTH:

Das kann uns nichts helfen, Schimmel. So steht es: es gibt drei Möglichkeiten! Entweder ich heirate sie, und dann... nein, dieser Ausweg existiert überhaupt nicht. Oder – die bewußte Kugel. Na ja, dann hätte man
195 wenigstens Ruhe. Aber nein! So weit sind wir noch nicht, so was kann man sich einstweilen noch nicht leisten – also: leben! kämpfen! – Weiter, immer weiter. *(Sein Blick fällt auf den Tisch, er bemerkt das von Eduard zurechtgestellte Schreibzeug, setzt sich, ergreift die Feder,*
200 *zaudert und sagt):* Oder am Ende...?

Friedrich Nietzsche

'Das größte neuere Ereignis – daß "Gott tot ist", daß der Glaube an den christlichen Gott unglaubwürdig geworden ist – beginnt bereits seine ersten Schatten über Europa zu werfen.' Mit diesen Worten beschrieb Friedrich Nietzsche (1844-1900) den Ausgangspunkt seiner 'Philosophie nach dem Tode Gottes'.

Der 'Übermensch' und der 'Wille zur Macht' sind die Schlagworte, mit denen Nietzsche immer wieder als Vorläufer und geistiger Vorbereiter des Nationalsozialismus beschrieben wird. Die Nazis selbst haben ihn für ihre Zwecke mißbraucht. Nietzsche hat dagegen den 'Nihilismus', das Verschwinden der Werte und Normen des Abendlandes, als zukünftige Entwicklung nur vorausgesagt. Das meinte er mit dem Wort vom Tode Gottes. Er hat aber die Ideologie der Barbarei nicht als sein eigenes Programm verkündet.

Nietzsche war Philosoph, Schriftsteller und Komponist zugleich. Sein Einfluß auf die geistige Welt seiner Zeit war enorm. Er griff die Idee der frühen Romantiker von der Vereinigung aller Künste auf. In dem 'Gesamtkunstwerk', das der Komponist Richard Wagner (1813-1883) in seinen Opern anstrebte, sah er die Erneuerung der Kunst verwirklicht. Später wandte Nietzsche sich von Wagner ab. Die christliche Tendenz in dessen Oper *Parsifal* (1882) war für ihn ein unverzeihlicher Rückfall.

In *Also sprach Zarathustra* (1883-85) verkündete er eine neue 'Lebensphilosophie'. In biblischer Sprache von ungekannter Brillanz übte er radikale Kritik an Kultur und Gesellschaft seiner Gegenwart. Der 'Übermensch' sollte den Nihilismus überwinden.

Was stark ist, ist gut, war die Botschaft von *Jenseits von Gut und Böse* (1886). Auch Nietzsche war ein Kind seiner Zeit, in der er mit solchen Gedanken nicht allein stand. Man denke an den Naturforscher Charles Darwin und seine Lehre vom Kampf ums Dasein. Nietzsche hatte an eine neue Aristokratie des Geistes gedacht. Was eine solche Lehre als politisches Programm einer Massenbewegung anrichten konnte, blieb dem 20. Jahrhundert überlassen.

Die Genialität Nietzsches wurde 1889 von einer Geisteskrankheit zerstört. Sein letztes Jahrzehnt verbrachte er im Haus seiner Schwester in Weimar.

Aus *Also sprach Zarathustra*

Vom höheren Menschen
1.
Als ich zum ersten Male zu den Menschen kam, da tat ich die Einsiedler-Torheit, die große Torheit: ich stellte mich auf den Markt.
Und als ich zu allen redete, redete ich zu keinem. Des
5 Abends aber waren Seiltänzer meine Genossen, und Leichname; und ich selber fast ein Leichnam.
Mit dem neuen Morgen aber kam mir eine neue Wahrheit: da lernte ich sprechen 'Was geht mich Markt und Pöbel und Pöbel-Lärm und lange Pöbel-Ohren an!'
10 Ihr höheren Menschen, dies lernt von mir: auf dem Markt glaubt niemand an höhere Menschen. Und wollt ihr dort reden, wohlan! Der Pöbel aber blinzelt: 'wir sind alle gleich.'
'Ihr höheren Menschen.' – so blinzelt der Pöbel – 'es
15 gibt keine höheren Menschen, wir sind alle gleich, Mensch ist Mensch, vor Gott – sind wir alle gleich!'
Vor Gott! – Nun aber starb dieser Gott. Vor dem Pöbel aber wollen wir nicht gleich sein. Ihr höheren Menschen, geht weg vom Markt!

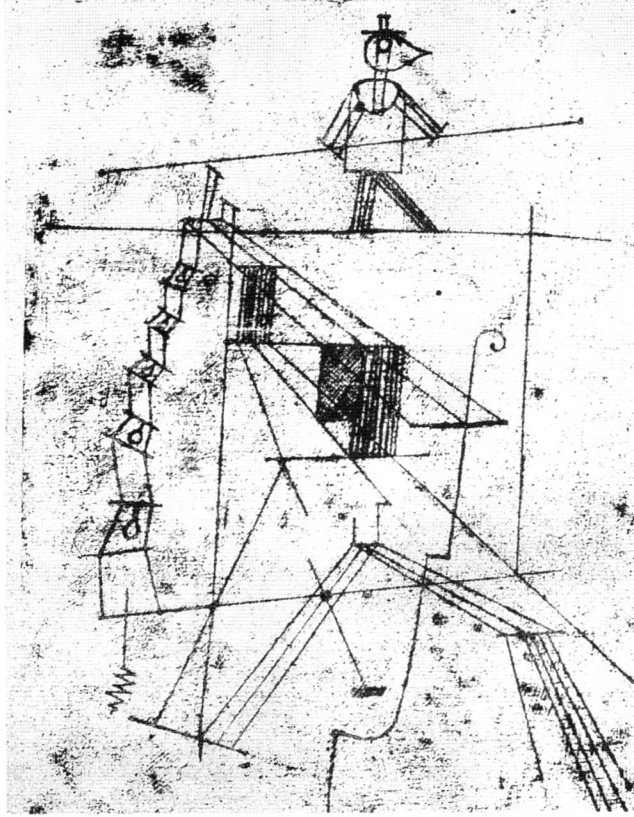

△ *Paul Klee, 'Seiltänzer' (1923)*
◁ *Friedrich Nietzsche (1882). Die Philosophie Nietzsches wurde um die Jahrhundertwende zur wichtigsten geistigen Herausforderung für eine ganze Generation*

2.

20 Vor Gott! – Nun aber starb dieser Gott! Ihr höheren Menschen, dieser Gott war eure größte Gefahr.
Seit er im Grabe liegt, seid ihr erst wieder auferstanden. Nun erst kommt der große Mittag, nun erst wird der höhere Mensch – Herr!
25 Verstandet ihr dies Wort, o meine Brüder? Ihr seid erschreckt: wird euren Herzen schwindlig? Klafft euch hier der Abgrund? Kläfft euch hier der Höllenhund? Wohlan! Wohlauf! Ihr höheren Menschen! Nun erst kreißt der Berg der Menschen-Zukunft. Gott starb: nun
30 wollen *wir,* – daß der Übermensch lebe.

3.

Die Sorglichsten fragen heute: 'wie bleibt der Mensch erhalten?' Zarathustra aber fragt als der Einzige und Erste: 'wie wird der Mensch *überwunden*?'
Der Übermensch liegt mir am Herzen, der ist mein

35 Erstes und Einziges, – und nicht der Mensch: nicht der Nächste, nicht der Ärmste, nicht der Leidendste, nicht der Beste. –
O meine Brüder, was ich lieben kann am Menschen, das ist, daß er ein Übergang ist und ein Untergang. Und
40 auch an euch ist vieles, das mich lieben und hoffen macht.
Daß ihr verachtet, ihr höheren Menschen, das macht mich hoffen. Die großen Verachtenden nämlich sind die großen Verehrenden.
45 Daß ihr verzweifeltet, daran ist viel zu ehren. Denn ihr lerntet nicht, wie ihr euch ergäbet, ihr lerntet die kleinen Klugheiten nicht.
Heute nämlich wurden die kleinen Leute Herr: die predigen alle Ergebung und Bescheidung und Klugheit und
50 Fleiß und Rücksicht und das lange Und-so-weiter der kleinen Tugenden.
Was von Weibsart ist, was von Knechtsart stammt und sonderlich der Pöbel-Mischmasch: *das* will nun Herr werden alles Menschen-Schicksals – o Ekel! Ekel! Ekel!
55 Das frägt und frägt und wird nicht müde: 'wie erhält sich der Mensch, am besten, am längsten, am angenehmsten?' Damit – sind sie die Herren von heute.
Diese Herren von heute überwindet mir, o meine Brüder, – diese kleinen Leute: die sind des Übermenschen größte
60 Gefahr!
Überwindet mir, ihr höheren Menschen, die kleinen Tugenden, die kleinen Klugheiten, die Sandkorn-Rücksichten, den Ameisen-Kribbelkram, das erbärmliche Behagen, das 'Glück der meisten'!
65 Und lieber verzweifelt, als daß ihr euch ergebt. Und, wahrlich, ich liebe euch dafür, daß ihr heute nicht zu leben wißt, ihr höheren Menschen! So nämlich lebt *ihr* – am besten!

4.

Habt ihr Mut, o meine Brüder? Seid ihr herzhaft? Nicht
70 Mut vor Zeugen, sondern Einsiedler- und Adler-Mut, dem auch kein Gott mehr zusieht?
Kalte Seelen, Maultiere, Blinde, Trunkene heißen mir nicht herzhaft. Herz hat, wer Furcht kennt, aber Furcht *zwingt;* wer den Abgrund sieht, aber mit *Stolz.*
75 Wer den Abgrund sieht, aber mit Adlers-Augen, – wer mit Adlers-Krallen den Abgrund *faßt:* der hat Mut. – –

Sigmund Freud und Arthur Schnitzler

Wien war das Zentrum des alten Habsburgischen Reiches. Nirgendwo anders in Europa war die Macht der Aristokratie um 1900 noch so groß. Das Bürgertum lebte wegen seiner Machtlosigkeit in ständiger Frustration.

Um die Jahrhundertwende gab es eine Endzeitstimmung, die Erwartung großer Veränderungen. Die Nervosität der Menschen erzeugte ein besonderes Interesse für das Wesen der menschlichen Seele. In diesem Klima entstand die Lehre des Nervenarztes Sigmund Freud (1856-1939).

Freud hat seine Erkenntnisse in der Behandlung psychisch gestörter Menschen entwickelt. Er erkannte die Bedeutung des 'Unbewußten' bei der Entstehung von 'Neurosen', von seelischen Krankheiten. Mit der Methode der 'Psychoanalyse' schuf er ein Instrument zum Verstehen und Heilen dieser Krankheiten. Eine wichtige Quelle für die Welt des Unbewußten sind die Träume. In seinem berühmten Werk über *Die Traumdeutung* (1900) beschrieb Freud die Zusammenhänge zwischen Traumbildern und seelischen Problemen. Er interpretiert zum Beispiel den Traum, daß man nackt vor fremden Menschen steht, als eine Verarbeitung frühkindlicher sexueller Wünsche.

Freud hat sich auch viel mit den Werken der Literatur und bildenden Kunst beschäftigt. Er sah in ihnen eine Art von Tagträumen und benutzte sie als Material für psychoanalytische Studien. Umgekehrt entdeckten immer mehr Schriftsteller und Künstler, daß Freuds Arbeit sehr viel mit ihren eigenen Themen zu tun hatte.

Als wichtigste Ursache für viele psychische Störungen erkannte Freud die Unterdrückung der sexuellen Wünsche des Menschen. Die Sexualität war für ihn ein Urtrieb, der von Geburt an wirksam ist. Die erzwungene 'Verdrängung' dieser Wünsche in der Kindheit hat Folgen für das gesamte weitere Leben. Freuds offene Sprache über Geschlechtliches empfand man damals als skandalös. Er mußte oft Beschimpfungen über sich ergehen lassen, und seine Lehre wurde oft völlig verzerrt dargestellt.

△ *Edvard Munch, 'Pubertät' (1894). Der norwegische Maler Edvard Munch gehört zu den Vorläufern des Expressionismus. Die Grunderfahrungen Angst, Liebe und Tod sind Themen die er häufig dargestellt hat*

Unabhängig von Freud beschrieb der Wiener Schriftsteller Arhur Schnitzler (1862-1931) in seinen Erzählungen und Theaterstücken das Wesen seelischer Vorgänge. Sein Stück *Der Reigen* (1903), in dem die Rolle der Sexualität in der Gesellschaft dargestellt wird, löste einen Skandal aus.

'Geheimnisvoller Selbstmord einer jungen Dame der Wiener Gesellschaft'. Diese Zeitungsschlagzeile brachte Schnitzler auf das Thema seiner Erzählung *Fräulein Else* (1924). Else soll sich für eine große Geldsumme einem reichen Kunsthändler nackt zeigen. Die Empörung über diese Forderung mischt sich bei Else mit ihren eigenen sexuellen Wünschen. Schnitzler verwendete in dieser Erzählung konsequent die Erzähltechnik des 'inneren Monologes'. Er hatte diese Form bereits in seiner Erzählung *Leutnant Gustl* (1900) in die deutsche Literatur eingeführt. Der Leser erlebt in dem 'Bewußtseinsstrom' der Hauptfigur die Konflikte und die Assoziationen, die sie auslösen, mit.

Fräulein Else

Die neunzehnjährige Tochter eines Wiener Advokaten macht Urlaub in einem Kurort. In einem Brief ihrer Mutter wird sie aufgefordert, einen Geschäftsfreund ihres Vaters dazu zu bewegen, dreißigtausend Gulden zu leihen, um den Vater vor dem Bankrott zu retten. Ihr Vater droht sich sonst umzubringen. Der Kunsthändler von Dorsday ist dazu bereit, stellt aber die Bedingung, Else nackt sehen zu wollen. Else ist empört, stimmt aber schließlich zu. Nur mit einem Mantel bekleidet, irrt sie auf der Suche nach Dorsday durch das Hotel. Im Konzertsaal entblößt sie sich vor der versammelten Gesellschaft und bricht zusammen. In ihrem Zimmer begeht sie mit einem Schlafmittel Selbstmord.

Elses Reaktion auf Dorsdays Bedingung:

Warum schlage ich ihm nicht ins Gesicht, dem Schuften! Bin ich rot geworden oder blaß? Nackt willst du mich sehen? Das möchte mancher. Ich bin schön, wenn ich nackt bin. Warum schlage ich ihm nicht ins Gesicht?
5 Riesengroß ist sein Gesicht. Warum so nah, du Schuft? Ich will deinen Atem nicht auf meinen Wangen. Warum lasse ich ihn nicht einfach stehen? Bannt mich sein Blick? Wir schauen uns ins Auge wie Todfeinde. Ich möchte ihm Schuft sagen, aber ich kann nicht. Oder
10 will ich nicht? [...]
Es ist noch Zeit bis zum Diner. Ein bißchen spazierengehen und die Sache in Ruhe überlegen. [...] Himmlische Luft, wie Champagner. Gar nicht mehr kühl – dreißigtausend... dreißigtausend... Ich muß mich jetzt
15 sehr hübsch ausnehmen in der weiten Landschaft. Schade, daß keine Leute mehr im Freien sind. Dem Herrn dort am Waldesrand gefalle ich offenbar sehr gut. O, mein Herr, nackt bin ich noch viel schöner, und es kostet einen Spottpreis, dreißigtausend Gulden. Vielleicht
20 bringen Sie Ihre Freunde mit, dann kommt es billiger. Hoffentlich haben Sie lauter hübsche Freunde, hübschere und jüngere als Herr von Dorsday? Kennen Sie Herrn von Dorsday? Ein Schuft ist er – ein klingender Schuft... Also überlegen, überlegen... Ein Menschenleben steht
25 auf dem Spiel. Das Leben von Papa. Aber nein, er bringt sich nicht um, er wird sich lieber einsperren lassen. [...]

Vor wem werde ich mich das nächste Mal nackt ausziehen müssen? Oder bleiben wir der Einfachheit wegen bei Herrn Dorsday? Seine jetzige Geliebte ist ja nichts
30 Feines 'unter uns gesagt'. Ich wäre ihm gewiß lieber. Es ist gar nicht so ausgemacht, ob ich viel feiner bin. Tun Sie nicht vornehm, Fräulein Else, ich könnte Geschichten von Ihnen erzählen... einen gewissen Traum zum Beispiel, den Sie schon dreimal gehabt haben – von dem
35 haben Sie nicht einmal Ihrer Freundin Bertha erzählt. Und die verträgt doch was. Und wie war denn das heuer in Gmunden in der Früh um sechs auf dem Balkon, mein vornehmes Fräulein Else? Haben Sie die zwei jungen Leute im Kahn vielleicht gar nicht bemerkt, die Sie
40 angestarrt haben? Mein Gesicht haben sie vom See aus freilich nicht genau ausnehmen können, aber daß ich im Hemd war, das haben sie schon bemerkt. Und ich hab' mich gefreut. Ah, mehr als gefreut. Ich war wie berauscht. Mit beiden Händen hab' ich mich über die
45 Hüften gestrichen und vor mir selber hab' ich getan, als wüßte ich nicht, daß man mich sieht. Und der Kahn hat sich nicht vom Fleck bewegt. Ja, so bin ich, so bin ich. Ein Luder, ja. Sie spüren es ja alle. Auch Paul spürt es. Natürlich, er ist ja Frauenarzt. Und der Marineleutnant
50 hat es auch gespürt und der Maler auch. Nur Fred, der dumme Kerl, spürt es nicht. Darum liebt er mich ja. Aber gerade vor ihm möchte ich nicht nackt sein, nie und nimmer. Ich hätte gar keine Freude davon. Ich möchte mich schämen. Aber vor dem Filou mit dem Römerkopf
55 – wie gern. Am allerliebsten vor dem. Und wenn ich gleich sterben müßte. Aber es ist ja nicht notwendig gleich nachher zu sterben. Man überlebt es. Die Bertha hat mehr überlebt. Cissy liegt sicher auch nackt da, wenn Paul zu ihr schleicht durch die Hotelgänge, wie ich
60 heute Nacht zu Herrn von Dorsday schleichen werde. Nein, nein. Ich will nicht. Zu jedem andern – aber nicht zu ihm. Zu Paul meinetwegen. Oder ich such' mir einen aus heute abend beim Diner. Es ist ja alles egal. Aber ich kann doch nicht jedem sagen, daß ich dreißigtausend
65 Gulden dafür haben will! Da wäre ich ja wie ein Frauenzimmer von der Kärntnerstraße. Nein, ich verkaufe mich nicht. Niemals. Nie werde ich mich verkaufen. Ich schenke mich her. Ja, wenn ich einmal den Rechten finde, schenke ich mich her. Aber ich verkaufe mich
70 nicht. Ein Luder will ich sein, aber nicht eine Dirne.

Rainer Maria Rilke

Sein ganzes Leben lang war Rainer Maria Rilke (1875-1926) auf der Suche nach den idealen Bedingungen für sein Dichten. In Prag geboren und aufgewachsen, zog er nach Beginn seines Studiums bis zu seinem Tode von Ort zu Ort. Selten hielt es ihn irgendwo länger als ein paar Monate. Sein Studium hat er nicht abgeschlossen, einen Beruf niemals ausgeübt. Seine Ehe mit einer Malerin aus dem Künstlerkreis des deutschen 'Jugendstils' in Worpswede bei Bremen scheiterte.

Rilke war für sich und sein großes bürgerlich-aristokratisches Publikum die personifizierte Kulturidee des alten Europa, das im Ersten Weltkrieg zusammenbrach. 'Dieser große Lyriker hat nichts getan, als daß er das deutsche Gedicht zum erstenmal vollkommen gemacht hat' (Musil).

In Paris fühlte Rilke sich mehr zuhause als irgendwo anders. Ab 1902 war er dort zeitweise Sekretär des Bildhauers Auguste Rodin, bei dem er 'sehen lernen' wollte. Seine Gedichte wurden unter Rodins Einfluß 'Ding-Gedichte': Tiere, Pflanzen, Städte und Personen erhielten mit lyrischem Handwerkszeug künstlerische Form. So ist das berühmte Gedicht *Der Panther* die sprachliche Nachempfindung des gefangenen wilden Tieres.

△ *Rainer Maria Rilke (1900)*

△ *Auguste Rodin, 'Der Kuß' (1998)*

Auch Rilkes nächstes Vorbild war ein bildender Künstler. Die Bilder des Malers Paul Cézanne begleiteten ihn auf dem Weg zur 'poésie pure' (Mallarmé), zur reinen Poesie. Den Weg dieser künstlerischen Entwicklung zeichnete er in dem Roman *Die Aufzeichnungen des Malte Laurids Brigge* (1910) nach. Rilke brach darin mit den Traditionen des realistischen Erzählens. In diesem Tagebuch einer erfundenen Figur gibt es keine fortlaufende Handlung. Die Macht von Ekel und Angst im menschlichen Leben erscheint darin wie ein Vorgriff auf den Existentialismus der kommenden Jahrzehnte.

◁ *Paul Cézanne, Porträt Madame Cézanne (1877)*

Der Panther

Im Jardin des Plantes, Paris

Sein Blick ist vom Vorübergehn der Stäbe
so müd geworden, daß er nichts mehr hält.
Ihm ist, als ob es tausend Stäbe gäbe
und hinter tausend Stäben keine Welt.

5 Der weiche Gang geschmeidig starker Schritte,
der sich im allerkleinsten Kreise dreht,
ist wie ein Tanz von Kraft um eine Mitte,
in der betäubt ein großer Wille steht.

Nur manchmal schiebt der Vorhang der Pupille
10 sich lautlos auf –. Dann geht ein Bild hinein,
geht durch der Glieder angespannte Stille –
und hört im Herzen auf zu sein.

Stefan George

Stefan George (1868-1933) hat das Prinzip der 'l'art pour l'art', das er bei den französischen Schriftstellern Baudelaire und Mallarmé bewunderte, in die deutsche Literatur eingeführt. 'Kunst für die Kunst': Die Dichtung schafft eine eigene, höhere Wirklichkeit. Schönheit und Tod sind die Pole dieser Kunstreligion, die an die Auffassungen der frühen Romantiker erinnert. Die Verkünder dieser Religion fühlten sich als Angehörige eines neuen und höheren Adels. Sie lebten jenseits der normalen Alltagswelt.

George sah sich als eine Art Priesterkönig und versammelte um sich eine Schar ihm ergebener Jünger. Sein Liebling war Maximin, zu dem er eine homosexuelle Beziehung hatte. In weihevollen Versammlungen, manchmal in antiker Verkleidung, wurden die Dichterlesungen als Feier zelebriert.

Er muß eine intensive Ausstrahlung gehabt haben. Ein Teilnehmer einer der Lesungen berichtete: 'Da er einige Male auf mich sah, fühlte ich eine unerhörte Glutkraft mir entgegenströmen. [...] Er hatte etwas Imperatorisches in seinem Wesen. Sein Anzug war schwarz und enganliegend. Er sprach langsam, aber mit einem Enthusiasmus, der keine Widerrede duldete.'

▷ Aubrey Beardsley,
Buchillustration (1893)
▽ Reinhold Lepsius, 'Stefan
George' (Holzschnitt, ca.1900)

Das Ideal der künstlichen Wirklichkeit ist in dem frühen Gedichtzyklus *Algabal* (1892) bereits erreicht: Schönheits- und Todeskult werden im 'selber erbauten' Garten des Kaisers Algabal eins. Die 'schwarze Blume' ist das Symbol dieses 'Heiligtums' der Kunstwelt.

Wie im *Jugendstil* üblich, umfaßte die künstlerische Gestaltung auch den Buchschmuck und die Illustrationen. George hat sogar die Druckbuchstaben und eine eigene Art der Zeichensetzung und Rechtschreibung entworfen.

Manche Eigenschaften Georges und seines Werkes zeigten eine verdächtige Verwandtschaft mit der Ideologie des aufkommenden Nationalsozialismus. Er selbst und viele seiner Jünger waren allerdings in ihrem elitären Selbstgefühl immun gegen die Parolen der braune Massenbewegung Hitlers.

Der herr der insel

Die fischer überliefern daß im Süden
Auf einer insel reich an zimmt und öl
Und edlen steinen die im sande glitzern
Ein vogel war der wenn am boden fussend
5 Mit seinem schnabel hoher stämme krone
Zerpflücken konnte - wenn er seine flügel
Gefärbt wie mit dem saft der Tyrer-schnecke
Zu schwerem niedrem flug erhoben: habe
Er einer dunklen wolke gleichgesehn
10 Des tages sei er im gehölz verschwunden.
Des abends aber an den strand gekommen.
Im kühlen windeshauch von salz und tang
Die süsse Stimme hebend dass delfine
Die freunde des gesanges näher schwammen
15 Im meer voll goldner federn goldner funken.
So habe er seit urbeginn gelebt.
Gescheiterte nur hätten ihn erblickt.
Denn als zum erstenmal die weissen segel
Der menschen sich mit günstigem geleit
20 Dem eiland zugedreht sei er zum hügel
Die ganze teure stätte zu beschaun gestiegen.
Verbreitet habe er die grossen schwingen
Verscheidend in gedämpften schmerzeslauten.

Hugo von Hofmannsthal

Hugo von Hofmannsthal (1874-1929) lebte in dem
Bewußtsein, an einer großen Zeitenwende teilzuhaben.
Anders als George, der ihn vergeblich zu einem seiner
Jünger zu machen versuchte, hat Hofmannsthal sich in
vielen Aufsätzen an der politischen und kulturellen Diskussion seiner Zeit beteiligt. Verwirrung, Unsicherheit
und Endzeitstimmung beherrschten die Zeit um die Jahrhundertwende, das *fin de siècle*. Hofmannsthal wollte das
geistige Chaos mit den Kräften der Tradition zu einer
neuen Ordnung gestalten.

Als Wiener und Österreicher fühlte sich Hofmannsthal
der alten europäischen Kultur verbunden. Im Kampf
gegen den 'kulturellen Anarchismus' gründete er 1920 die
Salzburger Festspiele, die noch heute jährlich abgehalten
werden. Zur Eröffnung wird traditionell immer
Hofmannsthals auf alte Vorbilder zurückgreifendes
Theaterstück *Jedermann* (1911) gespielt. Die Hauptperson
Jedermann wird vom Tod vor den Richterstuhl geführt.
Jedermanns irdischer Reichtum zählt hier nichts. Der
Geldgott Mammon, der als Figur in dem Stück auftritt,
hat seine Seele in Besitz genommen. Nur der Glaube und
der Opfertod Christi können Jedermann erlösen.

Der radikale Rückzug aus dem realen gesellschaftlichen
Leben in ein Reich der Ästhetik wie bei George war für
Hofmannsthal durchaus reizvoll. Aber dieser Reiz verband
sich mit einem Schuldgefühl, und das war gerade das
Problem, das er darstellen wollte. Schon in der schönen
Novelle *Das Märchen der 672. Nacht* (1895) kommt das
zum Ausdruck. Die Flucht in die Schönheit wird mit
dem Elend der Niedrigen konfrontiert. Hinzu kam ein
Zweifel an den Möglichkeiten der Sprache als Mittel, die
Wirklichkeit zu erkennen. Im fiktiven *Brief des Lord
Chandos* (1902) forderte Hofmannsthal ein neues Medium
für ein neues 'symbolisches' Welterleben. Und tatsächlich
hat er nach den *Ausgewählten Gedichten* (1903) keine
Gedichte mehr geschrieben. Sein neues Medium fand er
in der Zusammenarbeit mit dem Komponisten Richard
Strauss (1864-1949). Er schrieb die Libretti, die Text-
bücher, für dessen Opern, z.B. *Die Frau ohne Schatten*
(1919), die er gleichzeitig als Erzählung veröffentlichte.

Das Märchen der 672. Nacht

Die Novelle handelt von einem jungen Kaufmannssohn,
der einsam in seinem Haus lebt. Er umgibt sich mit kostbaren Dingen und lebt nur für den Genuß ihrer Schönheit. Seine Diener werden zum Symbol des unterdrückten
Lebens. Ihre Blicke erwecken in ihm ein Schuldbewußt-
sein. Einer der Diener wird in einem anonymen Brief
eines Verbrechens beschuldigt. Der Kaufmannssohn muß
sich zur Klärung dieser Angelegenheit in die Stadt bege-
ben. Dieser Gang in die Wirklichkeit wird zum Alptraum.
Der Kaufmannssohn landet schließlich im Elendsviertel,
wird vom Hufschlag eines Pferdes schwer verletzt und
stirbt unter Qualen.

Ein junger Kaufmannssohn, der sehr schön war und
weder Vater noch Mutter hatte, wurde bald nach seinem
fünfundzwanzigsten Jahre der Geselligkeit und des gast-
lichen Lebens überdrüssig. Er versperrte die meisten
5 Zimmer seines Hauses und entließ alle seine Diener und
Dienerinnen, bis auf vier, deren Anhänglichkeit und
ganzes Wesen ihm lieb war. Da ihm an seinen Freunden
nichts gelegen war und auch die Schönheit keiner einzigen Frau ihn so gefangennahm, daß er es sich als wün-
10 schenswert oder nur als erträglich vorgestellt hätte, sie
immer um sich zu haben, lebte er sich immer mehr in
ein ziemlich einsames Leben hinein, welches anschei-
nend seiner Gemütsart am meisten entsprach. Er war
aber keineswegs menschenscheu, vielmehr ging er gerne
15 in den Straßen oder öffentlichen Gärten spazieren und
betrachtete die Gesichter der Menschen. Auch vernach-
lässigte er weder die Pflege seines Körpers und seiner
schönen Hände noch den Schmuck seiner Wohnung.
Ja, die Schönheit der Teppiche und Gewebe und Seiden,
20 der geschnitzten und getäfelten Wände, der Leuchter
und Becken aus Metall, der gläsernen und irdenen
Gefäße wurde ihm so bedeutungsvoll, wie er es nie
geahnt hatte. Allmählich wurde er sehend dafür, wie alle
Formen und Farben der Welt in seinen Geräten lebten.
25 Er erkannte in den Ornamenten, die sich verschlingen,
ein verzaubertes Bild der verschlungenen Wunder der

Welt. Er fand die Formen der Tiere und die Formen der
Blumen und das Übergehen der Blumen in die Tiere;
die Delphine, die Löwen und die Tulpen, die Perlen und
30 den Akanthus; er fand den Streit zwischen der Last der
Säule und dem Widerstand des festen Grundes und des
Strebens alles Wassers nach aufwärts und wiederum
nach abwärts; er fand die Seligkeit der Bewegung und
die Erhabenheit der Ruhe, das Tanzen und das Totsein;
35 er fand die Farben der Blumen und Blätter, die Farben
der Felle wilder Tiere und der Gesichter der Völker, die
Farbe der Edelsteine, die Farbe des stürmischen und des
ruhig leuchtenden Meeres; ja, er fand den Mond und
die Sterne, die mystische Kugel, die mystischen Ringe
40 und an ihnen festgewachsen die Flügel der Seraphim.
Er war für lange Zeit trunken von dieser großen, tiefsin-
nigen Schönheit, die ihm gehörte, und alle seine Tage be-
wegten sich schöner und minder leer unter diesen Geräten, die nichts Totes und Niedriges mehr waren, sondern
45 ein großes Erbe, das göttliche Werk aller Geschlechter.
Doch er fühlte ebenso die Nichtigkeit aller dieser Dinge
wie ihre Schönheit; nie verließ ihn auf lange der Gedanke
an den Tod, und oft befiel er ihn unter lachenden und
lärmenden Menschen, oft in der Nacht, oft beim Essen.
50 Aber da keine Krankheit in ihm war, so war der Gedanke nicht grauenhaft, eher hatte er etwas Feierliches und
Prunkendes [...].

◁◁ *Gustav Klimt, 'Goldfische' (1901-1902)*
▽▽ *Jan Toorop, 'Die junge Generation' (1892)*
▽ *Theaterzettel der Erstaufführung von Hofmannsthals 'Jedermann'*

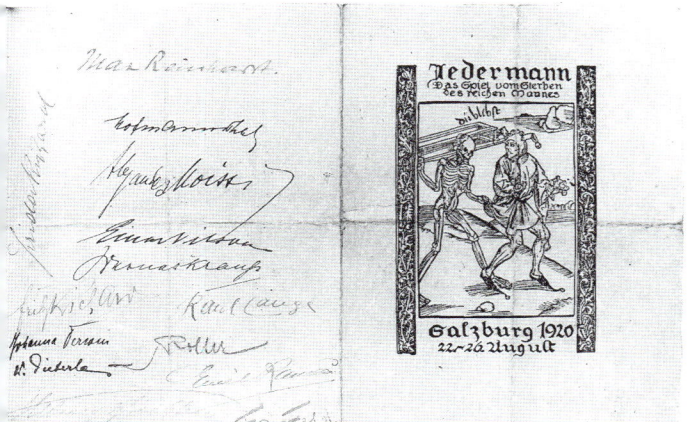

Frank Wedekind

Bei der Beerdigung von Frank Wedekind (1864-1918) in
Berlin kam es zu chaotischen Szenen. 'Hinter den bedeutendsten Vertretern von Literatur, Theater und Kunst aus
ganz Deutschland war ein bunter Schwarm von zweideu-
tigen Mädchen und halbwüchsigen Burschen erschienen,
die sich vordrängten und über Anlagen und Gräber hinweg voraus zum geöffneten Grabe sprangen, nicht anders
wie eine Schar tollgewordener Böcke,' berichtete ein
Trauergast. Ein Teilnehmer versuchte, mit lautem
Geschrei die Menge für Filmaufnahmen zu dirigieren. Er
stürzte dann am Grabe nieder, warf einen Kranz hinein
und schrie: 'Frank Wedekind, meinem Lehrer, meinem
Vorbild, meinem Meister – dein unwürdigster Schüler!'
Vielleicht wäre Wedekind über dieses Spektakel ganz er-
freut gewesen, denn es wirkte wie die Inszenierung eines
seiner eigenen Theaterstücke.

'Glücklich, wer geschickt und heiter/Über frische Gräber
hopst!', hatte er im Gedicht *Erdgeist* geschrieben. Sein
Vitalismus, das Bekenntnis zum starken und genußvollen
Leben, zum Ausleben aller Sinne, hatte ihm einen lebens-
langen Kampf mit der Zensur des Deutschen Kaiserreiches
eingetragen. Anders als Arthur Schnitzler wollte er die
Zustände der Gesellschaft nicht nur beschreiben, sondern
sie aktiv verändern. Dazu verwendete er für das Drama
neue Formen, die bereits auf den Expressionismus und
das Theater von Bertolt Brecht vorausweisen.
Ein Hauptwerk Wedekinds ist die *Lulu*-Tragödie (1893-
1894), die aus den beiden Stücken *Erdgeist* und *Die Büchse
der Pandora* besteht. Die Dirne Lulu, ein 'prachtexemplar
von Weib', wird am Ende das Opfer eines Lustmörders.

Frühlings Erwachen

In *Frühlings Erwachen. Eine Kindertragödie* (1891) wird die
erwachende Sinnlichkeit von Jugendlichen mit der völli-
gen Verständnislosigkeit der Erwachsenenwelt konfrontiert. Das Stück ist eines der am meisten aufgeführten
deutschen Theaterstücke.
In diesem Drama versucht der tolerant erzogene Melchior
seinem ängstlichen Freund Moritz, der mit seiner Sexualität nicht umgehen kann, zu helfen. Die selbstverfaßte

△ *Frank Wedekind als der
'Vermummte Herr' in einer
Aufführung von 'Frühlings Erwachen'*

△ *Olaf Gulbransson,
'Frank Wedekind'*

Aufklärungsschrift, die Melchior ihm gibt, macht diesen
aber noch verwirrter. Moritz, der außerdem mit verständ-
nislosen Eltern und Lehrern zu tun hat, begeht schließlich Selbstmord. Melchior wird wegen seiner Aufklärungsschrift in eine Erziehungsanstalt gesteckt. Er hat unter-
dessen mit der vierzehnjährigen Wendla sein erstes sexu-
elles Erlebnis gehabt. Wendla wird schwanger und stirbt
an einem von ihrer Mutter veranlaßten Abtreibungsver-
such.
In der letzten Szene trifft Melchior an Wendlas Grab den
toten Moritz. Moritz bestärkt den verzweifelten Melchior
in dem Entschluß, ebenfalls Selbstmord zu begehen. Da
tritt 'der vermummte Herr' auf, der als Verkünder eines
freien Lebens Melchior mit sich nimmt.

WENDLA:

Mir träumte, ich wäre ein armes, armes Bettelkind, ich
würde früh fünf schon auf die Straße geschickt, ich
müßte betteln den ganzen langen Tag in Sturm und
Wetter, unter hartherzigen, rohen Menschen. Und käm
5 ich abends nach Hause, zitternd vor Hunger und Kälte,
und hätte so viel Geld nicht, wie mein Vater verlangt,
dann würd ich geschlagen – geschlagen –.

MELCHIOR:

Das kenne ich, Wendla. Das hast du den albernen Kin-
dergeschichten zu danken. Glaub mir, so brutale Men-
10 schen existieren nicht mehr.

WENDLA:

O doch, Melchior, du irrst. – Martha Bessel wird Abend
für Abend geschlagen, daß man andern Tags Striemen
sieht. O was die leiden muß! Siedendheiß wird es einem,
wenn sie erzählt. Ich bedaure sie so furchtbar, ich muß
15 oft mitten in der Nacht in die Kissen weinen. Seit
Monaten denke ich darüber nach, wie man ihr helfen
kann. – Ich wollte mit Freuden einmal acht Tage an
ihrer Stelle sein.

MELCHIOR:

Man sollte den Vater kurzweg verklagen. Dann würde
20 ihm das Kind weggenommen.

WENDLA:

Ich, Melchior, bin in meinem Leben nie geschlagen
worden – nicht ein einziges Mal. Ich kann mir kaum
denken, wie das tut, geschlagen zu werden. Ich habe
mich schon selber geschlagen, um zu erfahren, wie
25 einem dabei ums Herz wird. – Es muß ein grauenvolles
Gefühl sein.

MELCHIOR:

Ich glaube nicht, daß je ein Kind dadurch besser wird.

WENDLA:

Wodurch besser wird?

MELCHIOR:

Daß man es schlägt.

WENDLA:

30 Mit dieser Gerte zum Beispiel! – Hu, ist die zäh und
dünn.

MELCHIOR:

Die zieht Blut!

WENDLA:

Würdest du mich nicht einmal damit schlagen?

MELCHIOR:

Wen?

WENDLA:

35 Mich.

MELCHIOR:

Was fällt dir ein, Wendla!

WENDLA:

Was ist denn dabei?

MELCHIOR:

O sei ruhig! – Ich schlage dich nicht.

WENDLA:

Wenn ich dir's doch erlaube!

MELCHIOR:

40 Nie, Mädchen!

WENDLA:

Aber wenn ich dich darum bitte, Melchior!

MELCHIOR:

Bist du nicht bei Verstand?

WENDLA:

Ich bin in meinem Leben nie geschlagen worden!

MELCHIOR:

Wenn du um so etwas bitten kannst...!

WENDLA:

45 – Bitte – bitte –.

MELCHIOR:

Ich will dich bitten lehren! – *(Er schlägt sie.)*

WENDLA:

Ach Gott – ich spüre nicht das geringste!

MELCHIOR:

Das glaub ich dir – – durch all deine Röcke durch...

WENDLA:

So schlag mich doch an die Beine!

MELCHIOR:

50 Wendla! – *(Er schlägt sie stärker.)*

WENDLA:

Du streichelst mich ja! – Du streichelst mich!

MELCHIOR:

Wart, Hexe, ich will dir den Satan austreiben!

(Er wirft den Stock beiseite und schlägt derart mit den Fäusten drein, daß sie in ein fürchterliches Geschrei ausbricht. Er kehrt sich nicht daran, sondern drischt wie wütend auf sie los, während ihm die dicken Tränen über die Wangen rinnen. Plötzlich springt er empor, faßt sich mit beiden Händen an die Schläfen und stürzt, aus tiefster Seele jammervoll aufschluchzend, in den Wald hinein.)

Wedekind schrieb nicht nur, er spielte die Rollen seiner
Stücke auf den Bühnen von Berlin und München selbst.
Als Mitarbeiter der kritischen Zeitschrift *Simplicissimus*
wurde er 1899 wegen 'Majestätsbeleidigung' zu sieben
Monaten Gefängnis verurteilt. Seine Stücke wurden oft
verboten und konnten manchmal erst nach jahrelangen
gerichtlichen Auseinandersetzungen aufgeführt werden.
In München, wo er seit 1908 lebte, war er Mitglied der
Elf Scharfrichter, eines der ersten literarischen Kabaretts
in Deutschland.

Georg Heym und Ernst Stadler

Im Jahre 1920 erschien eine Gedichtsammlung mit dem Titel *Menschheitsdämmerung, Symphonie jüngster Dichtung*. In ihr wurde eine Übersicht über die in den Jahren 1910-1920 erschienene expressionistische Lyrik gegeben. Im Vorwort des Herausgebers heißt es:

> Alle Gedichte dieses Buches entquellen der Klage um die Menschheit, der Sehnsucht nach der Menschheit. Der Mensch schlechthin, nicht seine privaten Angelegenheiten und Gefühle, sondern die Menschheit, ist das eigentliche unendliche Thema. Diese Dichter fühlten zeitig, wie der Mensch in die Dämmerung versank..., sank in die Nacht des Untergangs..., um wieder aufzutauchen in die sich klärende Dämmerung der ihm aufgedrängten, ihn umschlingenden, verschlingenden Vergangenheit und Gegenwart in die erlösende Dämmerung einer Zukunft, die er selber sich schafft.

Hiermit werden die beiden grundlegenden Tendenzen in der expressionistischen Dichtung angegeben. Einerseits – gemäß den beiden Bedeutungen von Dämmerung – die Visionen des Untergangs und der drohenden Vernichtung der Welt durch die moderne Technik. Andererseits Aufbruch in eine neue Welt und die Hoffnung auf eine Erneuerung des Menschen, der den neuen Entwicklungen gewachsen ist.

Die Anthologie wird mit einem Gedicht von Jakob von Hoddis (1887-1942) eröffnet. Es ist mit seinem Zeilenstil für die moderne Großstadtdichtung sehr charakteristisch.

Weltende

Dem Bürger fliegt vom spitzen Kopf der Hut,
In allen Lüften hallt es wie Geschrei.
Dachdecker stürzen ab und gehn entzwei,
Und an den Küsten – liest man – steigt die Flut.

5 Der Sturm ist da, die wilden Meere hupfen
An Land, um dicke Dämme zu zerdrücken.
Die meisten Menschen haben einen Schnupfen.
Die Eisenbahnen fallen von den Brücken.

Georg Heym ist einer der Dichter, die auf die Krise der bürgerlichen Gesellschaft auf eine ganz neue Weise reagierten. Er wurde 1887 in Schlesien geboren, kam 1900 nach Berlin, ist aber schon 1912 beim Schlittschuhlaufen ertrunken. In der kurzen Zeit zwischen 1910 und 1912 hat er seine bedeutendsten Gedichte geschrieben. 1911 erschien sein Gedichtsband *Der ewige Tag* und 1912 *Umbra vitae*. Sein Thema ist die moderne Großstadt. Sie ist das Symbol für die moderne Massengesellschaft. In dem Gedicht *Der Gott der Stadt* entwirft er ein Traumbild vom Nachtleben der Stadt. Dämonen bestimmten das Leben der Menschen. Alles scheint auf Untergang und Vernichtung gerichtet zu sein.

Der Gott der Stadt

Auf einem Häuserblock sitzt er breit.
Die Winde lagern schwarz um seine Stirn.
Er schaut voll Wut, wo fern in Einsamkeit
Die letzten Häuser in das Land verirrn.

5 Vom Abend glänzt der rote Bauch dem Baal,
Die großen Städte knien um ihn her.
Der Kirchenglocken ungeheure Zahl
Wogt auf zu ihm aus schwarzer Türme Meer.

Wie Korybanten-Tanz dröhnt die Musik
10 Der Millionen durch die Straßen laut.
Der Schlote Rauch, die Wolken der Fabrik
Ziehn auf zu ihm, wie Duft von Weihrauch blaut.

Das Wetter schwelt in seinen Augenbraun.
Der dunkle Abend wird in Nacht betäubt.
15 Die Stürme flattern, die wie Geier schauen
Von seinem Haupthaar, das im Zorne sträubt.

Er streckt ins Dunkel seine Fleischerfaust.
Er schüttelt sie. Ein Meer von Feuer jagt
Durch eine Straße. Und der Glutqualm braust
20 Und frißt sie auf, bis spät der Morgen tagt.

▷▷ *George Grosz, 'Begräbnis in der Stadt'. Das Großstadtleben war ein Hauptthema der expressionistischen Maler und Schriftsteller*
▷▷▷ *Ernst Stadler (1914)*

Ernst Stadler schrieb ähnliche Gedichte. Er wurde 1883 in Colmar geboren. Auch er starb früh, er fiel am Anfang des Ersten Weltkrieges bei Ypern. Nach seinem Studium der Germanistik wurde er 1912 Professor an der Université Libre in Brüssel. Zunächst schrieb er Gedichte im Stil Stefan Georges, wandte sich aber von dessen Ästhetizismus ab. In neuen Bildern versuchte er das Dynamische und Hektische des modernen Lebens darzustellen. In seinem Gedicht *Fahrt über die Kölner Rheinbrücke bei Nacht* verwendet er Langzeilen, die stark rhythmisch sind. Sie sprengen die Einheit des Gedichts und rufen ein Gefühl hervor, das durch Gegensätze bestimmt wird. Der Titel des Gedichtbandes *Der Aufbruch* (1914) gibt das Thema an, um das es ihm geht: Aufbruch in ein neues Welterleben.

Fahrt über die Kölner Rheinbrücke bei Nacht

Der Schnellzug tastet sich und stößt die Dunkelheit entlang.
Kein Stern will vor. Die ganze Welt ist nur ein enger, nachtumschienter Minengang,
Darein zuweilen Förderstellen blauen Lichtes jähe Horizonte reißen: Feuerkreis
Von Kugellampen, Dächern, Schloten, Dampfend, strömend ... nur sekundenweis ...
5 Und wieder alles schwarz. Als führen wir ins Eingeweid der Nacht zur Schicht.
Nun taumeln Lichter her ... verirrt, trostlos vereinsamt ... mehr ... und sammeln sich ... und werden dicht.
Gerippe grauer Häuserfronten liegen bloß, im Zwielicht bleichend, tot – etwas muß kommen ... o, ich fühl es schwer
Im Hirn. Eine Beklemmung singt im Blut. Dann dröhnt der Boden plötzlich wie ein Meer:
Wir fliegen, aufgehoben, königlich durch nachtentrissne Luft, hoch übern Strom. O Biegung der Millionen Lichter,
stumme Wacht,
10 Vor deren blitzender Parade schwer die Wasser abwärts rollen. Endloses Spalier, zum Gruß gestellt bei Nacht!
Wie Fackeln stürmend! Freudiges! Salut von Schiffen über blauer See! Bestirntes Fest!
Wimmelnd, mit hellen Augen hingedrängt! Bis wo die Stadt mit letzten Häusern ihren Gast entläßt.
Und dann die langen Einsamkeiten. Nackte Ufer. Stille. Nacht. Besinnung. Einkehr. Kommunion. Und Glut und Drang
Zum Letzten, Segnenden. Zum Zeugungsfest. Zur Wollust. Zum Gebet. Zum Meer. Zum Untergang.

Georg Trakl

Georg Trakl wurde 1887 in Salzburg geboren und starb mit 27 Jahren am Anfang des ersten Weltkrieges. Er wurde Apothekerlehrling und studierte später Pharmazie. Dies brachte ihn in Kontakt mit Drogen. Seit 1904 schrieb er Gedichte, die sich erst an Baudelaire und am französischen Symbolismus orientierten und später am Expressionismus. 1913 erschien sein erster Gedichtband. 1915 der noch von ihm selbst zusammengestellte Band *Sebastian im Traum*.

In seiner Suche nach Gott wurde ihm immermehr die Gottesferne seines Jahrhunderts deutlich. Die Erfahrung von Verfall und Untergang waren die Folge. Dazu kam ein starkes Schuldgefühl. Zwar wird die Erlösung in Aussicht gestellt, aber gerade dadurch tritt die Disharmonie so deutlich in Erscheinung. Oft schlägt plötzlich die Schönheit in das Schauerliche um, wie im Gedicht *Verfall*. Gut und Böse, Schönheit und Häßlichkeit, sind eng miteinander verbunden. Abend, Untergang und Verwesung sind wiederkehrende Themen.

Verfall

Am Abend, wenn die Glocken Frieden läuten,
Folg ich der Vögel wundervollen Flügen,
Die lang geschart, gleich frommen Pilgerzügen,
Entschwinden in den herbstlich klaren Weiten.

5 Hinwandelnd durch den dämmervollen Garten
Träum ich nach ihren helleren Geschicken
Und fühl der Stunden Weiser kaum mehr rücken
So folg ich über Wolken ihren Fahrten.

Da macht ein Hauch mich von Verfall erzittern.
10 Die Amsel klagt in den entlaubten Zweigen.
Es schwankt der rote Wein an rostigen Gittern,

Indes wie blasser Kinder Todesreigen
Um dunkle Brunnenränder, die verwittern,
Im Wind sich fröstelnd blaue Astern neigen.

Im ersten Weltkrieg wurde er als Sanitäter eingezogen. In der Schlacht bei Grodek in Galizien mußte er für beinahe hundert schwerverwundete Soldaten sorgen. Ein völliger geistiger und körperlicher Zusammenbruch war die Folge. Er starb am 3. November 1914 an einer Überdosis Kokain. Sein letztes Gedicht lautet:

Grodek

Am Abend tönen die herbstlichen Wälder
Von tödlichen Waffen, die goldnen Ebenen
und blauen Seen, darüber die Sonne
Düstrer hinrollt; umfängt die Nacht
5 Sterbende Krieger, die wilde Klage
Ihrer zerbrochenen Münder.
Doch stille sammelt im Weidengrund
Rotes Gewölk, darin ein zürnender Gott wohnt
Das vergossene Blut sich, mondne Kühle;
10 Alle Straßen münden in schwarze Verwesung.
Unter goldnem Gezweig der Nacht und Sternen
Es schwankt der Schwester Schatten durch den
                                   schweigenden Hain.
Zu grüßen die Geister der Helden, die blutenden Häupter;
Und leise tönen im Rohr die dunkeln Flöten des Herbstes.
15 O stolzere Trauer! ihr ehernen Altäre,
Die heiße Flamme des Geistes nährt heute ein gewaltiger
                                   Schmerz,
Die ungebornen Enkel.

Else Lasker-Schüler

Den expressionistischen Aufbruch verstand Else Lasker-Schüler als eine neue Freiheit der Phantasie. Sie versuchte Dichtung als künstlerisches Spiel mit dem Leben zu verbinden.

Sie wurde 1869 in Wuppertal geboren. Durch ihre erste Ehe mit dem Arzt Berthold Lasker kam sie nach Berlin. Hier lernte sie viele Dichter und Maler kennen, unter anderen Benn und Döblin, Kokoschka und Marc. In zweiter Ehe (1901-1911) war sie mit Herwarth Walden verheiratet. Er trat als Kunstkritiker für die moderne Kunst ein und gründete die für den Expressionismus wichtige Zeitschrift *Der Sturm* (1910-1932).

Else Lasker-Schüler schrieb vor allem Gedichte und lyrische Prosa. Sie entwarf eine eigene Phantasiewelt, in der sie Motive aus der jüdischen und orientalischen Legendenliteratur übernahm. Als Sinnbild ihres Künstlertums hat sie sich Jussuf, Prinz von Theben, ausgedacht. Unter diesem Namen erscheint sie in ihren Briefen und Dichtungen, aber auch phantastisch kostümiert bei Dichterlesungen. Oft ist von Liebesschmerz, tiefer Trauer und unbegrenzter Hoffnung in ihren Gedichten die Rede. 1902 erschien ihr erster Gedichtband *Styx,* 1907 *Die Nächte der Tino von Bagdad* und 1913 *Hebräische Balladen.*

△ *Else Lasker-Schüler in den zwanziger Jahren*
◁ *Else Lasker-Schüler, Zeichnung zu den 'Hebräischen Balladen' (1913)*
◁◁ *Otto Dix, 'Flandern' (1936)*

Weltende

Es ist ein Weinen in der Welt,
Als ob der liebe Gott gestorben wäre,
Und der bleierne Schatten, der niederfällt,
Lastet grabesschwer.

5 Komm, wir wollen uns näher verbergen...
Das Leben liegt in aller Herzen
Wie in Särgen.

Du! wir wollen uns tief küssen –
Es pocht eine Sehnsucht an die Welt,
10 An der wir sterben müssen.

1932 bekam sie einen Literaturpreis, aber schon 1933 mußte sie aus dem nationalsozialistischen Deutschland fliehen. Sie ging in die Schweiz und später nach Jerusalem, wo sie arm und vereinsamt am 22. Januar 1945 starb. In ihrem letzten Gedichtband *Mein blaues Klavier* (1943) erreicht sie nochmals einen Höhepunkt in ihrer Lyrik. Es sind Gedichte voller Erinnerung an ihre Mutter und ihre Freunde, aber auch Liebesgedichte und Gedichte mit tiefer Trauer über Herbst, Dämmerung und Tod.

Mein blaues Klavier

Ich habe zu Hause ein blaues Klavier
Und kenne doch keine Note.

Es steht im Dunkel der Kellertür,
Seitdem die Welt verrohte.

5 Es spielten Sternenhände vier
– Die Mondfrau sang im Boote –
Nun tanzen die Ratten im Geklirr.
Zerbrochen ist die Klaviatür...
Ich beweine die blaue Tote.

10 Ach liebe Engel öffnet mir
– Ich aß vom bitteren Brote –
Mir lebend schon die Himmelstür –
Auch wider dem Verbote.

Gottfried Benn

Gottfried Benn (1886-1956), Sohn eines Pfarrers, sollte eigentlich Theologie studieren, studierte aber von 1905 bis 1912 in Berlin Medizin. Er wurde Facharzt für Haut- und Geschlechtskrankheiten. Aber schon 1912 erschien sein erster Gedichtband *Morgue und andere Gedichte*, 1913 *Söhne* und 1917 *Fleisch*, wodurch er schlagartig bekannt wurde. In den zwanziger Jahren nam er vor allem mit Essays er an der Literaturdebatte teil.

Bestimmend wurde für ihn die Spannung zwischen seinem Arztberuf und seiner Dichterexistenz. Er war durch seine Erfahrung als Arzt desillusioniert. Er teilte das Pathos der 'Menschheitserneuerung' anderer Expressionisten nicht. In seinen Gedichten verwendet er den medizinischen Fachjargon, um seinen Zynismus über die Hohlheit der Gegenwart zum Ausdruck zu bringen. In seinem Gedicht *Nachtcafé* werden die Menschen auf Dinge oder Krankheiten reduziert. Damit werden die erhabenen menschlichen Ansprüche und Selbsteinschätzungen in Zweifel gezogen.

▽ *Otto Dix, 'Großstadt' (1927-1928). Teil des Tryptichons*

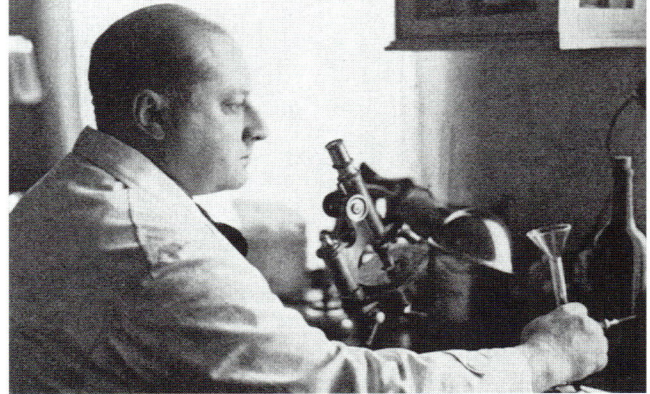

△ *Gottfried Benn in seiner Arztpraxis*

Nachtcafé

824: Der Frauen Liebe und Leben.
Das Cello trinkt rasch mal. Die Flöte
rülpst tief drei Takte lang: das schöne Abendbrot.
Die Trommel liest den Kriminalroman zu Ende.

5 Grüne Zähne, Pickel im Gesicht
winkt einer Lidrandentzündung.

Fett im Haar
spricht zu offenem Mund mit Rachenmandel
Glaube Liebe Hoffnung um den Hals.

10 Junger Kropf ist Sattelnase gut.
Er bezahlt für sie drei Biere.

Bartflechte kauft Nelken,
Doppelkinn zu erweichen.

B-moll: die 35. Sonate.
15 Zwei Augen brüllen auf:
Spritzt nicht das Blut von Chopin in den Saal,
damit das Pack drauf rumlatscht!
Schluß! He, Gigi! –

Die Tür fließt hin: Ein Weib.
20 Wüste ausgedörrt. Kanaanitisch braun.
Keusch. Höhlenreich. Ein Duft kommt mit.
Kaum Duft.
Es ist nur eine süße Vorwölbung der Luft
gegen mein Gehirn.

25 Eine Fettleibigkeit trippelt hinterher.

Gehirne

In Benns Novellen *Gehirne* (1916) geht es um einen Arzt mit Namen Rönne. Es handelt sich jedoch nicht um ein Individuum mit seinem persönlichen Schicksal, sondern um einen Typ. An ihm demonstriert Benn die Problematik des Wirklichkeitszerfalls und der Zerrissenheit, in die der Mensch gelangen kann. Es ist jedoch keine medizinische Analyse, sondern die dichterische Gestaltung der problematisch gewordenen Identität des Menschen. Es fällt Rönne immer schwerer, alle Eindrücke von außen zu koordinieren. Er will sich ein Buch kaufen, um seine Eindrücke festzuhalten.

> Rönne, ein junger Arzt, der früher viel seziert hatte, fuhr durch Süddeutschland dem Norden zu. Er hatte die letzten Monate tatenlos verbracht; er war zwei Jahre lang an einem pathologischen Institut angestellt gewesen, das
> 5 bedeutet, es waren ungefähr zweitausend Leichen ohne Besinnen durch seine Hände gegangen, und das hatte ihn in einer merkwürdigen und ungeklärten Weise erschöpft. Jetzt saß er auf einem Eckplatz und sah in die Fahrt: es geht also durch Weinland, besprach er sich, ziemlich fla-
> 10 ches, vorbei an Scharlachfeldern, die rauchen von Mohn. Es ist nicht allzu heiß; ein Blau flutet durch den Himmel, feucht und aufgeweht von Ufern; an Rosen ist jedes Haus gelehnt, und manches ganz versunken. Ich will mir ein Buch kaufen und einen Stift; ich will mir jetzt mög-
> 15 lichst viel aufschreiben, damit nicht alles herunterfließt. So viele Jahre lebte ich, und alles ist versunken. Als ich anfing, blieb es bei mir? Ich weiß es nicht mehr. Dann lagen in vielen Tunneln die Augen auf dem Sprung, das Licht wieder aufzufangen; Männer arbeite-
> 20 ten im Heu; Brücken aus Holz, Brücken aus Stein; eine Stadt und ein Wagen über Berge vor ein Haus. Veranden, Hallen und Remisen, auf der Höhe eines Gebirges, in einen Wald gebaut – hier wollte Rönne den Chefarzt ein paar Wochen vertreten. Das Leben ist so allmächtig,
> 25 dachte er, diese Hand wird es nicht unterwühlen können, und sah seine Rechte an. Im Gelände war niemand außer Angestellten und Kranken; die Anstalt lag hoch; Rönne war feierlich zu Mute; umleuch tet von seiner Einsamkeit besprach er mit den
> 30 Schwestern die dienstlichen Angelegenheiten fern und kühl.

> Er überließ ihnen alles zu tun: das Herumdrehen der Hebel, das Befestigen der Lampen, den Antrieb der Motore, mit einem Spiegel dies und jenes zu beleuchten
> 35 – es tat ihm wohl, die Wissenschaft in eine Reihe von Handgriffen aufgelöst zu sehen, die gröberen eines Schmiedes, die feineren eines Uhrmachers wert. [...] Es war in der Anstalt üblich, die Aussichtslosen unter Verschleierung dieses Tatbestandes in ihre Familien zu
> 40 entlassen wegen der Schreibereien und des Schmutzes, den der Tod mit sich bringt. Auf einen solchen trat Rönne zu, besah ihn sich: die künstliche Öffnung auf der Vorderseite, den durchgelegenen Rücken, dazwischen etwas mürbes Fleisch; beglückwünschte ihn zu der
> 45 gelungenen Kur und sah ihm nach, wie er von dannen trottete. Er wird nun nach Hause gehen, dachte Rönne, die Schmerzen als eine lästige Begleiterscheinung der Genesung empfinden, unter den Begriff der Erneuerung treten, den Sohn anweisen, die Tochter heranbilden, den
> 50 Bürger hochhalten, die Allgemeinvorstellung des Nachbars auf sich nehmen, bis die Nacht kommt mit dem Blut im Hals. Wer glaubt, daß man mit Worten lügen könne, könnte meinen, daß es hier geschähe. Aber wenn ich mit Worten lügen könnte, wäre ich wohl nicht hier.
> 55 Überall wohin ich sehe, bedarf es eines Wortes, um zu leben. Hätte ich doch gelogen, als ich zu diesem sagte: Glück auf!

Diese radikale Wertzertrümmerung sieht Benn in der Philosophie Nietzsches bestätigt. Er will in den folgenden Jahren dem herrschenden Nihilismus etwas Neues entgegensetzen: die schöpferische Lust, geboren aus der Sprache. Die Form ist primär, nicht der Inhalt. Kunst ist in erster Linie Ausdruckskunst. Die Worte, insbesondere die Substantive, sind für Benn 'das letzte Mysterium'.

1933 glaubt er, daß die nationalsozialistische Bewegung eine Erneuerung der Lebensverhältnisse zustande bringen könnte. Er muß jedoch bald seinen Irrtum einsehen, daß er unter Erneuerung etwas anderes versteht als diese machtbesessene Partei. 1938 erhielt er Schreibverbot. Erst nach dem Zweiten Weltkrieg wurden seine im Krieg geschriebenen Gedichte bekannt. Sie hatten großen Einfluß auf die sich im Nachkriegsdeutschland entwickelnde Lyrik.

Das Drama des Expressionismus

Neben der Lyrik hat der Expressionismus im Drama seinen adäquaten Ausdruck gefunden. Auch hier stehen die Themen des Aufbruchs und der Wandlung im Mittelpunkt. Durch den Weltkrieg verlagert sich das Interesse immer mehr auf soziale und politische Probleme. Die meisten Dichter nehmen eine pazifistische Grundhaltung an und engagieren sich für revolutionäre Ideen.

Walter Hasenclever (1890-1940) hat in seinem Drama *Der Sohn* (1914) den Generationskonflikt dargestellt. Der Sohn empört sich gegen den strengen und allein auf gesellschaftlichen Erfolg gerichteten Vater. Die menschlichen Beziehungen drohen dabei völlig verlorenzugehen. Die Hauptfigur ist der Sohn, er bestimmt den Gang der Handlung. Dargestellt wird seine Wandlung vom Jüngling zum selbstverantwortlichen Mann. Von seiner Perspektive aus werden die anderen Figuren gesehen. Daher herrscht der Monolog vor. Auf die naturalistische Darstellung des Milieus und die psychologische Ausgestaltung der Figuren wird verzichtet. Charakteristisch ist die pathetische Sprache, sie sollte den Zuschauer mitreißen. Postulat war: die Wandlung der Welt durch die Wandlung des Menschen.

Ernst Toller (1893-1939) hat diesen Grundgedanken am konsequentesten vorgelebt. In Samotschin in Polen geboren, studierte er in Grenoble, aber 1914 kam er nach Deutschland zurück, um sich freiwillig zum Kriegsdienst zu melden. Durch die furchtbaren Erlebnisse im Krieg wurde er zum Kriegsgegner. Das hat er in seinem ersten dramatischen Werk *Wandlung* (1919) dargestellt.

Er vertrat einen ethischen Sozialismus, der an die Menschlichkeit des Menschen appellierte. Diesen wollte er auch in die Praxis umsetzen. Er schloß sich der revolutionären Bewegung nach 1918 an und wurde während der 'Bayerischen Räterepublik' (1919) Oberkommandierender der Roten Garde. Die Räterepublik war der Versuch, einen sozialistischen Staat zu errichten. Dabei sollte das Parlament nicht von oben her verordnen, was zu geschehen hat, sondern es sollte koordinieren, was die gewählten Arbeiterräte vorschlugen und beschlossen hatten. Toller versuchte auch hier sein Ideal der Gewaltlosigkeit aufrechtzuerhalten. So verhinderte er Geiselerschießungen. Nach der Niederwerfung der Räterepublik wurde er zu fünf Jahren Festungshaft verurteilt.

▽▽▽ *Eugen Spiro, 'Ernst Toller' (1930)*
▽▽ *Steckbrief Ernst Toller vom 15. Mai 1919*
▽ *Max Beckmann, 'Abfahrt' (1932-1935). Teil des Tryptichons*

△ *Auguste Rodin, 'Die Bürger von Calais' (1884-1888)*

Toller bezweifelte, ob der Mensch wirklich verändert werden könne, ob nicht seine angeborene Herzensträgheit,
sein Dünkel und seine Selbstgerechtigkeit das verhindern.
·In dem Drama *Hinkemann* (1923) bringt er seine Resignation zum Ausdruck. Hinkemann ist ein entmannter
Kriegsinvalide, der an der Rücksichtslosigkeit seiner Mitmenschen und an der scheinbaren Herzlosigkeit und
Untreue seiner Frau zugrunde geht. Toller stellt hier das
menschliche und soziale Problem am Einzelschicksal dar.
Die Stücke *Masse-Mensch* (1920) und *Hoppla, wir leben*
(1927) haben die Konflikte innerhalb der proletarischen
Bewegung zum Thema. In *Masse-Mensch* verbindet sich
eine bürgerliche Frau mit dem Proletariat und tritt für die
Befreiung aller Menschen ein. Sie ruft die Massen zum
Streik auf, bessere Zustände zu erzwingen. Sie will sie
ohne Gewalt erreichen, denn Gewalt erzeugt nur immer
neue Gewalt. Ihr gegenüber steht der 'Namenlose' als
Vertreter der gewaltsamen Revolution. Der Aufstand wird
niedergeschlagen und sie wird verhaftet. Für ihr Ideal
einer gewaltlosen Revolution geht sie in den Tod. Charakteristisch für dieses expressionistische Drama ist die
Abwechslung von realistischen Szenen und Traumbildern.

Toller emigrierte 1933 über die Schweiz, Frankreich und
England in die USA. Er kam mit seinem Leben dort nicht-
zurecht und beging in einem New Yorker Hotel Selbstmord.

Georg Kaiser (1878-1945) war neben Gerhard Hauptmann
vor 1933 der bekannteste Bühnenautor Deutschlands. Er
hat beinahe siebzig Theaterstücke verfaßt. Mit einem
beklemmenden Beobachtungsvermögen hat er die
moderne Industrie- und Massengesellschaft analysiert. In
dem Stück *Von morgens bis mitternachts* (1916) stellt er
einen Bankangestellten dar, der eine Geldsumme entwen-
det, um seinem langweiligen Leben zu entfliehen. Er will
sich gleichsam ein anderes Leben erkaufen. Doch alle
Versuche scheitern. Der äußerliche Glanz erweist sich als
Trugbild. Selbstmord ist das Ende.

Auch Kaiser ist davon überzeugt, daß nur vom Einzelnen
her und seiner Opferbereitschaft die Menschheit zu verändern ist. Die Menschen müssen ein neues Bewußtsein
gegenüber der Gemeinschaft entwickeln. Das ist das
Thema seines Stückes: *Die Bürger von Calais* (1912-1913).
Angeregt durch August Rodins Skulptur *Die Bürger von
Calais* gestaltet Kaiser die Kapitulation der Stadt Calais
im Hundertjährigen Krieg zwischen England und Frankreich (1339-1453). Der englische König bietet der belagerten Stadt an, sie zu verschonen, wenn sich sechs angesehene Bürger als Opfer den Engländern ausliefern würden.
Da weiterer bewaffneter Widerstand sinnlos ist, überzeugt der angesehene Eustache Saint-Pierre die Bürger
davon, das Angebot anzunehmen. Es melden sich aber
sieben Bürger. Das Los soll entscheiden. Alle ziehen eine
blaue Kugel. Eustache schlägt vor, daß man am nächsten
Morgen beim ersten Glockenschlag aufbrechen und sich
auf dem Marktplatz versammeln soll. Wer zuletzt kommt,
soll frei sein. Sechs Bürger kommen, Eustache ist der
noch fehlende. Da wird er auf einer Bahre tot herbeige-
tragen. Durch seinen Freitod hat er die Entscheidung,
wer sich nicht zu opfern braucht, den anderen abgenommen. Da in der Nacht dem englischen König ein Sohn
geboren wurde, begnadigt er die todgeweihten Bürger.
Mit seinem Opfer hat Eustache die anderen zur Opferbereitschaft und damit zum inneren Wandel gebracht.

Nach dem Machtantritt Hitlers 1933 wurden die Werke
dieser drei Dramatiker verboten. Sie mußten ins Exil
gehen. Wie Ernst Toller beging auch Walter Hasenclever
Selbstmord. Georg Kaiser starb völlig vereinsamt und vergessen in der Schweiz.

Dadaismus

Der Dadaismus entwickelte sich aus dem Expressionismus, setzte sich aber zugleich auch von ihm ab. Er war eine noch radikalere Form der Destruktion traditioneller Kunstauffassungen.

Es begann 1916 in Zürich. Hugo Ball (1886-1927) war als Kriegsgegner aus Deutschland in die Schweiz emigriert. Er gründete in Zürich das 'Cabaret Voltaire'. In ihm trat eine Gruppe junger Künstler auf, die Texte rezitierten, mit denen sie das Publikum provozierten. Sie trugen daher keine am Schreibtisch verfaßte Literatur, sondern in spontanen Aktionen entstandene Texte vor. Auf diese Weise entstanden 'Verse ohne Worte', sogenannte Lautgedichte. Sie waren ein Protest gegen die den Krieg verherrlichende und dadurch korrumpierte Sprache. Das Sprachmaterial wurde ganz willkürlich verwendet und völlig unlogisch zusammengefügt. Die Absicht war, eine Schockwirkung zu erzielen. Auf diese Weise entstand die 'Montage'. Man versteht darunter einen Text oder ein Kunstwerk, das aus unterschiedlichen Elementen zusammengesetzt ist, wobei der Zufall eine große Rolle spielt.

Eine andere Form der Provokation war das 'Simultangedicht'. Mehrere Sprecher trugen zugleich verschiedene Texte vor, wodurch neue, meist völlig unsinnige Wortkombinationen entstanden. Es ging um Wortspiele ohne eine beabsichtigte Bedeutung.

Der bedeutendste und zugleich vielseitigste Dadaist in Zürich war Hans Arp (1887-1966), Bildhauer, Maler und Dichter in einer Person. Er erhielt seine Ausbildung als Künstler in Straßburg, Weimar und Paris. 1916-1926 wohnte er in Zürich, danach vorwiegend in Frankreich. 1920 erschienen seine Gedichtsammlungen *Der Vogel Selbdritt* und *Die Wolkenpumpe*, 1924 Der *Pyramidenrock* und 1930 *Weißt du schwarzt du*. Er löst die Wörter aus ihrem gewohnten Bedeutungszusammenhang. Wörter und Sprachbilder werden mit spielerischem Humor, aber ohne reflektierendes Denken assoziativ aneinander gefügt. Dadurch wird die Phantasie des Lesers in Gang gesetzt. So ist das folgende Gedicht: *kaspar ist tot* im Grunde ein Trauergesang.

KARAWANE

jolifanto bambla ô falli bambla
grossiga m'pfa habla horem
égiga goramen
higo bloiko russula huju
hollaka hollala
anlogo bung
blago bung
blago bung
bosso fataka
ü üü ü
schampa wulla wussa ólobo
hej tatta gôrem
eschige zunbada
wulubu ssubudu uluw ssubudu
tumba ba- umf
kusagauma
ba - umf

(1917)
Hugo Ball

L.H.O.O.Q.

kaspar ist tot

weh unser guter kaspar ist tot.

wer verbirgt nun die brennende fahne im wolkenzopf und schlägt täglich ein schwarzes schnippchen.

wer dreht nun die kaffeemühle im urfaß.

5 wer lockt nun das idyllische reh aus der versteinerten tüte.

wer schneuzt nun die schiffe parapluis windeuter bienenväter ozonspindeln und entgrätet die pyramiden.

weh weh weh unser guter kaspar ist tot. heiliger bim
10 bam kaspar ist tot.

die heufische klappern herzzerreißend vor leid in den glockenscheunen wenn man seinen Vornamen ausspricht. darum seufze ich weiter seinen familiennamen kaspar kaspar kaspar.

15 warum hast du uns verlassen. in welche gestalt ist nun deine schöne große seele gewandert. bist du ein stern geworden oder eine kette aus wasser an einem heißen wirbelwind oder ein euter aus schwarzem licht oder ein durchsichtiger ziegel an der stöhnenden trom-
20 mel des felsigen wesens.

jetzt vertrocknen unsere scheitel und sohlen und die feen liegen halbverkohlt auf dem scheiterhaufen.

jetzt donnert hinter der sonne die schwarze kegelbahn und keiner zieht mehr die kompasse und die räder der
25 schiebkarren auf.

wer ißt nun mit der phosphoreszierenden ratte am einsamen barfüßigen tisch.

wer verjagt nun den sirokkokoteufel wenn er die pferde verführen will.

30 wer erklärt uns nun die monogramme in den sternen.

seine büste wird die kamine aller wahrhaft edlen menschen zieren doch ist das kein trost und schnupftabak für einen totenkopf.

△ *Kurt Schwitters, 'Das Kreisen' (1919)*
◁◁◁ *Hugo Ball, 'Karawane', Lautgedicht (1920)*
◁◁ *Marcel Duchamps, 'L.H.O.O.Q' (1919). Unter Verwendung des Gemäldes der Mona Lisa von Leonardo da Vinci*

Ein anderes Zentrum der DADA-Bewegung entstand am Ende des Weltkrieges in Berlin. Es war stärker politisch orientiert und unterstützte die Revolution von 1918. Führende Köpfe waren Raoul Hausmann (1886-1972), der Maler George Grosz (1893-1959) und Wieland Herzfelde (1886-1988). Grosz und Herzfelde gaben die Zeitschrift *Die Pleite* (1919) heraus. In dem *Pamphlet gegen die Weimarische Lebensauffassung* schreibt Hausmann:

> Ich verkünde die dadaistische Welt!
> Ich verlache Wissenschaft und Kultur, diese elenden Sicherungen einer zum Tode verurteilten Gesellschaft.
> [...]
> Warum ist es besser, Kaufmann zu sein als Dichter? Der
> 5 Kaufmann betrügt offenkundig, und nur andere: dies ist nach dem Kodex des Bürgers gerechtfertigt. Der Dichter betrügt sich selbst, wenn er für alle spricht, und ist dadurch gerichtet, von der überrealen Welt abgeschnitten.

Unabhängig von Zürich und Berlin entwickelte der Maler und Dichter Kurt Schwitters (1887-1948) in Hannover seine Kunstauffassung, die er jedoch nicht DADA, sondern Merz-Kunst nannte. Merz war abgeleitet von 'Kommerz' (Handel und Verkehr). Seine Merzbilder sind Collagen, die aus allerlei Materialien wie Papier, Holz, Stoffresten usw. zusammengeklebt und genagelt sind. In seinen Gedichten montierte er Worte und Laute auf ähnliche Weise. Sein bekanntestes Gedicht ist: *An Anna Blume.*

An Anna Blume

Oh du, Geliebte meiner siebenundzwanzig Sinne, ich liebe dir! – Du deiner dich dir, ich dir, du mir. – Wir?
Das gehört (beiläufig) nicht hierher.
Wer bist du, ungezähltes Frauenzimmer? Du bist – –
5 bist du? Die Leute sagen, du wärest, – laß sie sagen, sie wissen nicht, wie der Kirchturm steht.
Du trägst den Hut auf deinen Füßen und wanderst auf die Hände, auf den Händen wanderst du.
Hallo, deine roten Kleider, in weißen Falten zersägt. Rot
10 lieb ich Anna Blume, rot lieb ich dir! – Du deiner dich dir, ich dir, du mir. – Wir?
Das gehört (beiläufig) in die kalte Glut.
Rote Blume, rote Anna Blume, wie sagen die Leute?
Preisfrage: 1.) Anna Blume hat ein Vogel.
15   2.) Anna Blume ist rot.
         3.) Welche Farbe hat der Vogel?
Blau ist die Farbe deines gelben Haares.
Rot ist das Girren deines grünen Vogels.
Du schlichtes Mädchen im Alltagskleid, du liebes grünes
20 Tier, ich liebe dir! – Du deiner dich dir, ich dir, du mir, – Wir?
Das gehört (beiläufig) in die Glutenkiste.
Anna Blume! Anna, a-n-n-a, ich träufle deinen Namen.
Dein Name tropft wie weiches Rindertalg.
25 Weißt du es, Anna, weißt du es schon?
Man kann dich auch von hinten lesen, und du, du Herrlichste von allen, du bist von hinten wie von vorne: «a-n-n-a».
Rindertalg träufelt streicheln über meinen Rücken.
30 Anna Blume, du tropfes Tier, ich liebe dir!

7 Von Weimar bis Bonn

Die Weimarer Republik (1919-1930) war die erste parlamentarische Demokratie in Deutschland. Die Nationalversammlung in Weimar wählte als Reichspräsidenten den Sozialdemokraten Friedrich Ebert (1919-1925). Die harten Bedingungen des Versailler Vertrages gefährdeten die neue Demokratie

Zwischen 1923 und 1929 kam es zur politischen Beruhigung. In den 'Goldenen Zwanziger Jahren' erlebte Berlin eine kulturelle Blüte. Der neue Reichspräsident Paul von Hindenburg (1925-1934), die Reichswehr und große Teile des Bürgertums waren antidemokratisch.

Die Massenarbeitslosigkeit nach der Weltwirtschaftskrise 1929 trieb die Wähler in die Arme der 'Nationalsozialistischen Deutschen Arbeiterpartei' (NSDAP). Deren Führer Adolf Hitler konnte als Reichskanzler auf legale Weise die Macht übernehmen (1933-1945). 1938 wurde Österreich dem Deutschen Reich eingegliedert. Hitler machte sich und seine Partei zum Alleinherrscher in Deutschland. Seine antisemitische Politik führte zum 'Holocaust', der systematischen Vernichtung des europäischen Judentums. Die Namen der Konzentrationslager Auschwitz, Treblinka, Maidanek stehen für das schrecklichste Verbrechen der Geschichte.

Im Zweiten Weltkrieg (1939-1945) überfielen und besetzten deutsche Truppen fast alle europäischen Länder. Erst die Gegenoffensive der Sowjetunion und das gemeinsame Vorgehen englischer und amerikanischer Truppen erzwangen die Kapitulation Deutschlands. Im Potsdamer Abkommen (1945) wurde Deutschland (und Berlin) in vier Besatzungszonen aufgeteilt. Auch Österreich wurde besetzt und von Deutschland getrennt. Die Siegermächte versuchten eine Entnazifizierung und Umerziehung des deutschen Volkes. 1949 entstanden aus den drei Westzonen die Bundesrepublik Deutschland und aus der Ostzone die Deutsche Demokratische Republik.

◁◁ *George Grosz, 'Die Stützen der Gesellschaft' (1926). In diesem Bild kommt das Grundproblem der Weimarer Republik zum Ausdruck: es war eine 'Republik ohne Republikaner'*

Die Literatur von 1918 bis 1950

Die Literatur nach 1918 wird nicht mehr nur durch Stil-
begriffe, sondern vor allem durch politische Ereignisse
bestimmt. Das bedeutet, daß die Schriftsteller dieser Zeit
an den politischen Ereignissen beteiligt sind oder von
ihnen betroffen werden.

Der neu entstandenen Republik gegenüber verhielten
sich die konservativen Schriftsteller weitgehend ableh-
nend, während den radikalen Linken die Revolution
nicht weit genug gegangen war. Es bildeten sich nun
allerlei Schriftstellerverbände. Der *Schutzverband Deutscher Schriftsteller* (SDS) wollte die Interessen der Schriftsteller vertreten und der PEN-Club (Abkürzung von 'poets,
essayists, novelists') wollte die internationalen Beziehungen zwischen den Schriftstellern fördern. Auch wurde der
Versuch unternommen, eine revolutionär-sozialistische
Literatur zu entwickeln. Eine Reihe von Schriftstellern
schloß sich im *Bund Proletarisch-Revolutionärer Schriftsteller* (BPRS) zusammen. Eine Gruppe liberaler Schriftsteller, die die Republik verteidigten, fand sich in der *Preußischen Akademie der Künste* zusammen. Innerhalb dieser
Gruppierungen und zwischen ihnen entstanden viele
Literaturdebatten, die sich vor allem in Zeitschriften
abspielten.

Große literarische Leistungen wurden auf dem Gebiet des
Romans (Franz Kafka, Thomas Mann, Alfred Döblin,
Robert Musil) und des Theaters (Bertolt Brecht) erzielt.
Gemeinsam ist ihnen die Abwendung vom Pathos des
Expressionismus. Eine gewisse Nüchternheit läßt sich
feststellen, so daß man von *Neuer Sachlichkeit* gesprochen
hat. Charakteristisch ist bei der Darstellung der zeit-
genössischen Realität eine kühle Distanz zu den Ereignis-
sen; die Texte nehmen geradezu den Charakter von
Reportagen an. Auffällig ist auch die Passivität der Helden.

Als Hitler und seine Partei 1933 an die Macht kamen,
änderte sich die Situation schlagartig. Die Nationalsozialisten verwendeten die staatliche Gewalt zur Ausschaltung
ihrer Gegner. Das waren vor allem Sozialisten, Kommunisten und Juden. Die Verfolgung begann mit der Bücherverbrennung im Mai 1933. Durch die Errichtung der

△ Otto Dix, 'Meine Eltern' (1924)
▷▷ *Katalog der Ausstellung 'Entartete Kunst' mit der Abbildung einer
Negerplastik von Otto Freundlich*

'Reichsschrifttumskammer' im September war die 'Gleich-
schaltung' der Schriftsteller abgeschlossen. Jeder, der in
Deutschland veröffentlichen wollte, mußte Mitglied der
Reichsschrifttumskammer sein. Juden waren grundsätz-
lich ausgeschlossen. Mit diesen Maßnamen war es mög-
lich, das gesamte literarische Leben in Deutschland zu
kontrollieren. Für alle nicht genehmen Künstler und
Schriftsteller bedeutete das praktisch Berufsverbot. Die
Folge war, daß mehr als zweitausend Schriftsteller und
Journalisten Deutschland verlassen mußten.

▷▷ *Adolf Wissel, 'Kahlenberger Bauernfamilie'. Gemälde aus dem
'Dritten Reich'*
▽ *Die Bücherverbrennung am 10. Mai 1933 vor der Berliner Staatsoper*

'Entartete Kunst' gezeigt. Viele wurden gegen Devisen an das Ausland verkauft. Große Werke sind weder auf dem Gebiet der Literatur noch auf dem der bildenden Kunst auf Grund der NS-Ideologie entstanden.

Bei den bestehenden Kontrollmaßnahmen war eine oppositionelle Literatur in Deutschland damals völlig ausgeschlossen. Allerdings gab es eine neutrale nicht-nationalsozialistische Literatur. Sie war keine Widerstandsliteratur, verweigerte sich aber, meist auf Grund einer religiösen Überzeugung, der NS-Ideologie (z.B. Werner Bergengruen, Reinhold Schneider, Jochen Klepper). Nach 1945 wurde diese Literatur als *innere Emigration* bezeichnet. Ihre Bedeutung ist jedoch zwiespältig, sie entsprach zwar nicht der NS-Ideologie, wurde aber gerade dadurch von den NS-Machthabern mißbraucht. Sie sollte zeigen, wie liberal die NS-Literaturpolitik sei, daß derartige Bücher erscheinen durften. Es handelt sich dabei meistens um Romane, die in einer realistischen und traditionalistischen Erzählweise geschrieben sind und wenig Neues zu bieten haben.

Die wichtigste deutsche Literatur wurde jedoch nach 1933 außerhalb Deutschlands veröffentlicht. Die *Exilliteratur* ist keine einheitliche Literatur. Verbunden waren diese Schriftsteller nur durch die Flucht vor den existenzbedrohenden Maßnahmen des NS-Regimes. Die Unterschiede und Interessen der verschiedenen Guppierungen waren zu groß, um eine Einheitsfront gegen den Nationalsozialismus bilden zu können. Aber gerade ihre Vielfalt demonstriert auch ihre Bedeutung.

Nach dem Zusammenbruch Deutschlands 1945 entwickelte sich nur langsam eine eigenständige deutsche Literatur. Zunächst versuchte man über die Grenzen der vier Besatzungszonen an einer einheitlichen deutschen Literatur festzuhalten. Doch das scheiterte an den Gegensätzen zwischen Ost und West im Kalten Krieg. Viele linke Exilschriftsteller gingen in die Sowjetzone, während im Westen die Exilschriftsteller zunächst ignoriert wurden. Neben internationalen Schriftstellern waren es vor allem die der inneren Emigration, die hier gelesen wurden. Erst durch die Gründung der zwei deutschen Staaten kam es auch zur Entwicklung von zwei deutschen Literaturen.

Von der neuen Regierung wurde die um die Jahrhundertwende entstandene nationalistische und rassistische Heimatliteratur gefördert. Das einfache und natürliche Leben auf dem Lande im Gegensatz zur Großstadt wurde in reaktionären Bauernromanen verherrlicht. Eine weitere beliebte Gattung waren die chauvinistischen Kriegsromane. Bekämpft wurde ebenfalls die moderne Kunst, die als 'entartet' und 'undeutsch' bezeichnet wurde. Darunter verstand man alle Kunstwerke, die etwa seit 1910 aus einer modernen Kunstüberzeugung entstanden waren und nicht der Propagandakunst des Dritten Reiches entsprachen. Diese Kunstwerke wurden aus den Museen entfernt und zum Teil 1937 in der Ausstellung

Franz Kafka

'Kafkaesk' nennen wir unheimliche Situationen, alp-
traumhafte Bilder und undurchschaubare Machtapparate,
denen der Einzelne hilflos gegenübersteht. Franz Kafka
(1883-1924) hat in seinen Romanen und Erzählungen eine
Bilderwelt entfaltet, die beängstigend, undurchdringlich
und zugleich eigenartig schön erscheint. Er beschreibt
darin in der Form von Gleichnissen die Lage des Menschen im 20. Jahrhundert.

◁ *Das letzte Photo von
Kafka (1923-1924)*
▷▷ *Brief Kafkas an seine
Freundin Felice vom
15. September 1913*

Das 19. Jahrhundert hatte den Verlust einer einheitlichen
Weltanschauung mit sich gebracht. Jetzt stieß die Frage
nach Wahrheit auf das Absurde der menschlichen Existenz.
In Kafkas Werk ist der einzelne Mensch vereinsamt und
der Bedrohung durch unfaßbare Mächte ausgeliefert:
Technik, Terror, Gesetz, Bürokratie. So findet sich
Gregor Samsa, die Hauptfigur der Erzählung *Die Ver-
wandlung* (1915), eines Morgens als riesiger Käfer in seinem
Bett wieder. Diese 'Verwandlung' ist ein Gleichnis für
völlige soziale Isolierung.

Die Verwandlung

Gregor Samsa ist Reisender. Er haßt seinen Beruf, aber er
muß Vater, Mutter und Schwester ernähren. Diese verhalten sich passiv und lassen ihn für sich arbeiten. Die Verwandlung Gregors in einen Käfer macht ihn als Ernährer
untauglich. Statt Liebe und Mitleid erfährt er Ablehnung
und Aggression. Sein Vater bewirft ihn mit Äpfeln und
verwundet ihn schwer. Man nimmt Gregor seine persönlichen Gegenstände und Möbel fort. Schließlich stirbt er.

In dem Roman *Der Prozeß* (1925) muß sich der Roman-
held K. vor einem Gericht verantworten. Den Grund der
Anklage erfährt er bis zum Schluß nicht. Und im letzten
Roman Kafkas, *Das Schloß* (1926), soll die Hauptfigur,
wiederum K., einen Auftrag als Landvermesser durchfüh-
ren, aber es ist ihm unmöglich, das Schloß seines Auftrag-
gebers zu erreichen.

Kafkas Romanfiguren werden vor eine Aufgabe gestellt. Sie
müssen sich in der gesellschaftlichen Wirklichkeit orien-
tieren und scheitern dabei. Der Grund ihres Scheitern

liegt sowohl in der Undurchdringlichkeit der Wirklichkeit als auch in menschlichen Fehlern und Schwächen.

Auch Kafkas eigenes Leben hatte etwas Kafkaeskes: er
arbeitete als Jurist bei der Prager 'Arbeiter-Unfall-Versi-
cherungs-Anstalt für das Königreich Böhmen'. Aber
abends und nachts schrieb er. Das war für ihn seine
eigentliche Existenz. Seine Heimatstadt Prag hat er nur
selten verlassen. Prag gehörte bis zum Ende des Ersten
Weltkriegs zur kaiserlichen und königlichen österreichischen Doppelmonarchie. Es war ein blühendes Kultur-
zentrum Mitteleuropas. Schon in Kafkas Jugend kündig-
ten sich jedoch die Auseinandersetzungen zwischen
Tschechen und Deutschen an (um 1900 sprachen von den
450 000 Einwohnern Prags 34 000 Deutsch). Franz Kafka
wuchs im deutsch-jüdischen Getto auf. Die verwinkelten
Gassen der Prager Altstadt und die Häuser, in denen er
gewohnt hat, sind durch die Kriege hindurch unzerstört
erhalten geblieben.

Die Nationalsozialisten verboten nach 1933 Kafkas Werke
und vernichteten während der deutschen Besatzungszeit
viele Dokumente seines Lebens. Seine Schwestern wurden in Auschwitz ermordet.

Das bürgerlich-normale Leben als Beamter hat Kafka
gehaßt. Sein 'einziges Verlangen', das Schreiben, sah er
auch durch die tiefe Beziehung zu einer Frau gefährdet.
Dreimal löste er eine eingegangene Verlobung wieder auf.
Die Briefwechsel und Tagebücher, in denen er sein Leiden
an sich selbst und die Entwürfe zu seinen Erzählungen
formuliert hat, sind erhalten geblieben. Sein Freund Max
Brod gab die erste Gesamtausgabe seiner Werke heraus.

Vor dem Gesetz

Vor dem Gesetz steht ein Türhüter, zu diesem Türhüter kommt ein Mann vom Lande und bittet um Eintritt in das Gesetz. Aber der Türhüter sagt, daß er ihm jetzt den Eintritt nicht gewähren könne. Der Mann überlegt und
5 fragt dann, ob er also später werde eintreten dürfen. 'Es ist möglich,' sagt der Türhüter, 'jetzt aber nicht.' Da das Tor zum Gesetz offensteht wie immer und der Türhüter beiseitetritt, bückt sich der Mann, um durch das Tor in das Innere zu sehn. Als der Türhüter das merkt, lacht er
10 und sagt: 'Wenn es dich so lockt, versuche es doch, trotz meines Verbotes hineinzugehn. Merke aber: Ich bin mächtig. Und ich bin nur der unterste Türhüter. Von Saal zu Saal stehn aber Türhüter, einer mächtiger als der andere. Schon den Anblick des dritten kann nicht ein-
15 mal ich mehr ertragen.' Solche Schwierigkeiten hat der Mann vom Lande nicht erwartet; das Gesetz soll doch jedem und immer zugänglich sein, denkt er, aber als er jetzt den Türhüter in seinem Pelzmantel genauer an- sieht, seine große Spitznase, den langen, dünnen, schwar-
20 zen tatarischen Bart, entschließt er sich, doch lieber zu warten, bis er die Erlaubnis zum Eintritt bekommt.

Der Türhüter gibt ihm einen Schemel und läßt ihn seit- wärts von der Tür sich niedersetzen. Dort sitzt er Tage und Jahre. Er macht viele Versuche, eingelassen zu wer-
25 den, und ermüdet den Türhüter durch seine Bitten. Der Türhüter stellt öfters kleine Verhöre mit ihm an, fragt ihn über seine Heimat aus und nach vielem andern, es sind aber teilnahmslose Fragen, wie sie große Herren stellen, und zum Schlusse sagt er ihm immer wieder, daß
30 er ihn nicht einlassen könne. Der Mann, der sich für die Reise mit vielem ausgerüstet hat, verwendet alles, und sei es noch so wertvoll, um den Türhüter zu bestechen. Dieser nimmt zwar alles an, aber sagt dabei: 'Ich nehme es nur an, damit du nicht glaubst, etwas versäumt zu
35 haben.' Während der vielen Jahre beobachtet der Mann den Türhüter fast ununterbrochen. Er vergißt die andern Türhüter, und dieser erste scheint ihm das einzi- ge Hindernis für den Eintritt in das Gesetz. Er verflucht den unglücklichen Zufall, in den ersten Jahren rück-
40 sichtslos und laut, später, als er alt wird, brummt er nur noch vor sich hin. Er wird kindisch, und, da er in dem jahrelangen Studium des Türhüters auch die Flöhe in seinem Pelzkragen erkannt hat, bittet er auch die Flöhe, ihm zu helfen und den Türhüter umzustimmen.
45 Schließlich wird sein Augenlicht schwach, und er weiß nicht, ob es um ihn wirklich dunkler wird, oder ob ihn nur seine Augen täuschen. Wohl aber erkennt er jetzt im Dunkel einen Glanz, der unverlöschlich aus der Tür des Gesetzes bricht. Nun lebt er nicht mehr lange. Vor sei-
50 nem Tode sammeln sich in seinem Kopfe alle Erfahrun- gen der ganzen Zeit zu einer Frage, die er bisher an den Türhüter noch nicht gestellt hat. Er winkt ihm zu, da er seinen erstarrenden Körper nicht mehr aufrichten kann. Der Türhüter muß sich tief zu ihm hinunterneigen,
55 denn der Größenunterschied hat sich sehr zu ungunsten des Mannes verändert. 'Was willst du denn jetzt noch wissen?' fragt der Türhüter, 'du bist unersättlich.' 'Alle streben doch nach dem Gesetz,' sagt der Mann, 'wieso kommt es, daß in den vielen Jahren niemand außer mir
60 Einlaß verlangt hat?' Der Türhüter erkennt, daß der Mann schon an seinem Ende ist, und, um sein ver- gehendes Gehör noch zu erreichen, brüllt er ihn an: 'Hier konnte niemand sonst Einlaß erhalten, denn die- ser Eingang war nur für dich bestimmt. Ich gehe jetzt
65 und schließe ihn.'

Heinrich Mann

Heinrich Mann (1871-1950), der ältere Bruder von Thomas Mann, wurde in Lübeck geboren. Er hielt sich einige Jahre in Italien auf und widmete sich nach 1890 der Schriftstellerei. Sein Interesse richtete sich immer mehr auf die Gesellschaft des wilhelminischen Kaiserreiches, die er gnadenlos kritisierte. Der erste Höhepunkt war sein Roman *Professor Unrat oder Das Ende eines Tyrannen* (1905). Die Verfilmung unter dem Titel *Der blaue Engel* (1930) mit Marlene Dietrich wurde ein Welterfolg. Noch heute gibt es in vielen Städten viele Lokale mit diesem Namen.

Professor Unrat oder Das Ende eines Tyrannen

Der Gymnasialprofessor Raat, von seiner Umgebung Unrat genannt, ist ein ausgesprochener Schultyrann. Bei dem Versuch, einige seiner Schüler in dem zweifelhaften Lokal 'Der blaue Engel' zu ertappen, verfällt der alte Lehrer selbst der Künstlerin Rosa Fröhlich, einer Kleinstadtkurtisane. Er heiratet sie und verläßt den Schuldienst. Durch sein wüstes Treiben, in das er auch seine ehemaligen Mitbürger hineinzieht, wird der ehemalige Schultyrann zum Anarchisten und landet schließlich im Gefängnis.

Das Thema von Macht und Geist, das im *Professor Unrat* anklingt, wird in dem Roman *Der Untertan* zum Hauptthema. Seit 1906 schrieb Heinrich Mann daran. 1914 erschien er in Fortsetzungen in einer Zeitschrift, mußte aber wegen des Kriegsausbruches abgebrochen werden. Erst 1918 konnte er vollständig erscheinen und wurde nun ein großer Erfolg.

Der Untertan

Der Roman behandelt die sich ständig steigernde Aggression des deutschen Bürgertums vor dem Ersten Weltkrieg. Repräsentativ dafür ist Diederich Heßling, der Held des Romans. Erzählt wird auf satirische Weise sein moralischer Abstieg auf dem Wege zur Macht. Von einem furchtsamen Kind entwickelt er sich zu einem deutschnationalen Kleinstadtpolitiker und Fabrikbesitzer, wobei er den von ihm verehrten Kaiser Wilhelm II. nachahmt. Nach dem Tode seines Vaters übernimmt er die Fabrik.

△ *Marlene Dietrich im Film 'Der Blaue Engel' (nach dem Roman von Heinrich Mann)*
▷▷ *Heinrich und Thomas Mann (1931)*

Auf einmal empfand er die feierliche Schicksalsstunde, in der er das erstemal als wirkliches Haupt der Familie ins Zimmer trat, 'fertig', mit dem Doktortitel ausgezeichnet und bestimmt, Fabrik und Familie nach seiner
5 überlegenen Einsicht zu lenken. Er gab Mutter und Schwestern die Hände, allen zugleich, und sagte mit ernster Stimme: 'Ich werde mir immer bewußt bleiben, daß ich meinem Gott für Euch Rechenschaft schulde.' Aber Frau Heßling war in Unruhe. 'Bist Du bereit, mein
10 Sohn?' fragte sie. 'Unsere Leute erwarten Dich.' [...] Drinnen im Lumpensaal fand er die Leute. Alle standen sie in einem Haufen beisammen: die zwölf Arbeiter, die die Papiermaschine, den Holländer und die Schneidemaschine bedienten, und die Kontoristen samt den
15 Frauen, deren Tätigkeit das Sortieren der Lumpen war. Die Männer räusperten sich, man fühlte eine Pause, bis mehrere Frauen ein kleines Mädchen hinausschoben, das einen Blumenstrauß vor sich hinhielt und mit einer Klarinettenstimme dem Herrn Doktor Glück und Will-
20 kommen wünschte. Diederich nahm mit gnädiger Miene den Strauß; nun war es an ihm, sich zu räuspern. Er wandte sich nach den Seinen um, dann sah er den Leuten scharf in die Augen, allen nacheinander, auch dem schwarzbärtigen Maschinenmeister, obwohl der
25 Blick des Mannes ihm peinlich war – und begann: 'Leute! Da Ihr meine Untergebenen seid, will ich Euch nur sagen, daß hier künftig forsch gearbeitet wird. Ich bin gewillt, mal Zug in den Betrieb zu bringen. In der letzten Zeit, wo hier der Herr gefehlt hat, da hat man-

Er machte schroff kehrt und ging schnaufend davon. In dem Schwindelgefühl, das seine starken Worte ihm erregt hatten, erkannte er kein einziges Gesicht mehr.
60 Die Seinen folgten ihm, bestürzt und ehrfurchtsvoll, indes die Arbeiter einander noch lange stumm ansahen, bevor sie nach den Bierflaschen griffen, die zur Feier des Tages bereitstanden.

Schon seit der Jahrhundertwende entwickelte Heinrich Mann als einer der wenigen seiner Generation ein konsequent demokratisches Denken. Er bekämpfte vor allem den deutschen Chauvinismus und setzte sich für die deutsch-französische Verständigung ein. Durch diese Haltung kam es zu einer zeitweiligen Entfremdung mit seinem Bruder Thomas, der im Ersten Weltkrieg die westeuropäische Zivilisation ablehnte und den Deutschen einen besonderen kulturellen Auftrag zuerkannte. Diese konservative Haltung überwand Thomas erst am Anfang der Weimarer Republik. Seit den zwanziger Jahren bekämpften beide den Nationalsozialismus.

1933 mußte Heinrich Mann als einer der ersten Deutschland verlassen. Er bemühte sich in Frankreich 1935 um die Errichtung der deutschen Volksfront: er wollte Sozialdemokraten und Kommunisten zum Kampf gegen den Faschismus verbinden. Es gelang jedoch nicht, die Gegensätze waren zu groß. In dieser Zeit schrieb er den großangelegten historischen Roman: *Die Jugend des Königs Henri Quatre* (1934) und *Die Vollendung des Königs Henri Quatre* (1938). In König Heinrich IV. von Frankreich (1553-1610) wollte er in einer Zeit rücksichtsloser Machtausübung einen guten Volkskönig darstellen. Heinrich IV. sollte zeigen, daß mit humanistischer Toleranz und Bereitschaft zum politischen Handeln eine Verbindung von Macht und Geist zustande gebracht werden könnte, wodurch ein europäischer Friede möglich würde. Wegen seiner Ermordung blieb das Werk Heinrich IV. jedoch unvollendet.

1940 gelang Heinrich Mann noch in letzter Minute die Flucht nach Amerika. Hier hat er seine umfangreichen Lebenserinnerungen *Ein Zeitalter wird besichtigt* (1945) geschrieben. Ehe er nach Europa zurückkehren konnte, ist er 1950 in Amerika gestorben.

30 cher vielleicht gedacht, er kann sich auf die Bärenhaut legen. Das ist aber ein gewaltiger Irrtum, ich sage das besonders für die alten Leute, die noch von meinem seligen Vater her dabei sind'.
Mit erhobener Stimme, noch schneidiger und abgehack-
35 ter; und dabei sah er den alten Sötbier an: 'Jetzt habe ich das Steuer selbst in die Hand genommen. Mein Kurs ist der richtige, ich führe Euch herrlichen Tagen entgegen. Diejenigen, die mir dabei behilflich sein wollen, sind mir von Herzen willkommen; diejenigen jedoch, welche sich
40 mir bei dieser Arbeit entgegenstellen, zerschmettere ich.'
Er versuchte, seine Augen blitzen zu lassen, sein Schnurrbart sträubte sich noch höher.
'Einer ist hier der Herr, und das bin ich. Gott und meinem Gewissen allein schulde ich Rechenschaft. Ich
45 werde Euch stets mein väterliches Wohlwollen entgegenbringen, Umsturzgelüste aber scheitern an meinem unbeugsamen Willen. Sollte sich ein Zusammenhang irgendeines von Euch –'
Er faßte den schwarzbärtigen Maschinenmeister ins
50 Auge, der ein verdächtiges Gesicht machte.
'– mit sozialdemokratischen Kreisen herausstellen, so zerschneide ich zwischen ihm und mir das Tischtuch. Denn für mich ist jeder Sozialdemokrat gleichbedeutend mit Feind meines Betriebes und Vaterlandsfeinds... So,
55 nun geht wieder an Eure Arbeit und überlegt Euch, was ich Euch gesagt habe.'

Thomas Mann

Thomas Mann (1875-1955) schloß sich zunächst seinem
älteren Bruder Heinrich an, ging aber 1898 nach München,
wo er durch seine Heirat bald in den höheren bürgerlichen Kreisen Zugang fand. Sein Thema war die Problematik des Künstlers in der bürgerlichen Welt.

Tonio Kröger

In seiner Novelle *Tonio Kröger* (1903) schildert er ironisch
den Zwiespalt seines Helden, der einerseits zum Exzentri-
schen des Künstlers neigt, aber anderseits auf die Vorteile der Bürger nicht verzichten will. Tonio schreibt am
Ende der Novelle einen Brief an seine Freundin, die
Künstlerin Lisaweta Iwanowna:

> Wissen Sie wohl noch, Lisaweta, daß Sie mich einmal
> einen Bürger, einen verirrten Bürger nannten? Sie nann-
> ten mich so in einer Stunde, da ich Ihnen, verführt
> durch andere Geständnisse, die ich mir vorher hatte ent-
> 5 schlüpfen lassen, meine Liebe zu dem gestand, was ich
> das 'Leben' nenne; und ich frage mich, ob Sie wohl
> wußten, wie sehr Sie damit die Wahrheit trafen, wie sehr
> mein Bürgertum und meine Liebe zum 'Leben' eins und
> dasselbe sind. Diese Reise hat mir Veranlassung gegeben,
> 10 darüber nachzudenken.
> Mein Vater, wissen Sie, war ein nordisches Temperament:
> betrachtsam, gründlich, korrekt aus Puritanismus und zur
> Wehmut geneigt; meine Mutter von unbestimmt exoti-
> schem Blut, schön, sinnlich, naiv, zugleich fahrlässig und
> 15 leidenschaftlich und von einer impulsiven Liederlichkeit.
> Ganz ohne Zweifel war dies eine Mischung, die außeror-
> dentliche Möglichkeiten – und außerordentliche Gefah-
> ren in sich schloß. Was herauskam, war dies: ein Bürger,
> der sich in die Kunst verirrte, ein Bohemien mit Heim-
> 20 weh nach der guten Kinderstube, ein Künstler mit
> schlechtem Gewissen. Denn mein bürgerliches Gewissen
> ist es ja, was mich in allem Künstlertum, aller Außer-
> ordentlichkeit und allem Genie etwas tief Zweideutiges,
> tief Anrüchiges, tief Zweifelhaftes erblicken läßt, was
> 25 mich mit dieser verliebten Schwäche für das Simple,
> Treuherzige und Angenehm-Normale, das Ungeniale
> und Anständige erfüllt.

> Ich stehe zwischen zwei Welten, bin in keiner daheim
> und habe es infolgedessen ein wenig schwer. Ihr Künst-
> 30 ler nennt mich einen Bürger, und die Bürger sind ver-
> sucht, mich zu verhaften... ich weiß nicht, was von bei-
> dem mich bitterer kränkt. Die Bürger sind dumm; ihr
> Anbeter der Schönheit aber, die ihr mich phlegmatisch
> und ohne Sehnsucht heißt, solltet bedenken, daß es ein
> 35 Künstlertum gibt, so tief, so von Anbeginn und Schick-
> sals wegen, daß keine Sehnsucht ihm süßer und empfin-
> denswerter erscheint als die nach den Wonnen der
> Gewöhnlichkeit.

Buddenbrooks

Buddenbrooks, mit dem Untertitel 'Verfall einer Familie'
(1901), war Manns erster großer Erfolg. Der wirtschaftliche
und physische Verfall der Lübecker Patrizierfamilie der
Buddenbrooks wird über vier Generationen erzählt. Ihr
gegenüber steht der Aufstieg der bourgeoisen Hagenströms,
die bedenkenlos ihre Vorteile ausnützen. Der psycholo-
gisch komplizierte Vorgang wird mit viel Ironie dargestellt.
Hier zeigt sich das hohe Niveau der Erzählkunst Thomas
Manns. Auch Figuren, die nur am Rande eine Rolle spielen, zeichnete er mit Sorgfalt, so z.B. den Makler Gosch:

> Dieser Makler Sigismund Gosch, ein Junggeselle von
> etwa vierzig Jahren, war trotz seines Gebarens der ehr-
> lichste und gutmütigste Mensch von der Welt; nur war
> er ein Schöngeist, ein origineller Kopf. Sein glattrasiertes
> 5 Gesicht zeichnete sich aus durch eine gebogene Nase,
> ein spitz hervorspringendes Kinn, scharfe Züge und
> einen breiten, abwärts gezogenen Mund, dessen schmale
> Lippen er in verschlossener und bösartiger Weise zusam-
> menpreßte. Es war sein Bestreben – und es gelang ihm
> 10 nicht übel –, ein wildes, schönes und teuflisches Intri-
> gantenhaupt zur Schau zu stellen, eine böse, hämische,
> interessante und furchtgebietende Charakterfigur zwi-
> schen Mephistopheles und Napoleon... Sein ergrautes
> Haar war tief und düster in die Stirn gestrichen. Er be-
> 15 dauerte aufrichtig, nicht bucklig zu sein. – Er war eine
> fremdartige und liebenswürdige Erscheinung unter den
> Bewohnern der alten Handelsstadt. Er gehörte zu ihnen,
> weil er in aller Bürgerlichkeit ein kleines, solides und in
> seiner Bescheidenheit geachtetes Vermittlungsgeschäft

Im Gegensatz zu Heinrich vertrat Thomas Mann im Ersten Weltkrieg einen konservativen Standpunkt und verteidigte den deutschen Nationalismus. Am Anfang der zwanziger Jahre fand er jedoch zur Anerkennung der republikanischen Staatsform. Diesen Prozeß stellt er in seinem großen Roman *Der Zauberberg* (1924) dar.

Der Zauberberg

Der Zauberberg ist ein Sanatorium für Lungenkranke in Davos. Der junge Hamburger Patriziersohn Hans Castorp besucht seinen kranken Vetter und erkrankt ebenfalls. Aus einem kurzen Besuch wird ein Aufenthalt von sieben Jahren. Mit dem Ausbruch des Ersten Weltkrieges endet der Roman. In der eigenartigen Atmosphäre in diesem Sanatorium spiegelt sich die Vorkriegswelt in ihrer ganzen Kompliziertheit. Das traditionelle Erzählen wird durch politische und philosophische Diskussionen und Kommentare erweitert und problematisiert.

Wie Heinrich bekämpfte auch Thomas Mann den Nationalsozialismus. 1933 kehrte er von einer Vortragsreise nicht mehr nach München zurück, aber erst 1936 bekannte er sich zur Exilliteratur. 1938 reiste er nach Amerika. Sein Hauptwerk der späteren Jahre ist *Doktor Faustus. Das Leben des deutschen Tonsetzers Adrian Leverkühn, erzählt von einem Freunde* (1947).

Doktor Faustus

Leverkühn wendet sich nach einem abgebrochenen Theologiestudium der Musik zu. Da er weiß, daß die musikalischen Möglichkeiten erschöpft sind, schließt er einen Pakt mit dem Teufel. Auf Grund einer tödlichen Krankheit und der damit verbundenen schöpferischen Euphorie gelingen ihm einige Meisterwerke. Erzählt wird die Lebensgeschichte von einem Jugendfreund Leverkühns, von Dr. Serenus Zeitblom. Er schreibt sie von 1943-1945 auf, wodurch eine Parallele mit dem Zeitgeschehen entsteht: mit dem Zusammenbruch Deutschlands im Zweiten Weltkrieg, das sich ebenfalls dem Teufel verschrieben hatte. Der Roman ist also nicht nur die fiktive Biographie eines Musikers, sondern die Darstellung der gegenwärtigen Epoche als einer tiefen Krisenzeit.

---

20 betrieb; in seinem engen, dunklen Kontor aber stand ein
großer Bücherschrank, der mit Dichtwerken in allen
Sprachen gefüllt war, und es ging das Gerücht, daß er
seit seinem zwanzigsten Jahr an einer Übersetzung von
Lope de Vega's sämtlichen Dramen arbeite... Einmal
25 jedoch hatte er bei einer Liebhaberaufführung von Schillers Don Carlos den Domingo gespielt. Dies war der
Höhepunkt seines Lebens. – Niemals war ein unedles
Wort über seine Lippen gekommen, und selbst in
geschäftlichen Gesprächen brachte er die üblichen Redenwendungen nur zwischen den Zähnen und mit einem
30 Mienenspiele hervor, als wollte er sagen: 'Schurke, ha! im
Grab verfluch' ich deine Ahnen!' [...] Eines Tages verlor
er an der Börse mit einem Schlage sechs und einen halben Kuranttaler an zwei oder drei Papieren, die er spekulativerweise gekauft hatte. Da riß sein dramatisches
35 Empfinden ihn mit sich fort, und er gab eine Vorstellung. Er ließ sich auf einer Bank nieder in einer Haltung,
als habe er die Schlacht bei Waterloo verloren, preßte
eine geballte Faust gegen die Stirn und wiederholte mehrere Male mit einem gotteslästerlichen Augenaufschlag:
40 'Ha, verflucht!' Da die kleinen, ruhigen, sicheren Gewinste, die er beim Verkaufe dieses oder jenes Grundstückes
einstrich, ihn im Grunde langweilten, so war dieser Verlust, dieser tragische Schlag, mit dem der Himmel ihn,
den Intriganten, getroffen, ein Genuß, ein Glück für
45 ihn, an dem er wochenlang zehrte. Auf die Anrede: 'Ich
hörte, Sie haben Unglück gehabt, Herr Gosch? Das tut
mir leid...,' pflegte er zu antworten: 'Oh, mein werter
Freund! Uomo non educato dal dolore riman sempre
bambino!' Begreiflicherweise verstand das niemand. War
50 es von Lope de Vega? Fest stand, daß dieser Sigismund
Gosch ein gelehrter und merkwürdiger Mensch war.

Alfred Döblin

Berlin Alexanderplatz (1929) war der erfolgreichste Roman von Alfred Döblin (1878-1957). Der Alexanderplatz war das Zentrum der Großstadt Berlin. Um die vielfältige Wirklichkeit des modernen Großstadtlebens darstellen zu können, hat Döblin neue literarische Techniken gefordert: der Schriftsteller müsse 'ganz nahe an die Realität heran, an ihre Sachlichkeit, ihr Blut, ihren Geruch'. Er erreichte dies durch die Montage von Monologen und den immer neuen Assoziationen aus dem Bewußtsein und Unterbewußtsein seiner Romanfiguren. Zwischen traditionell erzählenden Sätzen fliegen Gedankenfetzen hin und her: Aus Erinnerungen, Sinneseindrücken, Schlagerversen, Reklamesprüchen werden in ständigem Wechsel Szenen zusammengeschnitten wie in einem Film. Die Großstadt Berlin, die er die 'Hure Babylon' nennt, ist die eigentliche Hauptfigur des Romans. Der entlassene Häftling Franz Biberkopf gerät in ihrem Trubel bis an den Rand des Untergangs.
Dieser Roman hat durch die große Verfilmung von Rainer Werner Faßbinder neue Popularität gewonnen.

Berlin Alexanderplatz

Der Roman beginnt mit der Entlassung des ehemaligen Transportarbeiters und Totschlägers Franz Biberkopf aus dem Gefängnis. Biberkopf will ein neues, anständiges Leben führen und versucht, sich als Straßenhändler durchs Leben zu schlagen. Im vielfältigen Nachtleben und Elend der Großstadt wird er aber von seinem falschen Freund Reinhold in neue Verbrechen hineingezogen. Reinhold stößt ihn als Mitwisser vor ein Auto. Dabei verliert Biberkopf einen Arm. Er kommt zu dem Schluß, daß ein anständiges Leben sich nicht lohnt, und wird Zuhälter. Reinhold vergewaltigt und ermordet Biberkopfs Geliebte. Biberkopf wird ins Irrenhaus eingeliefert. Dort kommt er zur Besinnung, geschwächt, aber noch nicht am Ende.

Franz Biberkopf ist soeben aus dem Gefängnis entlassen:

Franz war schon draußen auf der Straße im Regen. Wat machen wir? Ick bin frei. Ick muß ein Weib haben. Ein Weib muß ick haben. Schöne Lust, fein is das Leben

△ *Buchumschlag von 'Berlin Alexanderplatz' (1929)*
◁ *Umberto Boccioni, 'Urformen der Bewegung im Raum' (1913)*
▷▷ *Otto Dix, 'Drei Dirnen auf der Straße' (1925)*

draußen. Nur mal fest stehn und laufen können. Es
5 federte in seinen Beinen, er hatte keinen Boden unter sich. Dann war an der Ecke Kaiser-Wilhelm-Straße hinter den Marktwagen schon eine, neben die er sich gleich stellte, egal was für eine. Donnerkiel, wo kriegen wir mit einmal die Eisbeene her. Er zog mit ihr los, zerbiß sich
10 die Unterlippe, so schauerte ihn, wenn du weit wohnst, komm ich nicht mit. Es war nur quer über den Bülowplatz, an den Zäunen vorbei, durch einen Hausflur, auf den Hof, sechs Stufen herunter. Sie drehte sich zurück, lachte: 'Mensch, sei nich so jieprig, fällst mir ja aufn
15 Kopp.' Wie sie nur die Türe hinter sich geschlossen hatte, packte er sie an. 'Mensch, laß mich doch erst den Schirm hinlegen.' Er preßte, drückte, kniff an ihr, rieb seine Hände über ihren Mantel, er hatte noch den Hut auf, den Schirm ließ sie ärgerlich fallen: 'Laß mir doch
20 los, Mensch,' er ächzte, lächelte falsch und schwindlig: 'Was is denn los?' 'Du reißt mir die Kledage kaputt. Wirst du se etwa berappen. Na also. Uns schenkt auch keiner was.' Als er sie nicht losließ: 'Ich kriege doch keine Luft, Dussel. Bist wohl übergeschnappt.' Sie war
25 dick und langsam, klein, er mußte ihr erst die drei Mark geben, die legte sie sorgfältig in die Kommode, den Schlüssel steckte sie in ihre Tasche. Er mit den Augen immer hinter ihr her: 'Weil ich nämlich ein paar Jährchen abgerissen habe, Dicke. Draußen, Tegel, kannst dir
30 ja denken.' 'Wo?' 'Tegel. Kannst dir ja denken.'

Döblin hatte schon während seines Medizinstudiums zu schreiben begonnen. Er wurde 'Arzt und Dichter' in den Armenvierteln von Berlin. Er wollte Zeuge und Heiler des Elends sein. Sein besonderes Interesse galt den internationalen neuen Kunsttheorien, dem Kubismus, dem Futurismus und dem Dadaismus, 'weil ich fühle, wie mächtig in ihnen und aus ihnen die Welt glüht'. Zusammen mit Herwarth Walden gründete er 1910 die expressionistische Zeitschrift *Der Sturm*.

In einer seiner ersten Erzählungen, der Satire *Die Ermordung einer Butterblume* (1910), stellte Döblin die bürgerliche Vorstellung von einer harmonischen Beziehung zwischen Mensch und Natur in Frage.

Die Ermordung einer Butterblume

In dieser Satire schlägt der friedliche Kaufmann Michael Fischer eines Tages auf einem Spaziergang einer Butterblume den Kopf ab. Daraufhin wird die Natur für ihn zu einer unbegreifbaren Macht, die ihn wegen dieses 'Mordes' verfolgt. Zur Besänftigung seines Schuldgefühls eröffnet der Kaufmann ein Bankkonto für die ermordete Butterblume und stellt ein Schälchen mit Essen für sie auf den Tisch. Aber im Laufe der Zeit lehnt er sich gegen sein Opfer auf und 'behandelte sie manchmal listig wie einen Geschäftskonkurrenten'. Er nimmt eine junge Butterblume in sein Haus auf. Eines Tages wird sie von seiner Putzfrau weggeworfen. 'Nun war er die ganze Butterblumensippschaft los.'

In der naturwissenschaftlich-technischen Utopie *Berge, Meere und Giganten* (1924) erweckt die künstliche Enteisung Grönlands die Saurierwelt zu neuem Leben. Die bedrohte Menschheit züchtet als Abwehrwaffe menschliche Giganten. Diese 'Turmmenschen' bekämpfen sich am Schluß gegenseitig. Die überlebenden Menschen lernen Demut und leben als einfache Bauern.

In den zwanziger Jahren unterhielt Döblin Kontakte mit vielen Schriftstellern. 1933 floh er vor der nationalsozialistischen Verfolgung nach Paris und in die USA, wo er weitere Romane schrieb. In der späteren Bundesrepublik Deutschland fand er sich nicht zurecht. 1953 emigrierte er nach Frankreich.

Das schwammige Weib lachte aus vollem Halse. Sie knöpfte sich oben die Bluse auf. Es waren zwei Königskinder, die hatten einander so lieb. Wenn der Hund mit der Wurst übern Rinnstein springt. Sie griff ihn, drückte
35 ihn an sich. Putt, putt, putt, mein Hühnchen, putt, putt, putt, mein Hahn.
Bald darauf hatte er Schweißtropfen im Gesicht, er stöhnte. 'Na, wat stöhnst du.' 'Was läuft da für ein Kerl nebenan?' 'Is kein Kerl, is meine Wirtin.' 'Was macht
40 denn die?' 'Was soll die denn machen. Die hat da ihre Küche.' 'Na ja. Die soll doch aufhören zu laufen. Was hat die jetzt zu laufen. Ich kann es nicht vertragen.' 'Jotte doch, ich geh schon hin, ich sags ihr schon.' Ist das ein schweißiger Kerl, man is ordentlich froh, wenn
45 man ihn los is, der olle Penner, den setz ich bald raus. [...]
Durch seinen Kopf rollten Verse, im Kreis, nicht zu verstehen: Kochste Suppe, Fräulein Stein, krieg ich n Löffel, Fräulein Stein. Kochste Nudeln, Fräulein Stein, gib mir Nudeln, Fräulein Stein. Fall ich runter, fall ich rauf.
50 Laut stöhnte er: 'Du magst mich wohl nicht?' 'Warum denn nich, komm her, immer fürn Sechser Liebe.' Er fiel ab ins Bett, grunzte, stöhnte. Sie rieb sich den Hals: 'Ich lach mir schief. Bleib man ruhig liegen. Mir störste nich.' Sie lachte, hob ihre fetten Arme, steckte die Füße
55 mit Strümpfen aus dem Bett: 'Ick kann nischt dafür.' Raus auf die Straße! Luft! Regnet noch immer. Was ist nur los? Ich muß mir ne andre nehmen. Erst mal ausschlafen. Franz, wat is denn mit dir los?

Hermann Hesse

Im Werk von Hermann Hesse (1877-1962) ist wenig von den äußeren Katastrophen seiner Zeit, von Krieg, Terror und Verfolgung zu spüren. Und doch stammt einer der Schlüsselromane der Epoche von ihm: *Der Steppenwolf* (1927) ist der Versuch einer Diagnose der 'Krankheit der Zeit'. Die technokratische Welt hat den menschen verändert: 'Der moderne Mensch liebt die Dinge nicht mehr, nicht einmal sein Heiligstes, sein Automobil, das er baldmöglichst gegen eine andere Marke hofft tauschen zu können. Dieser moderne Mensch ist schneidig, tüchtig, gesund, kühl und straff, ein vortrefflicher Typ, er wird sich im nächsten Krieg fabelhaft bewähren.'

Der Steppenwolf

Harry Haller fühlt sich gegenüber seiner bürgerlichen Umwelt entfremdet und vereinsamt. Das Leistungsprinzip der neuen Zeit ist ihm zuwider. Er fühlt sich als 'Steppenwolf': in ihm liegen Menschliches und Wölfisches, Geistiges und Sinnliches im Widerstreit. Er verbringt seine Nächte in Kneipen. Dort trifft er Hermine, die dem geheimen 'Magischen Theater' des Jazztrompeters Pablo angehört. Sie wird Harrys Geliebte. Das magische Theater ist eine Rauschgiftorgie, eine 'Schule des Humors', in der Harry das Lachen lernen will. Unter Einfluß der Rauschbilder ersticht er seine Geliebte. Trotz dieses tragischen Geschehens ist er bereit, 'das Spiel nochmals zu beginnen, seine Qualen nochmals zu kosten, vor seinem Unsinn nochmals zu schaudern, die Hölle meines Inneren nochmals und oft zu durchwandern. Einmal würde ich das Figurenspiel besser spielen. Einmal würde ich das Lachen lernen.'

Gegen den *Untergang des Abendlandes* – so der Titel einer in den zwanziger Jahren viel gelesenen kulturpessimistischen Studie von Oswald Spengler – setzte Hesse die Hoffnung auf eine Erneuerung durch das Morgenland. Bereits in *Siddharta. Eine indische Dichtung* (1922) suchte er in der Verbindung der indischen und europäischen Religionen 'die zeitlose Welt der Werte und des Geistes'. Die Romantisierung der indischen und asiatischen Weisheit spielte in Europa nach der Jahrhundertwende eine große Rolle. Eine ähnliche Welle der Verehrung östlicher Lebenshaltungen gab es in den sechziger Jahren in den USA und den westlichen europäischen Ländern. Im Zuge der 'Flower-power'-Bewegung erlebte auch Hesses Werk eine Renaissance.

Siddhartha

Siddhartha und sein Freund Govinda gehen zu den Waldmönchen, um 'das Wesen, das nicht mehr Ich ist, das große Geheimnis' zu erfahren. Govinda wird ein Schüler Gotama Buddhas. Siddhartha mißtraut allen Lehren. Er will durch ein exzessives Leben sein wahres Ich finden. Er durchlebt Liebe, Heirat, Vaterschaft, Reichtum und verspielt alles wieder. Die geheimnisvolle Stimme des Flusses bewahrt ihn vor dem Selbstmord. Siddhartha findet dadurch seinen eigenen Weg zur Vollendung des Buddhas.

> *Siddhartha hat einen Sohn, den er sehr liebt:*
>
> Wohl spürte er, daß diese Liebe, diese blinde Liebe zu seinem Sohn eine Leidenschaft, etwas sehr Menschliches, daß sie Sansara sei, eine trübe Quelle, ein dunkles Wasser. Dennoch, so fühlte er gleichzeitig, war sie nicht wert-

◁ *Hesse-Karikatur des amerikanischen Karikaturisten David Levine*
▷▷ *Hermann Hesse, 'Südliches Dorf' (1922)*

los, war sie notwendig, kam aus seinem eigenen Wesen.
Auch diese Lust wollte gebüßt, auch diese Schmerzen
wollten gekostet sein, auch diese Torheiten begangen.
Der Sohn indessen ließ ihn seine Torheiten begehen,
ließ ihn werben, ließ ihn täglich sich vor seinen Launen
10 demütigen. Dieser Vater hatte nichts, was ihn entzückt,
und nichts, was er gefürchtet hätte. Er war ein guter
Mann, dieser Vater, ein guter, gütiger, sanfter Mann,
vielleicht ein sehr frommer Mann, vielleicht ein Heiliger
– dies alles waren nicht Eigenschaften, welche den
15 Knaben gewinnen konnten. Langweilig war ihm dieser
Vater, der ihn da in seiner elenden Hütte gefangen hielt,
langweilig war er ihm, und daß er jede Unart mit
Lächeln, jeden Schimpf mit Freundlichkeit, jede Bosheit
mit Güte beantwortete, das eben war die verhaßteste
20 List dieses alten Schleichers. Viel lieber wäre der Knabe
von ihm bedroht, von ihm mißhandelt worden.
Es kam ein Tag, an welchem des jungen Siddhartha
Sinn zum Ausbruch kam und sich offen gegen seinen
Vater wandte. Der hatte ihm einen Auftrag erteilt, er
25 hatte ihn Reisig sammeln geheißen. Der Knabe ging
aber nicht aus der Hütte, er blieb trotzig und wütend
stehen, stampfte den Boden, ballte die Fäuste, und
schrie in gewaltigem Ausbruch seinem Vater Haß und
Verachtung ins Gesicht.
30 'Hole du selber dein Reisig!' rief er schäumend, 'ich bin
nicht dein Knecht. Ich weiß ja, daß du mich nicht
schlägst, du wagst es ja nicht; ich weiß ja, daß du mich

mit deiner Frömmigkeit und deiner Nachsicht beständig
strafen und klein machen willst. Du willst, daß ich wer-
35 den soll wie du, auch so fromm, auch so sanft, auch so
weise! Ich aber, höre, ich will, dir zu Leide, lieber ein
Straßenräuber und Mörder werden und zur Hölle fahren,
als so werden wie du! Ich hasse dich, du bist nicht mein
Vater, und wenn du zehnmal meiner Mutter Buhler
40 gewesen bist!'

Bei den meisten Werken Hesses handelt es sich um neuromantische Bildungsromane. Ihre Absicht ist der Protest
gegen die fortschreitende Zerstörung der Natur und der
menschlichen Seele. Sie sind ein Plädoyer für die Bewah-
rung des klassischen Bildungserbes. Diese Linie reicht
von seinem ersten Roman, *Peter Camenzind* (1904), bis zu
der großen Utopie *Das Glasperlenspiel* (1943), Hesses Antwort auf die nationalsozialistische Barbarei. Er wollte
darin 'das Reich des Geistes und der Seele als existent und
unüberwindlich sichtbar machen, so wurde meine Dichtung zur Utopie, das Bild wurde in die Zukunft projiziert,
die üble Gegenwart in eine überstandene Vergangenheit
verbannt'.

Hermann Hesse ist in Calw im Schwarzwald geboren.
Die Verbindung zur Natur der südlicheren Regionen hat
ihn sein ganzes Leben geprägt. Die Schönheit der Landschaften hat er nicht nur literarisch immer wieder zu erfassen gesucht: er malte sie auch. Nach dem Erfolg seines
ersten Romans lebte er als freier Schriftsteller, zunächst
am Bodensee, ab 1912 in der Schweiz.

Anders als die meisten Dichter der kriegführenden Nationen, wandte sich Hesse 1914 von Anfang an gegen den
Krieg. In einem Zeitungsaufsatz mit der Überschrift 'O
Freunde, nicht diese Töne' äußerte er sich entsetzt über
die 'Brutalität, mit der über alles Politische und Soldati-
sche hinaus allgemeine Geisteswerte vernichtet und
bespuckt werden'.

Durch den Krieg und seelische Depressionen erschüttert,
unterzog sich Hesse einer psychoanalytischen Behandlung. In *Demian* (1919) verarbeitete er die fortschreitende
Selbstanalyse. Der Roman wurde in der Generation der
Kriegsheimkehrer ein großer Erfolg.

Bertolt Brecht

Die *Dreigroschenoper* (1928) von Bertolt Brecht (1898-1956) beginnt mit der *Moritat von Mackie Messer*. Sie klingt wie ein von Drehorgelmusik begleitetes Jahrmarktslied. Neben dem Lied von der 'Seeräuber-Jenny', die von einem 'Schiff mit acht Segeln und fünfzig Kanonen an Bord' träumt, gehört der *Mackie Messer* zu den bekanntesten Songs von Brecht. Die Uraufführung war 1928 im 'Theater am Schiffbauerdamm' in Berlin. Dort befindet sich noch heute das Brecht-Theater.

Die *Dreigroschenoper* ist eine moderne Version der *Beggar's Opera* (1728) von John Gay. Sie erzählt vom Leben des Londoner Straßenräubers Macheath, genannt Mackie Messer. Brechts 'Oper' wurde ein triumphaler Erfolg. In Zusammenarbeit mit dem Komponisten Kurt Weill hatte Brecht ein völlig neues Musikspektakel auf die Bühne gebracht, das ihn international bekannt machte. Alle Bestandteile des bürgerlichen Musiktheaters – Musik, Text, Handlung, Rollen, Bühnenbild – nutzte Brecht zu einer scharfen Parodie auf die kapitalistische Gesellschaft. Seine Botschaft: Gangster sind beinahe harmlos, verglichen mit den Geschäften des Bürgertums. 'Was ist ein Einbruch in eine Bank gegen die Gründung einer Bank?'

◁ *Rudolf Schlichter, 'Bertolt Brecht' (1928)*
▷▷ *Helene Weigel als Mutter Courage (Berliner Ensemble)*

Brecht hatte im Laufe der zwanziger Jahre das deutsche Theater revolutioniert. In Augsburg geboren, hatte er zunächst Medizin studiert. Er war aber von der Theaterwelt fasziniert und wurde Dramaturg in München. Die Stücke *Baal* (1918) und *Trommeln in der Nacht* (1919) erregten Aufsehen wegen ihrer kompromißlosen antibürgerlichen Haltung. Die Anfänge von Brechts Theatertheorie wurden in den ersten 'Verfremdungseffekten' bereits sichtbar: im Zuschauerroman hingen Spruchbänder mit dem Text 'Glotzt nicht so romantisch'. Die 'Verfremdung' ist das wesentliche Merkmal von Brechts 'epischem Theater'. Die Zuschauer sollen ein Stück nicht einfach nur konsumieren. Sie sollen nachdenken. Das epische Theater zeigt dem Zuschauer wie die bürgerliche Gesellschaft funktioniert.

Die Moritat von Mackie Messer

Und der Haifisch, der hat Zähne
Und die trägt er im Gesicht
Und Macheath, der hat ein Messer
Doch das Messer sieht man nicht.

5 Ach, es sind des Haifischs Flossen
Rot, wenn dieser Blut vergießt!
Mackie Messer trägt 'nen Hand-
        schuh
Drauf man keine Untat liest.

An der Themse grünem Wasser
10 Fallen plötzlich Leute um!
Es ist weder Pest noch Cholera
Doch es heißt: Macheath geht um.

An 'nem schönen blauen Sonntag
Liegt ein toter Mann am Strand
15 Und ein Mensch geht um die Ecke
Den man Mackie Messer nennt.

Und Schmul Meier bleibt ver-
        schwunden
Und so mancher reiche Mann
Und sein Geld hat Mackie Messer
20 Dem man nichts beweisen kann.

Jenny Towler ward gefunden
Mit 'nem Messer in der Brust
Und am Kai geht Mackie Messer
Der von allem nichts gewußt.

25 Wo ist Alfons Glite, der Fuhrherr?
Kommt das je ans Sonnenlicht?
Wer es immer wissen könnte –
Mackie Messer weiß es nicht.

Und das große Feuer in Soho
30 Sieben Kinder und ein Greis –
In der Menge Mackie Messer, den
Man nicht fragt und der nichts
        weiß.

Und die minderjährige Witwe
Deren Namen jeder weiß
35 Wachte auf und war geschändet –
Mackie, welches war dein Preis?

1924 zog Brecht nach Berlin, in das kulturelle Zentrum Deutschlands, und setzte seine Arbeit als Dramaturg und sozialkritischer Stückeschreiber fort. In *Mann ist Mann* (1926) demonstrierte er die Manipulierbarkeit des Menschen. Der Arbeiter Galy Gay wird zur 'menschlichen Kampfmaschine', die auf Befehl jeden beliebigen Feind zerfleischt. Mit solchen 'Lehrstücken', die er zum Teil aus der marxistischen Theorie heraus entwickelte, hatte Brecht jedoch beim bürgerlichen Publikum wenig Erfolg.

Die bekanntesten Theaterstücke entstanden im Exil. Brecht hatte sofort nach der Bücherverbrennung der Nazis (10-5-1933), der auch seine Werke zum Opfer fielen, Deutschland verlassen. Er floh durch mehrere europäische Staaten in die USA.

Er führte auf dem Theater noch eine Weile den direkten Kampf gegen das nationalsozialistische Regime. Ein Beispiel hierfür ist das Stück *Furcht und Elend des Dritten Reiches* (1938). In den großen Stücken der vierziger Jahre befinden sich die Helden in fast aussichtslosen Situationen und müssen um ihr Überleben kämpfen, wie Brecht selbst auch. Das gilt unter anderem für *Mutter Courage und ihre Kinder* (1941), *Leben des Galilei* (1943), *Der gute Mensch von Sezuan* (1943) und *Der kaukasische Kreidekreis* (1948).

1948 kehrte Brecht nach Ostberlin zurück. Dort inszenierte er seine Stücke mit dem 'Berliner Ensemble'. Wie kein anderer hat er das Theater des 20. Jahrhunderts beeinflußt. Brecht starb 1956. Sein Grab befindet sich auf dem Dorotheenstädtischen Friedhof in Berlin.

Mutter Courage und ihre Kinder

In dieser 'Chronik aus dem Dreißigjährigen Krieg' geht es um die Marketenderin Anna Fierling, die mit ihren beiden Söhnen und der stummen Tochter Kattrin die Kriegsarmeen begleitet, um Geschäfte zu machen. Sie verliert ihre Söhne an den Krieg, doch sie lernt nichts daraus. Ihre Tochter warnt nachts die Stadt Halle vor dem Überfall durch kaiserliche Truppen und wird erschossen. Die 'Mutter Courage' zieht weiter, denn sie 'muß wieder in den Handel kommen'.

Der gute Mensch von Sezuan

Drei Götter suchen in dieser Parabel den 'guten Menschen'. Überall werden sie abgewiesen, nur die Prostituierte Shen Te nimmt sie bei sich auf. Doch auch Shen Te kann nur existieren, wenn sie ab und zu ein 'böser Mensch' ist. Sie verkleidet sich dann als ihr Vetter Shui Ta. Nur so gelingt es ihr, die Prostitution aufzugeben und mit der nötigen Geschäftstüchtigkeit einen kleinen Tabakladen zu betreiben. Ihre Liebe zu dem Piloten Yang Sun ruiniert sie völlig. Er läßt sie mit dem Kind sitzen. Wieder muß Shui Ta helfen. Er gründet eine Tabakfabrik und beutet die Menschen aus. Shui Ta muß so häufig auftreten, daß der Verdacht aufkommt, er habe Shen Te ermordet. In einem Prozeß vor den Göttern erklärt Shen Te ihre Doppelexistenz.

Der kaukasische Kreidekreis

Die Bauern zweier sowjetischer Kolchosen streiten sich um den Besitz eines Tales. Es wird denen zugesprochen, die versprechen, es am besten zu nützen. Die Bauern verdeutlichen das Prinzip ihrer sozialistischen Rechtsfindung, indem sie das Theaterstück 'Der Kreidekreis' aufführen: Eine Gouverneursfrau flieht im Krieg nach der Hinrichtung ihres Mannes. Ihre Reichtümer nimmt sie mit, ihr Kind läßt sie zurück. Es wird von der Magd Grusche gerettet und aufgezogen. Später kehrt die Gouverneursfrau zurück. Sie will das Kind, wodurch sie auch Zugang zu dessen reichem Erbe hätte. Grusche gibt das Kind als ihr eigenes aus. Der Richter Azdak löst den Fall so:

AZDAK:

Klägerin und Angeklagte! Der Gerichtshof hat euren Fall angehört und hat keine Klarheit gewonnen, wer die wahre Mutter des Kindes ist. Ich als Richter hab die Verpflichtung, daß ich für das Kind eine Mutter aussuch.
5 Ich werd eine Probe machen. Schauwa, nimm ein Stück Kreide. Zieh einen Kreis auf den Boden. *(Schauwa zieht einen Kreis mit Kreide auf den Boden.)* Stell das Kind hinein! *(Schauwa stellt Michel, der Grusche zulächelt, in den Kreis.)* Klägerin und Angeklagte, stellt euch neben den
10 Kreis, beide! *(Die Gouverneursfrau und Grusche treten neben den Kreis.)* Faßt das Kind bei der Hand. Die wahre Mutter wird die Kraft haben, das Kind aus dem Kreis zu ziehen.

DER ZWEITE ANWALT *(schnell):*

Hoher Gerichtshof, ich erhebe Einspruch, daß das
15 Schicksal der großen Abaschwili-Güter, die an das Kind als Erben gebunden sind, von einem so zweifelhaften Zweikampf abhängen soll. Dazu kommt: meine Mandantin verfügt nicht über die gleichen Kräfte wie diese Person, die gewohnt ist, körperliche Arbeit zu verrichten.

AZDAK:

20 Sie kommt mir gut genährt vor. Zieht!

(Die Gouverneursfrau zieht das Kind zu sich herüber aus dem Kreis. Grusche hat es losgelassen, sie steht entgeistert. Der erste Anwalt beglückwünscht die Gouverneursfrau:) Was hab ich gesagt? Blutsbande!

AZDAK *(zu Grusche):*

25 Was ist mit dir? Du hast nicht gezogen.

GRUSCHE:

Ich hab's nicht festgehalten. *(Sie läuft zu Azdak.)* Euer Gnaden, ich nehm zurück, was ich gegen Sie gesagt hab, ich bitt Sie um Vergebung. Wenn ich's nur behalten könnt, bis es alle Wörter kann. Es kann erst ein paar.

AZDAK:

30 Beeinfluß nicht den Gerichtshof! Ich wett, du kannst selber nur zwanzig. Gut, ich mach die Probe noch einmal, daß ich's endgültig hab.

(Die beiden Frauen stellen sich noch einmal auf.)

AZDAK:

Zieht! *(Wieder läßt Grusche das Kind los.)*

GRUSCHE *(verzweifelt):*

35 Ich hab's aufgezogen! Soll ich's zerreißen? Ich kann's nicht.

AZDAK *(steht auf):*

Und damit hat der Gerichtshof festgestellt, wer die wahre Mutter ist. *Zu Grusche:* Nimm dein Kind und bring's weg. Ich rat dir, bleib nicht in der Stadt mit ihm.
40 *(Zur Gouverneursfrau:)* Und du verschwind, bevor ich dich wegen Betrug verurteile. Die Güter fallen an die Stadt, damit ein Garten für die Kinder draus gemacht wird, sie brauchen ihn, und ich bestimm, daß er nach mir 'Der Garten des Azdak' heißt.
45 *(Die Gouverneursfrau ist ohnmächtig geworden und wird vom Adjutanten weggeführt, während die Anwälte schon vorher gegangen sind.*
Grusche steht ohne Bewegung. Schauwa führt ihr das Kind zu.) [...]

DER SÄNGER:

50 Und nach diesem Abend verschwand der Azdak und
              ward nicht mehr gesehen.
Aber das Volk Grusiniens vergaß ihn nicht und gedachte
                                                noch

Lange seiner Richterzeit als einer kurzen
Goldenen Zeit beinah der Gerechtigkeit.

Ihr aber, ihr Zuhörer der Geschichte vom Kreidekreis
55 Nehmt zur Kenntnis die Meinung der Alten:
Daß da gehören soll, was da ist, denen, die für es gut
                                                sind, also
Die Kinder den Mütterlichen, damit sie gedeihen
Die Wagen den guten Fahrern, damit gut gefahren wird
Und das Tal den Bewässerern, damit es Frucht bringt.

△ *Szenenphoto aus dem 'Kaukasischen Kreidekreis'*

Das Lied vom Wasserrad

Von den Großen dieser Erde
Melden uns die Heldenlieder:
Steigend auf so wie Gestirne
Gehn sie wie Gestirne nieder.
5 Das klingt tröstlich, und man muß es wissen.
Nur: für uns, die wir sie nähren müssen
Ist das leider immer ziemlich gleich gewesen.
Aufstieg oder Fall: wer trägt die Spesen?
    Freilich dreht das Rad sich immer weiter
10   *Daß, was oben ist, nicht oben bleibt.*
    Aber für das Wasser unten heißt das leider
    Nur: daß es das Rad halt ewig treibt.

Ach, wir hatten viele Herren
Hatten Tiger und Hyänen
15 Hatten Adler, hatten Schweine
Doch wir nährten den und jenen.
Ob sie besser waren oder schlimmer:
Ach, der Stiefel glich dem Stiefel immer
Und uns trat er. Ihr versteht, ich meine
20 Daß wir keine andern Herren brauchen, sondern keine!
    Freilich dreht das Rad sich immer weiter
    Daß, was oben ist, nicht oben bleibt.
    Aber für das Wasser unten heißt das leider
    Nur: daß es das Rad halt ewig treibt.

25 Und sie schlagen sich die Köpfe
Blutig, raufend um die Beute.
Nennen andre gierige Tröpfe
Und sich selber gute Leute.
Unaufhörlich sehn wir sie einander grollen
30 Und bekämpfen. Einzig und alleinig
Wenn wir sie nicht mehr ernähren wollen
Sind sie sich auf einmal völlig einig.
    Denn dann dreht das Rad sich nicht mehr weiter
    Und das heitre Spiel, es unterbleibt
35   *Wenn das Wasser endlich mit befreiter*
    Stärke seine eigne Sach' betreibt.

Ein Gedicht soll nach Brecht nicht einfach 'aus hübschen Bildern und aromatischen Wörtern' bestehen. Es muß einen 'Gebrauchswert' haben. Gedichte dürfen nicht auf toten Buchseiten ruhen, sondern sie müssen sich lebendig an ihr Publikum richten. Brecht hatte deshalb eine Vorliebe für Balladen, Moritaten und 'Songs'. Diese lyrischen Formen werden aktiv vorgetragen, oft mit Musik begleitet, und sie haben alle eine Botschaft, eine Moral oder eine Lehre.

Deshalb baute Brecht seine lyrischen Texte auch oft in seine Theaterstücke ein, wo sie eine Funktion im Gesamtzusammenhang haben. Er arbeitete mit mehreren Komponisten zusammen, die seine Liedtexte vertonten. Die 'Songs' lassen sich auch einzeln vortragen, zum Beispiel auf der Bühne eines Kabaretts. Und für seine vielen Kabaretts und seine Chansonsänger und -sängerinnen war das Berlin der 'Goldenen Zwanziger Jahre' berühmt.

In *Bertolt Brechts Hauspostille* (1927) hat Brecht viele dieser Gedichte und Lieder in 'Lektionen' zusammengestellt. Die Verbindung von Lyrik und Kabarett hatte Tradition. Sie findet sich auch bei Frank Wedekind, den Brecht sehr verehrt hatte. Zu Brechts großen Vorbildern gehörten außerdem die Lieder des Franzosen François Villon aus dem 15. Jahrhundert.

Kurt Tucholsky und Carl von Ossietzky

Bei den politischen und literarischen Auseinandersetzungen in der Weimarer Republik spielten Zeitschriften eine immer größere Rolle. Eine dieser Zeitschriften war die *Weltbühne* (1918-1933). Sie war aus einer Theaterzeitschrift hervorgegangen, aber seit dem Ersten Weltkrieg traten politische Themen in den Vordergrund.

Die beiden wichtigsten Mitarbeiter waren Carl von Ossietzky (1889-1938), der sie seit 1926 leitete, und Kurt Tucholsky (1890-1935). Sie waren linksliberal, pazifistisch, fühlten sich aber keiner Partei verpflichtet. Charakteristisch für sie war die schonungslose Kritik an allen politischen Mißständen in der Weimarer Republik. 1933 wurde die Zeitschrift verboten und Ossietzky in ein Konzentrationslager eingeliefert. 1936 bekam er den Friedensnobelpreis, aber schon 1938 starb er an den Folgen seiner Haft.

Tucholsky schrieb für etwa hundert Zeitungen, seine Vorliebe galt aber der *Weltbühne*, in der er unter vier verschiedenen Pseudonymen schrieb: Peter Panter, Theobald Tiger, Ignaz Wrobel und Kaspar Hauser. Zunächst wohnte er in Berlin, ging aber 1924 aus Enttäuschung über die Republik nach Paris und 1929 nach Schweden, wo er 1935 Selbstmord beging. Er sah sehr früh die Gefahren des Nationalsozialismus und wurde einer der kompromißlosesten publizistischen Gegner dieser Bewegung. 1932 schrieb er unter dem Pseudonym Kaspar Hauser folgende Glosse, in der er Hitler der Lächerlichkeit preisgab.

Hitler und Goethe, ein Schulaufsatz

Einleitung: Wenn wir das deutsche Volk und seine Geschichte überblicken, so bieten sich uns vorzugsweise zwei Helden dar, die seine Geschichte gelenkt haben, weil einer von ihnen hundert Jahre tot ist. Der andere
5 lebt. Wie es wäre, wenn es umgekehrt wäre, soll hier nicht untersucht werden, weil wir das nicht auf haben. Daher scheint es uns wichtig und beachtenswert, wenn wir zwischen dem mausetoten Goethe und dem mauselebendigen Hitler einen Vergleich langziehn.

10 Erklärung: Um Goethe zu erklären, braucht man nur darauf hinzuweisen, daß derselbe kein Patriot gewesen ist. Er hat für die Nöte Napoleons niemals einen Sinn gehabt und hat gesagt, ihr werdet ihn doch nicht besiegen, dieser Mann ist euch zu groß. Das ist aber nicht
15 wahr. Napoleon war auch nicht der größte Deutsche, der größte Deutsche ist Hitler. Um das zu erklären, braucht man nur darauf hinzuweisen, daß Hitler beinah die Schlacht von Tannenberg gewonnen hat, er war bloß nicht dabei. Hitler ist schon seit langen Monaten deut-
20 scher Spießbürger und will das Privateigentum abschaffen, weil es jüdisch ist. Das was nicht jüdisch ist, ist schaffendes Eigentum und wird nicht abgeschaffen. Die Partei Goethes war viel kleiner wie die Partei Hitlers. Goethe ist nicht knorke.

25 Begründung: Goethes Werke heißen der Faust, Egmont erster und zweiter Teil, Werthers Wahlverwandtschaften und die Piccolomini. Goethe ist ein Marxist des deutschen Volkes, auf den wir stolz sein können und um welchen uns die anderen beneiden. Noch mehr beneiden
30 sie uns aber um Adolf Hitler. Hitler zerfällt in 3 Teile: in einen legalen, in einen wirklichen und in Goebbels, welcher bei ihm die Stelle u.a. des Mundes vertritt.

▽ *Titelblatt der 'Weltbühne'*
▽▽ *John Heartfield, Umschlag zu Tucholskys 'Deutschland, Deutschland über alles' (1929). Die Montage von Heartfield stellt die Verbindung von Bourgeoisie und hohen Militärs dar*

△ *Kurt Tucholsky*   △ *Carl von Ossietzky*

Goethe hat niemals sein Leben aufs Spiel gesetzt; Hitler
aber hat dasselbe auf dasselbe gesetzt. Goethe war ein
35 großer Deutscher. Zeppelin war der größte Deutsche.
Hitler ist überhaupt der allergrößte Deutsche.

Gegensatz: Hitler und Goethe stehen in einem gewissen
Gegensatz. Während Goethe sich mehr einer schriftstel-
lerischen Tätigkeit hingab, aber in den Freiheitskriegen
40 im Gegensatz zu Theodor Körner versagte, hat Hitler
uns gelehrt, was es heißt, Schriftsteller und zugleich
Führer einer Millionenpartei zu sein, welche eine Millionenpartei ist. Goethe war Geheim-, Hitler Regierungs-
rat. Goethes Wirken ergoß sich nicht nur auf das Dasein
45 der Menschen, sondern erstreckte sich auch ins kosmeti-
sche. Hitler dagegen ist Gegner der materialistischen
Weltanschauung und wird diese bei seiner Machtergrei-
fung abschaffen sowie auch den verlorenen Krieg, die
Arbeitslosigkeit und das schlechte Wetter. Goethe hatte
50 mehrere Liebesverhältnisse mit Frau von Stein, Frau von
Sesenheim und Charlotte Puff. Hitler dagegen trinkt
nur Selterwasser und raucht außer den Zigarren, die er
seinen Unterführern verpaßt, gar nicht.

Gleichnis: Zwischen Hitler und von Goethe bestehen
55 aber auch ausgleichende Berührungspunkte. Beide
haben in Weimar gewohnt, beide sind Schriftsteller und
beide sind sehr um das deutsche Volk besorgt, um welches uns die anderen Völker so beneiden. Auch hatten
beide einen gewissen Erfolg, wenn auch der Erfolg
60 Hitlers viel größer ist. Wenn wir zur Macht gelangen,
schaffen wir Goethe ab.

Beispiel: Wie sehr Hitler Goethe überragt, soll in fol-
gendem an einem Beispiel begründet werden. Als Hitler
in unserer Stadt war, habe ich ihn mit mehreren andern
65 Hitlerjungens begrüßt. Der Osaf hat gesagt, ihr seid die
deutsche Jugend, und er wird seine Hand auf euern
Scheitel legen. Daher habe ich mir für diesen Tag einen
Scheitel gemacht. Als wir in die große Halle kamen,
waren alle Plätze, die besetzt waren, total ausverkauft
70 und die Musik hat gespielt, und wir haben mit Blumen
dagestanden, weil wir die deutsche Jugend sind. Und da
ist plötzlich der Führer gekommen. Er hat einen Bart
wie Chaplin, aber lange nicht so komisch. Uns war sehr
feierlich zu Mute, und ich bin vorgetreten und habe
75 gesagt Heil. Da haben die anderen auch gesagt heil und
Hitler hat uns die Hand auf jeden Scheitel gelegt und
hinten hat einer gerufen stillstehn! weil es photogra-
phiert wurde. Da haben wir ganz stillgestanden und der
Führer Hitler hat während der Photographie gelächelt.
80 Dieses war ein unvergeßlicher Augenblick fürs ganze
Leben und daher ist Hitler viel größer als von Goethe.

Beleg: Goethe war kein gesunder Mittelstand. Hitler
fordert für alle SA und SS die Freiheit der Straße sowie
das alles ganz anders wird. Das bestimmen wir! Goethe
85 als solcher ist hinreichend durch seine Werke belegt,
Hitler als solcher aber schafft uns Brot und Freiheit,
während Goethe höchstens lyrische Gedichte gemacht
hat, die wir als Hitlerjugend ablehnen, während Hitler
eine Millionenpartei ist. Als Beleg dient ferner, daß
90 Goethe kein nordischer Mensch war, sondern egal nach
Italien fuhr und seine Devisen ins Ausland verschob.
Hitler aber bezieht überhaupt kein Einkommen, sondern die Industrie setzt dauernd zu.

Schluß: Wir haben also gesehen, daß zwischen Hitler
95 und Goethe ein Vergleich sehr zu Ungunsten des letzte-
ren ausfällt, welcher keine Millionenpartei ist. Daher
machen wir Goethe nicht mit. Seine letzten Worte
waren mehr Licht, aber das bestimmen wir! Ob einer
größer war von Schiller oder Goethe, wird nur Hitler
100 entscheiden und das deutsche Volk kann froh sein, daß
es nicht zwei solche Kerle hat!

Erich Kästner

Im Café Carlton in Berlin saß in den Herbstmonaten des Jahres 1927 täglich ein junger Mann. Er aß Apfelstrudel mit Schlagsahne und schrieb. Ein Konzert-Trio machte Musik. Der Mann war Erich Kästner (1899-1974). Er schrieb in diesen Monaten im Café die Gedichte aus *Herz auf Taille* (1928) und das weltberühmte Jugendbuch *Emil und die Detektive* (1928). Neben vielen anderen kamen später noch die Jugendbücher *Pünktchen und Anton* (1932) und *Das doppelte Lottchen* (1949) hinzu.

Fabian

In dem Roman *Fabian* (1931) gibt Kästner eine satirische Beschreibung des Lebens in Berlin. Der Germanist Dr. Jakob Fabian schlägt sich in Berlin als Reklametexter für eine Zigarettenfabrik durch. Er lernt Menschen aus allen sozialen Schichten kennen und durchlebt die erotischen und alkoholischen Versuchungen der Großstadt. Fabian verliebt sich in die Juristin Cornelia. Als er arbeitslos wird, verläßt sie ihn und wird die Geliebte eines Film-chefs. Sein Freund Labude begeht Selbstmord. Fabian geht zurück in seine Heimatstadt. Er stirbt bei dem Ver-such, einen kleinen Jungen aus einem Fluß zu retten: 'Der kleine Junge schwamm heulend ans Ufer. Fabian ertrank. Er konnte leider nicht schwimmen.'

Kästners Gedichte waren eine ironische Auseinanderset-zung mit den chauvinistischen Spießbürgern und Milita-risten. Auch seine Bücher wurden 1933 von den Nazis ver-brannt. Er wurde mehrfach verhaftet und erhielt ein Schreibverbot.

△ *Walter Trier, Buchumschlag zu 'Emil und die Detektive' (1928). In diesem Buch entlarven einige Jungen einen Dieb*
▷ *George Grosz, Buchumschlag zu 'Kleiner Mann was nun?' (1932). Grosz (1893-1959) war einer der schärfsten Kritiker des Militarismus und Kapitalismus der zwanziger Jahre.*

Kennst Du das Land, wo die Kanonen blühen?

Kennst du das Land, wo die Kanonen blühn?
Du kennst es nicht? Du wirst es kennenlernen!
Dort stehn die Prokuristen stolz und kühn
in den Bureaus, als wären es Kasernen.

5 Dort wachsen unterm Schlips Gefreitenknöpfe.
Und unsichtbare Helme trägt man dort.
Gesichter hat man dort, doch keine Köpfe.
Und wer zu Bett geht, pflanzt sich auch schon fort!

Wenn dort ein Vorgesetzter etwas will
10 – und es ist sein Beruf, etwas zu wollen –
steht der Verstand erst stramm und zweitens still.
Die Augen rechts! Und mit dem Rückgrat rollen!

Die Kinder kommen dort mit kleinen Sporen
und mit gezognem Scheitel auf die Welt.
15 Dort wird man nicht als Zivilist geboren.
Dort wird befördert, wer die Schnauze hält.

Kennst Du das Land? Es könnte glücklich sein.
Es könnte glücklich sein und glücklich machen!
Dort gibt es Äcker, Kohle, Stahl und Stein
20 und Fleiß und Kraft und andre schöne Sachen.

Selbst Geist und Güte gibt's dort dann und wann!
Und wahres Heldentum. Doch nicht bei vielen.
Dort steckt ein Kind in jedem zweiten Mann.
Das will mit Bleisoldaten spielen.

25 Dort reift die Freiheit nicht. Dort bleibt sie grün.
Was man auch baut, – es werden stets Kasernen.
Kennst Du das Land, wo die Kanonen blühn?
Du kennst es nicht? Du wirst es kennenlernen!

Hans Fallada

Der Lebenslauf von Hans Fallada (1893-1947) ist ein Beispiel für die Entwurzelung der Menschen im 20. Jahrhundert. Er war als Kind kränklich. Mit siebzehn beging er einen Selbstmordversuch, mit achtzehn tötete er in einem Duell seinen Freund. Er kam in eine Heilanstalt. Mit 23 wurde er rauschgiftsüchtig, später Alkoholiker. Schreibend versucht er sich zu befreien.

Falladas Erfolgsroman ist *Kleiner Mann – was nun?* (1932). Er schildert darin das alltägliche Leben der kleinen Leute in der Zeit der großen Arbeitslosigkeit zu Anfang der dreißiger Jahre. Die tatsächliche Härte dieses Lebens wird dabei durch eine Idyllisierung der kleinbürgerlichen Familie abgemildert. Schärfere Gesellschaftskritik übte Fallada in *Wolf unter Wölfen* (1937).

Kleiner Mann – was nun?

Der kleine Angestellte Pinneberg liebt 'Lämmchen'. Als sie schwanger wird, heiraten sie. Pinneberg verliert seine Stelle. Seine Mutter in Berlin, die dort einen Club mit Falschspielern und Amüsiermädchen führt, verschafft ihm eine Stelle in einem Berliner Warenhaus. Dem harten täglichen Kampf um die Erfüllung des Verkaufssolls und mit mißgünstigen Kollegen steht das Glück der kleinen Familie mit Lämmchen und dem Kind 'Murkel' gegenüber. Wieder verliert Pinneberg seine Stelle. Die Familie muß in ein Schreberhäuschen vor der Stadt ziehen. Pinneberg ist arbeitslos und mutlos. Nur 'das alte Glück' und 'die alte Liebe' halten ihn aufrecht. Was nun?

'Also hören Sie mal zu, Pinneberg,' sagt Spannfuß, und sein Ton ist ganz anders. Nichts mehr von ernster, väterlicher Besorgtheit, nein, er ist einfach grob. 'Sie sind heute wieder mal eine halbe Stunde zu spät gekommen.
5 Was Sie sich darunter vorstellen, ist mir etwas schleierhaft. Vermutlich wollen Sie uns zu verstehen geben, daß

Ihnen das Haus Mandel piepe ist, schnurz und piepe. Bitte, junger Mann, von uns aus...!'
Er machte eine große Handbewegung nach der Tür.
10 Eigentlich hatte sich Pinneberg überlegt, daß ja doch alles egal ist, sie schmeißen ihn ja doch raus. Aber plötzlich ist die Hoffnung da, und er sagt ganz leise und gedrückt: 'Ich bitte um Verzeihung, Herr Spannfuß, mein Kind ist heute nacht krank geworden, ich bin
15 rumgelaufen und habe eine Schwester geholt...'
Er sieht etwas hilflos auf die drei.
'Also ihr Kind,' sagt Herr Spannfuß. 'Diesmal ist ihr Kind krank geworden. Vor vier Wochen – oder war es vor zehn Wochen? – haben Sie ewig gefehlt wegen Ihrer
20 Frau. In zwei Wochen wird wahrscheinlich Ihre Großmutter sterben und in einem Monat Ihre Tante ein Bein brechen...'
Er hält inne. Dann mit neuer Kraft: 'Sie überschätzen das Interesse, das die Firma an Ihrem Privatleben
25 nimmt. Ihr Privatleben ist für das Haus Mandel ohne Interesse. Legen Sie Ihre Geschichten gefälligst so, daß Sie außerhalb der Geschäftsstunden erledigt werden können.' Wieder Pause, dann: 'Die Firma ermöglicht erst Ihr Privatleben, Herr! Erst kommt die Firma, noch
30 mal die Firma, zum drittenmal die Firma, und dann können Sie machen, was Sie wollen. Sie leben von uns, Herr, wir haben Ihnen die Sorge um Ihren Lebensunterhalt abgenommen, verstehen Sie das! Sie sind ja auch Ultimo pünktlich hier unten zum Gehaltsempfang.'
35 Er lächelt etwas, auch die anderen Herren lächeln, Pinneberg weiß, es wäre gut, wenn er jetzt auch ein bißchen lächelte, aber es geht beim besten Willen nicht.
Abschließend sagt Herr Spannfuß: 'Also merken Sie sich das, bei der nächsten Unpünktlichkeit fliegen Sie fristlos
40 auf die Straße. Dann können Sie sehen, wie das Stempeln tut. Es gibt ja so viele... Wir verstehen uns, nicht wahr, Herr Pinneberg?'
Pinneberg sieht ihn stumm an.
Herr Spannfuß lächelt. 'Ihr Blick ist sicher sehr aus-
45 drucksvoll, Herr Pinneberg. Aber ich möchte es doch gerne mündlich von Ihnen bestätigt hören. Wir verstehen uns!'
'Ja,' sagte Pinneberg leise.
'Schön, dann können Sie also gehen.'
50 Und Pinneberg geht.

Erich Maria Remarque

Der Antikriegsroman *Im Westen nichts Neues* (1929) von Erich Maria Remarque (1898-1970) ist in einer Weltauflage von mehr als acht Millionen Exemplaren verbreitet. Remarque wurde 1916 Soldat. Nach dem Krieg war er Lehrer, Kaufmann und Journalist. Die Nazis verbrannten seine Bücher. Er ging ins Exil in die USA.

Im Westen nichts Neues

Direkt von der Schulbank wird Paul Bäumer auf die Schlachtfelder des Ersten Weltkriegs geschickt. Am Anfang ist er kriegsbegeistert. Beim sinnlosen Kasernenhofdrill des Unteroffiziers Himmelstoß kommen ihm erste Zweifel. Paul Bäumer lernt an der Westfront alle Schrecken und die Sinnlosigkeit dieses Krieges kennen. In meist nüchternem Reportagestil schildert Remarque die Frontkämpfe und das Sterben der Soldaten. Im Herbst 1918 hofft Paul auf den Frieden. 'Er fiel im Oktober 1918, an einem Tag, der so ruhig und still war an der ganzen Front, daß der Heeresbericht sich nur auf den Satz beschränkte, im Westen sei nichts Neues zu melden.'

'Was ist los, Albert?' frage ich.
'Drüben haben ein paar Kolonnen Volltreffer gekriegt.'
Das Schreien dauert an. Es sind keine Menschen, sie können nicht so furchtbar schreien.
5 Kat sagt: 'Verwundete Pferde!'
Ich habe noch nie Pferde schreien gehört und kann es kaum glauben. Es ist der Jammer der Welt, es ist die gemarterte Kreatur, ein wilder grauenvoller Schmerz, der da stöhnt. Wir sind bleich.
10 Detering richtet sich auf. 'Schinder, Schinder! Schießt sie doch ab!'
Er ist Landwirt und mit Pferden vertraut. Es geht ihm nahe. Und als wäre es Absicht, schweigt das Feuer jetzt beinahe. Um so deutlicher wird das Schreien der Tiere.
15 Man weiß nicht mehr, woher es kommt in dieser jetzt so stillen, silbernen Landschaft, es ist unsichtbar, geisterhaft, überall, zwischen Himmel und Erde, es schwillt unermeßlich an – Detering wird wütend und brüllt: 'Erschieß sie, erschieß sie doch, verflucht noch mal!'
20 'Sie müssen doch erst die Leute holen,' sagt Kat.

△ *Szenenphoto aus dem Film 'Im Westen nichts Neues'*

Wir sehen auf und suchen, wo die Stelle ist. Wenn man die Tiere erblickt, wird es besser auszuhalten sein. Meyer hat ein Glas bei sich. Wir sehen eine dunkle Gruppe, Sanitäter mit Tragbahren und schwarze, größere Klumpen, die sich bewegen. Das sind die verwundeten Pferde.
25 Aber nicht alle. Einige galoppieren weiter entfernt, brechen nieder und rennen weiter. Einem ist der Bauch aufgerissen, die Gedärme hängen lang heraus. Es verwickelt sich darin und stürzt, doch es steht wieder auf.
30 Detering reißt das Gewehr hoch und zielt. Kat schlägt es in die Luft. 'Bist du verrückt?'
Detering zittert und wirft sein Gewehr auf die Erde.
Wir setzen uns hin und halten uns die Ohren zu. Aber dieses entsetzliche Klagen und Stöhnen und Jammern
35 schlägt durch, es schlägt überall durch.
Wir können alle etwas vertragen. Hier aber bricht uns der Schweiß aus. Man möchte aufstehen und fortlaufen, ganz gleich wohin, nur um das Schreien nicht mehr zu hören. Dabei sind es doch keine Menschen, sondern nur Pferde.
40 Von dem dunklen Knäuel lösen sich wieder Tragbahren. Dann knallen einzelne Schüsse. Die Klumpen zucken und werden flacher. Endlich! Aber es ist noch nicht zu Ende. Die Leute kommen nicht an die verwundeten Tiere heran, die in ihrer Angst flüchten, allen Schmerz in
45 den weit aufgerissenen Mäulern. Eine Gestalt geht aufs Knie, ein Schuß – ein Pferd bricht nieder, noch eins. Das letzte stemmt sich auf die Vorderbeine und dreht sich im Kreis wie ein Karussell, sitzend dreht es sich auf den hochgestemmten Vorderbeinen im Kreise, wahrscheinlich
50 ist der Rücken zerschmettert. Der Soldat rennt hin und schießt es nieder. Langsam, demütig rutscht es zu Boden.

Klaus Mann

Nachdem Hitler und seine Partei in den Besitz der Macht gekommen waren, war die Politik mit aller zur Verfügung stehenden Gewalt auf die Verfestigung dieser Macht gerichtet. Das galt auch für die Kulturpolitik. Nach der Errichtung der 'Reichsschrifttumskammer' durch den 'Reichspropagandaminister' Goebbels im September 1933 war die 'Gleichschaltung' der Schriftsteller vollzogen. Damit blieb für diejenigen, die nicht gleichgeschaltet werden konnten oder die sich nicht gleichschalten ließen, nichts anderes übrig, als das Land zu verlassen.

Klaus Mann (1906-1949), der älteste Sohn von Thomas Mann, war einer der ersten, die ins Exil gingen und sich sofort in den Kampf gegen die NS-Diktatur warfen. Er wurde zur zentralen Figur der antifaschistischen Publizistik, vor allem durch die Herausgabe der Exilzeitschrift *Die Sammlung*, die bei Querido in Amsterdam erschien. Er war der Meinung, daß die Exilliteratur die Welt vor dem Dritten Reich warnen und sie über die wahre Art dieses Regimes aufklären müsse. Andererseits sollte sie aber auch die großen Traditionen des deutschen Geistes fortsetzen, denn sie repräsentierte das bessere Deutschland.

Mephisto

Auch in seinen wichtigsten Zeitromanen behandelt er dieses Problem. 1936 erschien *Mephisto. Roman einer Karriere*. Er stellt hier einen skrupellos auf seine Karriere gerichteten Schauspieler dar, dem alle Mittel recht sind, sein Ziel zu erreichen. Nicht nur auf der Bühne, sondern auch im Leben ist er Schauspieler. Ohne politisches Engagement läßt er sich mit dem NS-Staat ein, wird gefeierter Staatsschauspieler und Intendant.
Klaus Mann wollte hiermit einen Typ darstellen und zwar den des Mitläufers, dessen verhängnisvolle Rolle gerade die Machtentfaltung des Dritten Reiches möglich machte. Viele Leser haben jedoch in dem Schauspieler ein Porträt des bekannten Schauspielers Gustav Gründgens erkannt. Gründgens fühlte sich angegriffen und hat auf dem Gerichtsweg erreicht, daß dieser Roman nach 1945 für Jahrzehnte nicht in Deutschland veröffentlicht werden durfte.

In einem anderen Roman, *Der Vulkan* (1939), gibt Klaus Mann auf Grund mehrerer Einzelschicksale ein Bild von der Situation der Emigranten in den Jahren 1933-1938. Die Not der Verbannung, die schmerzlich empfundene Heimatlosigkeit und die Folgen der geistigen Wurzellosigkeit stehen im Mittelpunkt.

Der Wendepunkt

Schon im Krieg arbeitete Klaus Mann an seinem Lebensbericht mit dem Titel *Der Wendepunkt*. Er erschien 1952 in deutscher Sprache (englisch zum Teil schon 1942). Über die Jahre 1936-1939 schreibt er unter anderem:

> Wir sprachen gegen Krieg und Faschismus. Aber Europa, in seiner Angst vor der eingebildeten Gefahr des Kommunismus, schloß die Augen vor der wirklichen Drohung. Aus blinder, dummer, abergläubischer Angst
> 5 vor dem sozialen Fortschritt akzeptierte Europa den krassen sozialen Rückschritt, nämlich den Faschismus und damit den Krieg. [...]
> Erika und ich beschlossen, im Lande Roosevelts unser Glück zu versuchen.
> 10 Nicht, als ob damals, im Herbst des Jahres 1936, der Aufenthalt in Europa für Menschen unserer Art völlig unmöglich gewesen wäre! 'Die Pfeffermühle' spielte noch vor vollen Häusern in Holland, Belgien, Luxemburg, der Tschechoslowakei; meine Bücher konnten
> 15 noch erscheinen, für meine journalistische Arbeit gab es noch Abnehmer in Paris, Prag, Amsterdam, Zürich, Basel und einigen anderen Städten. Aber man bewegte sich auf vulkanisch unsicherem Boden. Je mehr Macht und Prestige das Dritte Reich gewann, desto prekärer
> 20 wurden die Positionen der deutschen Antifaschisten im Lande selbst und draußen, im Exil. Überall ließ man uns spüren, daß wir nur eben geduldet waren. Wie lange noch? Das hing von Umständen ab, die sich kaum vorhersehen und gewiß nicht beeinflussen ließen. Sollte
> 25 man wieder warten bis zum letzten Augenblick? Morgen würden wir vielleicht nach Deutschland ausgeliefert, oder die Nazis fielen in unser Gastland ein. Dann wäre es zu spät. Lieber unternahm man rechtzeitig eine Erkundungsfahrt nach dem Erdteil, wo die Demokratie
> 30 noch stark war und Vertrauen zu sich selbst hatte.

Lion Feuchtwanger

Lion Feuchtwanger (1884-1958) ist weltberühmt geworden als Verfasser historischer und zeitgeschichtlicher Romane. Sein erster großer Roman war *Jud Süß* (1925). Er schildert darin, mit einem bewußten Bezug zur Gegenwart, einen Massenausbruch von Antisemitismus.

Jud Süß

Der Roman behandelt das Leben des Joseph Süß Oppenheimer (1692-1738). 1733 wird der katholische Prinz Karl Alexander Herzog von Württemberg. Das protestantische Land fühlt sich von dem katholischen Herzog ständig bedroht. Süß wird sein Finanzberater. Er ist dem immer um Geld verlegenen Herzog völlig ergeben und er versucht, die nötigen Geldsummen durch ständig steigende Steuern zu beschaffen. Als der Herzog jedoch die schöne Tochter von Süß, die dieser verborgen gehalten hatte, verführen will, und sie sich nur durch den Tod vor dem Herzog retten kann, schwört Süß ihm Rache. Als der Herzog das Land durch einen Staatsstreich katholisch machen will, verrät Süß den Plan an die Protestanten. Der Herzog stirbt plötzlich an einem Herzschlag. Nun richtet sich die Volkswut auf Süß, der inzwischen zu seinem jüdischen Glauben zurückgefunden hat. Auf Grund von Scheinargumenten wird ihm der Prozeß gemacht und er wird, da er sich auch nicht taufen lassen will, zum Tode am Galgen verurteilt.

1930 erschien Feuchtwangers erster großer Zeitroman: *Erfolg. Drei Jahre Geschichte einer Provinz.* Hierin behandelt er die Geschichte Bayerns von 1921-1924. Im Mittelpunkt steht ein Meineidprozeß. Durch ihn wird die reaktionäre und korrupte bayrische Justiz entlarvt. Neben der Haupthandlung werden viele Nebenhandlungen aufgenommen, wobei unter anderem der Hitlerputsch von 1923 eine große Rolle spielt. Die Bedeutung des Romans liegt in der erstaunlich richtigen Prognose des aufkommenden Faschismus.

Zur Zeit der Machtübernahme Hitlers befand sich Feuchtwanger in Amerika. Er konnte nicht mehr nach Deutschland zurückkehren und ließ sich in Sanary-sur-

△ Elisabeth Shaw, 'Lion Feuchtwanger' (1935)
△△ *Zeitgenössische Zeichnung. 1738 wurde Jud Süß an einem eigens für ihn angefertigten Galgen in einem Käfig erhängt*
▷▷ *Karl Schwesig, 'Im Nazikeller' (1935-1936)*

Mer in Südfrankreich nieder. 1940 konnte er noch mit knapper Not vor den deutschen Truppen nach Amerika entkommen.

Die Geschwister Oppermann

1933 veröffentlichte Feuchtwanger den Roman *Die Geschwister Oppenheim* (späterer Titel: *Die Geschwister Oppermann*), in dem er am Beispiel einer jüdischen Familie die Judenverfolgung in Berlin beschreibt. Gustav Oppenheim stirbt an den Folgen seiner Haft im KZ. Seine Geschwister, unter anderem sein Bruder Martin (Seniorchef eines großen Möbelgeschäftes), werden zur Emigration gezwungen. Die Verhaftung Martins wird folgendermaßen beschrieben:

> In das Chefkontor in der Gertraudtenstraße kam der Jude Markus Wolfsohn. Er war von den Deutschen Möbelwerken entlassen worden. 'Schön, Wolfsohn,' sagte Martin, 'Sie können bei mir eintreten.' Noch am
> 5 gleichen Nachmittag erschien bei Martin der Packer Hinkel, Leiter der völkischen Betriebszelle des Möbelhauses Oppenheim. Erregt verlangte er, Martin habe Herrn Wolfsohns Einstellung sowie die von drei andern jüdischen Verkäufern rückgängig zu machen und statt
> 10 ihrer 'Arier' einzustellen. 'Ich glaube,' sagte freundlich

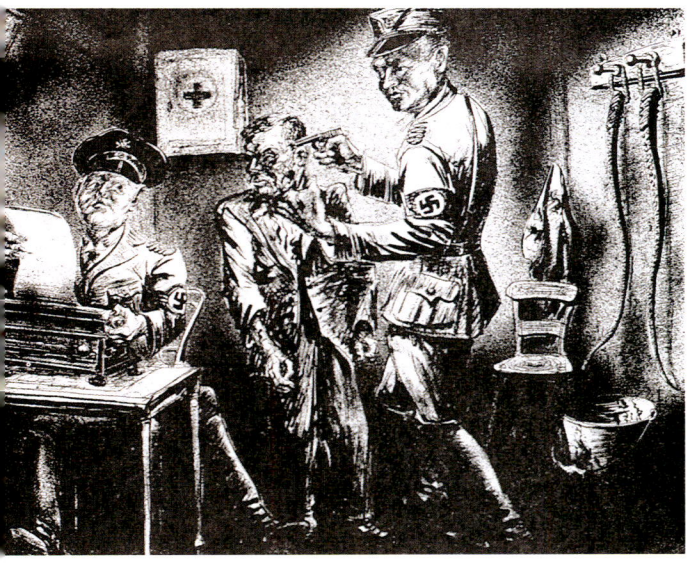

Martin, 'Sie täuschen sich über ihre Befugnisse, Hinkel,' und er zeigte ihm eine Zeitungsmeldung. Nur amtliche Stellen, hieß es da, nicht die Leiter einzelner völkischer Organisationen dürften in die Betriebsleitung eingreifen.

15 Bösartig, aus engen Augen, schaute der Packer Hinkel seinen Chef an. 'Erstens,' erwiderte er, 'haben Sie, wenn ich in Uniform bin, Herr Hinkel zu mir zu sagen. Zweitens ist diese Verordnung nur für das Ausland gedruckt und geht mich nichts an. Drittens werde ich über Ihr

20 Verhalten an geeigneter Stelle zu berichten wissen.' 'Schön,' sagte Martin. 'Aber jetzt sehen Sie zu, Herr Hinkel, daß endlich die Sendung für Seligmann & Co fertig wird. Herr Brieger sagte mir, es liege nur an Ihnen, daß die Sendung nicht schon gestern abging.' 'Die

25 Arbeit für den nationalen Aufstieg geht vor,' erwiderte der Packer Hinkel.

In der Nacht darauf, gegen Morgen, kamen sie zu Martin Oppenheim in die Corneliusstraße. Das verstörte Mädchen beiseite schiebend, stand einer mit Revolver

30 und Gummiknüppel in Martins und Liselottes Schlafzimmer, hinter ihm vier oder fünf andere, sehr junge Burschen. 'Herr Oppenheim?' fragte der Führer höflich. 'Ja,' sagte Martin. Es war nicht Schreck oder der Wille zur Unfreundlichkeit, was seine Stimme brummig klin-

35 gen ließ, sondern es war nur, weil er noch verschlafen war. Liselotte war hochgefahren, aus großen, entsetzten Augen starrte sie auf die Burschen. Es war ein Glück, sagte man überall im Reich, in die Hände der Staatspolizei zu fallen, aber wehe dem, der in die Hände der Völ-

40 kischen fiel und dies waren Völkische. 'Was wollen Sie von uns?' fragte Liselotte ängstlich. 'Von ihnen gar nichts, meine Dame,' sagte der junge Mensch. 'Sie haben sich anzuziehen und mit uns zu kommen,' sagte er zu Martin. 'Schön,' sagte Martin. Er überlegte an-

45 gestrengt, welche Stellung der Bursche wohl in der Landsknechtsarmee einnahm; man erkannte das an dem Aufschlag am Kragen, dem sogenannten Spiegel. Aber wie man so einen hieß, darauf konnte Martin nicht kommen. Er hätte ihn am liebsten gefragt, aber das

50 hätte der junge Mensch wohl als Hohn aufgefaßt. Im übrigen war Martin sehr ruhig. Man wußte, daß in den Kellern der Landsknechtsunterkünfte viele erschlagen worden waren, man kannte die Namen, und ganz unzerzaust kamen aus diesen Kellern nur wenige heraus; aber

55 er hatte seltsamerweise keine Angst. 'Sei ruhig, Liselotte,' bat er. 'Ich bin bald wieder zurück.' 'Das hängt wohl nicht von Ihnen allein ab, Herr,' sagte der mit den zwei Sternen.

Sie brachten ihn in eine Taxe. Er saß schlaff da, die

60 Augen halb geschlossen. Es kann ihm wenig mehr passieren. Eigentlich sind seine Dinge in Berlin erledigt. Was immer Martin geschieht, Liselotte wird zu leben haben.

Seine Begleiter unterhalten sich halblaut: 'Ob wir ihn

65 gleich an die Wand stellen? Hoffentlich dürfen wir ihn verhören: nicht die Achtunddreißiger.' Martin wiegt den Kopf. Was für kindliche Methoden. Sie wollen, daß er seine jüdischen Angestellten entläßt. Vielleicht werden sie ihm das durch Mißhandlungen abzutrotzen suchen.

70 Man hat Großkaufleute, Betriebsdirektoren in völkische Kasernen geschleppt, in Konzentrationslager, um ihnen ihren freiwilligen Rücktritt abzupressen oder den Verzicht auf irgendwelche Rechtstitel. Die Völkischen wollen die Industrie, die die fünfhunderttausend Juden auf-

75 gebaut haben, für sich selber. Sie wollen ihre Geschäftshäuser, ihre Stellungen, ihr Geld. Dafür ist ihnen jedes Mittel recht. Er glaubt nicht, daß sie ihn lange dabehalten werden. Liselotte wird telefonieren, Mühlheim wird telefonieren.

80 Man brachte ihn in ein oberes Stockwerk, in einen kah-

len Raum. Ein Mann saß da mit vier Sternen am Uniformkragen, ein anderer an einer Schreibmaschine. Der mit den zwei Sternen meldete: 'Truppenführer Kersing mit einem Gefangenen.' Richtig, Truppenführer heißen
85 die mit den zwei Sternen. Man fragte Martin die Personalien ab. Dann erschien einer in einer reicheren braunen Uniform, keine Sterne am Kragen, sondern ein Blatt. Der Mann setzte sich hinter den Tisch. Es war ein ziemlich großer Tisch, ein Leuchter mit Kerzen stand
90 darauf, eine Flasche Bier und einige nach Jurisprudenz aussehende Bücher. Der Mann warf die Bücher durcheinander. Martin beschaute sich den Leuchter. 'Was für eine läppische Aufmachung,' dachte er. 'Der hat also ein Blatt am Kragen. Es ist übrigens kein Blatt, sondern
95 Eichenlaub. In diesen Dingen sind sie sehr genau.'
'Sie heißen Martin Oppenheim,' fragte der mit dem Eichenlaub. 'Das dürften sie nun endlich wissen,' denkt Martin. 'Standarte heißt das,' fällt ihm ein. 'Standartenführer heißt so einer mit dem Laub, das ist schon ein
100 ganz Großer, ein Räuberhauptmann. 'Ja,' sagt er. 'Sie haben sich Anordnungen der Regierung widersetzt?' fragte man ihn hinter dem Leuchter. 'Nicht daß ich wüßte,' sagte Martin. 'In diesen Zeiten,' sagt jetzt ernst der mit dem Eichenlaub, 'ist Widerstand gegen die
105 Anordnungen des Führers eine landesverräterische Haltung.' Martin zuckte die Achseln. 'Ich habe mich den Anordnungen meines Packers Hinkel widersetzt,' sagte er, 'von dem mir nicht bekannt ist, daß ihm irgendeine amtliche Funktion zugewiesen worden wäre.' 'Schreiben
110 Sie,' sagte der mit dem Eichenlaub, 'der Angeklagte leugnet und macht Ausflüchte. Führen Sie den Mann ab,' ordnet er an.
Der Zweigesternte und drei andere brachten Martin die Treppe wieder hinunter und dann noch tiefer, über
115 schlechterleuchtete Stufen. 'Dies also ist der Keller,' dachte Martin. Man kam jetzt vollends ins Dunkle, es ging durch einen langen Gang. Man packte Martin hart an den Armen. 'Gehen Sie im Schritt, Mensch,' sagte eine Stimme. Es war ein langer Korridor, es ging um
120 eine Ecke, um noch eine. Jemand leuchtete ihm mit einer elektrischen Lampe ins Gesicht. Nun ging es ein paar Stufen hinauf. 'Bleib im Schritt, Kerl,' sagte man zu ihm und schubste ihn in den Rücken. 'Was für kindische Methoden', dachte Martin.

125 Man mochte ihn zehn Minuten kreuz und quer geführt haben, dann stieß man ihn in einen größeren, dämmrigen Raum. Das hier sah ernster aus. Auf Lumpen und Pritschen lagen Menschen, ihrer zwanzig bis dreißig, halbnackt, blutig, stöhnend, übel anzuschauen. 'Sag
130 Heil Hitler, wenn du wo eintrittst,' kommandierte einer von seinen Begleitern und stieß ihn in die Seite. 'Heil Hitler,' sagte folgsam Martin. Sie schoben sich durch die engen Reihen der übel Anzusehenden, Stöhnenden. Geruch von Schweiß, Kot, Blut war im Raum. 'In War-
135 teraum vier ist kein Platz mehr,' sagte der Zweigesternte. Man brachte Martin in einen anderen Raum, der kleiner war, grell erleuchtet. Hier standen ein paar Menschen, mit dem Gesicht gegen die Wand. 'Stell dich hierher, Saujud,' sagte man zu Martin, und er mußte sich neben
140 die andern stellen. Ein Grammophon spielte das Horst-Wessel-Lied. 'Die Straße frei den braunen Bataillonen,' quäkte es, 'Die Straße frei dem Sturmabteilungsmann.' 'Willst du still stehn, Mensch,' sagte einer und schlug ihn über die Schulter. Es tat weh, aber eigentlich nicht
145 sehr. Dann begann wieder das Grammophon. Die Nadel ist abgenützt, dachte Martin, und ich bin hundemüde. Einmal wird es denen auch zu langweilig werden, meinen Rücken anzuschauen.'
'Wir beten jetzt das Vaterunser,' kommandierte die Stim-
150 me. Gehorsam sagten sie das Vaterunser her. Martin hatte es lange nicht gehört, er hatte nur eine vage Ahnung. Er achtete genau auf die Worte, eigentlich waren es gute Worte. Das Grammophon verkündete die fünfundzwanzig Punkte des Parteiprogramms. 'Jetzt habe ich ja mein
155 Training in einem gewissen Sinn,' dachte Martin. 'Liselotte hängt jetzt sicher an der Strippe und telefoniert. Mühlheim auch. Liselotte, das ist das Schlimmste.'
Zwei Stunden stehen, das klingt nach nichts. Aber es ist nicht leicht für einen Mann, nahe der Fünfzig, und
160 keine körperlichen Anstrengung gewohnt. Das grelle Licht und sein Widerschein an der Wand quälte Martins Augen, das Gequäke des Grammophons seine Ohren. Aber dann, ihm schien es eine Ewigkeit, es waren zwei Stunden, wurde es ihnen wirklich zu langweilig. Sie
165 befreiten ihn von der Wand, führten ihn wieder über Treppen und durch dunkle Gänge und schließlich in ein kleines Zimmer, ziemlich dunkel. Diesmal saß einer mit drei Sternen vor einem Tisch mit einem Leuchter.

△ *Felix Nußbaum, 'Selbstbildnis mit Judenpaß' (1943). Nußbaum ist 1933 nach Belgien geflüchtet und hat sich dort bis kurz vor Kriegsende versteckt gehalten. Vier Wochen vor der Befreiung Belgiens wurden er und seine Familie deportiert und in Auschwitz umgebracht*

'Haben Sie noch einen Wunsch? Oder haben Sie sonst
170 noch etwas zu bestellen?' fragte er Martin.

Wieder übernahmen ihn die Jungens. Martin hätte sich
am liebsten mit ihnen unterhalten, aber er war zu müde.
Der nächste, der mit ihm sprach, war der Packer Hinkel.
Er war nicht in Uniform. 'Ich habe mich für Sie einge-
175 setzt, Herr Oppenheim,' sagte er, ihn aus seinen engen
Augen musternd. 'Schließlich war man einige Jahre zusammen. Ich glaube, es ist besser, Sie geben nach. Unter-
schreiben Sie, daß Sie sich den Anordnungen des
Betriebsrats fügen und die vier Leute entlassen, und Sie
180 sind frei.' 'Sie meinen es wahrscheinlich gut, Herr Hinkel,' sagte friedfertig Martin. 'Aber hier unterhandle ich
nicht mit Ihnen. Über Geschäfte verhandle ich nur in
der Gertraudtstraße.' Der Packer Hinkel zuckte die
Achseln.

185 Man wies Martin eine Pritsche an in einer kleinen Kammer. Er hatte Kopfschmerzen; auch die Stelle am Rücken,
auf die man ihn geschlagen hatte, schmerzte jetzt.

Er versuchte sich die Sätze des Vaterunsers ins Gedächtnis zurückzurufen. Aber die hebräischen Worte des
190 Totengebetes, die er unlängst gesprochen hatte, drängten vor. Es war gut, allein zu sein. Er war sehr erschöpft.
Aber man schaltete das Licht nicht aus, das hinderte ihn
am Schlafen.

Noch bevor die Nacht um war, wurde er wieder in den
195 Raum gebracht, wo man ihn aufgenommen hatte. Hinter dem Tisch mit dem Leuchter saß jetzt einer ohne
Laub, mit nur zwei Sternen. 'Sie können gehen, Herr
Oppenheim,' sagte er. 'Es sind nur noch einige Formali-
täten zu erfüllen. Wollen Sie, bitte, das hier unterschrei-
200 ben.' Es war eine Bestätigung, daß er gut behandelt worden war. Martin las, wiegte den Kopf. 'Wenn ich zum
Beispiel meine Angestellten so behandelte,' sagte er, 'ich
weiß nicht, ob sie mir das bestätigten.' 'Sie wollen doch
nicht sagen, Herr,' schnarrte der Mensch, 'daß Sie hier
205 schlecht behandelt worden seien?'

'Wollen?' fragte Martin zurück. 'Schön,' sagte er, 'ich
werde es nicht sagen.' Er unterschrieb. 'Dann wäre noch
das da,' sagte der Mensch. Es war eine Anordnung, zwei
Mark zu bezahlen, eine Mark für Unterkunft, eine Mark
210 für Verpflegung und Behandlung. Die Musik ist frei,
dachte Martin. Er bezahlte, bekam eine Quittung.
'Guten Morgen,' sagte er. 'Heil Hitler,' sagte der Zweigesternte.

In dem Roman *Exil* (1940) behandelt Feuchtwanger die
Situation eines emigrierten Komponisten in Paris. Er
hält sich zunächst abseits. Als jedoch ein antifaschisti-
scher deutscher Journalist von der Gestapo entführt
wird, entschließt er sich zur Mitarbeit an einer Emigran-
tenzeitung. Dargestellt wird die von alltäglichen Sorgen
und Gefahren bestimmte Exilantenexistenz, das Schwan-
ken zwischen Hoffnung auf Rückkehr und völliger Verzweiflung. Dem steht das arrogante Verhalten der nationalsozialistischen Zeitungskorrespondenten in Paris
gegenüber.

Feuchtwanger faßte diese drei Romane, *Erfolg, Die Geschwister Oppermann* und *Exil*, später zusammen als
Romanzyklus mit dem Titel *Der Wartesaal*. Er wollte mit
diesen Zeitromanen eine Art Rechenschaftsbericht für die
Spätergeborenen ablegen.

Die Lyrik des Exils

Die bedrückende Situation des Exils kommt wohl am direktesten in der damals entstandenen Lyrik zum Ausdruck. Sie wurde in der Fremde und Verlassenheit geschrieben. Es sind Worte der Verfolgten, Dokumente einer barbarischen Zeit. Von Bertolt Brecht stammt ein geradezu programmatisches Gedicht über diese Problematik der Vertriebenen. Brecht weist die Bezeichnung Emigrant ab. Er sieht sich als Vertriebener, als Verbannter, der auf Rückkehr in das Heimatland hofft. Das Gedicht erschien 1939 in den *Svendborger Gedichten*. Brecht wohnte damals im Exil in Dänemark in der Nähe der kleinen Hafenstadt Svendborg.

△ *Umschlag der Anthologie jüdischer Gedichte 'Welch Wort in die Kälte gerufen' (1968)*
▷ *Nelly Sachs*

Das folgende Gedicht ist von dem österreichischen Lyriker Theodor Kramer (1897-1958). 1939 emigrierte er nach England, dort war er lange arbeitslos. Seine Mutter wurde 1943 in Theresienstadt umgebracht. Er selbst kehrte 1957 nach Wien zurück, wo er ein Jahr später vereinsamt und vergessen starb.

Über die Bezeichnung Emigranten

Immer fand ich den Namen falsch, den man uns gab:
         Emigranten.
Das heißt doch Auswanderer. Aber wir
wanderten doch nicht aus, nach freiem Entschluß
wählend ein anderes Land. Wanderten wir doch auch
         nicht
5 in ein Land, dort zu bleiben, womöglich für immer.
Sondern wir flohen. Vertriebene sind wir, Verbannte.
Und kein Heim, ein Exil soll das Land sein, das uns
         aufnahm.
Unruhig sitzen wir so, möglichst nahe den Grenzen
wartend des Tages der Rückkehr, jede kleine
         Veränderung
10 jenseits der Grenze beobachtend, jeden Ankömmling
eifrig befragend, nichts vergessend und nichts aufgebend
und auch verzeihend nichts, was geschah, nichts
         verzeihend.
Ach, die Stille der Stunde täuscht uns nicht! Wir hören
         die Schreie
aus ihren Lagern bis hierher. Sind wir doch selber
15 fast wie Gerüchte von Untaten, die da entkamen
über die Grenzen. Jeder von uns,
der mit zerrissenen Schuhn durch die Menge geht,
zeugt von der Schande, die jetzt unser Land befleckt.
Aber keiner von uns
20 wird hier bleiben. Das letzte Wort
ist noch nicht gesprochen.

Stehn meine Bücher...

Stehn meine Bücher, die ich vorm Verreisen
dir schenkte, noch auf deinem Bücherbord,
das roch nach Leder, Lack und schwarzem Eisen?
(Wir nahmen vielen noch den Umschlag fort.)
5 Kommst du dazu, in ihnen noch zu lesen,
wann sacht am Licht der Wände Schatten zehrt
und wann im Hinterhof der dürre Besen
des kranken Baums im Wind ans Fenster fährt?

Machst du noch Kringel aus gewiegten Nüssen,
10 kommt noch der alte Blockwart dir ins Haus,
hast du nicht manche doch verbrennen müssen,
und leihst du heimlich noch die andern aus?
Wen siehst du noch von Zeit zu Zeit von allen,
die zueinander ich bei Wein und Brot
15 noch führte, wer von ihnen ist gefallen,
und wen von ihnen schlug der Mordsturm tot?

Kann man bei Euch die Freundschaft noch bewahren,
und macht, versteckt, ein Blick noch warm ums Herz?
Ich weiß es nicht und werd es erst erfahren,
20 bis es nicht Feuer regnet mehr noch Erz.
Nichts kann ich tun, lang lieg ich wach im Leisen
und spür, wie mir der Laut im Mund verdorrt;
stehn meine Bücher, die ich vorm Verreisen
dir schenkte, noch auf deinem Bücherbord?

Hans Sahl (1902) studierte Kunstgeschichte und Literatur, war dann Theaterkritiker in Berlin. 1933 emigierte er nach Prag, dann Zürich, Paris und konnte noch 1941 nach Amerika entkommen. Hier schrieb er das folgende Gedicht.

Beim Lesen deutscher KZ-Berichte

Mein Kind, ich habe dir ein Hemd aus Zephir gekauft
und Mokassins aus Gazellenleder,
an deinem Bett stehen Hase und Bär Wache,
aber an den Stätten, über die kein Mund berichten
5   kann, ohne zu stammeln, hätten sie dich in ein Hemd
aus schwarzer Erde gekleidet und zu den Ratten
                                    geworfen.
Wie kann ich, der ich umsichtig und behutsam mit dir
                                    verfahre,
der ich dir die Milch bringe und laute Worte vermeide,
wie kann ich, was ich weiß und nicht mehr
10 vergessen werde, vor dir verbergen,
mich über dich beugen und in deinem Gesicht,
das mich ansieht, nicht die andern sehen,
sie verscheuchen wie Fliegen, die deine
                                    Nachtruhe stören?
Wie kann ich dir, in deinem Hemd aus Zephir
15 und den Mokassins aus Gazellenleder,
verständlich machen, daß ich schaudernd
eines Jahrhunderts innewerde, in dem dein Lächeln,
das mich entzückt, mir wie ein unverdienter
Besitz zufiel, scheu und nicht ohne Bangen
20 bewahrt, wie Hehlergut in einem unsicheren Versteck?

Eine ganz besondere Persönlichkeit ist Nelly Sachs (1891-1970). Sie lebte bis 1940 im Nazi-Deutschland. Mit Hilfe der schwedischen Dichterin Selma Lagerlöf konnte sie nach Schweden emigrieren. Unter dem Eindruck der Judenverfolgung entstand ihre Lyrik. Sie schrieb ihre Gedichte, um – wie sie selbst bekannte – überleben zu können. Es bleibt bei ihr aber nicht beim privaten Verarbeiten der Vergangenheit. Sie verbindet das jüdische Martyrium von Exil und Tod mit einem religiösen Erleben. Eigentlich bedeutet das, etwas in Worten auszudrücken, was nicht ausgedrückt werden kann. 1966 bekam sie den Nobelpreis.

▷ *Marc Chagall, 'Die Prise' ('Rabbiner') (1912)*

Welt, frage nicht...

Welt, frage nicht die Todentrissenen,
wohin sie gehen,
sie gehen immer ihrem Grabe zu.
Das Pflaster der fremden Stadt
5   war nicht für die Musik von Flüchtlingsschritten gelegt
                                    worden
die Fenster der Häuser, die eine Erdenzeit spiegeln
mit den wandernden Gabentischen der
                                    Bilderbuchhimmel –
wurden nicht für Augen geschliffen,
die den Schrecken an seiner Quelle tranken.

10 Welt, die Falte ihres Lächelns hat ihnen ein starkes Eisen
                                    ausgebrannt;
sie möchten so gerne zu dir kommen
um deiner Schönheit wegen,
aber wer heimatlos ist, dem welken alle Wege
wie Schnittblumen hin –

Ernst Jünger

'Alarme, Überfliegungen. Vom Dach des 'Raphael' sah ich zweimal in Richtung von Saint Germain gewaltige Sprengwolken aufsteigen, während Geschwader in großer Höhe davonflogen. [...] Beim zweiten Mal, bei Sonnenuntergang, hielt ich ein Glas Burgunder, in dem Erdbeeren schwammen, in der Hand. Die Stadt mit ihren roten Türmen und Kuppeln lag in gewaltiger Schönheit, gleich einem Kelche, der zu tödlicher Befruchtung überflogen wird.'

Diese Sätze schrieb Ernst Jünger (geb. 1895) als Offizier der deutschen Besatzungsmacht 1944 in Paris in sein Tagebuch. Immer wieder haben kritische Leser über die bei diesem Autor häufige Verbindung von Schrecken und Schönheit, von Gewalt und Lust, ihre Empörung geäußert. Schon in seinem ersten Buch, *In Stahlgewittern* (1920), beschrieb Jünger die gefährliche Lust am Kampf, die er als junger Offizier und Stoßtruppführer im Ersten Weltkrieg empfunden hat.
Dieses Buch gibt einen Eindruck von der für uns heute unverständlichen Begeisterung, mit der die Massen 1914 in den Krieg gezogen sind. Die Schrecken des Krieges werden nüchtern und ohne moralische Wertung beschrieben. Man spricht deshalb vom 'heroischen Nihilismus' Jüngers.

Ernst Jünger ist einer der umstrittensten deutschen Autoren dieses Jahrhunderts. Im Reich Hitlers war er ein angesehener Schriftsteller, vor allem wegen seiner Kriegsbücher. In seinem sozialphilosophischen Werk *Der Arbeiter* (1932) beschrieb er 'die totale Mobilmachung' der modernen Arbeitswelt. Dennoch war Jünger alles andere als ein Nazi. Er verstand sich nicht als Propagandist einer faschistischen Revolution, sondern wie Nietzsche als deren Prophet, als 'Seismograph' der Geschichte. In Hitler und den Nationalsozialisten sah er die Herrschaft des Niedrigen, des teuflischen Leviathans der modernen Massengesellschaft. Insofern gilt Jünger als Vertreter der inneren Emigration. Er zog sich auf einen geistigen Widerstand zurück. Jünger liebt symbolisches Erzählen. Sein bekanntester Roman, *Auf den Marmorklippen* (1939), ist von vielen als verschlüsselter Aufruf zum Widerstand gegen Hitler verstanden worden.

◁ *Ernst Jünger*
▷▷ *Max Ernst, 'Totem und Tabu' (1941). Zwischen den symbolischen Landschaften des Erzählers Ernst Jünger und denen des surrealistischen Malers Max Ernst besteht eine enge Verwandtschaft*

Auf den Marmorklippen

Zwei Welten stehen sich gegenüber: die faschistisch-technokratischen Mauretanier mit dem 'Oberförster' als Führer auf der einen Seite und die friedliche Kulturlandschaft der Marina auf der anderen Seite. Der Erzähler wohnt mit seinem Bruder zwischen den beiden Welten in einer Art Mönchsklause 'auf den Marmorklippen'. Früher sind die beiden selbst auch Mauretanier gewesen. Sie haben aber das Böse ihrer Herrschaft erkannt und widmen sich jetzt als Gelehrte der Botanik und Philosophie.
Die Mauretanier bedrohen die Marina. Die Brüder entdecken Folter- und Todeskammern im mauretanischen Wald. Schließlich nehmen sie am Kampf gegen den Oberförster teil. Die Marina geht in Flammen auf. Die Brüder verbrennen ihre Klause und gehen ins Exil.

Der Kampf gegen den Oberförster hat begonnen. Hier trifft die Hundemeute der Marina auf die des Oberförsters: die 'Hetzer', schöne weiße Windhunde, treffen auf die 'Fetzer', rote Bluthunde:

Die Hunde zogen in Richtung auf Köppelsbleek, wie sie ja immer der Ruch von Höllen und Schinderwelten lockt. Durch ihre Führung gewannen wir schnell an Feld und kamen leicht voran. Nur hin und wieder strich
5 aus den Wipfelnestern mit schwerem Flügelschlag ein Vogel ab. Und lautlos kreisten Schwärme von Fledermäusen im Fackelschein.
Bald glaubte ich den Hügel an der Lichtung zu erkennen; er glänzte im matten Widerstrahle einer Feuersglut.
10 Wir machten halt und hörten nun auch Stimmen herüberdringen, doch nicht so prahlend wie vorhin im Moor. Es schien, daß dort Abteilungen von Förstern die Wälder sicherten, und Belovar gedachte, mit ihnen auf die gleiche Weise aufzuräumen wie mit dem Gaunervolk.
15 Er zog die Hetzer vor und ließ sie wie zum Wettlauf in eine Linie stellen, dann sandte er sie als leuchtende

Geschosse in die Nacht. Indes sie hechelnd durch die Büsche fuhren, hörten wir drüben Pfiffe und dann ein Heulen, als ob der Wilde Jäger selbst erschienen wäre,
20 der sie empfing. Sie waren auf die Bluthundemeute aufgelaufen, die der Oberförster in seinen Zwingern hielt. Fortunio hatte mir über diese rüden Beißer und ihre Wut und Stärke einst Dinge, die an die Fabel streiften, mitgeteilt. In ihnen hatte der Oberförster die Kuba-
25 dogge fortgezüchtet, die rote Farbe und schwarze Maske trägt. Die Spanier hatten diese Fetzer vor Zeiten abgerichtet, Indianer zu zerreißen, und hatten sie in alle Länder ausgeführt, in denen es Sklaven und Sklavenhalter gibt. Mit ihrer Hilfe hatte man auch die Schwarzen
30 von Jamaika, die ihren Aufstand mit der Waffe bereits gewonnen hatten, ins Joch zurückgeführt. Ihr Anblick wird als fürchterlich beschrieben, denn die Empörer, die das Eisen und das Feuer verachtet hatten, boten, kaum daß die Sklavenjäger mit den Koppeln gelandet waren,
35 die Unterwerfung an. Das Leittier der roten Meute war Chiffon Rouge, dem Oberförster teuer, weil er in gerader Linie von dem Bluthund Becerillo stammte, dessen Name mit der Eroberung von Kuba so unheilvoll verbunden ist. Es wird berichtet, daß sein Herr, der Haupt-
40 mann Jago de Senazda, seinen Gästen zum Augenschmause gefangene Indianerinnen von ihm in Stücke reißen ließ. Stets kehren in der menschlichen Geschichte Punkte wieder, an denen sie in reines Dämonenwesen abzuleiten droht.

45 Bei diesen fürchterlichen Rufen erkannten wir, daß unsere leichte Meute, noch ehe wir Hilfe schicken konnten, verloren war. Sie mußte um so schneller vernichtet werden, als sie aus reinem Blute stammte, das bis zum Tode kämpft, anstatt zurückzugehen. Wir hörten die
50 roten Koppeln, nachdem sie angeschlagen hatten, packen; und in dem Maße, in dem ihr Heulen lechzend in Fell und Fleisch verstummte, erstickte winselnd der helle Windspielruf.

Jünger ist in seiner inneren Emigration durchaus Risiken eingegangen. Er unterhielt Kontakte zu Offizieren des konservativ-preußischen Widerstands und ließ vor Kriegsende illegale Kopien seiner Schrift *Der Friede* (1945) verbreiten.

Literarisch und philosophisch kommen im Werk Jüngers verschiedene Strömungen der Jahrhundertwende zu einer eigentümlichen Mischung zusammen: neuromantische und moderne, surrealistische Kunstmittel, die Philosophie Nietzsches und konservativer Staatstheoretiker sowie anarchistische und existentialistische Ideen. In seinen Romanen und literarisch-philosophischen Essays läßt er immer wieder die Figur des einsamen, kultivierten Anarchisten auftreten. Lucius, der Held des utopischen Romans *Heliopolis* (1949) vertritt die kommende Aristokratie des Geistes gegen die moderne, technokratisch-totalitäre Gesellschaft. Die Staatsidee, die dahintersteht, ist – wie bei den Romantikern – die des mittelalterlichen Gottesgnadentums.

Am modernsten ist Jünger in den reflektierenden Texten seiner Tagebücher. In *Das abenteuerliche Herz* (1929 und 1938) steht er dem Surrealismus nahe. Manche Texte erinnern an die Bilderwelt Kafkas. Die Beschreibung von Traum- und Rauschwelten ist auch das Thema seines späteren Drogenbuches *Annäherungen* (1970). 1985 überraschte er sein Publikum mit dem Kriminalroman *Eine gefährliche Begegnung*.

Ernst Jüngers Werk ist außerordentlich umfangreich. Bis in die neunziger Jahre hinein schrieb und veröffentlichte der beinahe Hundertjährige immer neue erzählende und essayistische Schriften.

Wolfgang Borchert

Während des russischen Winters 1941-1942 kehrte eines
Tages der zwanzigjährige deutsche Soldat Wolfgang
Borchert (1921-1947) mit einer Schußverletzung an der
linken Hand von einer Patrouille zurück. Seine Vorgesetzten vermuteten, daß er sich die Verletzung selbst bei-
gebracht hatte, um sich dem Fronteinsatz zu entziehen.
Darauf stand die Todesstrafe. Borchert saß monatelang im
Gefängnis, fand aber einen gnädigen Richter, der ihn
freisprach. An die Front zurückgekehrt, landete er bald
darauf mit erfrorenen Füßen und einer Lebererkrankung
im Lazarett. Offene Äußerungen gegen das Hitlerregime
führten noch mehrfach zu Gefängnisstrafen. Der Wechsel
zwischen Fronteinsatz, Lazarett und Gefängnis bestimmte
sein Leben bis zum Ende des Krieges.
Borchert fühlte sich als 'wesenloser Kuli der braunen
Soldateska' und suchte 'Trost in der Schönheit der
Kunst'. Er verehrte Rilke und Hölderlin. Aber als Schriftsteller flüchtete er nicht in eine wirklichkeitsferne Welt
der Ästhetik. Er drückte die Brutalität, den Schrecken
und das Leiden seiner täglichen Erfahrungswelt aus. Er
bediente sich dabei der Ausdrucksmöglichkeiten, die von
den Expressionisten entwickelt worden waren.

Borcherts Gesamtwerk ist nicht umfangreich. Die etwa 50
kurzen Prosatexte repräsentieren viele verschiedene Erzähl-
formen. Im Krankenhaus in Hamburg schrieb er die
ersten Erzählungen des Bandes *Die Hundeblume* (1947).
Die Titelerzählung ist autobiographisch: Der 'Hundeblu-
men-Mann' ist der 21jährige Soldat Borchert, der '100
Tage in einer Einzelzelle saß mit dem Antrag der Anklage-
vertretung auf Tod durch Erschießen! 100 Tage. 21 Jahre.
Er hat wirklich eine Hundeblume geklaut und durfte zur
Strafe eine Woche nicht mit im Kreise gehen!' Der zweite
Prosaband heißt *An diesem Dienstag* (1947). Borcherts
Themen waren der Krieg, das Gefängnis, die Kindheit
und die Gefangenschaft und Heimkehr des Soldaten.

Borchert ist 1945 als Schwerkranker aus französischer
Gefangenschaft geflohen und 600 Kilometer nach seiner
zerbombten Heimatstadt Hamburg gelaufen. Hier gründete er ein Theater, aber seine Gelbsucht verhinderte eine
dauernde Berufstätigkeit. Er starb 1947 in Basel.

Große Bekanntheit bekam Borchert mit dem Schauspiel
Draußen vor der Tür (1947). Es wurde als Hörspiel gesen-
det und traf genau das Gefühl der jungen Generation:
der Zwanzigjährigen, die in den Krieg geschickt worden
waren. Ihre Welt war zusammengebrochen. Als Heimkehrer standen sie allein in der Trümmerlandschaft.
Trümmerliteratur ist dann auch der Begriff für die Dichtungen, die die neue Schriftstellergeneration in den ersten
Nachkriegsjahren hervorbrachte. Neben Heinrich Bölls
ersten Erzählungen ist Borcherts Stück hierfür das wichtigste Beispiel.

Draußen vor der Tür

Beckmann, die Hauptfigur, kehrt nach dreijähriger Ge-
fangenschaft in Sibirien nach Hamburg zurück. Seine
Frau hat einen anderen Mann. Er hat kein Zuhause mehr
und versucht, sich in der Elbe zu ertränken. Doch die
Elbe spuckt ihn wieder aus. Er geht zu seinem ehemaligen
Oberst, um ihm die Verantwortung für seine toten
Kameraden zurückzugeben, aber der lacht nur. Alle Per-
sonen, die er trifft, verdrängen die furchtbare Vergangen-
heit. Seine Eltern haben sich das Leben genommen. Im
Traum trifft er Gott, doch der ist ein hilfloser alter Mann.
Beckmann muß erkennen, daß er keine Antworten be-
kommt, allein ist und allein bleiben wird.

▽ *Deutsche Stadt 1945: eine Trümmerlandschaft*

(Der Wind stöhnt. Die Elbe schwappt gegen die Pontons. Es ist Abend. Der Beerdigungsunternehmer. Gegen den Abendhimmel die Silhouette eines Menschen.)

DER BEERDIGUNGSUNTERNEHMER *(rülpst mehrere Male und sagt dabei jedesmal):*

Rums! Rums! Wie die – Rums! Wie die Fliegen! Wie die Fliegen, sag ich.

Aha, da steht einer. Da auf dem Ponton. Sieht aus, als ob er Uniform an hat. Ja, einen alten Soldatenmantel
5 hat er an. Mütze hat er nicht auf. Seine Haare sind kurz wie eine Bürste. Er steht ziemlich dicht am Wasser. Beinahe zu dicht am Wasser steht er da. Das ist verdächtig. Die abends im Dunkeln am Wasser stehn, das sind entweder Liebespaare oder Dichter. Oder das ist einer von
10 der großen grauen Zahl, die keine Lust mehr haben. Die den Laden hinwerfen und nicht mehr mitmachen. Scheint auch so einer zu sein von denen, der da auf dem Ponton. Steht gefährlich dicht am Wasser. Steht ziemlich allein da. Ein Liebespaar kann es nicht sein, das sind
15 immer zwei. Ein Dichter ist es auch nicht. Dichter haben längere Haare. Aber dieser hier auf dem Ponton hat eine Bürste auf dem Kopf. Merkwürdiger Fall, der da auf dem Ponton, ganz merkwürdig.

(Es gluckst einmal schwer und dunkel auf. Die Silhouette
20 *ist verschwunden.)* Rums! Da! Weg ist er. Reingesprungen. Stand zu dicht am Wasser. Hat ihn wohl untergekriegt. Und jetzt ist er weg. Rums. Ein Mensch stirbt. Und? Nichts weiter. Der Wind weht weiter. Die Huren liegen weiter weiß und weich in den Fenstern. Herr Kra-
25 mer dreht sich auf die andere Seite und schnarcht weiter. Und keine - keine Uhr bleibt stehen. Rums! Ein Mensch ist gestorben. Und? Nichts weiter. Nur ein paar kreisförmige Wellen beweisen, daß er mal da war. Aber auch die haben sich schnell wieder beruhigt. Und wenn die sich
30 verlaufen haben, dann ist er auch vergessen, verlaufen, spurlos, als ob er nie gewesen wäre. Weiter nichts. Hallo, da weint einer. Merkwürdig. Ein alter Mann steht da und weint. Guten Abend.

DER ALTE MANN *(nicht jämmerlich, sondern erschüttert):*

Kinder! Kinder! Meine Kinder!

DER BEERDIGUNGSUNTERNEHMER:
35 Warum weinst du denn, Alter?

DER ALTE MANN:
Weil ich es nicht ändern kann, oh, weil ich es nicht ändern kann.

DER BEERDIGUNGSUNTERNEHMER:
Rums! Tschuldigung! Das ist allerdings schlecht. Aber deswegen braucht man doch nicht gleich loszulegen wie
40 eine verlassene Braut. Rums! Tschuldigung!

DER ALTE MANN:
Oh, meine Kinder! Es sind doch alles meine Kinder!

DER BEERDIGUNGSUNTERNEHMER:
Oho, wer bist du denn?

DER ALTE MANN:
Der Gott, an den keiner mehr glaubt.

DER BEERDIGUNGSUNTERNEHMER:
Und warum weinst du? Rums! Tschuldigung!

GOTT:
45 Weil ich es nicht ändern kann. Sie erschießen sich. Sie hängen sich auf. Sie ersaufen sich. Sie ermorden sich, heute hundert, morgen hunderttausend. Und ich, ich kann es nicht ändern.

DER BEERDIGUNGSUNTERNEHMER:
Finster, finster, Alter. Sehr finster. Aber es glaubt eben
50 keiner mehr an dich, das ist es.

GOTT:
Sehr finster. Ich bin der Gott, an den keiner mehr glaubt. Sehr finster. Und ich kann es nicht ändern, meine Kinder, ich kann es nicht ändern. Finster, finster.

DER BEERDIGUNGSUNTERNEHMER:
Rums! Tschuldigung! Wie die Fliegen! Rums! Verflucht!

GOTT:
55 Warum rülpsen Sie denn fortwährend so ekelhaft? Das ist ja entsetzlich!

DER BEERDIGUNGSUNTERNEHMER:
Ja, ja, greulich! Ganz greulich! Berufskrankheit. Ich bin Beerdigungsunternehmer.

GOTT:
Der Tod? – Du hast es gut! Du bist der neue Gott. An
60 dich glauben sie. Dich lieben sie. Dich fürchten sie. Du bist unumstößlich. Keiner lästern. Ja, du hast es gut. Du bist der neue Gott, Tod, aber du bist fett geworden. Dich hab ich doch ganz anders in Erinnerung. Viel magerer, dürrer, knochiger, du bist aber rund und fett und
65 gut gelaunt. Der alte Tod sah immer so verhungert aus.

8 Die Deutsche Demokratische Republik

In der von der Sowjetunion besetzten Zone (SBZ) wurden zwischen 1945 und 1949 tiefgreifende Reformen durchgeführt, die für die weitere Entwicklung bestimmend waren und anders verliefen als in den drei Westzonen.

1946 wurden die Kommunistische Partei (KPD) und die Sozialdemokratische Partei (SPD) zwangsweise vereinigt zur Sozialistischen Einheitspartei Deutschlands (SED). Es war eine zentralistisch geführte Partei, die vom Zentralkomitee, Politbüro und Sekretariat gelenkt wurde. Sie hatte absolute Kontroll- und Weisungsrechte und übernahm die führende Rolle in der im Oktober 1949 gegründeten Deutschen Demokratischen Republik (DDR). An der Spitze stand der 1945 aus der Sowjetunion zurückgekehrte Walter Ulbricht.

Inzwischen hatten sich die Beziehungen zwischen dem Westen und Osten verschlechtert. Am 17. Juni 1953 kam es zu einem Aufstand der Arbeiter in Berlin gegen die von der Regierung eingeführten erhöhten Normen. Der Aufstand wurde von sowjetischen Panzern niedergeschlagen. Um die Flucht nach Westdeutschland zu unterbinden, wurde die Zonengrenze im August 1961 mit einer Mauer abgeriegelt. Die DDR-Führung sprach vom 'antifaschistischen Schutzwall'.

1971 wurde Erich Honecker der neue Staatschef. Seit 1970 begann die Annäherung der beiden deutschen Staaten. Als erster Schritt erfolgte ein Treffen der Regierungschefs. Das veränderte aber innerhalb der DDR nichts. Weiterhin wurde die führende Rolle der Partei mit allen Mitteln durchgesetzt. Schließlich flüchteten 1989 Tausende DDR-Bürger über Ungarn, die Tschechoslowakei und Polen nach Westdeutschland. In der DDR kam es zu Demonstrationen. Honecker wurde zum Rücktritt gezwungen, am 9. November 1989 fiel die Mauer. Am 3. Oktober 1990 beschloß die Volkskammer den Beitritt der DDR zur Bundesrepublik Deutschland.

◁◁ *Die Jugendorganisation der DDR, die Freie Deutsche Jugend (FDJ), feiert, demonstriert und marschiert. Die öffentliche Kultur der DDR wurde durch die Staatdoktrin bestimmt. Abweichende Meinungen konnten sich nur auf dem Umweg über die westdeutsche Öffentlichkeit artikulieren*

Die Literatur der Deutschen Demokratischen Republik

In der DDR plante und leitete die SED das gesamte politische und gesellschaftliche Leben. Die erste Phase stand im Zeichen der Überwindung des Faschismus und der Entwicklung einer 'antifaschistisch-demokratischen Ordnung'. Darauf folgte die Entwicklung des Sozialismus auf der Grundlage des Marxismus-Leninismus nach dem Vorbild der Sowjetunion. Auch die Kultur wurde in die gesamtstaatliche Planung einbezogen.

Von den Schriftstellern wurde erwartet, daß sie sich am Aufbau des Sozialismus beteiligten. 1952 wurde der *Deutsche Schriftstellerverband* in der DDR gegründet. Alle Schriftsteller mußten ihm angehören. Die Statuten des Verbandes forderten, daß die Mitglieder die führende Rolle der Arbeiterklasse, d.h. der Partei, anerkannten und sich zur Schaffensmethode des *sozialistischen Realismus* bekannten. Unter sozialistischem Realismus verstand man die Darstellung der Wirklichkeit nicht wie sie ist, sondern wie sie in ihrer revolutionären Entwicklung zur sozialistischen Gesellschaft sein soll. Durch einen vorbildlichen, positiven Helden soll dem Leser deutlich gemacht werden, wie sich der Sozialismus in einer klassenlosen Gesellschaft entwickeln muß. Wichtig war der Inhalt. Abgelehnt wurde der Formalismus, also etwa experimentelle Dichtung, bei der die Form ausschlaggebend ist (z.B. Kafka).

Auf der 'Bitterfelder Konferenz' 1959 wurden die Schriftsteller aufgefordert, in die Betriebe zu gehen. Sie sollten die Produktion an Ort und Stelle kennenlernen, wodurch der Abstand zwischen Literatur und Wirklichkeit aufgehoben werden sollte. Die Schriftsteller wurden also auf ein begrenztes, genau umschriebenes Thema festgelegt: die Anforderungen der sozialistischen Gesellschaft an den Einzelnen. Mit Hilfe einer parteiamtlichen Zensur wurde die literarische Produktion überwacht. Man erwartete außerdem von jedem Schriftsteller Selbstzensur. Kritik am real existierende Sozialismus wurde ausgeschlossen. Es entstand eine Fülle von Werken, in der die immer gleiche positive Entscheidung dargestellt wurde, was zur Folge hatte, daß diese Werke langweilig erscheinen mußten.

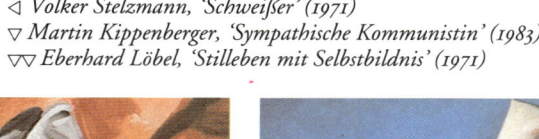

◁ *Volker Stelzmann, 'Schweißer' (1971)*
▽ *Martin Kippenberger, 'Sympathische Kommunistin' (1983)*
▽▽ *Eberhard Löbel, 'Stilleben mit Selbstbildnis' (1971)*

△ *Mittelpunkt Ostberlins: der neu gestaltete Alexanderplatz*

Auf dem Gebiet des Theaters war das Berliner Ensemble Brechts richtungsweisend. Die Stücke seiner wichtigsten Schüler, Peter Hacks und Heiner Müller, durften jedoch erst in den siebziger Jahren aufgeführt werden. Dagegen wurde eine Fülle von leicht konsumierbaren sozialistischen Bejahungsstücken gespielt.

Die interessantesten Entwicklungen spielten sich aber auf dem Gebiet des Romans ab. Neben dem Vergangenheitsstoff (Deutschland unter dem Faschismus) ging es um die jeweilige Erfahrung der Schriftsteller mit der DDR-Gegenwart. Es zeigte sich etwa in den Romanen von Erwin Strittmatter und Christa Wolf, daß das Verhältnis von Individuum und Gesellschaft viel komplizierter war als es in der Literatur vom positiven Helden dargestellt wurde.

Eine kritische Situation ergab sich, als im November 1976 dem in der Bundesrepublik verweilenden Wolf Biermann die Staatsbürgerschaft der DDR entzogen wurde. Viele namhafte DDR-Autoren protestierten dagegen. Die Ausbürgerung wurde jedoch nicht rückgängig gemacht. Die Protestierenden wurden aufgefordert, den Protest zurückzunehmen. Wenn sie dazu nicht bereit waren, wurden sie mit allerlei Strafen belegt. Den ganz Unbequemen gab man die Erlaubnis zur Ausreise. Es wurde nun deutlich, daß die Staats- und Parteiführung sich in keiner Weise in ihrer Auffassung vom Sozialismus von Schriftstellern beeinflussen lassen wollte. Eine öffentliche Diskussion über die Ausbürgerung und ihre Probleme fand nicht statt.

Die Haltung der Staats- und Parteiführung hat sich nicht mehr geändert. Damit erwies sich, daß die Möglichkeit einer Verwirklichung der von den Schriftstellern vorgeschlagenen Veränderungen im System der sozialistischen Gesellschaft eine Utopie war.

Für die achtziger Jahre ist es charakteristisch, daß viele kritische Werke von DDR-Schriftstellern nicht mehr im eigenen Land, sondern in der Bundesrepublik erschienen. Die jüngste Generation von Schriftstellern ließ sich nicht mehr auf eine Diskussion mit der Parteiführung ein. Zum Teil veröffentlichten sie ihre Werke in kleiner Auflage ohne staatliche Genehmigung. Es ist die Frage, ob man jetzt überhaupt noch von DDR-Literatur sprechen kann.

Hiergegen wurde bei einigen Schriftstellern eine andere Frage immer wichtiger, und zwar wie sich der Einzelne in dieser vom Kollektiv bestimmten gesellschaftlichen Wirklichkeit nach seinen eigenen individuellen Wünschen und Bedürfnissen entwickeln kann. Dieses Problem wurde durch den Bau der Mauer verstärkt.

Die Schriftsteller wurden noch mehr auf ihre eigenen, konkreten Lebensumstände gelenkt. Zuerst kam das in der Lyrik zum Ausdruck, in der sich ja von jeher die Subjektivität am deutlichsten ausdrückt. Um die Rolle des Ichs ging es in den Lyrikdebatten in diesen Jahren. Immer mehr verschwand der belehrende Charakter. Man wies die unmittelbare gesellschaftliche Nützlichkeit ab.

Das zeigt sich etwa in der Anthologie *Saison für Lyrik. Neue Gedichte von siebzehn Autoren* (1968). Hier waren Dichter wie Volker Braun, Elke Erb, Sarah Kirsch, Günter Kunert und Reiner Kunze vertreten. Sie schrieben Gedichte, die sich weniger mit sprachlichen Experimenten – wie in Westdeutschland – und mehr mit sprachlicher Genauigkeit der Beobachtung menschlichen Verhaltens beschäftigten.

Johannes R. Becher

Johannes R. Becher (1891-1958) war nach seiner Rückkehr aus dem Exil in der Sowjetunion 1945 der wichtigste Kulturpolitiker, erst in der SBZ, dann in der DDR. In der Zeit des Ersten Weltkrieges gehörte er mit seiner pathetischen, menschheitserlösenden Lyrik dem Expressionismus an. In den zwanziger Jahren wurde er Mitglied der KPD und Mitbegründer des *Bundes Proletarisch-Revolutionärer Schriftsteller* (BPRS). 1933 mußte er Deutschland verlassen. Er emigrierte 1935 in die Sowjetunion und gab dort die Zeitschrift *Internationale Literatur* heraus.

Nach 1945 gründete er den *Kulturbund zur demokratischen Erneuerung Deutschlands* mit der Absicht, über die Besatzungszonen hinweg die kulturelle Einheit Deutschlands zu erhalten. Das scheiterte endgültig, als Walter Ulbricht 1956 die These von den zwei deutschen Literaturen verkündete.

Becher wurde der erste Minister für Kultur in der DDR. Er prägte den Begriff der 'Literaturgesellschaft'. Damit war gemeint, daß alle, die mit Literatur zu tun haben, wie Schriftsteller, Lektoren, Verleger, Buchhändler, Kritiker, Literaturwissenschaftler und vor allem Leser, gleichberechtigt am Zustandekommen von Literatur und ihren Funktionen in der Gesellschaft teilnehmen sollten. Trotz einiger Erfolge (Zunahme des Theaterbesuches und der Bibliotheksbenutzung) ist dieser Entwurf nicht gelungen. Die Wirklichkeit der DDR war anders. Letztlich ist Becher am Führungsanspruch der Partei gescheitert.

Becher war vor allem Lyriker. Er hat auch die Nationalhymne der DDR gedichtet, die Kurt Eisler vertont hat.

Nach seinen avantgardistischen Anfängen wandte er sich traditionellen Formen zu, z.B. dem Sonett. Nach 1945 schrieb er Gedichte, die die Wirklichkeit optimistisch verklärten und ein utopisch-sozialistisches Menschenbild entwarfen, ganz wie die Partei es erwartete.

Lied der neuen Erde

Als eines Tags hervor aus ihren Katen
Die Bauern traten und vereinten sich
Und sie des Schlosses Schwelle übertraten,
Da glänzte auch die Erde feierlich.

5 Es wurde auch die Erde umgeboren,
Als über sie, befreit vom Herrentum,
Hinzogen die Kolonnen der Traktoren
Und pflügten den uralten Boden um.

Da schien auch sie, die Erde, mitzusingen,
10 Als eines Tags, vom Herrentum befreit,
Aufbrach das Dorf, die Ernte einzubringen,

Und sang das Hohe Lied der Fruchtbarkeit:
Es herrscht kein Herr mehr und es dient kein Knecht,
Es herrscht ein freies menschliches Geschlecht.

Auferstanden aus Ruinen
Und der Zukunft zugewandt,
Laß uns dir zum Guten dienen,
Deutschland, einig Vaterland.
5 Alte Not gilt es zu zwingen,
Und wir zwingen sie vereint,
Denn es muß uns doch gelingen,
Daß die Sonne, schön wie nie,
Über Deutschland scheint.

10 Glück und Friede sei beschieden
Deutschland, unserm Vaterland.
Alle Welt sehnt sich nach Frieden,
Reicht den Völkern eure Hand.
Wenn wir brüderlich uns einen,
15 Schlagen wir des Volkes Feind.
Laßt das Licht des Friedens scheinen,
Daß nie eine Mutter mehr
Ihren Sohn beweint.

Laßt uns pflügen, laßt uns bauen,
20 Lernt und schafft wie nie zuvor,
Und der eignen Kraft vertrauend
Steigt ein frei Geschlecht empor.
Deutsche Jugend, bestes Streben
Unsres Volks in dir vereint,
25 Wirst du Deutschlands neues Leben,
Und die Sonne, schön wie nie,
Über Deutschland scheint.

Anna Seghers

Anna Seghers (1900-1983) – ihr eigentlicher Name war Netty Reiling – kehrte 1947 aus ihrem Exil in Mexiko nach Deutschland in die SBZ zurück. 1933 war sie nach Frankreich emigriert, denn schon 1928 war sie Mitglied der Kommunistischen Partei und des Bundes proletarisch-revolutionärer Schriftsteller geworden. Schon in ihren frühen Erzählungen ist das Grundthema angegeben, das sie immer wieder behandeln wird. Es geht ihr um die Solidarität, die die Armen, Unterdrückten und Machtlosen verbindet, und wodurch bei ihnen selbst in Niederlagen die Überzeugung lebendig bleibt, letzten Endes den Sieg zu erringen. Das ist auch das Thema ihres Romans *Das siebte Kreuz* (1942), mit dem sie weltberühmt wurde.

In dem Exilroman *Transit* (1944) stellt sie die Schwierigkeiten der Flucht aus dem von den Deutschen geschlagenen Frankreich dar. Marseille ist die letzte Möglichkeit, noch den deutschen Truppen zu entkommen. Vieles, was sie selbst auf ihrer Flucht von Paris über Marseille nach Mexiko erlebt hatte, ist in diesen Roman eingegangen.

Als sie 1947 nach Ostdeutschland zurückkehrte, stellte sie sich in den Dienst des neuen Staates. In dem Roman *Die Toten bleiben jung* (1949) versucht sie, den Kampf gegen den Faschismus von 1918 bis 1945 darzustellen.

◁◁ *Rudolf Bergander, 'Hausfriedenskomitee' (1952)*
▽ *Anna Seghers auf dem 7. Schriftstellerkongreß 1978*

Sie verbindet das mit dem Motiv, daß ein junger Revolutionär von reaktionären Offizieren erschossen wird. Doch die Freundin des Erschossenen bekommt ein Kind von ihm, das als Erwachsener den Kampf des Vaters weiterführt. Das wiederholt sich 1945 noch einmal, daher der Titel dieses Romans.

Die beiden in der DDR spielenden Romane, *Die Entscheidung* (1959) und *Das Vertrauen* (1968), entsprechen ganz den Forderungen, die die Partei an die Schriftsteller stellte: die Gestaltung des Sieges der fortschrittlichen Kräfte über diejenigen, die die Zeichen der neuen Zeit noch nicht erkannt haben.

Ihre führende Stellung im literarischen Leben der DDR drückt sich darin aus, daß sie 1950 Präsidentin des neu gegründeten Schriftstellerverbandes wurde.

Die Entscheidung

Die Handlung spielt sich in zwei Werkteilen eines ehemaligen Stahlkonzerns ab. Das Kossin-Werk liegt in Ostdeutschland und wird von den Arbeitern selbst geleitet. Das Bentheim-Werk liegt in Westdeutschland. Hier versuchen die Besitzer ihre ehemalige wirtschaftliche Macht wiederzugewinnen. Die Entwicklung des Kossin-Werkes zu einem selbstständigen Unternehmen ist der Inhalt des Romans. Hiermit sind die Lebensgeschichten von vielen Personen verbunden, vor allem aber von drei Männern, die im Spanischen Bürgerkrieg mitgekämpft haben. Die Verbindung dieser Lebenslinien mit dem Stahlwerk soll die Geschichte zwischen 1947 und 1951 verdeutlichen.

Das Vertrauen

In diesem Roman findet die Erzählung ihre Fortsetzung. In den Jahren 1952 und 1953 muß sich entscheiden, ob sich die sozialistische Gesellschaft realisieren läßt. Anna Seghers versucht, aus individuellen Situationen die Entscheidung der Menschen zu erklären und die Entwicklung des gesellschaftlichen Bewußtseins darzustellen. Da das Resultat feststeht, kann sie jedoch den Schematismus von Gut und Böse nicht vermeiden, und vieles wird dadurch zum Klischee.

Das siebte Kreuz

Sieben Häftlinge brechen 1937 aus einem Konzentrationslager in Deutschland aus. Daraufhin läßt die Lagerleitung sieben Bäume herrichten, an denen die Geflüchteten nach ihrer Festnahme aufgehängt werden sollen. Sechs werden wieder eingefangen, aber einem, dem jungen Kommunisten Georg Heisler, gelingt die Flucht ins Ausland. Das siebte Kreuz bleibt leer. Symbolisch wird damit angedeutet, daß der Faschismus nicht allmächtig ist. Anna Seghers erzählt in einzelnen Episoden die Begegnung Heislers mit früheren Genossen, Freunden und Unbekannten. Dabei geht es um die Frage, ob sie helfen wollen oder nicht, wie weit die Solidarität reicht. Es gelingt ihr, ein Bild von der alltäglichen Angst, dem Mißtrauen, aber auch vom Mut zum Widerstand im Dritten Reich zu entwerfen.

◁ *Umschlag der in Mexiko erschienenen Erstausgabe von Anna Seghers 'Das siebte Kreuz' (1942)*

Wie lange er auch über die Flucht gegrübelt hatte, allein und mit Wallau, wie viele winzige Einzelheiten er auch erwogen hatte und auch den gewaltigen Ablauf eines neuen Daseins, in den ersten Minuten nach der Flucht
5 war er nur ein Tier, das in die Wildnis ausbricht, die sein Leben ist, und Blut und Haare kleben noch an der Falle.
Das Geheul der Sirenen drang seit der Entdeckung der Flucht kilometerweit über das Land und weckte ringsum
10 die kleinen Dörfer, die der dicke Herbstnebel einwickelte. Dieser Nebel dämpfte alles, sogar die mächtigen Scheinwerfer, die sonst die schwärzeste Nacht aufgeblendet hatten. Jetzt, gegen sechs Uhr früh, erstickten sie in dem watteartigen Nebel, den sie kaum gelblich färbten.
15 Georg duckte sich tiefer, obwohl der Boden unter ihm nachgab. Er konnte versinken, bevor er von dieser Stelle wegdurfte. Das dürre Gestrüpp sträubte sich ihm in den Fingern, die blutlos geworden waren und glitschig und eiskalt. Ihm schien es, als sänke er rascher und tiefer, er
20 hätte nach seinem Gefühl bereits verschluckt sein müssen. Obwohl er geflohen war, um dem sichern Tod zu entrinnen – kein Zweifel, daß sie ihn und die andern sechs in den nächsten Tagen zugrunde gerichtet hätten –, erschien ihm der Tod im Sumpf ganz einfach und
25 ohne Schrecken. Als sei er ein anderer Tod als der, vor dem er geflohen war, ein Tod in der Wildnis, ganz frei, nicht von Menschenhand.

Zwei Meter über ihm auf dem Weidendamm rannten die Posten mit den Hunden. Hunde und Posten waren
30 besessen von dem Sirengeheul und dem dicken nassen Nebel. Georgs Haare sträubten sich und die Härchen auf seiner Haut. Er hörte jemand so nahe fluchen, daß er sogar die Stimme erkannte: Mansfeld. Der Schlag mit dem Spaten, den ihm vorhin Wallau mit dem Spaten
35 über den Kopf gegeben hatte, tat ihm also schon nicht mehr weh. Georg ließ das Gestrüpp los. Er rutschte noch tiefer. [...]
Plötzlich fing etwas Neues an. Erst einen Augenblick später merkte er, daß gar nichts angefangen hatte, son
40 dern etwas aufgehört: die Sirene. Das war das Neue, die Stille, in der man die scharf voneinander abgesetzten Pfiffe hörte und die Kommandos vom Lager her und von der Außenbaracke. Die Posten über ihm liefen hinter den Hunden zum äußersten Ende des Weidendamms.
45 Von der Außenbaracke laufen die Hunde gegen den Weidendamm, ein dünner Knall und dann noch einer, ein Aufklatschen, und das harte Gebell der Hunde schlägt über einem anderen dünnen Gebell zusammen, das gar nicht dagegen aufkam und gar kein Hund sein
50 kann, aber auch keine menschliche Stimme, und wahrscheinlich hat der Mensch, den sie jetzt abschleppen, auch nichts Menschliches mehr an sich. 'Sicher Albert,' dachte Georg. Es gibt einen Grad von Wirklichkeit, der einen glauben macht, daß man träume, obwohl man nie
55 weniger geträumt hat. 'Den hätten sie,' dachte Georg, wie man im Traum denkt, 'den hätten sie.' Wirklich konnte das ja nicht sein, daß sie schon jetzt nur noch sechs waren.
Der Nebel war noch immer zum Schneiden dick. Zwei
60 Lichtchen glänzten auf, weit jenseits der Landstraße. [...]

Georg griff ins Gestrüpp. Er kroch langsam seitlich weg. Er war jetzt vielleicht noch sechs Meter von dem letzten Strunk weg. Plötzlich, in einer grellen, in nichts mehr traumhaften Einsicht, schüttelte ihn ein solcher Anfall
65 von Angst, daß er einfach hängenblieb auf dem Außenabhang, den Bauch platt auf der Erde. Ebenso plötzlich war es vorbei, wie es gekommen war. [...]
Über die Landstraße sausten drei Motorradlampen, raketenartig. Das Geheul der Sirenen schien anzuschwel-
70 len, obwohl es nur ständig ab- und zunahm, ein wildes Einbohren in alle Gehirne, stundenweit. Georg drückte sein Gesicht wieder in die Erde, weil sie über ihm auf dem Damm zurückliefen. Er schielte bloß aus den Augenwinkeln. Die Scheinwerfer hatten nichts mehr
75 zum Greifen, sie wurden ganz matt im Tagesgrauen. Wenn nur jetzt nicht der Nebel gleich stieg. Auf einmal kletterten drei den Abhang herunter. Sie waren keine zehn Meter weit. Georg erkannte wieder Mansfelds Stimme. Er erkannte Ibst an seinen Flüchen, nicht an
80 der Stimme, die war vor Wut ganz dünn, eine Weiberstimme. Die dritte Stimme, erschreckend dicht – man konnte ihm, Georg, auf den Kopf treten – war Meißners Stimme, die immer nachts in die Baracke kam, die einzelnen aufrief, ihn, Georg, zuletzt vor zwei Nächten.

85 Auch jetzt schlug Meißner nach jedem Wort die Luft mit etwas Scharfem. Georg spürte das feine Windchen. Hier unten rum – gradaus – wird's bald – dalli. Ein zweiter Anfall von Angst, die Faust, die einem das Herz zusammendrückt. Jetzt nur kein Mensch sein, jetzt
90 Wurzel schlagen, ein Weidenstamm unter Weidenstämmen, jetzt Rinde bekommen und Zweige statt Arme. Meißner stieg in das Gelände hinunter und fing wie verrückt zu brüllen an. Plötzlich brach er ab. 'Jetzt sieht er mich,' dachte Georg. Er war auf einmal vollstän-
95 dig ruhig, kein Spur von Angst mehr, das ist das Ende, lebt alle wohl.
Meißner stieg tief hinunter zu den anderen. Sie wateten jetzt in dem Gelände herum zwischen Damm und Straße. Georg war für den Augenblick dadurch gerettet,
100 daß er viel näher war als sie glaubten. Wäre er einfach auf und davon, sie hätten ihn jetzt im Gelände geschnappt. Sonderbar genug, daß er sich also doch, wild und besinnungslos, eisern an seinen eigenen Plan gehalten hatte! Eigene Pläne, die man sich aufstellt in den
105 schlaflosen Nächten, was sie für eine Macht behalten über die Stunde, wenn alles Planen zunichte wird; daß einem dann der Gedanke kommt, ein andrer hätte für ihn geplant. Aber auch dieser andre war ich.

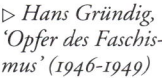

▷ *Hans Gründig,
'Opfer des Faschismus' (1946-1949)*

Erwin Strittmatter

Erwin Strittmatter (geb. 1912) ist Sohn eines Landarbeiters. Nach 1945 wird er Bäcker, bekommt dann durch die Bodenreform ein Stück Land und wird Bauer, aber auch Bürgermeister und schließlich freier Schriftsteller. Sein erster Roman ist ein stark autobiographischer Entwicklungsroman: *Der Ochsenkutscher* (1950). Das ländliche Milieu wird aus der Sicht eines Kindes beschrieben. Mit seinem großangelegten dreibändigen Entwicklungsroman *Der Wundertäter* (I 1957, II 1973, III 1980) knüpft Strittmatter an die Tradition des Schelmenromans an.

Der Wundertäter

Im Mittelpunkt steht Stanislaus Büdner, der in armen Verhältnissen aufwächst. Einfältig, aber voller Bauernschläue, schlägt er sich durch und lernt das Leben meistern. Die Handlung erstreckt sich vom Anfang des Jahrhunderts bis in die Gegenwart. Durch die vielen merkwürdigen Situationen, in die er hineingerät, wird ein reiches Bild von gesellschaftlichen Verhaltensweisen entwickelt. Da er ein guter Beobachter ist, kann er immer wieder Probleme lösen, die anderen armen Leuten verschlossen sind. Dadurch kommt er in den Ruf eines 'Wundertäters'. Dieses durch Tragik und Komik bestimmte Leben wird mit viel Humor erzählt.

▽ *Erwin Strittmatter (1973)*

Ole Bienkopp

Sein erfolgreichster Roman ist *Ole Bienkopp* (1963). Im ersten Teil handelt es sich um den Aufbau einer kolchoseartigen 'Neuen Bauerngemeinschaft'. Die treibende Kraft ist der Kreistagsabgeordnete Ole Bienkopp, ein Sonderling, der aber weiß, was er will. Mit Einsatz seiner ganzen Kraft überwindet er die vielen Schwierigkeiten, wie Vieh- und Futterbeschaffung oder die Beschaffung von Saatkartoffeln und Dünger. Er nimmt die Parole der Partei, eigene Initiative zu ergreifen, wörtlich. Die Parteisekretärin versucht diese Aktivitäten, die nicht im Sinne der Partei sind, zu stoppen, was jedoch Ole Bienkopp nicht von seinen Plänen abbringen kann. Im zweiten Teil will Ole Bienkopp gegen den Widerstand der örtlichen Bürokratie Kalkmergel, der unter den Wiesen am See lagert, abbauen und zum Düngen der Viehweiden verwenden. Auf diese Weise will er den Viehbestand vergrößern. Als er daran gehindert wird, beginnt er eigenhändig mit dem Abbau und stirbt schließlich an Erschöpfung. Strittmatter hat seinen Helden mit viel Humor und Ironie in seinem Kampf mit den Verordnungen beschrieben. Kritisiert wurde allerdings an dem Charakter des Helden seine Neigung zum Anarchismus und sein Einzelgängertum.

> Über Nacht sprengen die zarten Blätter des Flieders ihre Knospenhüllen. Der Frühling geht einen Schritt weiter. Der Wind versieht die Fluren mit Märzenstaub, als hätte er nachts die bezügliche Bauernregel studiert.
> 5 Die Gemeinschaftsbauern ernten Schlamm. Es war nicht zu erwarten, daß Bienkopps und Bummels Wirtschaften Mist für die ganze Gutsbesitzerei wie die der Neuen Bauerngemeinschaft aufbringen würden. Faulende Wasserpflanzen und der vom See ausgespiene Unrat
> 10 sind von gewaltiger Dungkraft. Bienkopp kennt sich darin aus. Er muß.
> Er, Sophie Bummel und Wilm Holten verwandeln sich zu Moorwesen. Sie stapeln schlüpfrigen Schlamm am Seerand und gönnen sich keine Pause.
> 15 Franz Bummel und Hermann Weichelt fahren um die Wette. Wenn Franz mit der flotten Stute Hermann mit dem Wallach überholt, dreht er dem Gottesmann eine Nase. Spaß muß sein, sonst wäre für Bummel die einförmige Arbeit nicht zu ertragen.

20 Altbauern und die sich so halten, als wären sie es,
lächeln und spötteln: 'Bienkopp verändert die Welt von
Grund auf. Zuerst den Schlamm weg! Anton Dürrs Ver-
mächtnis!'
In der heißesten Arbeit läuft Anton II herzu: Der Traktor
25 ist zum Pflügen gekommen.
Bienkopp verläßt See und Schlamm, rennt ins Dorf und
verhandelt mit dem Traktoristen. 'Eine kleine Umstel-
lung, lieber Mann und Kollege!' Der Traktorist soll zunächst Schlamm fahren. Keine Furche ohne Dung!
30 'Schlamm fahren?' Der Traktorist ist zum Pflügen geschickt, zum mittleren Pflügen und zum Erfüllen seiner
Norm. Basta!
Bienkopp diplomatisch und schmeichelnd: 'Die
Gemeinschaftsbauern bitten dich, Kollege.'
35 'Gemeinschaftsbauern? Die Sorte ist unbekannt!'
Bienkopp schickt Anton II nach Bier aus. Die Flaschen
klimpern aneinander. 'Prost!' Der Traktorist wird zu-
gänglicher.
Bienkopp fährt mit dem Traktoristen zum See. Dort ist
40 Zank aufgekommen. Franz Bummel und der Fischer,
Anngrets Bruder, streiten. 'Wo in aller Welt ist es üblich,
daß man sich ohne Erlaubnis etwas aneignet?'
'Dreck ist vogelfrei,' antwortet Bummel.
Der Fischer geht auf Bummel los. 'Über den Schlamm
45 bestimme ich!'
'Bestimme doch!' schreit Bummel und wirft dem Fischer
eine Schippe Seeschlamm vor den Bauch. Die zweite
Schippe Schlamm aber fliegt dem Fischer ins Gesicht.
Bienkopp muß das Handgemenge schlichten. Der
50 Fischer spuckt und schimpft. 'Das wäre noch schöner!'
Er läßt sich die Fischbrut nicht zerstören. Er wird sich
weiterwenden.
Er holt Volkspolizist Marten zu seinem Schutz. Marten
fühlt sich nicht wohl in der Rolle eines Salomo. Er bittet
55 Bienkopp, den Genossen, die Schlammabfuhr einzustel-
len. Der Fischer muß sein staatliches Aufkommen an
Fischen bestreiten, auch er trägt Verantwortung. Alles
soll behördlich geklärt werden. Eine Weile bewacht
Marten das Seeufer noch, damit kein neuer Schlamm-
60 krieg ausbricht.
Die behördliche Entscheidung läßt auf sich warten. Pre-
digte nicht schon Thomas Müntzer: Äcker, Wälder und
Gewässer in des Bauern Hand? Was geht die Behörde

Thomas Müntzer, dieser alte Knattel, an? Hier geht es
65 um Volksfischzucht. [...]
Wie naiv ist Bienkopp eigentlich? Um vier Uhr
erscheint er mit einem komplizierten Wunsch auf der
Kreisverwaltung, und um fünf Uhr ist Feierabend und
Büroschluß. Nicht genug, daß man ihn einließ, obwohl
70 kein Sprechtag ist.
Ja, aber Bienkopp ist Kreistagsabgeordneter.
Der Kreistag faßt die Beschlüsse, aber die Kreisverwaltung findet die Schwierigkeiten.
Man ist nicht unfreundlich gegen Bienkopp, das kann
75 man nicht sagen, aber es ist schwierig, die Kompetenz
für diesen besonderen Fall von verfrühter Kunstdünger-
lieferung festzustellen. Konnte Bienkopp sich nicht im
Herbst mit genügend Kunstdünger eindecken?
Das betreffende Land fiel der Neuen Bauerngemein-
80 schaft erst in den letzten Wochen zu. Man blättert im
Gesetzblatt. Nirgendwo etwas von Neuer Bauerngemeinschaft, keine Verordnung, keine Durchführungs-
bestimmungen. Was nicht im Gesetzblatt vermerkt ist,
existiert nicht. Das sollte Bienkopp als Kreistagsmitglied
85 nun wahrhaftig wissen. Weiß er das nicht?
Bienkopp wird wild. Er wird zum nächsten Sachbearbeiter geschickt.
Bienkopp trägt dort seinen Wunsch vor. Er wird zum
übernächsten Sachbearbeiter geschickt.
90 Schließlich wird er völlig unleidlich. Soll er auf den
Knien um Kunstdünger bitten? Will er ihn geschenkt?
'Eine präzise Auskunft wünsch ich!'
Fünf Minuten vor fünf erhält Bienkopp die präzise Auskunft: Sofern es sich um das Blumenauer Gemeindeland,
95 um den Bodenfonds, handelt, ist alles klar: Bürgermeister Nietnagel soll warten, bis ihm wie alljährlich der
Kunstdünger geliefert wird. Weshalb so eilig dieses Jahr?
Bienkopp will zu einer neuen Erklärung ansetzen, aber
nun ist es fünf Uhr. Der Kollege muß zu einer dringen-
100 den Sitzung nach außerhalb. Er kann jetzt nicht. Auf
keinen Fall!
Bienkopp pocht an die Tür des Ratsvorsitzenden. Sie ist
verschlossen. Es ist schon halb auf sechs. Der Pförtner
rasselt unten mit den Schlüsseln. Bienkopp möchte heu-
105 len vor Wut, möchte dreinschlagen, aber hier handelt es
sich nicht um einen Sägemüller, hier handelt es sich
überhaupt nicht um die Reaktion und nicht um Gegner.

Hermann Kant

Hermann Kant, 1926 in Hamburg geboren, wurde am
Ende des Krieges noch Soldat, kam in polnische Kriegs-
gefangenschaft und wurde in einem Arbeitslager Mit-
begründer eines Antifaschismuskomitees. Von 1949-1952
war er Schüler an der Arbeiter- und Bauernfakultät in
Greifswald. Nach erfolgreichem Abschluß studierte er in
Berlin Germanistik, danach war er freier Schriftsteller.
Nach 1978 war er Präsident des Schriftstellerverbandes.
Er vertrat und verteidigte die von der Partei vorgeschrie-
bene Literaturauffassung.

Sein erster Roman *Die Aula* erschien 1965. Er war für den
sozialistischen Realismus epochemachend. Zum ersten
Male wurden hier in der DDR-Literatur moderne Erzähl-
formen wie innerer Monolog, Rückblende, ironische und
parodistische Subjektivierung angewendet. Die ersten
Jahre der DDR-Geschichte werden kritisch reflektiert. Als
Motto stellt Kant dem Roman ein Heinezitat voran. 'Der
heutige Tag ist ein Resultat des gestrigen. Was dieser
gewollt hat, müssen wir erforschen, wenn wir zu wissen
wünschen, was jener will.'

▽ *Wolfgang Mattheuer, 'Horizont' (1970)*

Die Aula

Um Arbeiter- und Bauernkindern das Universitäts-
studium zu ermöglichen, wurden 1949 an den Universitä-
ten der DDR sogenannte Arbeiter- und Bauernfakultäten
(ABF) gegründet. 1962 kamen genügend Abiturienten von
den Schulen, so daß die ABF geschlossen werden konnten.
Aus diesem Anlaß wird der ehemalige Schüler und jetziger
Journalist Robert Iswall aufgefordert, bei der Abschlußfeier eine Rede zu halten. Durch die Vorbereitung zu dieser Rede gerät er immer mehr in den Bann jener Jahre,
die für den Aufbau der sozialistischen Gesellschaft so
wichtig gewesen sind. Er versucht, die abgerissenen
Beziehungen zu seinen Mitstudenten wiederherzustellen.
Gegenwart und Vergangenheit gehen ständig ineinander
über. Jakob Filter, ehemaliger Forstgehilfe, ist nun Haupt-
abteilungsleiter im Ministerium für Land- und Forstwirt-
schaft. Iswalls Frau, ehemalige Schneiderin, ist nun Augen-
ärztin. Die Landarbeiterin Rose Paal und der Zimmer-
mann Gerd Trullesand sind Sinologen. Nur der hoffnungsvolle Quasie Riek, ein ehemaliger Klempner, ist in
den Westen gegangen und nun Gastwirt in Hamburg.
Durch eine Fülle von Episoden, Nebenfiguren und Ereignissen entsteht ein buntes Bild von der DDR, während das
Bild von der BRD einseitig negativ bleibt. Viele Probleme
werden angesprochen, wie etwa Republikflucht und Stalinismus, aber sie werden nicht wirklich gründlich behandelt. Es geht nicht um die individuelle Entfaltung des
Einzelnen, sondern um die gelungene Bildungsrevolu-
tion. Das Individuum hat eine gesellschaftsverändernde
Funktion.

Das Impressum

Kants zweiter Roman, *Das Impressum* (1972), ist thema-
tisch und der Form nach mit dem ersten verwandt. Auch
hier spielen autobiographische Züge eine Rolle. Es wird
der Aufstieg des Journalisten David Groth vom Laufjun-
gen zum Minister geschildert. Zunächst geht es um die
Probleme, die Groth als Journalist in einer Berliner Feuil-
letonredaktion hat. Mit Witz und Humor werden Ereignisse und Situationen der DDR-Gesellschaft geschildert.
Dadurch verbindet der sich erinnernde Erzähler sein
Leben mit der Entwicklung der sozialistischen Gesellschaft.

△ *Hermann Kant beim Schriftstellerkongreß. Rechts im Hintergrund Erich Honecker und Erwin Strittmatter*

Robert Iswall mochte keine Telegramme. Er konnte sich kaum an eines mit angenehmem Inhalt erinnern. Störender Besuch, böse Mahnungen, jäher Tod – das reiste per Depesche und erschreckte.

5 Robert las: Mit auslaufendem Semester Schliessung ABF vorgesehen stop Abschlussfeier geplant stop kannst du Rede halten stop Meibaum stop Direktor.

Das war Meibaum. Mitten im Winter ein Telegramm, weil am Semesterende eine Rede gehalten werden mußte 10 – in einem halben Jahr. Nur keine gemütlichen Briefe; immer dringend, das wirkt.

Mit auslaufendem Semester. Jochen Meibaum glaubte sicher, Robert Iswall werde sich nun das ganze Frühjahr hindurch bis in den tiefen Sommer damit herumplagen, 15 eine Rede zu bauen, auf daß die Abschlußfeier auch ja in die richtige Länge komme.

Man müßte das einmal machen, dachte Robert, wenn man nur die Zeit dazu hätte, und wenn die anderen dir dann auch die Zeit gäben, das Ding zu verlesen. Er 20 malte sich aus, wie das wäre: Er hinter einem festlich geschmückten Katheder über einem mehrbändigen Manuskript voller Sätze, wie 'Bevor ich nun meine einleitenden Bemerkungen abschließe und mich dem ersten Hauptpunkt zuwende, will ich den eben erwähn- 25 ten Ausführungen Pestalozzis über die Persönlichkeit noch wenige Fußnoten hinzufügen...'

Er sah die Aula vor sich und in den ersten Reihen auf vergoldeten Stühlen die Würdenträger der Universität, die Magnifizenz und die Spectabiles, in satt leuchtenden 30 Talaren und mit güldenen Ketten um den Hals und die Baretts auf den Knien oder schon unter den Füßen und

die Augen in den faltigen Gesichtern zwischen Schlaf und Hoheit, und er hörte sich dröhnen: 'Hier, in diesem erhabenen Saale mit seinem spätbarocken Glanz, in die- 35 sem Meisterwerke des Mathematikprofessors Andreas Mayer, in diesem Raume, einem der selten gewordenen architektonischen Schaustücke des einstmal so reichen hansischen Nordens, in diesen kunstreich verzierten Mauern, [...] hier, in der vormaligen Bibliothek und 40 heutigen Aula, hier war es...'

Ja, was war hier? War in diesem Saal mit der Puttengalerie jemals etwas geschehen, von dem zu sprechen lohnte in der von Meibaum gewünschten Rede, etwas, das einen Zusammenhang herstellte zwischen dem kost- 45 spieligen Stolz der Herzöge von Pommern-Wolgast und der Tatsache, daß mit auslaufendem Semester Schließung der ABF vorgesehen war?

Robert erinnerte sich nur, daß er wegen des mathematischen Baukunststücks des Herrn Mayer beinahe wieder 50 fortgelaufen wäre aus der alten Universitätsstadt, noch vor der ersten Stunde Unterrichts.

Trullesand hatte das Universitätsgebäude betrachtet und gesagt: 'Sieht aus wie ein Schloß, von dem wir das Dach repariert haben. Ist aber größer. Sollten wir mal besichti- 55 gen.'

Sie waren eine breite Treppe hinaufgeschlichen und hatten vor der Tür, auf der in verschnörkelten Buchstaben 'Aula' stand, eine Weile gezögert. Trullesand hatte das Wort auseinandergenommen: 'Aula, kenn ich nicht. 60 Aule kenn ich.' Aber drinnen hatte er nur erschrocken gesungen: 'Vvater, die Scheuheune brennt!'

Robert wollte gleich wieder gehen. 'Die haben sich geirrt,' sagte er, 'die haben gesagt, Arbeiter-und-Bauern-Fakultät, und nun sieh dir das an. Hier kannst du doch 65 nur mit einem Pferd reinreiten, Steigbügel aus Gold, und da vorne auf dem Thron sitzt die Königin und schmeißt mit Rosen nach dir.'

Trullesand gefiel das. 'Und denn linst du ihr von oben, von dein Roß, in den Ausschnitt, und denn wird dir 70 schwindlig, und die Knappen fangen dich auf und geben dir Neckar zu saufen, weil sie auf so was vorbereitet sind.'

'Nektar,' sagte Robert, 'und nun komm bloß weg hier, dies ist ein Irrtum, mit diesem Palast können wir nicht 75 gemeint sein.'

Christa Wolf

Christa Wolf (geb. 1929) ist in Landsberg im heutigen Polen aufgewachsen, studierte in Jena und Leipzig Germanistik und ist seit 1962 freie Schriftstellerin.
1963 erschien der Roman *Der geteilte Himmel,* ihr erfolgreichstes und heftig diskutiertes Buch. Im Rahmen einer Liebesgeschichte behandelt sie aktuelle politische Probleme. Im Hintergrund steht der Bau der Mauer 1961, die Ost- und Westdeutschland trennt.

△ *Christa Wolf (1974)*

Der geteilte Himmel

Rückblickend nach einem mißlungenen Selbstmordversuch will sich die Pädagogikstudentin Rita Seidel über ihre Entscheidung für den sozialistischen Staat klar werden. Sie war ihrem Freund, einem Chemiker namens Manfred Herrfurth, nach Halle gefolgt. Sie studiert Pädagogik und absolviert ein Praktikum in einem Waggonwerk. Durch die Haltung einiger Menschen fühlt sie sich bestärkt in ihrer sozialistischen Überzeugung, trotz offenkundiger Unzulänglichkeiten in der DDR. Ihr Freund ist jedoch enttäuscht von der Bürokratie und dem Sozialismus, den er vor allem unter den Aspekt des Stalinismus sieht. Resigniert hat er sich nach Westberlin abgesetzt. Sie findet diesen Entschluß falsch, weil er aus einem überempfindlichen Individualismus gefaßt worden ist.

In jenen letzten Augusttagen des Jahres 1961 erwacht in einem kleinen Krankenhauszimmer das Mädchen Rita Seidel. Sie hat nicht geschlafen, sie war ohnmächtig. Wie sie die Augen aufschlägt, ist es Abend, und die
5 saubere weiße Wand, auf die sie zuerst sieht, ist nur noch wenig hell. Hier ist sie zum ersten Mal, aber sie weiß gleich wieder, was mit ihr, heute und vorher, geschehen ist. Sie kommt von weit her. Sie hat noch undeutlich ein Gefühl von großer Weite, auch Tiefe.
10 Aber man steigt rasend schnell aus der unendlichen Finsternis in die sehr begrenzte Helligkeit. Ach ja, die Stadt. Enger noch: das Werk, die Montagehalle. Jener Punkt auf den Schienen, wo ich umkippte. Also hat irgendeiner die beiden Waggons noch angehalten, die da von
15 rechts und links auf mich zukamen. Die zielten genau auf mich. Das war das Letzte.

Die Krankenschwester tritt an das Bett, sie hat beobachtet, wie das Mädchen wach geworden ist und sich mit eigentümlich stillen Augen im Zimmer umsieht, sie
20 spricht sie leise und freundlich an. 'Sie sind gesund,' sagt sie munter. Da dreht Rita das Gesicht zur Wand und beginnt zu weinen, hört auch die Nacht über nicht mehr auf, und als morgens der Arzt nach ihr sieht, ist sie nicht fähig, zu antworten.
25 Aber der Arzt braucht nicht zu fragen, er weiß ja alles, es steht auf dem Unfallblatt. Diese Rita Seidel, eine Studentin, arbeitet nur während der Ferien im Betrieb. Sie ist manches nicht gewohnt, zum Beispiel die Hitze in den Waggons nicht, wenn sie aus der Trockenzelle kommen.
30 Sowieso ist es verboten, bei hohen Temperaturen im Wagen zu arbeiten, aber niemand kann bestreiten, daß die Arbeit drängt. Die Werkzeugkiste ist schwer, sechzig bis siebzig Pfund, sie hat sie noch bis zu den Schienen geschleppt, wo gerade rangiert wurde, und
35 dann kippte sie um – kein Wunder, zart wie sie ist. Nun heult sie, auch das kennen wir.
'Der Schock,' sagt der Arzt und verschreibt Beruhigungsspritzen. Nach Tagen allerdings, als Rita noch nicht verträgt, daß man sie anspricht, wird er unsicher.
40 Er denkt, wie gerne er den Kerl unter die Finger kriegen möchte, der dieses hübsche und empfindsame Mädchen so weit gebracht hat. Für ihn steht fest, daß nur Liebe ein junges Ding so krank machen kann.
Ritas Mutter, von ihrem Dorf herbeigerufen und hilflos
45 vor dem fremden Zustand der Tochter, kann keine Auskunft geben. 'Das Lernen,' sagt sie. 'Ich habe mir gleich gedacht, sie hält es nicht aus.' Ein Mann? Nicht, daß sie

wüßte. Der frühere, ein Chemiedoktor, ist doch schon
ein halbes Jahr weg. Weg? fragt der Arzt. Nun ja: Abge-
50 hauen, sie verstehen.

Das Mädchen Rita bekommt Blumen: Astern, Dahlien,
Gladiolen – bunte Tupfer im bleichen Krankenhaustag.
Niemand darf zu ihr, bis sich eines Abends ein Mann
mit einem Rosenstrauß nicht abweisen läßt. Der Arzt
55 gibt nach. Hier kann vielleicht ein Reuebesuch den ganzen Kummer auf einmal heilen: Ein kurzes Gespräch
unter seiner Aufsicht. Aber da kommt nichts von Liebe,
auch nichts von Verzeihen, so etwas merkt man doch,
und wäre es an den Blicken. Von irgendwelchen Wag-
60 gons ist die Rede, was nun jetzt weiß Gott nicht wichtig
ist, und nach fünf Minuten artiger Abschied. Der Arzt
erfährt, daß dies der junge Betriebsleiter vom Waggonwerk war und nennt sich selber einen Trottel. Aber er
wird das Gefühl nicht los, daß dieser junge Mann mehr
65 von der Patientin Rita Seidel weiß als die Mutter, mehr
als er selbst, der Arzt, und als jeder einzige Besucher, die
nun zahlreich kommen: zuerst die Tischler aus der Bri-
gade Ermisch, abwechselnd alle zwölf, dann eine blonde,
zierliche kleine Friseuse, Ritas Freundin, nach den
70 Ferien Studenten aus dem Lehrerseminar und hin und
wieder auch Mädchen aus Ritas Dorf. Es kann für ausgeschlossen gelten, daß die Patientin einsam gewesen ist.
Die da zu ihr kommen, haben sie alle gern. Sie sprechen
behutsam mit ihr und tasten mit Blicken ihr Gesicht ab,
75 das blaß und müde, aber nicht mehr trostlos ist. Sie
weint jetzt seltener, meistens abends. Sie wird der Tränen Herr werden und, weil es ihr fernliegt, ihr Leid zu
hätscheln, auch der Verzweiflung.

Sie sagt niemandem, daß sie Angst hat, die Augen zuzu-
80 machen. Sie sieht immer noch die beiden Waggons, grün
und schwarz und sehr groß. Wenn die angeschoben sind,
laufen sie auf den Schienen weiter, das ist ein Gesetz, und
dazu sind sie gemacht. Sie funktionieren. Und wo sie
sich treffen werden, da liegt sie. Da liege ich.
85 Dann weint sie wieder. Sanatorium, sagt der Arzt. Sie
will nichts erzählen. Soll sie sich ausweinen, soll sie zur
Ruhe kommen, soll Gras über alles wachsen. Sie können
mit der Bahn fahren, soweit ist sie schon wieder, aber
der Betrieb schickt ein Auto.
90 Ehe sie abfährt, bedankt sie sich beim Arzt und bei den
Schwestern. Alle sind ihr wohlgesinnt, und wenn sie

nichts erzählen will, ist das ihre Sache. Alles Gute.
Ihre Geschichte ist banal, denkt sie, in manchem auch
beschämend. Übrigens liegt sie hinter ihr. Was noch zu
95 bewältigen wäre, ist dieses aufdringliche Gefühl: Die zie-
len genau auf mich.

Nachdenken über Christa T.

Eine im Hintergrund bleibende Ich-Erzählerin versucht
in dem 1968 erschienenen Roman Jahre nach dem Tod
der Christa T. deren Leben und Denken zu rekonstruie-
ren. Sie stützt sich dabei auf allerlei Dokumente, Aussagen und Erinnerungen. Äußerlich scheint es in diesen
Jahren kein besonderer Lebenslauf zu sein: Kindheit im
Krieg, Flucht, Studium, Frau eines Tierarztes auf dem
Lande, Mutter zweier Kinder und früher Tod an Leukä-
mie. Dahinter steht aber eine in Selbstzweifel verstrickte
Frau, die nach Erfüllung sucht, aufbegehrt und sich nicht
anpassen will. Sie ist also kein 'Vorbild' im Sinne eines
positiven Helden. Es geht um die Frage, wie sich der Einzelne mit seinen subjektiven Ansprüchen in der sozialistischen Gesellschaft verwirklichen kann. Damit wird nicht
der Führungsanspruch der Partei in Zweifel gezogen, aber
auf Probleme verwiesen, die bisher bei der Staats- und
Parteiführung kaum eine Rolle spielten.

Kassandra

1983 erschien ihre Erzählung Kassandra. Die trojanische
Königstochter und Seherin, die vergebens den Untergang
Trojas prophezeite, kommt als Gefangene nach Mykenae,
wo sie hingerichtet werden soll. Vor dem Tore von Mykenae erinnert sie sich an die Vergangenheit und überdenkt
ihr Leben und den Untergang Trojas. Ihr Konflikt ist, daß
sie nach Autonomie und Selbstverwirklichung strebte,
aber zugleich von den Trojanern zum Objekt ihrer Ab-
sichten, vor allem aber zur Aufrechterhaltung ihrer Macht
mißbraucht wird. Sie durchschaut, was wirklich vor sich
geht und was hinter den Kulissen geschieht. Ihr selbst
geht es um ein gewaltfreies Leben, Solidarität und Fried-
fertigkeit. Dadurch entsteht ein weiblicher Gegenentwurf
zu der durch die Männer bestimmten Weltgeschichte.
Christa Wolf hat in Voraussetzungen einer Erzählung:
Kassandra (1983) zu ihrem Text Stellung genommen.

Stefan Heym

Stefan Heym (geb. 1913) nimmt in der Literatur der DDR einen besonderen Platz ein. Der in Chemnitz geborene Helmut Flieg hatte sich durch einige Gedichte bei den Nazis unbeliebt gemacht, so daß er 1933 nach Prag fliehen mußte. Unter dem Namen Stefan Heym, der von nun an sein Schriftstellername blieb, teilte er seinen jüdischen Eltern die gelungene Flucht mit. 1935 konnte er nach Amerika emigrieren. Es gelang ihm, sich als Schriftsteller durchzusetzen. Hier erlernte er auch das Handwerk des Journalisten. Die Verbindung von Journalismus und Belletristik charakterisiert seine Schreibweise.

Im Zweiten Weltkrieg wurde er amerikanischer Soldat und nahm an der Invasion in der Normandie teil. Nach dem Krieg schrieb er Artikel für die Münchner *Neue Zeitung*, eine amerikanische Zeitung für die deutsche Bevölkerung. Als die Verfolgung von Linksintellektuellen in Amerika unter Senator McCarthy begann, fürchtete auch Heym, wegen seiner Sympathie für den Kommunismus verfolgt zu werden. 1952 übersiedelte er in die DDR und schickt aus Protest sein Offizierspatent und seine Kriegsauszeichnungen an den amerikanischen Präsidenten zurück. In seinem Roman *Kreuzfahrer von heute* (1950) beschreibt er seine Kriegs- und Nachkriegserlebnisse als amerikanischer Offizier.

In der DDR beschäftigte sich Heym kritisch mit der Entwicklung der sozialistischen Gesellschaft. Er schrieb einen Roman über den Arbeiteraufstand vom 17. Juni 1953 in Berlin, der jedoch erst 1974 unter dem Titel *5 Tage im Juni* in der BRD erschien. Besonders interessant sind seine Lebenserinnerungen, die er 1988 unter dem Titel *Nachruf* veröffentlichte. Sein wichtigster Roman ist *Der König David Bericht;* er erschien 1972 in München.

Der König David Bericht

Der Roman behandelt einen biblischen Stoff. Er spielt in Palästina zur Zeit von König Salomo. Der Historiker Ethan ben Hoshaja soll als Redaktor einer Kommission im Auftrag des Königs eine seinen Vater König David verherrlichende Geschichte schreiben. Er gerät bald in einen Konflikt zwischen der Realität dieses Regimes und der Darstellung, die man von ihm erwartet. In Wirklichkeit ist König David ein grausamer Gewaltmensch gewesen, der vom Bandenführer durch einige Mordaffären zum Despoten aufstieg und sich nun mit dem Nimbus der göttlichen Auserwähltheit umgibt. Ethan versucht zwischen den Zeilen etwas von der Wahrheit mitzuteilen. Er wird vor Gericht gestellt und zum Tode verurteilt. Salomo begnadigt ihn, aber sein Werk soll totgeschwiegen werden. Heym hält sich zwar an die biblische Geschichte, aber die Anspielungen auf die Gegenwart (z.B. Stalin und die kommunistische Bürokratie) sind offenkundig.

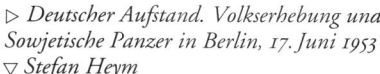

▷ *Deutscher Aufstand. Volkserhebung und Sowjetische Panzer in Berlin, 17. Juni 1953*
▽ *Stefan Heym*

Der König streichelte die kostbaren Steine auf den Flügeln der Cherubim, und er antwortete: 'Laß uns hören, Ethan, was du uns über die Frage der Einbeziehung unbequemer Tatsachen in Werke der Geschichte und
5 über die Wege zu ihrer Darstellung zu sagen hast.'
Ich begann, indem ich erklärte, daß ich den mächtigen Herren, welche der Kommission angehören, gar dankbar sei, weil sie das Problem so säuberlich herausgeschält und darüber so scharfsinnig gesprochen hätten. Auf der
10 Grundlage ihres Streitgesprächs, so sagte ich, hätte ich eine Liste der verschiedenen Möglichkeiten, wie man mit unbequemen Tatsachen verfahren könne, aufgestellt: (a) alles zu berichten, (b) mit Diskretion zu berichten, (c) gar nicht zu berichten. Alles zu berichten (Möglichkeit
15 a), sei offensichtlich unweise; das Volk zöge sehr rasch die falschen Schlüsse und bildete sich ebenso rasch falsche Meinungen über Personen, die hochgeschätzt zu werden verdienten. Gar nicht zu berichten (Möglichkeit c) sei ebenso unweise; die Dinge sprächen sich doch herum,
20 und die Leute erführen immer, was sie eigentlich nicht erfahren sollten. Damit verbliebe uns Möglichkeit (b): mit Diskretion zu berichten. Diskretion nun, sagte ich, sei keineswegs gleichzusetzen mit Lüge; der Weiseste der Könige, Salomo, würde den Gebrauch von Lügen in
25 einer Geschichte seines Vaters, König Davids, bestimmt nie gutheißen. Diskretion sei Wahrheit gezügelt durch Weisheit.
'Wenn der König und meine Herren gestatten,' sagte ich, 'so möchte ich versuchen, darzulegen, wie wir bei
30 der Darstellung der doch recht verschlungenen Wege, die der Erwählte des Herrn gewandelt, mit Diskretion verfahren können.
Es ergab sich da eine Frage in der Kommission betreffs der Raubzüge, welche David von Ziklag aus unternahm.
35 Nun hat David, da König Achish von ihm wissen wollte, wo er denn heute geplündert habe, selber zugegeben: im Süden von Juda. Aber was beweist das aus dem Munde eines Mannes, der sich in einer Lage wie der Davids befindet? Konnte seine Antwort nicht eine List gewesen
40 sein? Aber ganz gleich, ob er Achish die Wahrheit sagte oder nicht, es gibt so oder so keine Zeugen, da David in den Orten, die er beraubte, alles niedermachen ließ. Wäre es daher nicht gerechtfertigt, in unserm Text anzudeuten, daß David seine Raubzüge eher gegen die feind-
45 lichen Stämme in Gashur oder Geser oder Amalek richtete denn gegen sein eigenes Volk Juda?
Des weiteren ist da die Frage der Rolle Davids in der Schlacht gegen Saul und das Volk Israel, die bei Aphek stattfand. David war bei Aphek in Erfüllung seiner
50 Lehnspflicht dem König Achish von Gath gegenüber. Aber nahm er teil an der Schlacht? Können wir nicht eher vermuten, daß sich ein Streit erhob unter den Fürsten der Philister, wobei diese dem König Achish sagten: Ist das nicht derselbe David, von dem auf den Straßen
55 Israels gesagt wurde: Saul hat seine Tausende erschlagen, aber David seine Zehntausende? Laß ihn umkehren und an seinem Ort bleiben, den du ihm angewiesen hast, damit er sich nicht gegen uns wende in der Schlacht; denn Blut will zu Blute, und wenn er sich versöhnen
60 wollte mit seinem Herrn, König Saul, wie könnte er es geschickter tun als anhand der abgeschlagenen Köpfe unserer Krieger?... Eines nämlich ist gewiß: in den letzten Stunden der Schlacht, da das Heer Israels über das Gebirge Gilboa verstreut wurde und man die Leiber
65 Sauls und Jonathans an die Mauern der Stadt Beth-shan nagelte, zogen David und die Seinen in Gewaltmärschen nach Ziklag zurück, das von Banden aus Amalek überfallen worden war. Sie holten die Räuber ein und vernichteten sie, und retteten so ihre Frauen, darunter Abi-
70 gail, und machten derart reiche Beute, daß David davon Geschenke an die Stammesältesten von Juda senden konnte. Seht, ließ er ihnen sagen, eine Gabe für euch aus der Beute, die wir den Feinden des Herrn abnahmen.' König Salomo sah mich an mit seinem stechenden
75 Blick, und er lachte freudlos und sprach: 'Du weißt das Wort listig zu handhaben, Ethan, und die Gedanken der Menschen zu lenken, so daß mich dünkt, ich habe weise gewählt und den rechten Mann zum Redaktor des Berichts über meinen Vater, König David, gemacht.'
80 Ich aber dachte: War sein Vater, König David, ein großer Mörder, so ist dieser ein kleiner Halsabschneider. Und ich antwortete: 'Was ist Euer Diener vor dem Antlitz des Weisesten der Könige als ein Fliegendreck, ein Stück Spreu, eine unbedeutende Blähung.' Worauf der
85 König seinen kurzen, fetten Finger erhob und sprach: 'Jeder nach seinem Verdienst. Ich würde mich freuen, dich heute abend beim Empfang zu sehen.' Und gnädig winkte er seinen Trägern, und ward hinausgetragen.

Volker Braun

Volker Braun (geb. 1939) gehört der Generation an, die in
den ersten Jahren der DDR aufgewachsen ist. Nach seinem
Abitur 1957 arbeitete er in verschiedenen Industrie-
betrieben, studierte dann Philosophie und wurde Mitarbeiter am Berliner Ensemble. Seit 1971 war er im Vorstand
des Schriftstellerverbandes, was ihn aber nicht hinderte,
die Petition gegen die Ausbürgerung Wolf Biermanns zu
unterzeichnen. Braun identifizierte sich ganz mit der neu
zu schaffenden sozialistischen Gesellschaft. Er wollte mit
seinem Schreiben kritisch auf ihre Weiterentwicklung ein-
wirken. Der Einzelne sollte sich seiner Verantwortung
bewußt werden, vor allem auch gegenüber einer sich ständig ausbreitenden staatlichen Bürokratie.

In seinem ersten Roman *Das ungezwungene Leben Kasts*
(1972) versucht er seine Lebenserfahrungen niederzu-
schreiben. Kast ist Arbeiter, dann Philosophiestudent,
Theatermacher und zuletzt Funktionär. Durch seine
Demokratisierungsbestrebungen gerät er aber in Wider-
spruch zur Partei, die einen Sozialismus von oben vertritt.
Dies ist auch das Thema seiner Theaterstücke und seiner
Lyrik. Als Beispiel sei ein Gedicht aus der Anthologie
Saison für Lyrik (1968) genannt.

Regierungserlaß

Du bist nicht nur gut für die Drehbank, den Dumper
Den Platzkartenschalter: dein Name ist nötig
Auf den Dekreten, deine Stimme erst
Leiht den Gesetzen Kraft. Aber wer hört sie
5 Wenn du den Stahl treibst und nichts weiter
Wo bleibt sie ab, deine Sache, unbesehn
Vor aller Augen? Schweige du, betäubt
Vom Schichtsoll: und die Schwäche bläht sich
Auf den Sesseln. Schließe die Lider im Schweiß
10 Und die Macht ist einsam, sich selbst
Verloren. Dein guter Rat
Ist hier teuer. Unbesehn nimm
Keinen Plan, keinen Ruhm, keine Ruhe. Treu und
                     Glauben
Sind Sprüche auf faulem Holz
15 Vor die Köpfe genagelt. Wer wenn nicht du
Der das Öl kippt ins Getriebe und karrt
Und Gas gibt, reinigt vom Unrat
Die Maschine des Staats? du bist gut
Deine Sache zu treiben, vor aller Augen
20 Wie den Stahl auf der Drehbank, den Pflug
Ins verschossene Feld.

▷ Wolfgang Mattheuer,
'Die Ausgezeichnete'
(1973-1974)
▷▷ Willi Neubert,
'Parteidiskussion' (1962)

Daß die Kulturbürokratie nicht immer mit Volker Brauns Überlegungen einverstanden war, zeigt *Die unvollendete Geschichte,* die 1975 zunächst nur in der Zeitschrift *Sinn und Form* erscheinen durfte. Der verfestigte und daher nicht flexible Staat greift in das Leben des Einzelnen ein und droht es zu zerstören.

Die unvollendete Geschichte

Karin, die Tochter eines Funktionärs, ist verliebt in Frank, einen jungen Fernmeldeelektriker, von dem sie ein Kind erwartet. Frank wird politisch verdächtigt. Er hat einen Brief von einem Freund aus Westdeutschland mit der Aufforderung erhalten, auch nach Westdeutschland zu kommen. Karin, die in einer Zeitungsredaktion arbeitet, soll sich auf Andringen des Chefredakteurs und eines Stasi-Mitarbeiters, ohne daß sie den Grund kennt, von ihrem Freund trennen. Sie versucht es. Daraufhin will sich Frank das Leben nehmen, was allerdings mißlingt. Die Erzählung hat ein offenes Ende. Kritisiert werden nicht nur irgendwelche Mißstände, sondern die erstarrten und genormten Denkweisen, die in den Alltag der Menschen hineinreichen.

Wenig später händigte ihr Frank die Briefe aus. Sie hatte nur gesagt: sie müsse sie der Zeitung zeigen, weil sie das interessiert, weil sie das wissen muß. Sie brachte die Briefe dem Parteisekretär. Der nahm das so hin, das war
5 ja gut; sie hatte ohnehin ein Schreiben bekommen, daß alle Westverbindungen zu melden seien. Sie unterhielten sich, über andere Sachen. Der Vater kam vor – er hatte nach ihr gefragt, der Sekretär hielt viel von ihm. Sie war ganz guter Dinge.
10 An einem Freitag wurde Karin bestellt. Es saß noch ein Dritter im Zimmer, den hatte sie nie gesehn. Er sagte erst nichts. Der Parteisekretär fragte, was sie von ihrer Arbeit halte. Ob sie sie gerne mache? – Ja. – Und wie sie zu ihr stehe? Was sie selber denke? – Nichts anderes!
15 Was solle sie denn denken? – Ja. Sie könne doch sagen, was sie nicht begreife! – Sie wußte nichts zu sagen. Der Andere, ein freundlicher junger Bursche, kaum älter als die, bat sie, die ganze Angelegenheit noch einmal zu erzählen. Er sei damit befaßt. Sie sagte alles, und es schien
20 ihr wieder nichts. Was war denn geschehen! –

Der junge Mann versetzte: sie wissen wohl gar nicht, was sie zu tun und zu lassen haben? Sie habe sich vollkommen falsch verhalten! Sie habe ihren Eltern nicht geglaubt! Sie habe versagt. Sie merke nicht, in was für
25 eine Sache sie gerate... die sie gar nicht überblicken könne. Karin starrte den Jungen an. 'Was wollen Sie denn eigentlich von mir!' – Er schwieg. Und sagte dann: er rate ihr dringend, diese Beziehung abzubrechen, so schnell wie möglich, heute, also sofort! – Sie war
30 geschockt. Sie schüttelte den Kopf. Sie hörte noch, und hörte nur halb: daß sie, im andern Fall, nicht in der Redaktion, also verlassen müsse, nach H., sie könnten, und als Bezirksorgan, das müßte sie sich selber, solche Leute nicht leisten können! Sie sah auf und sah den
35 Sekretär an, und lächelte bis ihr bewußt war, daß ers war, der es sagte.
Sie ging zum Kaderleiter. Sie glaubte, daß er ihr helfen müsse, so väterlich sah er sie an. Sie erzählte alles heraus. Sie meinte, jetzt würde er das entwirren, mit einem Satz
40 den ganzen Unfug niederreißen! Er saß stumm da und hielt seinen kahlen Kopf. Er sagte: 'Trennen Sie sich von ihm. Ja, trennen Sie sich von ihm.' – Sie sagte noch was, er blieb fest bei dem Satz. Den folgenden Morgen fuhr sie heim.
45 Frank brachte sie zum Bus. Er wußte sofort, daß irgendwas geschehen war. Aber sie sagte nichts. Sie müsse jetzt mal nachhause. Er wußte nur nicht, ob ihr etwas geschehen war, oder in ihr... Er hatte seine Erfahrungen mit ihr. Es konnte sein, sie riefe wieder an – und es wär vor-
50 bei. Er hatte Angst, daß sie ihm abhaut. Und auf ihre Eltern hört, weil er verdächtig war... Was war ihr wichtig. Er konnte nicht in sie reinsehn. Er begriff nichts. Und wenn man gegen ihn ermittelte, und sie wußte es? Sie standen lange da. Er sah sie, sie gefiel ihm rasend,
55 das offene Gesicht, das Haar, die Stirn – da, dahinter war alles, mit Händen zu greifen, er hätte sie packen können! Er stand ganz starr da. Was hielte er dann, außer sich an ihr. Er würde nichts von ihr erfahren, der Tochter. Die kannst du nicht halten. Da weißt du
60 nichts, außer dem Anblick.
Als sie einstieg, traten ihm Tränen in die Augen, sie sah es; er beherrschte sich mit Mühe, blickte sie immer an. Der Zustand war ihr schrecklich, sie wendete sich weg. Als der Bus fuhr, schluchzte sie hemmungslos.

Ulrich Plenzdorf

Ulrich Plenzdorf (geb. 1934) gehört ebenfalls zu der Generation, die in der DDR aufgewachsen ist. Er hatte sich vor allem mit dem Film beschäftigt. Von 1959 bis 1963 hat er die Filmhochschule in Potsdam-Babelsberg besucht und ist dann Filmdramaturg bei der DEFA in Berlin geworden. Das Werk, womit er berühmt wurde, *Die neuen Leiden des jungen W.*, lag schon 1968 als Filmszenarium der DEFA vor, erschien aber erst 1972.

Die neuen Leiden des jungen W.

Edgar Wibeau, Sohn einer Werksleiterin und der beste Lehrling in einem Industriewerk, protestiert gegen die autoritären Erziehungsmethoden seines Ausbilders. Er zieht sich in Berlin in eine Gartenlaube zurück. Hier findet er ein Reclamheft ohne Titelblatt. Es ist Goethes Roman *Die Leiden des jungen Werthers*. Edgar verliebt sich in eine Kindergärtnerin, die er Charlie nennt und berichtet seinem Freund davon, indem er Passagen aus dem Werther verwendet und auf Tonband spricht. Inzwischen kehrt Charlies Verlobter aus dem Wehrdienst zurück und sie heiraten. Edgar arbeitet auf einer Baustelle als Maler. Er will ein nebelfreies Spritzgerät entwickeln, wird aber beim Herumexperimentieren durch einen Stromstoß getötet. Ob es ein Unglück oder Selbstmord war, bleibt offen.

Die Geschichte wird in der Rückblende erzählt. Edgar ist bereits tot. Sein Vater, der geschieden ist und seinen Sohn seit dessen fünftem Lebensjahr nicht mehr gesehen hat, spürt dem Leben seines Sohnes nach. Der verstorbene Edgar begleitet ihn dabei und kommentiert sein eigenes Leben.

Das Buch hat eine weitverbreitete Diskussion ausgelöst. Zunächst war die Sprache neu. Verschiedene Sprachebenen werden verwendet: die Sprache von Goethes Werther, die Umgangssprache der Jugendlichen ('Jeanssprache'), die Sprache der Erwachsenen und die Zeitungssprache. Dadurch werden verschiedene Wirklichkeiten miteinander konfrontiert. Darüberhinaus weist Edgar die Normen und die Vorbildkultur der Älteren ab. Auch hier handelt es sich wieder um die Stellung des Individuums in der sozialistischen Gesellschaft. Man warf Plenzdorf vor, daß er sich zu sehr für seinen Helden engagierte, wodurch Edgar als Opfer der sozialen Verhältnisse erschien. Als Theaterstück wurde es an vielen Theatern in der DDR gespielt. Trotz heftiger Auseinandersetzungen wurde es nicht verboten, weil es keine grundsätzliche Kritik am Sozialismus enthielt.

Ich fing an, Willis Laube nach etwas Lesbarem durchzukramen. Du Scheiße! Seine Alten mußten plötzlich zu Wohlstand gekommen sein. Das gesamte alte Möblement einer Vierzimmerwohnung hatten sie hier gesta-
5 pelt, mit allem Drum und Dran. Aber kein lumpiges Buch, nicht mal ein Stück Zeitung. Überhaupt kein Papier. Auch nicht in dem Loch von Küche. Eine komplette Einrichtung, aber kein Buch. Willis alte Leute mußten ungeheuer an ihren Büchern gehangen haben.
10 In dem Moment fühlte ich mich unwohl. Der Garten war dunkel wie ein Loch. Ich rannte mir fast überhaupt nicht meine olle Birne an der Pumpe und an den Bäumen da ein, bis ich das Plumpsklo fand. An sich wollte

▷▷ *Norbert Wagenbrett, 'Begegnung' (1984)*
▽ *Junger Arbeiter mit Apparat*

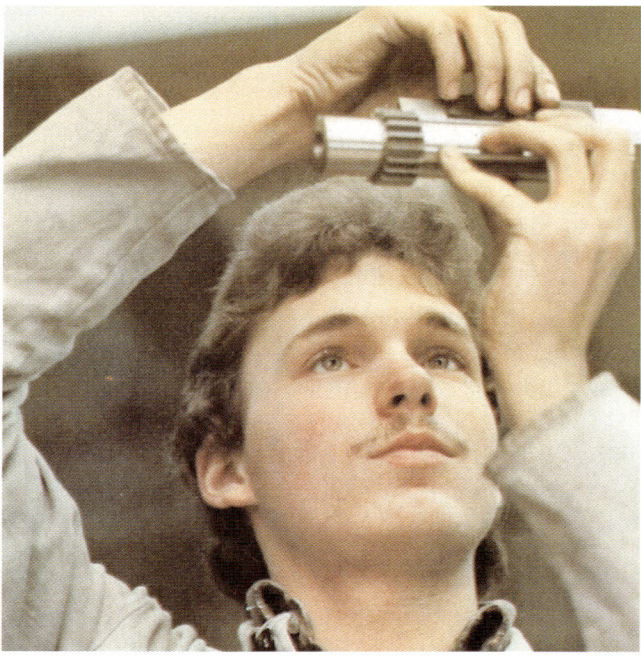

ich mich bloß verflüssigen, aber wie immer breitete sich
15 das Gerücht davon in meinen gesamten Därmen aus.
Das war ein echtes Leiden von mir. Zeitlebens konnte
ich die beiden Geschichten nicht auseinanderhalten.
Wenn ich mich verflüssigen mußte, mußte ich auch
immer ein Ei legen, da half nichts. Und kein Papier,
20 Leute. Ich fummelte wie ein Irrer in dem ganzen Klo
rum. Und dabei kriegte ich dann dieses berühmte Buch
oder Heft in die Klauen. Um irgendetwas zu erkennen,
war es zu dunkel. Ich opferte also zunächst die Deckel,
dann die Titelseite und dann die letzten Seiten, wo
25 erfahrungsgemäß das Nachwort steht, das sowieso kein
Aas liest. Bei Licht stellte ich fest, daß ich tatsächlich
völlig exakt gearbeitet hatte. Vorher legte ich aber noch

eine Gedenkminute ein. Immerhin war ich soeben den
letzten Rest von Mittenberg losgeworden. Nach zwei
30 Seiten schoß ich den Vogel in die Ecke. Leute, das
konnte wirklich kein Schwein lesen. Beim besten Willen
nicht. Fünf Minuten später hatte ich den Vogel wieder
in der Hand. Entweder ich wollte bis früh lesen oder
nicht. Das war meine Art. Drei Stunden später hatte ich
35 es hinter mir.
Ich war fast gar nicht sauer! Der Kerl in diesem Buch,
dieser Werther, wie er hieß, macht am Schluß Selbstmord. Gibt einfach den Löffel ab. Schießt sich ein Loch
in seine olle Birne, weil er die Frau nicht kriegen kann,
40 die er haben will, und tut sich ungeheuer leid dabei.
Wenn er nicht völlig verblödet war, mußte er doch sehen,
daß sie nur darauf wartete, daß er was machte, diese
Charlotte. Ich meine, wenn ich mit einer Frau allein im
Zimmer bin und wenn ich weiß, vor einer halben Stunde
45 oder so kommt da keiner rein, Leute, dann versuch ich
doch alles. Kann sein, ich handle mir ein paar Schellen
ein, na und? Immer noch besser als eine verpaßte Gelegenheit. Außerdem gibt es höchstens in zwei von zehn
Fällen Schellen. Das ist Tatsache. Und dieser Werther
50 war... zigmal mit ihr allein. Schon in diesem Park. Und
was macht er? Er sieht ruhig zu, wie sie heiratet. Und
dann murkst er sich ab. Dem war nicht zu helfen.
Wirklich leid tat mir bloß die Frau. Jetzt saß sie mit
ihrem Mann da, diesem Kissenpuper. Wenigstens daran
55 hätte Werther denken müssen. Und dann: Nehmen wir
mal an, an die Frau wäre wirklich kein Rankommen
gewesen. Das war noch lange kein Grund, sich zu durch-
löchern. Er hatte doch ein Pferd! Da wär ich doch wie
nichts in die Wälder. Davon gab's doch damals noch
60 genug. Und Kumpels hätte er eins zu tausend massen-
weise gefunden. Zum Beispiel Thomas Müntzer oder
wen. Das war nichts Reelles. Reiner Mist. Außerdem
dieser Stil. Das wimmelte nur so von Herz und Seele
und Glück und Tränen. Ich kann mir nicht vorstellen,
65 daß welche so geredet haben sollen, auch nicht vor drei
Jahrhunderten. Der ganze Apparat bestand aus lauter
Briefen von diesem unmöglichen Werther an seinen
Kumpel zu Hause. Das sollte wahrscheinlich ungeheuer
originell wirken oder unausgedacht. Der das geschrieben
70 hat, soll sich mal meinen Salinger durchlesen. Das ist
echt, Leute!...

Das Theater in der DDR

Für die Entwicklung des Theaters in der DDR wurde Bertolt Brecht bestimmend. Er kehrte 1948 aus dem Exil nach Ostberlin zurück und gründete mit seiner Frau Helene Weigel das 'Berliner Ensemble'. Hier inszenierte er seine großen Stücke und versuchte, seine Theatertheorie zu verwirklichen. Seine Stücke spielen in kapitalistischen Gesellschaften. Im Mittelpunkt steht, wie in *Mutter Courage und ihre Kinder*, ein negativer Held, der nichts lernt. An seinen Fehlern, die durch Verfremdung hervorgehoben werden, soll der Zuschauer lernen.

Neben dem Brecht-Theater entwickelte sich aber in der DDR auch ein den Direktiven der Partei konformes Theater. Viele Stücke mit einem positiven Helden und mit der Tendenz, zur sozialistischen Gesellschaft zu erziehen, wurden geschrieben und aufgeführt.

Im Sinne des Brecht-Theaters haben sich vor allem zwei Dramatiker hervorgetan: Peter Hacks und Heiner Müller. Peter Hacks (geb. 1928) übersiedelte auf Einladung Brechts aus der Bundesrepublik in die DDR. Seine ersten Stücke sind historische Komödien, in denen die Verfremdung nach dem Vorbild von Brecht eine große Rolle spielt. Sein erstes in der DDR spielendes Gegenwartsstück ist *Die Sorgen und die Macht* (1958).

Die Sorgen und die Macht

Die Arbeiter einer Brikettfabrik erzeugen eine große Menge Briketts, die aber von schlechter Qualität sind. Da bei der Planung nur die Quantität zählt, erfüllen sie ihr Plansoll und verdienen viel Geld. Die Arbeiter der Glasfabrik, die bei ihrer Produktion von den Briketts abhängig sind, erreichen durch die schlechte Qualität kaum ihr Soll und verdienen dementsprechend wenig. Der Brikettarbeiter Max Fidorra verliebt sich in die Glasarbeiterin Hede Stoll. Erst durch diese Liebe wird der Egoismus der Arbeiter überwunden und es kommt zu einem Ausgleich. Daß die Liebe und nicht das sozialistische Bewußtsein des neuen Menschen den Anstoß zur Veränderung gab, wurde von der Parteiführung als Abweichung kritisiert. Das Stück wurde daher kaum aufgeführt.

◁ *Grischa Meyer, Umschlag zu Heiner Müllers 'Material' unter Verwendung eines Porträts und einer 'Kritzelei' des Autors*

Hacks hat sich später vor allem mit mythologischen Stoffen beschäftigt. Viel Erfolg hatte er mit seiner Bearbeitung und Aktualisierung eines Stückes von Aristophanes, *Der Frieden* (1963), einer scharfen Satire auf den Krieg.

Heiner Müller (geb. 1929) begann mit Gegenwartsdramen. In seinem Stück *Der Lohndrücker* (1956/1957) ging es ihm nicht um die simple Verherrlichung des Sozialismus.

Der Lohndrücker

Der Maurer Balke repariert einen Ringofen, der noch in Betrieb ist. Dadurch braucht die Produktion nicht stillgelegt zu werden, und das geplante Soll kann erfüllt werden. Die damit verbundene Erhöhung der Norm führt aber zur Verminderung des Lohnes. In Balke sehen die Arbeiter den Schuldigen, sie hintertreiben seine Bemühungen und schlagen ihn zusammen. Am Ende findet er aber doch Helfer. Dies bedeutet aber nicht, daß durch den Sozialismus alle Probleme gelöst worden wären. Die individuellen Konflikte und Spannungen bleiben, nur die Sache zwingt sie zur Zusammenarbeit. Das Stück endet:

DIREKTOR ZU BALKE, BITTNER UND KOLBE:
    Wie lange braucht ihr, bis der Schaden behoben ist?
BALKE:
    Drei Tage.
DIREKTOR:
    Und der Termin?
BALKE:
    Wir schaffens, wenn wir schnell arbeiten. *(Bittner nickt).*

KOLBE:

5 Mit dem Saboteur will ich nichts zu tun haben, aber mit
einem Denunzianten arbeite ich nicht. *(Pause)*

BALKE:

Dann dauert es fünf Tage, und wir können den Termin
nicht einhalten.

KOLBE:

Die Arbeit im Ofen ist freiwillig. *(Er bleibt an der Tür*
10 *stehen.)*

DIREKTOR:

Karras, was ist mit dir? Du bist Ofenmaurer.

KARRAS *(Balke ansehend, der sich wegwendet.):*

Balke hat die Suppe eingebrockt, soll er sie auslöffeln.

SCHORN:

Balke ist nicht für sich selber in den Ofen gegangen.
(Pause)

KARRAS:

15 Wann soll ich anfangen? *(Kolbe ab.)*

BALKE:

Ihr habt euch das Maul zerrissen über den Lohndrücker,
ihr wollt nicht begreifen, worum es geht. Ihr habt mir
Steine nachgeschmissen. Ich habe sie vermauert. Ihr
habt mich zusammengeschlagen, du und Semke, als ich
20 aus dem Ofen kam. Und wenn ich mit den Zähnen
mauern muß, mit dir nicht. *(Schweigen)*

KARRAS:

Vielleicht ist er doch für sich selber in den Ofen gegangen. *(Ab) (Schweigen)*

SCHORN:

Du wirst nicht mit den Zähnen mauern, Balke.

BALKE:

25 Mit Karras kann ich nicht arbeiten.

SCHORN:

Wer hat mich gefragt, ob ich mit dir arbeiten kann?
(Fabriktor. Morgen. Karras kommt, hinter ihm Balke.)

BALKE:

Ich brauche dich, Karras. Ich frag dich nicht aus
Freundschaft. Du mußt mir helfen.

KARRAS *(Bleibt stehen):*

30 Ich dachte, du willst den Sozialismus allein machen.
Wann fangen wir an?

BALKE:

Am besten gleich. Wir haben nicht viel Zeit.
(Sie gehn durch das Fabriktor. Nach ihnen kommt Kolbe)

Alle späteren Stücke Müllers verschärfen diesen Gegensatz. Er wendet sich nun auch historischen und mythologischen Stoffen zu. Das Bild, das er entwirft, ist das von
der stagnierenden Revolution. Die Unterdrücker und die
Unterdrückten sind gleichermaßen der Zerstörung ausgeliefert. Der Kreislauf der Gewalt läßt sich nicht stoppen.
Die Revolution kann die Gewalt nicht abschaffen, sondern läßt sie auf andere Weise neu entstehen.

Philoktet

Philoktet (1965) ist eine sehr freie Bearbeitung des Stückes
von Sophokles. Odysseus hat Philoktet wegen einer stin-
kenden Beinwunde auf seinem Kriegszug gegen Troja auf
der Insel Lemnos zurückgelassen. Nach zehn Jahren erfolgloser Belagerung hat Odysseus Philoktet mit seinem
unfehlbaren Bogen nötig, um Troja besiegen zu können.
Er überredet Neoptolemos, im allgemeinen Interesse
durch Lüge Philoktet zur Fahrt nach Troja zu bewegen.
Philoktet geht darauf ein, er will sich aber nur an Odysseus rächen. Neoptolemos ermordet daraufhin Philoktet,
um Odysseus zu retten. Odysseus nimmt die Leiche mit,
er will Philoktet als von den Trojanern erschlagenen
Patrioten ausgeben.

Philoktet vertritt das individuelle Prinzip, er denkt nur
an sich selbst, Odysseus das kollektive Prinzip, dem alle
Mittel recht sind, sein Ziel zu erreichen. Beide weisen
den Anspruch des anderen ab. Der Versuch der Vermittlung von Neoptolemos muß daher scheitern: wenn er
nicht lügen will, muß er töten.

Die Texte von Müller sind sehr kompliziert, voller
Anspielungen und nicht leicht auf einen Begriff zu bringen. Sie waren aber auch nicht in Übereinstimmung mit
der offiziellen Parteiauffassung. Die Folge war, daß
Müller heftig kritisiert wurde und seine Stücke nicht aufgeführt werden durften. Erst am Ende der siebziger Jahre
fand er auch Anerkennung in der DDR. So wurde 1977
endlich der *Philoktet* mit viel Erfolg aufgeführt. In seinen
Erinnerungen *Krieg ohne Schlacht, Leben in zwei Dikta-
turen* (1992) beschreibt er sein Verhältnis zur DDR, zum
DDR-Theater und schildert die Hintergründe seiner
Theaterarbeit.

Wolf Biermann

Wolf Biermann wurde 1936 in Hamburg geboren. Sein jüdischer Vater war Kommunist und wurde 1943 in Auschwitz ermordet. 1953 übersiedelte Biermann in die DDR. Er studierte politische Ökonomie und Philosophie, er war auch einige Zeit Regieassistent beim Berliner Ensemble. Seit 1960 schrieb er Gedichte und Lieder. Er bezeichnete sich als Liedermacher und trägt seine Texte selbst mit Gitarrebegleitung vor.

Seine Vorbilder sind der französische Dichter François Villon, Heine und Brecht. Von seinem marxistischen Standpunkt aus übt er scharfe satirische Gesellschaftskritik. Seine Lieder sind volkstümlich und provozierend. Er will die Widersprüche zwischen dem ideologischen Anspruch und der Wirklichkeit aufdecken und selbstgerechte Funktionäre und den in der Bürokratie festgefahrenen Sozialismus anprangern.

Frage und Antwort und Frage

Es heißt: Man kann nicht mitten im Fluß
die Pferde wechseln
Gut. Aber die alten sind schon ertrunken

Du sagst: Das Eingeständnis unserer Fehler
5 nütze dem Feind
Gut. Aber wem nützen unsere Lügen?

Manche sagen: Auf die Dauer ist der Sozialismus
gar nicht vermeidbar
Gut. Aber wer setzt ihn durch?

Den beißenden Spott faßte die SED jedoch als Beleidigung auf. 1963 wurde Biermann aus der Partei ausgeschlossen und 1965 bekam er ein allgemeines Auftritts- und Publikationsverbot. Seine Lyrikbände *Die Drahtharfe* (1965), *Mit Marx- und Engelszungen* (1968) und *Für meine Genossen* (1972) sind in der Bundesrepublik erschienen. Völlig zu unrecht wurde er in der BRD als Verbündeter gesehen. Man übersah, daß sich seine Kritik nicht nur gegen das östliche, sondern noch viel schärfer gegen das westliche Gesellschaftssystem richtete.

△ A.R. Penck, 'Der Übergang' (1963)
▷▷ *Wolf Biermann, Selbstkarikatur (1972)*

1976 bekam er die Genehmigung zu einer Konzertreise nach Westdeutschland. Nach seinem Auftreten in Köln am 17. November, das im Fernsehen übertragen wurde, hat man ihm die DDR-Staatsbürgerschaft entzogen. Noch am gleichen Tag verfaßten und unterschrieben zwölf namhafte Schriftsteller, u.a. Christa Wolf, Volker Braun, Stefan Heym, Sarah Kirsch, Jurek Becker, einen offenen Brief, in dem es heißt: 'Wir identifizieren uns nicht mit jedem Wort und jeder Handlung Biermanns und distanzieren uns von Versuchen, die Vorgänge um Biermann gegen die DDR zu mißbrauchen. Biermann selbst hat nie, auch nicht in Köln, Zweifel daran gelassen, für welchen der beiden deutschen Staaten er bei aller Kritik eintritt. – Wir protestieren gegen seine Ausbürgerung und bitten darum, die beschlossene Maßnahme zu überdenken.' Die Maßnahme wurde von der Parteiführung jedoch nicht zurückgenommen.

Dieses Ereignis bedeutete eine Zäsur in der Entwicklung der DDR-Literatur. Viele kritische Schriftsteller, die sich bisher positiv zur gesellschaftlichen Entwicklung in der DDR verhalten hatten, machten nun von der Möglichkeit Gebrauch, in die BRD oder nach Westberlin zu übersiedeln. Biermann sah seine Situation, BRD und DDR vergleichend, folgendermaßen:

Hier fallen sie auf den Rücken
Dort kriechen sie auf dem Bauche
Und ich bin gekommen
Ach, kommen bin ich
5 Vom Regen in die Jauche.

Deutschland,
ein Wintermärchen

1972 erschien von Biermann nach dem
Vorbild von Heinrich Heine *Deutschland,
ein Wintermärchen*. In 26 Kapiteln
beschreibt er in Versen seine Reise von Berlin
nach Hamburg. Das erste Kapitel lautet:

Im deutschen Dezember floß die Spree
Von Ost- nach Westberlin
Da schwamm ich mit der Eisenbahn
Hoch über die Mauer hin

5 Da schwebte ich leicht übern Drahtverhau
Und über die Bluthunde hin
Das ging mir so seltsam ins Gemüt
Und bitter auch durch den Sinn

Das ging mir so bitter in das Herz
10 – da unten, die treuen Genossen –
So mancher, der diesen gleichen Weg
Zu Fuß ging, wurde erschossen

Manch einer warf sein junges Fleisch
In Drahtverhau und Minenfeld
15 Durchlöchert läuft der Eimer aus
Wenn die MP von hinten bellt

Nicht jeder ist so gut gebaut
Wie der Franzose Franz Villon
Der kam in dem bekannten Lied
20 Mit Rotweinflecken davon

Ich dachte auch kurz an meinen Cousin
Den frechen Heinrich Heine
Der kam von Frankreich über die Grenz
Beim alten Vater Rheine

25 Ich mußte auch denken, was allerhand
In gut hundert Jahren passiert ist
Daß Deutschland inzwischen glorreich geeint
Und nun schon wieder halbiert ist

Na und? Die ganze Welt hat sich
30 In Ost und West gespalten
Doch Deutschland hat – wie immer auch –
Die Position gehalten:

Die Position als Arsch der Welt
Sehr fett und sehr gewichtig
35 Die Haare in den Kerben sind
Aus Stacheldraht, versteht sich

Daß selbst das Loch – ich mein' Berlin –
In sich gespalten ist
Da haben wir die Biologie
40 Beschämt durch Menschenwitz

Und wenn den großen Herrn der Welt
Der Magen drückt und kneift
Dann knallt und stinkt es ekelhaft
In Deutschland. Ihr begreift:

45 Ein jeder Teil der Welt hat so
Sein Teil vom deutschen Steiß
Der größere Teil ist Westdeutschland
Mit gutem Grund, ich weiß.

Die deutschen Exkremente sind
50 Daß es uns nicht geniert
In Westdeutschland mit deutschem Fleiß
poliert und parfümiert

Was nie ein Alchemist erreicht
– sie haben es geschafft
55 Aus deutscher Scheiße haben sie
Sich hartes Gold gemacht

Die DDR, mein Vaterland
Ist sauber immerhin
Die Wiederkehr der Nazizeit
60 Ist absolut nicht drin

So gründlich haben wir geschrubbt
Mit Stalins hartem Besen
Daß rot verschrammt der Hintern ist
Der vorher braun gewesen

Jurek Becker

Jurek Becker (geb. 1937) wurde als Sohn polnisch-jüdischer Eltern in Lodz geboren. Er verbrachte seine Jugend im Ghetto von Lodz, später in den Konzentrationslagern Ravensbrück und Sachsenhausen. Erst nach dem Krieg hat er Deutsch gelernt. 1957 wurde er Mitglied der SED und bekam 1975 den Nationalpreis für Literatur. Wegen seines Protestes gegen die Ausbürgerung Biermanns wurde er aus der SED und dem Schriftstellerverband ausgeschlossen. Mit Genehmigung der DDR-Behörden zog er 1977 nach Westberlin. Sein erster großer Erfolg war der Roman *Jakob der Lügner* (1969).

Drei andere Romane, *Irreführung der Behörden* (1973), *Der Boxer* (1976) und *Schlaflose Tage* (1978), beschäftigen sich mit der DDR-Gegenwart.

Jakob der Lügner

Der Erzähler, der die faschistische Judenverfolgung überlebt hat, erinnert sich an Jakob Heyms, den er in einem jüdischen Ghetto einer polnischen Stadt getroffen hat. Eines Abends muß Jakob ins Revier kommen, weil er das Ausgehverbot übertreten hat. Während er auf seine Bestrafung wartet, hört er im Radio, die Sowjets und die Deutschen kämpften bei Bezanika. Jakob weiß, daß es 400 Kilometer entfernt vom Ghetto liegt. Er wird weggeschickt und erzählt am nächsten Tag, was er gehört hat. Um nicht als Spion verdächtigt zu werden, gab er vor, ein Radio zu besitzen. Seine Mitgefangenen wollten nun täglich wissen, was er Neues gehört habe. Er mußte selbst Meldungen erfinden. Hierdurch schöpften seine Mitgefangenen neue Hoffnung, wodurch das unmenschliche Leben im Ghetto erträglicher wird. Die Deportation in ein Vernichtungslager kann er jedoch mit seinen phantastischen Berichten nicht verhindern.

Irreführung der Behörden

Der Student Gregor Bienek will Schriftsteller werden. Um sein Ziel zu erreichen, studiert er zur Irreführung der Behörden Jura. Doch es stellt sich heraus, daß er sich selbst in die Irre führt. Sein Erfolg beruht nicht auf Selbstverwirklichung, sondern auf Anpassung an den Kulturbetrieb.

Der Boxer

Aron Blank hat Ghetto und Konzentrationslager überlebt. Seine Frau wurde ermordet, sein Kind ist verschollen, er selbst psychisch und physisch schwer geschädigt. Der Suchdienst ermittelt einen Jungen, der sein Sohn Mark sein könnte. Für seinen Sohn möchte er Vorbild sein. Er gibt vor, er wäre Boxer gewesen. Doch sein Sohn zweifelt, er geht nach Israel und nimmt am Sechs-Tage-Krieg 1967 teil. Aron muß erkennen, daß er sein Leben nicht wieder in den Griff bekommen hat

Schlaflose Tage

Hier ist es umgekehrt. Der Lehrer Simrock hat Herzbeschwerden und wird dadurch an den Tod erinnert. Er will nicht länger in der vorgeschriebenen Angepaßtheit leben. Das führt zu Schwierigkeiten und letztlich zur Entlassung aus dem Schuldienst. Er wird Beifahrer bei einer Brotfabrik. Das Angebot zur Rückkehr in den Schuldienst, wenn er Selbstkritik übt, lehnt er ab: wie könne er sich für ein Unrecht entschuldigen, daß ihm angetan worden ist? Und was für ein Lehrer wäre er, wenn er das könnte?

▽ *Umschlag der Taschenbuchausgabe aus dem Aufbau-Verlag*

Erich Loest

Erich Loest (geb. 1926) war am Ende des Krieges noch Soldat, dann Hilfsarbeiter. Von 1947-1950 arbeitete er bei der *Leipziger Volkszeitung*. 1957 wurde er wegen konterrevolutionärer Tätigkeit zu einer Zuchthausstrafe verurteilt. Nach seiner Entlassung 1964 lebte er in Leipzig, 1981 konnte er in die BRD ausreisen. Über diese Zeit legt er Rechenschaft ab in *Durch die Erde ein Riß. Ein Lebenslauf* (1981). Er versucht, seine eigenen Erlebnisse nicht nur als individuelle Irrtümer zu analysieren, sondern sie als exemplarisch für die Jahre bis zum Ende seiner Gefängniszeit zu beschreiben.

Von seinen Romanen ist *Es geht seinen Gang oder Mühen in unserer Ebene* (1978) wohl der wichtigste.

Es geht seinen Gang oder Mühen in unserer Ebene

Hauptfigur in diesem Roman ist der Ingenieur Wolfgang Wülff. Er ist kein sozialistisches Vorbild, eher in jeder Weise mittelmäßig, dazu freundlich und fleißig, aber nicht ehrgeizig und karrierebewußt, eher einer, der nicht auffallen will. Seine Ehefrau Jutta möchte aber, daß er nach einer leitenden Stellung strebt. Da er das nicht will, sieht sie ihm einen Versager, und die Ehe geht in die Brüche. Loest hat hierdurch die Möglichkeit, das alltägliche Leben in der DDR in seiner ganzen Trivialität und Spießigkeit zu schildern. Wülff bekämpft nicht das System, er verweigert einfach die Anpassung an das System. Das wird vor allem deutlich in den Gesprächen mit seinem Arbeitskollegen Huppel. Aber auch in einer Reihe Episoden wird ein Stück Mentalitätsgeschichte der DDR geschildert. Wie Vergangenheit in die Gegenwart hineinspielt, wird an der Episode deutlich, in der ein Vater seinen Sohn zu einem Meisterschwimmer ausbilden will, der dazu gar nicht geeignet ist. Wülff empört sich darüber und beschimpft den Vater als einen 'gottverdammten Faschisten'. Die Kritik an der sozialistischen Gesellschaft kommt somit durch das indirekte, simple Erzählen zum Ausdruck.

In den nächsten zwei Tagen diktierte Huppel in Grossers Vorzimmer seinen Bericht, derweil blätterte ich in seinem Bildband: 'Mit dem Sozialismus gewachsen – 25 Jahre DDR'. Ich dachte mir: trifft ja auf dich zu,
5 Wolfi, Wolfgang, Wolf, bist so alt wie die DDR, bist mit dem Sozialismus gewachsen. Vorndrauf lachende Menschen mit Fähnchen und Blumen in den Händen, die sich froh zuwinkten. DDR-Fähnchen, Sowjetfähnchen, ein Grenztruppengefreiter mit einem Jungen in Pionier-
10 kleidung auf der Schulter, ausschließlich junge Leute, und im Hintergrund geschmückte Hochhäuser. Ich blätterte: Die menschenüberflutete Karl-Marx-Allee in Berlin mit blendendweißen Wohnscheiben in strahlender Sonne, die Genossen des VIII. Parteitags, die Dele-
15 giertenkarten hebend, Erich Honecker im hellen Anzug, unser Zentralstadion, und Tausende bildeten eine lebendige Schrift: 'Wir lieben das Leben'. Text über den wirtschaftlichen Aufschwung, Winter auf dem Fichtelberg und Sommer an der Küste, Elbsandsteingebirge
20 und planschende Kinder vor den Hochhäusern in Halle-Neustadt, hübsche Menschen in hellen Werkräumen, an gigantischen Maschinen, und siehe da, die Schornsteine von Schwedt waren zu einer Stunde fotografiert, in der sie keine Qualmwolken ausstießen;
25 freundlich stehen sie da, als könnten sie kein Himmelchen trüben. Lachende sowjetische Spezialisten vor einem Bohrturm. Erich Honecker schreitet durch die berühmten Mastanlagen von Ferdinandshof, er und alle um ihn lachen, und der Text heißt: 'Die jungen Vieh-
30 züchter haben gut lachen'. Alte Leute sitzen in einem blitzblanken Veteranenklub unter Grünpflanzen, und da fiel mir eine Szene ein, die mir in meinem Viertel dann und wann begegnet: Ein heruntergekommenes Haus mit bröckligem Putz, Fensterrahmen ohne Farbe,
35 hinter einem Fenster das Gesicht einer alten Frau, im Mantel, Schal um den Hals. Ein frierender, kranker alter Mensch. Ich blätterte rasch weiter: Lachende Pioniere, lachende Schüler, natürlich sind sie wie aus dem Ei gepellt, und ich denke daran, wie die Kinder in dem
40 Haus, in dem ich jetzt wieder wohne, zwischen Mülltonnen krakeelen. Ich klappe den Prachtband zu und denke: Kommt mal zu uns, meine Herren und Damen Fotografen!

Christoph Hein

Christoph Hein wurde 1944 in Heinzendorf im heutigen Polen geboren, besuchte in Westberlin das Gymnasium, war seit 1960 in der DDR als Montagearbeiter, Buchhändler und Regieassistent tätig. Nach seinem Studium der Philosophie war er Dramaturg und seit 1979 Schriftsteller. Auf dem X. DDR-Schriftstellerkongreß in Berlin im November 1987 hat Christoph Hein eine bemerkenswerte Rede gehalten. Er führte aus, daß die Zensur überlebt, nutzlos, paradox, menschen- und volksfeindlich, ungesetzlich und strafbar wäre. Publiziert wurde diese Rede jedoch nur in Westdeutschland. 1985 erschien sein erster Roman *Horns Ende*, der sofort Aufsehen erregte. 1989 folgte *Der Tangospieler*.

Von seinen Theaterstücken ist vor allem *Die Ritter der Tafelrunde* (1989) zu nennen, eine Komödie, in der die Ritter der Tafelrunde von König Artus als alte Herren auftreten. Es ist eine Parabel über das Zentralkomitee, sowohl in der Sowjetunion als auch in der DDR.

Horns Ende

Der Historiker Horn war nach einem Parteiverfahren wegen Revisionismus als Museumsdirektor von Leipzig in die Provinzstadt Guldenberg versetzt worden. Er konnte sich da nicht eingewöhnen. Als ein neues Verfahren gegen ihn eingeleitet werden sollte, beging er Selbstmord. Von vier Personen wird der Vorgang rekonstruiert: von dem Arzt Spodeck, der sich vor allem auf das niederträchtige Verhalten seiner Mitbürger konzentriert; vom Bürgermeister, der an dem Parteiausschluß Horns beteiligt war; vom zwölfjährigen Thomas, der Horn oft half und der mit seinem Freund Paul die Leiche fand; und von Pauls Mutter, bei der Horn zur Untermiete wohnte. Eine fünfte Figur ist die schwachsinnige Marlene. 1943 hat sich ihre Mutter für sie geopfert, als sie von den Nazis abgeholt und getötet werden sollte. Die Kapitel werden durch kurze Dialoge zwischen dem toten Horn und Thomas eingeleitet, in denen Horn bei Thomas andringt, sich an die Geschichte zu erinnern, während Thomas sie vergessen möchte. In diesem Roman geht es um das Erinnern selbst sowie um die Geschichte und die Manipulierbarkeit in der Geschichtsschreibung.

Der Tangospieler

Hans-Peter Dallow, Historiker, 36 Jahre alt, hat aus politischen Gründen 21 Monate im Gefängnis gesessen. Er ist bestraft worden, weil er als Klavierspieler bei einem Studentenkabarett eingesprungen ist und einen Tango gespielt hat, dessen Text für die Parteiführung beleidigend war. Im Frühjahr 1968 – in der Zeit des Prager Frühlings – wird er entlassen. Das Problem in dem Roman ist, wie Dallow in der geschlossenen Gesellschaft der DDR weiterleben kann. Zunächst versucht er, die Bestrafung einfach als Schicksal hinzunehmen und unabhängig zu leben. Es interessieren ihn zunächst nur Vergnügungen und Frauen. In einer Bar hat er Augen für die Barfrau; die neben ihm sitzenden Männer, die über die Ereignisse in Prag diskutieren, können seine Teilnahme nicht erregen. Er hat jedoch nur das Gefühl einer großen Leere, ein neuer Anfang kommt nicht in Gang. Im Grunde weiß er nichts mit der Freiheit anzufangen.

Er wunderte sich, wie schnell jene Gier, die ihn zwei Jahre mit quälenden Tag- und Nachtträumen beschäftigt und gepeinigt hatte, erlosch und allein ein leidenschaftsloser Widerwille in ihm zurückblieb. Anfangs versuchte
5 er, den aufkommenden Ekel zu bekämpfen, indem er sich selbst vorhielt, daß er einiges nachzuholen habe. Aber an einem Abend blieb er, ausgehfertig angezogen, in der Küche sitzen und fand nicht die Kraft aufzustehen, den Mantel überzuziehen und das Haus zu ver-
10 lassen. Ihm war übel, und er wartete darauf, sich übergeben zu müssen. Als er sich eine halbe Stunde später entschloß, an diesem Tag keine Tanzbar aufzusuchen, keine neuen Damenbekanntschaften zu machen, spürte er unmittelbar darauf, wie sich sein Magen beruhigte.
15 An diesem Abend trank er allein eine Flasche Wein aus und langweilte sich vergnügt mit dem Betrachten alter Fotos.
Am darauffolgenden Abend fuhr er zu Elke. Er klingelte mehrmals an ihrer Wohnungstür und war, als sie nicht
20 an die Tür kam, um zu öffnen, enttäuscht und erleichtert zugleich. Er setzte sich in sein Auto und fuhr eine Stunde durch die Stadt. Das Autoradio hatte er laut aufgedreht, und er sang oder summte die Melodien mit. Er fuhr langsam, denn der fallende Schnee machte die

△ *Bernhard Heisig, 'Die Beharrlichkeit des Vergessens' (1978)*

25 schlecht geräumten Straßen mit der verfestigten, frieren-
den Schmutzdecke schmierig, und die Räder des Wagens
rutschten in jeder Kurve.

Als er den Bayrischen Platz das vierte Mal überquert
hatte, bemerkte er, daß ihm ein Polizeiauto folgte. Er
30 verringerte die Geschwindigkeit und beobachtete das
Auto im Rückspiegel. Er bog in Nebenstraßen ab, fuhr
am Universitätsklinikum vorbei und kam wieder über
den Bayrischen Platz. Das Polizeiauto folgte ihm mit
gleicher Geschwindigkeit. Die Straßen waren menschen-
35 leer und still, nur eine Straßenbahn ohne Anhänger fuhr
in die Richtung des Messegeländes. Plötzlich beschleu-
nigte das Polizeiauto, überholte Dallows Wagen, und ein
Polizist bedeutete ihm mit der Hand, sein Fahrzeug zu
stoppen. Dallow bremste sofort und schaltete das Auto-
40 radio leiser. Das Polizeifahrzeug kam erst zwanzig Meter
weiter zum Halten und fuhr dann rückwärts an sein
Auto heran. Zwei Polizisten stiegen aus und kamen zu
ihm. Dallow kurbelte das Fenster herunter und sah sie
fragend an. Sie forderten ihn auf auszusteigen. Er schal-
45 tete das Licht aus, dann den Motor, zog den Zünd-
schlüssel heraus und kurbelte langsam das Fenster hoch.
Danach stieg er aus. Einer der Polizisten, ein kleiner,
dicklicher Mann, verlangte seine Papiere und studierte
sie lange. Schließlich erkundigte er sich, was Dallow um
50 diese Zeit hier zu suchen habe.

'Ich fahre Auto,' sagte Dallow.

Der Polizist forderte ihn auf, nicht unverschämt zu werden, und notierte sich etwas aus Dallows Papieren.
Dann wünschte er den Personalausweis und schrieb wei-
55 ter in sein Buch. Dallow sah ihm schweigend zu. Mit
Dallows Papieren ging er dann mit seinem Kollegen
zweimal um das Auto. Sie betrachteten es intensiv und

kauerten sich sogar hin, um einen Blick unter den Wagen
zu werfen. Dann kamen sie wieder zu ihm. Jener, der
60 seine Papiere hielt, forderte ihn auf, ins Auto zu steigen
und das Licht und die Blinkanlage einzuschalten. Die
Polizisten, einer vor Dallows Wagen, einer dahinter,
kontrollierten mit unbewegten Gesichtern die Lampen.
Sie kamen an die Tür und befahlen ihm, wieder auszu-
65 steigen.

'Ihr Fahrzeug ist nicht betriebsbereit, Bürger,' sagte der
kleine Mann.

Dallow sah ihn nur fragend an.

'Ihr rechter Schmutzfänger ist nicht in Ordnung, damit
70 können Sie nicht weiterfahren.'

Sie gingen zusammen hinter das Fahrzeug. Bei einem
der hinter den Reifen hängenden Gummilappen war
eine Ecke herausgebrochen. 'Aber', begann Dallow, doch
er unterbrach sich selber, als er die lächelnden Gesichter
75 der Beamten sah.

'Wollen Sie etwas sagen?' fragte der Kleine.

Dallow schüttelte den Kopf.

'Sind Sie mit zwanzig Mark Ordnungsstrafe einverstanden?' fragte der Polizist und schrieb, ohne Dallows Ant-
80 wort abzuwarten, eine Quittung aus.

'Ich stelle ihnen einen Mängelschein aus,' fuhr der Polizist fort, 'sie bringen den Schaden vor Ihrer nächsten
Fahrt in Ordnung. Heute können Sie ausnahmsweise
mit dem Fahrzeug noch nach Hause fahren, Bürger.
85 Ausnahmsweise und auf direktem Weg.'

Dallow bezahlte und nahm die Quittung und den Mängelschein entgegen, ohne ein Wort zu sagen.

'Weiterhin gute Fahrt, Bürger,' verabschiedete sich der
kleine Polizist und ging mit seinem stummen Kollegen
90 zum Polizeiwagen zurück.

Dallow stieg ein. Als er die Tür schloß und das laute,
blecherne Geräusch hörte, wurde ihm bewußt, daß er
sich ärgerte. Er blieb unbeweglich im Wagen sitzen, um
sich zu beruhigen. Er atmete tief und regelmäßig und
95 wartete darauf, daß der vor ihm stehende Polizeiwagen
abfuhr. Doch die Beamten saßen in ihrem Wagen und
unterhielten sich. Schließlich startete Dallow, schaltete
das Licht ein und fuhr langsam los. Während der Fahrt
nach Hause kontrollierte er mehrmals im Rückspiegel, ob
100 ihm ein Auto folgte. Aber er sah nur die leere, verschneite,
schwach erleuchtete Straße. Noch immer fiel Schnee.

9 Bundesrepublik Deutschland, Österreich, Schweiz

In der 1949 gegründeten Bundesrepublik Deutschland gelang in wenigen Jahren der wirtschaftliche Wiederaufbau. Das gilt auch für Österreich, das sich 1955 zur Neutralität verpflichtete.

Das westdeutsche Wirtschaftswunder in der Regierungszeit des christdemokratischen Bundeskanzlers Konrad Adenauer (1949-1963) wurde u.a. durch den Marshallplan der USA ermöglicht. Im Kalten Krieg der fünfziger und sechziger Jahre zwischen Ostblock und Westblock war die Bundesrepublik der Frontstaat des Westens. Im Rahmen der NATO kam es 1956 zu einer Wiederbewaffnung. Mehrere Male war der Weltfriede in Gefahr (Bau der Berliner Mauer 1961, Kubakrise 1962).

Die Entspannungspolitik der sozialliberalen Regierungen Willy Brandts (1969-1974) und Helmut Schmidts (1974-1982) trug zum internationalen Ansehen der Bundesrepublik bei und ermöglichte eine friedliche Koexistenz mit den Oststaaten.

Auschwitz und die Berliner Mauer wirkten im Bewußtsein der Nachkriegsgeneration als bestimmende Faktoren. Das Unvermögen der älteren Generation, die Vergangenheit zu bewältigen, trug mit zum Aufstand von 1968 bei. Eine ganze Studentengeneration wandte sich in einer antiautoritären Bewegung gegen die staatlichen Institutionen.

Die siebziger Jahre waren von hoher Arbeitslosigkeit und inneren Spannungen bestimmt. Die Terroranschläge der *Roten Armee Fraktion* erzeugten ein Klima von Haß und Unsicherheit. In den achtziger Jahren wurde der Christdemokrat Helmut Kohl Bundeskanzler. Beherrschende politische Themen waren die Rüstungspolitik, die Umweltproblematik (die Umweltpartei *Die Grünen* zog in den Bundestag ein) und der starke Zustrom von Aussiedlern und 'Asylanten' (die rechtsradikale Partei der *Republikaner* entstand).

◁◁ *Georg Baselitz, 'Fingermalerei 1 – Adler – à la' (1971-1972). Baselitz ist bekannt dafür, daß er seine Motive 'auf den Kopf' stellt*

Vom Nullpunkt zur Postmoderne

Der Gegensatz zwischen den Exil-Autoren und den Dagebliebenen bestimmte vor allem das erste Jahrzehnt nach dem Kriege. Die ältere Generation der Emigranten hatte inzwischen ganz andere Lebens- und Erfahrungswege in ihren jeweiligen Exil-Ländern aufgebaut. Sie fühlte sich im zertrümmerten Deutschland nicht zu Hause. Und sie mußte sich auch noch Vorwürfe anhören, Deutschland verlassen zu haben.

Die Autoren der *Inneren Emigration* hatten zum Teil durch Anlehnung an die Goethesche Klassik dem Nazismus widerstanden. Werner Bergengruen (1892-1964) und Rudolf Alexander Schröder (1878-1962) wurden auch in den fünfziger Jahren vom konservativen christlichen Bürgertum gern gelesen.

Aus der mittleren Generation, die im Laufe der Hitlerzeit erwachsen worden war, kamen die stärksten Impulse für eine geistige und politische Erneuerung. Persönliche Schuldgefühle und die Auseinandersetzung mit der eigenen Verstrickung in das nationalsozialistische Deutschland bestimmten das Werk vieler Autoren. Hinzu kam eine starke Skepsis gegen die Restauration, die Wiederherstellung des kapitalistischen Staats- und Wirtschaftssystems in der neuen Bundesrepublik. Die Werke von Alfred Andersch, Siegfried Lenz, aber auch von dem Unterhaltungsschriftsteller Hans Hellmut Kirst sind hierfür Beispiele.

Die jüngere Generation der nach 1925 Geborenen hatte keine Wurzeln in der alten Kultur. In dem Gefühl, an einem *Nullpunkt* angekommen zu sein, wandten sich viele Schriftsteller dieser Generation den Ideen der französischen Existentialisten Jean-Paul Sartre und Albert Camus zu. Die Absurdität der Existenz, die Verurteilung zur Freiheit in einer von Gott verlassenen Welt, der Verlust aller alten Werte und die Suche nach neuen Orientierungen waren die Themen des Existentialismus. Sie fanden im völlig zertrümmerten Deutschland viel Anklang. In der *Trümmerliteratur* wird der Wahnsinn des Krieges, die Problematik der Heimkehrer und des zerrütteten Familienlebens behandelt. Die frühen Werke

Heinrich Bölls sind hierfür Beispiele. Das existentialistische Lebensgefühl wird insbesondere in den Gedichten von Ingeborg Bachmann und Paul Celan ausgedrückt.

Zusammen mit Autoren der mittleren Generation trafen sich Ingeborg Bachmann, Heinrich Böll, Günter Grass, Martin Walser und andere in der *Gruppe 47*, einer rein literarischen Vereinigung. Erst 1967, im Zeichen einer neuen Politisierung der nach 1940 Geborenen, löste sich diese Gruppe auf.
Die Romane von Böll, Grass, Johnson und Walser haben als gemeinsamen Nenner einen *symbolischen Realismus*. Sie erzählen exemplarische Lebensläufe aus der Nazizeit oder der neuen Bundesrepublik. Ihre Geschichten sind symbolische Darstellungen der deutschen Geschichte dieses Jahrhunderts.
Auch die Schweizer Dürrenmatt und Frisch stellen in ihren Theaterstücken diese Problematik dar, ohne jedoch so konkret 'deutsche' Geschichten zu erzählen.

In der von Hans Magnus Enzensberger herausgegebenen Zeitschrift *Kursbuch* wurde 1968 der 'Tod der Literatur' verkündet. Viele Autoren vertraten die Ansicht, daß die Wirklichkeit mit erfundenen Geschichten nicht angemessen dargestellt werden kann. Im *dokumentarischen Theater* von Peter Weiss und Rolf Hochhuth wurde authentisches Material aus historischen Dokumenten und Gerichtsverhandlungen zu Theaterstücken verarbeitet. Günther Wallraff brachte Reportagen aus der Arbeitswelt, um die unwürdigen Arbeitsbedingungen vieler Menschen ins Bewußtsein zu rufen. Dieses Thema wurde auch in der *Migrantenliteratur* von in Deutschland lebenden Ausländern aufgegriffen.

△ *Johannes Grützke, 'Die Tankstelle' (1990)*
◁◁ *Die Gruppe 47 auf ihrer Tagung in Princeton (USA), 1966. Hans Werner Richter (geb.1908) organisierte die jährlichen Zusammenkünfte. In der Gruppe trafen sich die Gegner der konservativen und restaurativen Tendenzen. Ihre literarischen Vorbilder suchten sie oft in den USA*

▽ *Die Bundesrepublik Deutschland und die DDR in den Grenzen von 1949. Westberlin lag auf dem Gebiet der DDR und hatte einen Sonderstatus*

Der Neomarximus der Studentenbewegung war die eine Seite der Revolte von 1968. Die andere Seite stellte sich als Aufstand der 'Kinder der Täter' gegen ihre Väter und Mütter der Nazi-Generation dar.

In den siebziger Jahren begann die literarische Aufarbeitung des Scheiterns dieser Revolte. In einer *Neuen Subjektivität* erforschten Peter Schneider, Nicolas Born und andere junge Schriftsteller ihren Lebensweg. Die Autoren dieser Generation schrieben oft autobiographische Werke. Manchmal geschah dies in verkleideter Form: Das eigene Leben, Denken und Fühlen wurde durch die Beschreibung des Lebens einer historischen Person aus einem vergangenen Jahrhundert ausgedrückt.

Neben dem Hauptstrom der realistischen Literatur gab es seit den fünfziger Jahren viele unterschiedliche Versuche *experimenteller Literatur*. In der *konkreten Poesie* Eugen Gomringers und Ernst Jandls wurden mit gesprochener und geschriebener Sprache neue Textformen und Textfunktionen entwickelt.

Die 68er Bewegung führte zu einer Liberalisierung und Demokratisierung der politischen Kultur Westdeutschlands. Die westdeutsche Lebenswelt wurde weltoffener und moderner. In den achtziger Jahren tauchten mit Sten Nadolny und Patrick Süskind zwei große erzählerische Talente auf. Eine Generation junger schreibender Frauen thematisierte ihre Rolle in der Männergesellschaft. Die Österreicherin Elfriede Jelinek erregte Aufsehen mit ihren kompromißlos harten Beschreibungen des Verhältnisses zwischen Mann und Frau.

Der westdeutsche Dramatiker Botho Strauß geht in seinem Werk vergleichbare Wege wie die Österreicher Thomas Bernhard und Peter Handke. Bei allen Unterschieden haben diese drei Autoren in erster Linie Übereinstimmungen in der Analyse der modernen Gesellschaft: sie beschreiben, teils auf absurde und groteske Weise, die 'Dekonstruktion des Individuums', das heißt das Verschwinden der Möglichkeiten des Einzelnen, in der Gesellschaft eine wichtige Rolle spielen zu können. Das Thema der Kunst in der *Postmoderne* gerät dabei immer mehr zur ewigen Wiederholung und Zitierung ihrer eigenen Geschichte.

Alfred Andersch

Im Juni 1944 warf der Soldat Alfred Andersch (1914-1980) an der italienischen Front seine Waffe weg und lief zu den Amerikanern über. Das Thema der Desertion hat er in der Erzählung *Die Kirschen der Freiheit* (1952) und in dem späteren großen Roman *Winterspelt* (1974) behandelt. Winterspelt ist ein Dorf an der deutsch-belgischen Grenze. In dem Roman geht es um die (erfundene) Übergabe eines ganzen Batallions an die Amerikaner. Die Hauptfigur, ein Kunsthistoriker, scheitert bei der Vermittlung dieses Vorhabens.

Aus *Die Kirschen der Freiheit*

Am Spätnachmittag geriet ich an den Rand eines mächtigen Weizenfeldes, das sanft in ein Tal hinabfloß. Hinter den Bäumen am anderen Talrand konnte ich Häuser sehen, und ich vernahm das Geräusch rollender Panzer, 5 ein helleres, gleichmäßigeres Geräusch, als ich es von den deutschen Panzern kannte. Ich hörte das klirrende Gejohl der Raupenketten. Die Töne klangen fern in der rötlichen Neigung des westlichen Lichtes. Darauf tat ich etwas kolossal Pathetisches – aber ich tat's –, indem ich 10 meinen Karabiner nahm und unter die hohe Flut des Getreides warf. Ich löste die Patronentaschen und das Seitengewehr vom Koppel und ergriff den Stahlhelm und warf alles dem Karabiner nach. Dann ging ich durch das Feld weiter. Unten geriet ich noch einmal in 15 die Maccia. Ich schlug mich durch, das dichte Dorngestrüpp zerkratzte mein Gesicht; es war ein schweres Stück Arbeit. Keuchend stieg ich nach oben. In der Mulde des jenseitigen Talhangs fand ich einen wilden Kirschbaum, an dem die reifen Früchte glasig 20 und hellrot hingen. Das Gras rings um den Baum war sanft und abendlich grün. Ich griff nach einem Zweig und begann von den Kirschen zu pflücken. Die Mulde war wie ein Zimmer; das Rollen der Panzer klang nur gedämpft herein. Sie sollen warten, dachte ich. Ich habe 25 Zeit. Mir gehört die Zeit, solange ich diese Kirschen esse. Ich taufte meine Kirschen: ciliege diserte, die verlassenen Kirschen, die Deserteurs-Kirschen, die wilden Wüstenkirschen meiner Freiheit. Ich aß ein paar Hände voll. Sie schmeckten frisch und herb.

△ *Anselm Kiefer, 'Varus' (1976).*
Der Weg durch den Wald ist ein Bild für die deutsche Geschichte. Die Schriften in den Bäumen sind Namen aus Geschichte und Kulturgeschichte. Oben links sind die Namen zweier Kinder zu erkennen

Alfred Andersch ist in München geboren. Zur Zeit der großen Arbeitslosigkeit Anfang der dreißiger Jahre trat er in den Kommunistischen Jugendverband ein. Nach zwei Verhaftungen stand er unter Aufsicht der Gestapo, der Geheimen Staatspolizei des Naziregimes. Er gab seine politische Tätigkeit auf und zog sich auf die Kunst zurück. Im Krieg wurde er Soldat wie Millionen andere auch.

Nach seiner Desertion kam er in ein Kriegsgefangenenlager in den USA. Hier lernte er die politische und literarische Kultur Amerikas kennen. Sein Denken und Schreiben wurde davon stark beeinflußt.
Nach Deutschland zurückgekehrt, gründete Andersch zusammen mit Hans Werner Richter 1946 die Zeitschrift *Der Ruf*. Politisch vertraten sie darin einen unabhängigen demokratischen Sozialismus. Die Tendenz der Aufteilung der Welt in zwei Blöcke war jedoch bereits so stark, daß die amerikanische Militärregierung sozialistische Tendenzen in der amerikanischen Zone nicht tolerierte und den *Ruf* 1947 verbot.

Die 'Vergangenheitsbewältigung', das Thema des persönlichen Widerstands bzw. des Mitläufertums während der Nazizeit, ließ Andersch nie los. In dem Roman *Sansibar oder Der letzte Grund* (1957) geht es um die Handlungsweise von fünf Personen im totalitären Nazideutschland. In *Efraim* (1967) wird das Leben des heimatlosen deutschen Juden Georg Efraim in der Bundesrepublik Deutschland beschrieben.

Sansibar oder Der letzte Grund

In der kleinen Hafenstadt Rerik an der Ostsee treffen 1937 fünf Personen zusammen. 'Sansibar' ist für den fünfzehnjährigen Schiffsjungen der Traum von Freiheit und Abenteuer. Eine deutsche Jüdin und ein kommunistischer Funktionär fliehen vor der Verfolgung durch die Nazis. Der Fischer Knudsen hat ein Boot für die Flucht nach Schweden. Der Pfarrer Helander bittet ihn, aus seiner Kirche eine moderne Plastik von Ernst Barlach mitzunehmen, die sonst von den Nazis als 'entartete Kunst' zerstört werden würde. Die Flucht gelingt. Der Schiffsjunge und Knudsen kehren zurück nach Deutschland. Der Pfarrer schießt auf SA-Leute und wird von ihnen liquidiert.

> Wenn wir Vaters Boot noch hätten, dachte der Junge, dann wäre ich so frei wie Huckleberry Finn. Bei ruhiger See würde ich mich mit einem Kutter schon hinauswagen, hinaus und nach Dänemark oder Schweden rüber.
> 5 Aber Mutter hat Vaters Boot verkauft, es war geborgen worden, kieloben treibend und ziemlich havariert, aber es war doch noch etwas wert gewesen, und Mutter hat es verkauft, weil sie Schulden hatten. Und jetzt war er Knudsens Junge, und es würde Jahre dauern, bis er eine
> 10 Fangbeteiligung bekam, und danach wieder Jahre, bis er soviel gespart hatte, daß er ein eigenes Boot kaufen konnte. Ich will aber gar kein Boot für die langweilige Fischerei haben, dachte der Junge, ich will ein Boot für die offene See haben, ein Boot, um hier heraus zu kom-
> 15 men. Alles, was Huck Finn konnte, kann ich auch: ich kann angeln und ich kann Fische braten und ich kann mich gut verstecken. Aber Huck Finn hatte den Mississippi und ein gutes Boot für den Mississippi. Der Junge stand auf, schob das Buch in die Tasche und ging zum
> 20 Hafen runter. Er hatte vollständig vergessen, daß er sich noch an den dritten Grund erinnern wollte, den letzten Grund dafür, daß er raus wollte, raus aus Rerik.

In seiner letzten Erzählung, *Der Vater eines Mörders* (1980), untersucht Andersch das Problem, warum auch eine humanistische 'gutbürgerliche' Erziehung nicht verhindern konnte, daß aus diesen 'guten' Bürgern furchtbare Nationalsozialisten geworden sind.

Der Vater eines Mörders

Eine Griechisch-Stunde an einem Münchener Gymnasium im Jahre 1928: der Direktor der Schule macht eine Unterrichtsvisite. Die Stunde wird aus der Sicht des faulen Schülers Franz Kien berichtet. (Dahinter verbirgt sich Alfred Andersch; die Erzählung ist autobiographisch.) Der Direktor, ein katholischer, humanistischer Altphilologe, heißt Himmler. Er ist der Vater des späteren Massenmörders und Reichsführers der SS, Heinrich Himmler. Der Abgrund zwischen Humanismus und Holocaust ist das eigentliche Thema dieser 'Schulgeschichte'.

▽ *Ernst Barlach, 'Lesender Klosterschüler' (1930).*
Diese Holzplastik aus der Gertrudenkapelle in Güstrow wird in Anderschs Roman 'Sansibar und der letzte Grund' von dem Pfarrer gerettet

Ingeborg Bachmann und Paul Celan

Die in Klagenfurt geborene Dichterin Ingeborg Bachmann (1926-1973) beschreibt in einer autobiographischen Erzählung ihre *Jugend in einer österreichischen Stadt* (1961). Beim Einmarsch der deutschen Truppen in Österreich 1938 und bei Ausbruch des Krieges empfand sie die 'erste Todesangst'. Der Verlust von Geborgenheit wird zum Leitmotiv ihres ganzen Werkes.

Der Philosoph Ludwig Wittgenstein hat festgestellt, daß 'die Grenzen meiner Sprache die Grenzen meiner Welt' bedeuten. Was man nicht sagen kann, kann man auch nicht verstehen. Das führte ihn zu dem berühmten Satz 'Worüber man nicht reden kann, darüber muß man schweigen.' Die Philosophin und Dichterin Ingeborg Bachmann versuchte, mit einer neuen poetischen Sprache die Wirklichkeit zu erkennen. Sie vertraute auf die Utopie, daß die dichterische Sprache die Grenzen unserer Welt und unserer Erkenntnisfähigkeit erweitern kann. Bachmanns Themen sind Liebe, Abschied, Tod und Angst.

Nach ihren ersten beiden Gedichtbänden *Die gestundete Zeit* (1953) und *Anrufung des Großen Bären* (1956) wurde sie von der Literaturkritik gefeiert. Ihr extremer Subjektivismus führte über die realistische Trümmerliteratur hinaus. Nach persönlichen Lebenskrisen und starken Selbstzweifeln schrieb sie jedoch keine Gedichte mehr. In dem Erzählband *Das dreißigste Jahr* (1961) und in dem Roman *Malina* (1971) geht sie den Gründen ihres Scheiterns nach.

Paul Celan (1920-1970) hat die Schrecken der deutschen Konzentrationslager überlebt: ihm gelang die Flucht. Seine Eltern waren deutschsprachige Juden aus Czernowitz in der (heute ukrainischen) Bukowina. Sie wurden von den Deutschen 1941 deportiert und ermordet. Eine sprachlich angemessene, künstlerische Erfassung des unvorstellbaren Grauens ist schwer vorstellbar. Ebenso ein Leben und Schreiben nach der Erfahrung des Holocaust. Celan schrieb aber, um weiterleben zu können. Seine Gedichte wurden im Laufe der Jahre immer hermetischer, unzugänglicher. Er nahm sich 1970 das Leben.

△ *Ingeborg Bachmann und Paul Celan, die beiden bekanntesten Vertreter der existentialistischen Nachkriegsdichtung in der Bundesrepublik Deutschland*

Sein bekanntestes Gedicht ist die *Todesfuge* aus dem Band *Mohn und Gedächtnis* (1952). Die Chiffren und Bilder, die Celan hier gebraucht, sind für jeden aufmerksamen Leser entschlüsselbar.

Die gestundete Zeit

Es kommen härtere Tage.
Die auf Widerruf gestundete Zeit wird sichtbar am
               Horizont.
Bald mußt du den Schuh schnüren
und die Hunde zurückjagen in die Marschhöfe.
5 Denn die Eingeweide der Fische
sind kalt geworden im Wind.
Ärmlich brennt das Licht der Lupinen.
Dein Blick spurt im Nebel:
die auf Widerruf gestundete Zeit
10 wird sichtbar am Horizont.

Drüben versinkt dir die Geliebte im Sand,
er steigt um ihr wehendes Haar,
er fällt ihr ins Wort,
er befiehlt ihr zu schweigen,
15 er findet sie sterblich
und willig dem Abschied
nach jeder Umarmung.
Sieh dich nicht um.
Schnür deinen Schuh.
20 Jag die Hunde zurück.
Wirf die Fische ins Meer.
Lösch die Lupinen!

Es kommen härtere Tage.

Todesfuge

Schwarze Milch der Frühe wir trinken sie abends
wir trinken sie mittags und morgens wir trinken sie nachts
wir trinken und trinken
wir schaufeln ein Grab in den Lüften da liegt man nicht eng
5 Ein Mann wohnt im Haus der spielt mit den Schlangen der schreibt
der schreibt wenn es dunkelt nach Deutschland dein goldenes Haar Margarete
er schreibt es und tritt vor das Haus und es blitzen die Sterne er pfeift seine Rüden herbei
er pfeift seine Juden hervor läßt schaufeln ein Grab in der Erde
er befiehlt uns spielt auf nun zum Tanz

10 Schwarze Milch der Frühe wir trinken dich nachts
wir trinken dich morgens und mittags wir trinken dich abends
wir trinken und trinken
Ein Mann wohnt im Haus der spielt mit den Schlangen der schreibt
der schreibt wenn es dunkelt nach Deutschland dein goldenes Haar Margarete
15 Dein aschenes Haar Sulamith wir schaufeln ein Grab in den Lüften da liegt man nicht eng
Er ruft stecht tiefer ins Erdreich ihr einen ihr andern singet und spielt
er greift nach dem Eisen im Gurt er schwingts seine Augen sind blau
stecht tiefer die Spaten ihr einen ihr andern spielt weiter zum Tanz auf

Schwarze Milch der Frühe wir trinken dich nachts
20 wir trinken dich mittags und morgens wir trinken dich abends
wir trinken und trinken
ein Mann wohnt im Haus dein goldenes Haar Margarete
dein aschenes Haar Sulamith er spielt mit den Schlangen
Er ruft spielt süßer den Tod der Tod ist ein Meister aus Deutschland
25 er ruft streicht dunkler die Geigen dann steigt ihr als Rauch in die Luft
dann habt ihr ein Grab in den Wolken da liegt man nicht eng

Schwarze Milch der Frühe wir trinken dich nachts
wir trinken dich mittags der Tod ist ein Meister aus Deutschland
wir trinken dich abends und morgens wir trinken und trinken
30 der Tod ist ein Meister aus Deutschland sein Auge ist blau
er trifft dich mit bleierner Kugel er trifft dich genau
ein Mann wohnt im Haus dein goldenes Haar Margarete
er hetzt seine Rüden auf uns er schenkt uns ein Grab in der Luft
er spielt mit den Schlangen und träumet der Tod ist ein Meister aus Deutschland

35 dein goldenes Haar Margarete
dein aschenes Haar Sulamith

Heinrich Böll

Heinrich Böll (1917-1985) hat in dem Erzählband *Wanderer, kommst du nach Spa...* (1950) und in den Romanen *Wo warst du, Adam* (1951) und *Haus ohne Hüter* (1953) den Schrecken und die Sinnlosigkeit des Krieges und seiner Folgen beschrieben.

Haus ohne Hüter

Im Zentrum dieser Geschichte aus den fünfziger Jahren stehen die beiden zwölfjährigen Schulfreunde Heinrich und Martin und ihre Mütter. Ihre Väter sind im Krieg gefallen. Heinrich lebt in ärmlichen Verhältnissen. Seine Mutter geht Verbindungen mit immer wieder anderen Männern ein. Martins Mutter hat Vermögen. Ihr Mann war ein bekannter Dichter. Als sie den ehemaligen Offizier kennenlernt, der am Tode ihres Mannes mitschuldig ist, reagiert sie nur gleichgültig. Die beiden Jungen müssen mit dem moralischen Verfall ihrer Mütter fertigwerden. Gleichzeitig sind sie in ihrer Erziehung mit den Normen des religiösen Katechismus konfrontiert. So erfahren sie in ihrer Pubertät ihr eigenes Handeln als 'unschamhaft' und 'unmoralisch'.

In der Vereinigung von Kirche, Militär und Bürgertum der Adenauerzeit sah Böll eine neue Gefahr. Gegen die 'Sinnlosigkeit' der 'Leistungsgesellschaft' setzte er die 'Verweigerung'. Das Motiv der Arbeitsverweigerung zieht sich durch viele seiner Erzählungen.

Mein teures Bein

Sie haben mir jetzt eine Chance gegeben. Sie haben mir eine Karte geschrieben, ich soll zum Amt kommen, und ich bin zum Amt gegangen. Auf dem Amt waren sie sehr nett. Sie nahmen meine Karteikarte und sagten: 'Hm.'
5 Ich sagte auch: 'Hm.' 'Welches Bein?' fragte der Beamte.
'Rechts.'
'Ganz?'
'Ganz.'
'Hm,' machte er wieder. Dann durchsuchte er verschie-
10 dene Zettel. Ich durfte mich setzen.
Endlich fand der Mann einen Zettel, der ihm der richtige

zu sein schien. Er sagte: 'Ich denke, hier ist etwas für Sie. Nette Sache. Sie können dabei sitzen. Schuhputzer in einer Bedürfnisanstalt auf dem Platz der Republik. Wie
15 wäre das?'
'Ich kann nicht Schuhe putzen; ich bin immer schon aufgefallen wegen schlechten Schuheputzens.'
'Das können Sie lernen,' sagte er. 'Man kann alles lernen. Ein Deutscher kann alles. Sie können, wenn Sie wollen,
20 einen kostenlosen Kursus mitmachen.'
'Hm,' machte ich.
'Also gut?'
'Nein,' sagte ich, 'ich will nicht. Ich will eine höhere Rente haben.'
25 'Sie sind verrückt,' erwiderte er sehr freundlich und milde.
'Ich bin nicht verrückt, kein Mensch kann mir mein Bein ersetzen, ich darf nicht einmal mehr Zigaretten verkaufen, sie machen jetzt schon Schwierigkeiten.'
30 Der Mann lehnte sich weit in seinen Stuhl zurück und schöpfte eine Menge Atem. 'Mein lieber Freund,' legte er los, 'Ihr Bein ist ein verflucht teures Bein. Ich sehe, daß Sie neunundzwanzig Jahre sind, von Herzen gesund, überhaupt vollkommen gesund, bis auf das
35 Bein. Sie werden siebzig Jahre alt. Rechnen Sie sich bitte

△ *Tom Wesselman, 'Landschaft Nr. 2' (1964).*
Der Volkswagen ('Käfer') wurde zum Symbol der westdeutschen
Wohlstands- und Leistungsgesellschaft

◁◁ *Oskar Kokoschka, 'Konrad Adenauer' (1966).*
Adenauer war der erste Bundeskanzler der Bundesrepublik Deutschland
(1949-1963). Er repräsentierte das konservative, katholische Bürgertum

aus, monatlich siebzig Mark, zwölfmal im Jahr, also
einundvierzig mal zwölf mal siebzig. Rechnen Sie das
bitte aus, ohne die Zinsen, und denken Sie doch nicht,
daß Ihr Bein das einzige Bein ist. Sie sind auch nicht der
40 einzige, der wahrscheinlich lange leben wird. Und dann
Rente erhöhen! Entschuldigen Sie, aber Sie sind verrückt.'
'Mein Herr,' sagte ich, lehnte mich nun gleichfalls
zurück und schöpfte eine Menge Atem, 'ich denke, daß
Sie mein Bein stark unterschätzen. Mein Bein ist viel
45 teurer, es ist ein sehr teures Bein. Ich bin nämlich nicht
nur von Herzen, sondern auch im Kopf leider vollkommen gesund. Passen Sie mal auf.'
'Meine Zeit ist sehr kurz.'
'Passen Sie auf!' sagte ich. 'Mein Bein hat nämlich einer
50 Menge von Leuten das Leben gerettet, die heute eine
nette Rente beziehen.
Die Sache war damals so: Ich lag ganz allein irgendwo
vorne und sollte aufpassen, wann sie kämen, damit die
anderen zur richtigen Zeit stiften gehen konnten. Die
55 Stäbe hinten waren am Packen und wollten nicht zu

früh, aber auch nicht zu spät stiften gehen. Erst waren
wir zwei, aber den anderen haben sie totgeschossen, der
kostet nichts mehr. Er war zwar verheiratet, aber seine
Frau ist gesund und kann arbeiten, Sie brauchen keine
60 Angst zu haben. Der war also fruchtbar billig. Er war
erst vier Wochen Soldat und hat nichts gekostet als eine
Postkarte und ein bißchen Kommißbrot. Das war einmal ein braver Soldat, der hat sich wenigstens richtig
totschießen lassen. Nun lag ich aber da allein und hatte
65 Angst, und es war kalt, und ich wollte auch stiften
gehen, ja, ich wollte gerade stiften gehen, da...'
'Meine Zeit ist sehr kurz,' sagte der Mann und fing an,
nach seinem Bleistift zu suchen.
'Nein, hören Sie zu,' sagte ich, 'jetzt wird es erst interes-
70 sant. Gerade als ich stiften gehen wollte, kam die Sache
mit dem Bein. Und weil ich doch liegen bleiben mußte,
dachte ich, jetzt kannst du's auch durchgeben, und ich
hab's durchgegeben, und sie hauten alle ab, schön der
Reihe nach, erst die Division, dann das Regiment, dann
75 das Bataillon, und so weiter, immer hübsch der Reihe
nach. Eine dumme Geschichte, sie vergaßen nämlich,
mich mitzunehmen, verstehen Sie? Sie hatten's so eilig.
Wirklich eine dumme Geschichte, denn hätte ich das
Bein nicht verloren, wären sie alle tot, der General, der
80 Oberst, der Major, immer schön der Reihe nach, und
Sie brauchten Ihnen keine Rente zu zahlen. Nun rechnen Sie mal aus, was mein Bein kostet. Der General ist
zweiundfünfzig, der Oberst achtundvierzig und der
Major fünfzig, alle kerngesund, von Herzen und im
85 Kopf, und sie werden bei ihrer militärischen Lebensweise mindestens achtzig, wie Hindenburg. Bitte rechnen Sie jetzt aus: einhundertsechzig mal zwölf mal
dreißig, sagen wir durchschnittlich dreißig, nicht wahr?
Mein Bein ist ein wahnsinnig teures Bein geworden,
90 eines der teuersten Beine, die ich mir denken kann, verstehen Sie?'
'Sie sind doch verrückt,' sagte der Mann.
'Nein,' erwiderte ich, 'ich bin nicht verrückt. Leider bin
ich von Herzen ebenso gesund wie im Kopf, und es ist
95 schade, daß ich nicht auch zwei Minuten, bevor das mit
dem Bein kam, totgeschossen wurde. Wir hätten viel
Geld gespart.'
'Nehmen Sie die Stelle an?' fragte der Mann.
'Nein,' sagte ich und ging.

Bölls kritische Romane

Der kritische Katholik Böll wendete sich gegen die Restauration in den fünfziger Jahren: Durch das Wirtschaftswunder begünstigt, gelangten Industrielle, Militärs und Politiker aus der Nazizeit wieder in einflußreiche Positionen. Die Entnazifizierung war in Bölls Augen eine Farce. Mit der 1956 gegründeten Bundeswehr wurde die heftig umstrittene Wiederbewaffnung Westdeutschlands eine Tatsache. Die katholische Kirche unterstützte diese Entwicklungen.

Böll, der fast sein gesamtes Leben in seiner Geburtsstadt Köln verbracht hat, zog sich vor der 'Hetze zu Hause' zeitweise nach Irland zurück. Dort entstand sein schönes *Irisches Tagebuch* (1957). Er wurde mit den Romanen *Billard um halbzehn* (1959), *Ansichten eines Clowns* (1963) und *Gruppenbild mit Dame* (1971) zum wichtigsten literarischen Kritiker der neuen Bundesrepublik.

Ansichten eines Clowns

Im Rahmen der Erzählung eines Tages aus dem Leben des 27jährigen Hans Schnier entsteht ein Panorama seines ganzen Lebens. Hans ist ein Außenseiter. Er hat mit seinen Eltern gebrochen, die Schule vorzeitig verlassen und ist Pantomime, ein 'Clown', geworden. Sein Vater ist Großindustrieller. Seine Mutter war eine fanatische Nationalsozialistin und wirkt nun in einem Komitee zur Versöhnung der Rassen. Hans hat sechs Jahre lang mit Marie zusammengelebt. Beeinflußt von katholischen Glaubensgenossen verläßt ihn Marie, da er sich weigert, schriftlich festzulegen, Kinder aus ihrer Verbindung katholisch zu erziehen. Hans gibt sich auf und wird Bettelmusikant vor dem Bonner Hauptbahnhof.

Für die liberale Öffentlichkeit der Bundesrepublik ist Heinrich Böll seit den fünfziger Jahren zu einer wichtigen moralischen Instanz geworden. Die Verleihung des Nobelpreises für Literatur 1972 verstärkte diese Position. Böll ergriff Partei für die Studentenrevolte von 1968. Der Sozialdemokrat Willy Brandt war für ihn 1969 'der erste deutsche Kanzler, der aus der Herrenvolktradition herausführt'.

△ *Heinrich Böll, 1985*

△ *Titelumschlag der Taschenbuchausgabe des Romans 'Ansichten eines Clowns'*

In den siebziger Jahren bezog Böll Stellung gegen die gnadenlose Behandlung gefangener Terroristen durch den deutschen Rechtsstaat und gegen die 'Sympathisanten'-Hysterie in der Öffentlichkeit. Dies leitete eine Hetzjagd der marktbeherrschenden Presse, insbesondere der Bild-Zeitung, auf ihn ein. Er wehrte sich mit der Erzählung *Die verlorene Ehre der Katharina Blum oder: Wie Gewalt entstehen und wohin sie führen kann* (1974).

▽ *Szene aus dem Film 'Die verlorene Ehre der Katharina Blum' von Volker Schlöndorff*

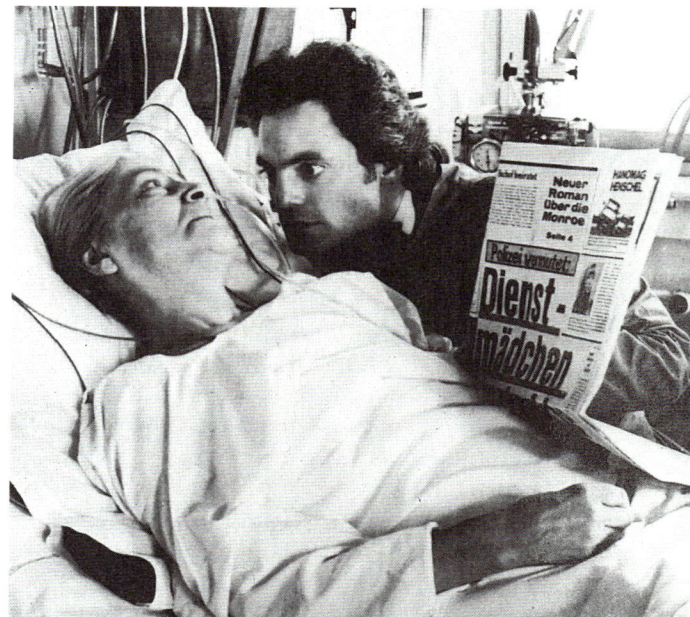

Die verlorene Ehre der Katharina Blum

'Personen und Handlung dieser Erzählung sind frei erfunden. Sollten sich bei der Schilderung gewisser journalistischer Praktiken Ähnlichkeiten mit den Praktiken der 'Bild'-Zeitung ergeben haben, so sind diese Ähnlichkeiten weder beabsichtigt noch zufällig, sondern unvermeidlich.' So beginnt Böll seine Geschichte.
Katharina Blum hat den Journalisten Werner Tötges erschossen. Im äußerst nüchternen Stil eines Berichts erzählt Böll, wie es dazu gekommen ist. Katharina ist eine 27jährige Hausangestellte. Sie war kurze Zeit mit dem Terroristen Ludwig Götten befreundet. Die ZEITUNG, ein Boulevardblatt, das täglich mit fünf Millionen Exemplaren erscheint, berichtet darüber in einer Serie von Artikeln, die die Sachlage krass verfälschen. Katharina versucht ihre verlorene Ehre zu retten, indem sie den verantwortlichen Journalisten tötet.

Katharina erzählte Blorna den Tathergang, erzählte ihm auch, wie sie die sieben oder sechseinhalb Stunden zwischen dem Mord und ihrem Eintreffen bei Moeding verbracht hatte. Man ist in der glücklichen Lage, diese
5 Schilderung wörtlich zu zitieren, da Katharina alles schriftlich niederlegte und Blorna zur Verwendung beim Prozeß überließ.
'In das Journalistenlokal bin ich nur gegangen, um ihn mir mal anzuschauen. Ich wollte wissen, wie solch ein
10 Mensch aussieht, was er für Gebärden hat, wie er spricht, trinkt, tanzt – dieser Mensch, der mein Leben zerstört hat. Ja, ich bin vorher in Konrads Wohnung gegangen und habe mir die Pistole geholt, und ich habe sie sogar selbst geladen. Das hatte ich mir genau zeigen
15 lassen, als wir damals im Wald geschossen haben. Ich wartete in dem Lokal eineinhalb bis zwei Stunden, aber er kam nicht. Ich hatte mir vorgenommen, wenn er zu widerlich wäre, gar nicht zu dem Interview zu gehen, und hätte ich ihn vorher gesehen, wäre ich auch nicht
20 hingegangen. Aber er kam ja nicht in die Kneipe. Um den Belästigungen zu entgehen, habe ich den Wirt, er heißt Kraffluhn, Peter, und ich kenne ihn von meinen Nebenbeschäftigungen her, wo er manchmal als Oberkellner aushilft – ich habe ihn gebeten, mich beim Aus-
25 schank hinter der Theke helfen zu lassen. Peter wußte

natürlich, was in der ZEITUNG über mich gelaufen war, er hatte mir versprochen, mir ein Zeichen zu geben, wenn Tötges auftauchen sollte. Ein paarmal, weil ja nun Karneval war, habe ich mich auch zum Tanz auffordern las-
30 sen, aber als Tötges nicht kam, wurde ich doch sehr nervös, denn ich wollte nicht unvorbereitet mit ihm zusammentreffen. Nun, um zwölf bin ich dann nach Hause gefahren, und es war mir scheußlich in der verschmierten und verdreckten Wohnung. Ich habe nur ein
35 paar Minuten warten müssen, bis es klingelte, gerade Zeit genug, die Pistole zu entsichern und griffbereit in meiner Handtasche zu plazieren. Ja und dann klingelte es, und er stand schon vor der Tür, als ich aufmachte, und ich hatte doch gedacht, er hätte unten geklingelt,
40 und ich hätte noch ein paar Minuten Zeit, aber er war schon mit dem Aufzug raufgefahren, und da stand er vor mir, und ich war erschrocken. Nun ich sah sofort, welch ein Schwein er war, ein richtiges Schwein. Und dazu hübsch. Was man so hübsch nennt. Nun, Sie haben ja
45 die Fotos gesehen. Er sagte 'Na, Blümchen, was machen wir zwei denn jetzt?' Ich sagte kein Wort, wich ins Wohnzimmer zurück, und er kam mir nach und sagte: 'Was guckst du mich denn so entgeistert an, mein Blümelein – ich schlage vor, daß wir jetzt erst einmal
50 bumsen.' Nun, inzwischen war ich bei meiner Handtasche, und er ging mir an die Kledage, und ich dachte: 'Bumsen, meinetwegen,' und ich hab die Pistole rausgenommen und sofort auf ihn geschossen. Zweimal, dreimal, viermal. Ich weiß nicht mehr genau. Wie oft, das
55 können Sie ja im Polizeibericht nachlesen. Ja, nun müssen Sie nicht glauben, daß es was Neues für mich war, daß ein Mann mir an die Kledage wollte – wenn Sie von ihrem vierzehnten Lebensjahr an, und schon früher, in Haushalten arbeiten, sind Sie was gewohnt.
60 Aber dieser Kerl – und dann 'Bumsen,' und ich dachte: Gut, jetzt bumst's. Natürlich hatte er damit nicht gerechnet, und er guckte mich noch 'ne halbe Sekunde oder so erstaunt an, so wie im Kino, wenn einer plötzlich aus heiterem Himmel erschossen wird. Dann fiel
65 er um, und ich glaube, daß er tot war. Ich habe die Pistole neben ihn geschmissen und bin raus, mit dem Aufzug runter, und zurück in die Kneipe, und Peter war erstaunt, denn ich war kaum eine halbe Stunde weggewesen.

Max Frisch

Der Schweizer Max Frisch (1911-1991) ist für die Bundesrepublik Deutschland eine moralische Instanz geworden. Rund um die friedliche Schweiz vollzog sich die Verwüstung Europas. Frisch bereiste in den Nachkriegsjahren Deutschland und hielt seine Eindrücke im *Tagebuch 1946-1949* (1950) fest. Dies ist kein privates Tagebuch, sondern eine Mischung aus Reiseeindrücken und kurzen Prosaentwürfen. Viele seiner späteren Werke gingen aus diesen Skizzen hervor.

Frisch hatte Architektur studiert. Sein eigentliches Interesse galt aber der Literatur, insbesondere dem Theater. Das bekannteste seiner früheren Stücke ist *Don Juan oder Die Liebe zur Geometrie* (1953). Hierin gibt er dem Stoff des Don Juan, des Verführers aller Frauen, eine überraschende Wendung: sein Don Juan liebt eigentlich nicht die Frauen, sondern die Geometrie. Vor der Liebe hat er Angst, er spielt lieber Schach.

Diese Sicht der Problematik zwischen Mann und Frau findet sich auch in vielen späteren Werken von Frisch. In jedem Fall geht es um das Problem der Identität. In dem Roman *Stiller* (1954) hat die Hauptfigur eine andere Identität angenommen: 'Ich bin nicht Stiller,' sagt Stiller und erzählt eine Abenteurergeschichte von Mr. White. Stiller ist ein Künstler, der mit der Welt nicht zurechtkommt, und als solcher ist er ein Alter Ego, ein anderes Ich, von Max Frisch.

Der Roman *Homo faber* (1957) ist ein Gegenstück zu *Stiller*:

Homo faber

Der lateinische Titel 'Homo faber' bedeutet wörtlich 'der Mensch als Schmied'. Der Ingenieur Walter Faber betrachtet sein Leben und seine Arbeit nüchtern. Er glaubt an die Technik; alles Gefühlsmäßige ist ihm fremd. Auch seine Beziehungen zu Frauen sind von Vernunft bestimmt. Er erlebt eine Notlandung in der Wüste. Auf einer Schiffsreise nach Europa lernt er ein junges Mädchen kennen. Er verliebt sich in sie, schläft mit ihr, begleitet sie durch Griechenland und Italien. Schließlich erfährt er, daß es seine eigene Tochter ist. Sie verunglückt tödlich. Er sieht ihre Mutter, seine frühere Geliebte, wieder und stirbt an einer Krebsoperation.

Walter Faber hat ohne Verletzungen die Notlandung in der Wüste überstanden:

Ich habe mich schon oft gefragt, was die Leute eigentlich meinen, wenn sie von Erlebnis reden. Ich bin Techniker und gewohnt, die Dinge so zu sehen, wie sie sind. Ich sehe alles, wovon sie reden, sehr genau; ich bin ja
5 nicht blind. Ich sehe den Mond über der Wüste von Tamaulipas – klarer als je, mag sein, aber eine errechenbare Masse, die um unseren Planeten kreist, eine Sache der Gravitation, interessant, aber wieso ein Erlebnis? Ich sehe die gezackten Felsen, schwarz vor dem Schein des
10 Mondes; sie sehen aus, mag sein, wie die gezackten Rücken von urweltlichen Tieren, aber ich weiß: Es sind Felsen, Gestein, wahrscheinlich vulkanisch, das müßte man nachsehen und feststellen. Wozu soll ich mich fürchten? Es gibt keine urweltlichen Tiere mehr. Wozu sollte ich
15 sie mir einbilden? Ich sehe auch keine versteinerten Engel, es tut mir leid; auch keine Dämonen, ich sehe, was ich sehe: die üblichen Formen der Erosion, dazu meinen langen Schatten auf dem Sand, aber keine Gespenster. Wozu weibisch werden? Ich sehe auch keine
20 Sintflut, sondern Sand, vom Mond beschienen, vom Wind gewellt wie Wasser, was mich nicht überrascht; ich finde es nicht fantastisch, sondern erklärlich. Ich weiß nicht, wie verdammte Seelen aussehen; vielleicht wie schwarze Agaven in der nächtlichen Wüste. Was ich
25 sehe, das sind Agaven, eine Pflanze, die ein einziges Mal blüht und dann abstirbt. Ferner weiß ich, daß ich nicht (wenn es im Augenblick auch so aussieht) der erste oder letzte Mensch auf der Erde bin; und ich kann mich von der bloßen Vorstellung, der letzte Mensch zu sein, nicht
30 erschüttern lassen, denn es ist nicht so. Wozu hysterisch sein? Gebirge sind Gebirge, auch wenn sie in gewisser Beleuchtung, mag sein, wie irgend etwas anderes aussehen, es ist aber die Sierra Madre Oriental, und wir stehen nicht in einem Totenreich, sondern in der Wüste
35 von Tamaulipas, Mexico, ungefähr sechzig Meilen von der nächsten Straße entfernt, was peinlich ist, aber wieso ein Erlebnis? Ein Flugzeug ist für mich ein Flugzeug, ich sehe keinen ausgestorbenen Vogel dabei, sondern eine Super-Constellation mit Motor-Defekt, nichts weiter,
40 und da kann der Mond sie bescheinen, wie er will. Warum soll ich erleben, was gar nicht ist?

△ *Bertolt Brecht und Max Frisch auf der Baustelle Letzigraben,
Frühjahr 1949. Max Frisch war von Beruf Architekt*

Die Theaterstücke *Biedermann und die Brandstifter* (1958)
und *Andorra* (1961) sind Gleichnisse für den politischen
und moralischen Zustand der Welt nach der Erfahrung
des Nationalsozialismus. Frisch verstand sie als Lehrstücke
in der Tradition seines Vorbilds Bert Brecht.

Biedermann und die Brandstifter

In *Biedermann und die Brandstifter* empört sich der
Fabrikant Jakob Biedermann über Brandstiftungen, von
denen er in der Zeitung liest. Als Geschäftsmann ist er
ein kühler Rechner. In dieser Eigenschaft verbrüdert er
sich mit den Brandstiftern, weil er sich davon Vorteile
verspricht. Schmitz und Eisenring richten sich auf seinem
Dachboden ein. Sie lagern dort Benzinfässer und Zünd-
schnüre. Für Biedermann ist es zu spät zur Umkehr:

EISENRING:
    Wenn ich offen sein darf, Herr Biedermann: –
BIEDERMANN:
    Ich bitte drum.
EISENRING:
    Nehmen Sie's nicht krumm?
BIEDERMANN:
    Je offener, um so besser.
EISENRING:
5 Ich meine: – offen gesprochen: – Sie sollten hier nicht
    rauchen. *(Biedermann erschrickt und löscht die Zigarre.)*
    Ich habe Ihnen hier keine Vorschriften zu machen, Herr
    Biedermann, schließlich und endlich ist es Ihr eigenes
    Haus, aber Sie verstehen –
BIEDERMANN:
10 Selbstverständlich!

EISENRING:
    Da liegt sie ja! *(Er nimmt etwas vom Boden und bläst es
    sauber, bevor er es an der Schnur befestigt, neuerdings
    pfeifend: Lili Marlen.)*
BIEDERMANN:
    Sagen Sie, Herr Eisenring: Was machen Sie eigentlich die
15 ganze Zeit? Wenn ich fragen darf. Was ist das eigentlich?
EISENRING:
    Die Zündkapsel.
BIEDERMANN:
    – ?
EISENRING:
    Und das ist die Zündschnur.
BIEDERMANN:
    – ?
EISENRING:
20 Es soll jetzt noch bessere geben, sagt der Sepp, neuer-
    dings. Aber die haben sie noch nicht in den Zeughäu-
    sern, und kaufen kommt für uns ja nicht in Frage. Alles
    was mit Krieg zu tun hat, ist furchtbar teuer, immer nur
    erste Qualität.
BIEDERMANN:
25 Zündschnur? sagen Sie.
EISENRING:
    Knallzündschnur.*(Er gibt Biedermann das Ende der Schnur.)*
    Wenn Sie so freundlich sein möchten, Herr Biedermann,
    dieses Ende zu halten, damit ich messen kann.
    (Biedermann hält die Schnur.)
BIEDERMANN:
30 Spaß beiseite, mein Freund –
EISENRING:
    Nur einen Augenblick! *(Er pfeift Lili Marlen und mißt
    die Zündschnur.)*
    Danke, Herr Biedermann, danke sehr! *(Biedermann muß
    plötzlich lachen.)*
BIEDERMANN:
35 Nein, Willi, mich können Sie nicht ins Bockshorn jagen.
    Mich nicht! Aber ich muß schon sagen, Sie verlassen sich
    sehr auf den Humor der Leute. Sehr! Wenn Sie so reden,
    kann ich mir schon vorstellen, daß man Sie ab und zu
    verhaftet. Nicht alle, mein Freund, nicht alle haben
40 soviel Humor wie ich!
EISENRING:
    Man muß die Richtigen finden.

Friedrich Dürrenmatt

Friedrich Dürrenmatt (1921-1990) verbrachte seine Kindheit in dem kleinen Schweizer Dorf Konolfingen im Kanton Bern. Als Sohn eines Pfarrers mußte er sich besonders gut benehmen. So wurde er zum Einzelgänger, las viel, hörte und erfand Geschichten.

Während um die Schweiz herum Krieg und Terror wüteten, studierte er in Bern Germanistik und Philosophie. Aber ihn interessierte nicht die Wissenschaft, sondern die Literatur. Seine ersten Texte waren Untergangsgeschichten. 1942 schrieb er die Geschichte *Weihnacht*:

> Es war Weihnacht. Ich ging über die weite Ebene. Der Schnee war wie Glas. Es war kalt. Die Luft war tot. Keine Bewegung, kein Ton. Der Horizont war rund. Der Himmel schwarz. Die Sterne gestorben. Der Mond
> 5 gestern zu Grabe getragen. Die Sonne nicht aufgegangen. Ich schrie. Ich hörte mich nicht. Ich schrie wieder. Ich sah einen Körper auf dem Schnee liegen. Es war das Christuskind. Die Glieder weiß und starr. Der Heiligenschein eine gelbe gefrorene Scheibe. Ich nahm das Kind
> 10 in die Hände. Ich bewegte seine Arme auf und ab. Ich öffnete seine Lider. Es hatte keine Augen. Ich hatte Hunger. Ich aß den Heiligenschein. Er schmeckte wie altes Brot. Ich biß ihm den Kopf ab. Altes Marzipan. Ich ging weiter.

Dürrenmatts Leidenschaft gehörte dem Theater. Er heiratete eine Schauspielerin und lebte unter großen finanziellen Schwierigkeiten als Schriftsteller mit seiner Familie in Basel. Mit seinen ersten Stücken hatte er beim Publikum und bei der Kritik keinen Erfolg.
Um Geld zu verdienen, schrieb er die Kriminalromane *Der Richter und sein Henker* (1952), *Der Verdacht* (1953) und *Das Versprechen* (1958). Schauplatz dieser Romane ist die Stadt Bern und ihre Umgebung. Ihr Hauptthema ist das Thema aller seiner Werke: die Verflechtung von Gut und Böse, die nicht mit einer einfachen Moral aufgelöst werden kann.
Jahrelang versuchte Dürrenmatt, von Hörspielen zu leben. Dann wurde das Theaterstück *Der Besuch der alten Dame* (1956) ein großer Erfolg.

Aus *Der Besuch der alten Dame*

Die Milliardärin Claire Zachanassian ist nach Jahrzehnten in ihre Geburtsstadt Güllen zurückgekehrt. Beim großen Empfang vor den Bürgern der Stadt erklärt sie:

CLAIRE ZACHANASSIAN:
[...] daß ich bereit bin, Güllen eine Milliarde zu schenken. Fünfhundert Millionen der Stadt und fünfhundert Millionen verteilt auf jede Familie. *(Totenstille)*
DER BÜRGERMEISTER *stotternd:*
Eine Milliarde. *(Alle immer noch in Erstarrung.)*
CLAIRE ZACHANASSIAN:
5 Unter einer Bedingung. *(Alle brechen in einen unbeschreiblichen Jubel aus. Tanzen herum, steigen auf die Stühle, der Turner turnt usw. Ill trommelt sich begeistert auf die Brust.)*
ILL:
Die Klara! Goldig! Wunderbar! Zum Kugeln! Voll und ganz mein Zauberhexchen! *(Er küßt sie.)*
DER BÜRGERMEISTER:
10 Unter einer Bedingung, haben gnädige Frau gesagt. Darf ich die Bedingung wissen?
CLAIRE ZACHANASSIAN:
Ich will die Bedingung nennen. Ich gebe euch eine Milliarde und kaufe mir dafür die Gerechtigkeit. *(Totenstille)*
DER BÜRGERMEISTER:
Wie ist dies zu verstehen, gnädige Frau?
CLAIRE ZACHANASSIAN:
15 Wie ich es sagte.
DER BÜRGERMEISTER:
Die Gerechtigkeit kann man doch nicht kaufen!
CLAIRE ZACHANASSIAN:
Man kann alles kaufen.
DER BÜRGERMEISTER:
Ich verstehe immer noch nicht.
CLAIRE ZACHANASSIAN:
Tritt vor, Boby. *(Der Butler tritt von rechts in die Mitte*
20 *zwischen die drei Tische, zieht die dunkle Brille ab.)*
DER BUTLER:
Ich weiß nicht, ob mich noch jemand von euch erkennt.
DER LEHRER:
Der Oberrichter Hofer.
DER BUTLER:
Richtig. Der Oberrichter Hofer. Ich war vor fünfund-

vierzig Jahren Oberrichter in Güllen und kam dann in
25 Kaffiger Appellationsgericht, bis mir vor nun fünfundzwanzig Jahren Frau Zachanassian das Angebot machte,
als Butler in ihre Dienste zu treten. Ich habe angenommen. Eine für einen Akademiker vielleicht etwas seltsame Karriere, doch die angebotene Besoldung war derart
30 phantastisch...

CLAIRE ZACHANASSIAN:
Komm zum Fall, Boby. [...]

DER BUTLER:
Es war im Jahre 1910. Ich war Oberrichter in Güllen und
hatte eine Vaterschaftsklage zu behandeln. Claire
Zachanassian, damals Klara Wäscher, klagte Sie, Herr Ill,
35 an, der Vater ihres Kindes zu sein. *(Ill schweigt.)*
Sie bestritten damals die Vaterschaft, Herr Ill. Sie hatten
zwei Zeugen mitgebracht.

ILL:
Alte Geschichten. Ich war jung und unbesonnen. [...]

DER BUTLER:
Dies ist die Geschichte: Ein Richter, ein Angeklagter,
40 zwei falsche Zeugen, ein Fehlurteil im Jahre 1910. Ist es
nicht so, Klägerin? *(Claire Zachanassian steht auf.)*

CLAIRE ZACHANASSIAN:
Es ist so.

ILL *stampft auf den Boden:*
Verjährt, alles verjährt! Eine alte, verrückte Geschichte.

DER BUTLER:
Was geschah mit dem Kind, Klägerin?

CLAIRE ZACHANASSIAN *leise:*
45 Es lebte ein Jahr.

DER BUTLER:
Was geschah mit Ihnen?

CLAIRE ZACHANASSIAN:
Ich wurde eine Dirne.

DER BUTLER:
Weshalb?

CLAIRE ZACHANASSIAN:
Das Urteil des Gerichts machte mich dazu.

DER BUTLER:
50 Und nun wollen Sie Gerechtigkeit, Claire Zachanassian?

CLAIRE ZACHANASSIAN:
Ich kann sie mir leisten. Eine Milliarde für Güllen, wenn
jemand Alfred Ill tötet.
(Totenstille)

In Dürrenmatts Stücken mischen sich groteske Situationen mit bitterem Ernst. In ihnen wird keine Lehre, keine
Moral verkündet. Sie vermitteln die wesentlichen Probleme, mit denen sich die Menschen in den sechziger und
siebziger Jahren beschäftigt haben. Deshalb gehören sie
zu den meistaufgeführten Stücken jener Zeit. In *Die
Physiker* (1962) geht es um die Gefährdung der Welt
durch die moderne Wissenschaft.

Die Physiker

In einer Irrenanstalt leben drei Physiker als Patienten.
Möbius spielt den Irren, weil er erkannt hat, daß seine
naturwissenschaftlichen Entdeckungen das Ende der
Welt bedeuten können. Er vernichtet seine Aufzeichnungen. Die anderen beiden, die sich als Newton und Einstein ausgeben, sind Agenten der Sowjetunion und Amerikas, die ihm auf der Spur sind. Jeder der drei ermordet
eine Krankenschwester, die Verdacht geschöpft hat.
Möbius kann die beiden anderen Physiker davon überzeugen, daß seine Entdeckung zurückgehalten werden
muß. Aber die einzige wirkliche Irre in dem Stück, die
Leiterin der Anstalt, hat seine Manuskripte fotokopiert
und will mit ihrem Wissen die Welt beherrschen.

◁ *Friedrich
Dürrenmatt,
'Die Physiker II:
Weltraum-Psalm'
(1973)*

Günter Grass

Der bekannteste deutsche Roman der Nachkriegszeit ist *Die Blechtrommel* (1959) von Günter Grass (geb. 1927). Er wurde in mehr als zwanzig Sprachen übersetzt und hat eine Gesamtauflage von annähernd vier Millionen. *Die Blechtrommel* wurde 1979 von Volker Schlöndorff verfilmt.

Im Mittelpunkt des Romans steht die groteske Figur des kleinen Oskar Matzerath mit seiner Blechtrommel. Oskar ist in seinem Denken und Streben Teil der kleinbürgerlichen deutschen Gesellschaft der dreißiger Jahre, in der er aufwächst. Aber gleichzeitig ist er ein Außenseiter, ein Schelm, aus dessen Perspektive die Naziherrschaft der Kleinbürger realistisch beschrieben wird.

In moderner Unterhaltungsliteratur, in Filmen, Comics und Video-Clips werden die Nazis oft dämonisiert. Sie erscheinen als die Inkarnation des Bösen. Bei der Darstellung von SS-Offizieren verbindet sich dabei Gewalt mit sadistischer sexueller Lust. Dies hat mit der historischen Wirklichkeit wenig zu tun.

Günter Grass versucht in seinem Roman eine ideologiefreie Beschreibung. Er stellt das wildgewordene deutsche Kleinbürgertum in seiner ganzen Banalität und Mickrigkeit dar. Seine literarischen Mittel sind die Verbindung von grotesken und realistischen Elementen. Das große, materialreiche Panorama der *Blechtrommel* erinnert an die Schelmenromane des Barock. Die offene Schilderung sexueller Szenen provozierte zu seiner Zeit das Bürgertum in seiner Lebensvorstellung.

Grass verband *Die Blechtrommel* mit *Katz und Maus* (1961) und *Hundejahre* (1963) zur *Danziger Trilogie*.

Katz und Maus

Die Novelle spielt im Zweiten Weltkrieg in Danzig. Pilenz erzählt die Geschichte seines Schulkameraden Joachim Mahlke. Er hat ein schlechtes Gewissen, weil er einmal eine Katze auf Mahlkes großen Adamsapfel, die 'Maus', gehetzt hat. Seitdem kompensiert Mahlke das auffällige Körpermerkmal durch Sportlichkeit und Wagemut. In seiner Jungenclique wird er dadurch der 'Große Mahlke'. Er holt tauchend allerlei Gegenstände aus einem versenkten polnischen Kriegsschiff. Einen schönen englischen

△ *Günter Grass auf einer der Gründungsversammlungen des Schriftstellerverbandes*

Schraubenzieher trägt er als Trophäe am Hals, um von dem Adamsapfel abzulenken. Er stiehlt einem Offizier den höchsten Soldatenorden, das Ritterkreuz, das er ebenfalls am Hals trägt. Mahlke fliegt daraufhin von der Schule. Später wird er als Soldat selbst mit dem Ritterkreuz ausgezeichnet. Er kann damit aber die Achtung seiner Nazilehrer nicht wiedergewinnen. Mahlke taucht noch einmal in das versunkene Schiff und kehrt nicht wieder.

▽ *Der Physiker Albert Einstein steckte, als ihm einmal die Journalisten zu lästig wurden, seine Zunge heraus. Das Photo wurde weltberühmt. In seinem Buch 'Zunge zeigen' stellt Grass eine Verbindung zwischen dem Einsteinphoto und Kali, der indischen Göttin der Zerstörung, her*

Danzig ist die Geburtsstadt von Grass. Seine Mutter war Polin. Auch eines seiner neuesten Werke, der Roman *Unkenrufe* (1992), spielt in Gdansk, dem früheren Danzig. Ein 62jähriger Deutscher aus Bochum verliebt sich in eine 60jährige Polin aus Gdansk. Das Thema im Hintergrund ist die gemeinsame Vergangenheit und Zukunft der beiden Nachbarstaaten Deutschland und Polen. Grass hat den Krieg als Flakhelfer und Panzerschütze miterlebt. Danach studierte er Bildhauerei und Graphik. Viele seiner literarischen Werke hat er mit eigenen Zeichnungen illustriert.

In den sechziger Jahren trat Grass in den Wahlkämpfen aktiv für die SPD und die neue Ostpolitik auf. Er berichtet darüber in *Aus dem Tagebuch einer Schnecke* (1972). Der große Roman *Der Butt* (1977) ist wieder eine Mischung aus phantastisch-symbolischen und realistischen Bestandteilen.

In den siebziger Jahren engagierte Grass sich für die Friedensbewegung. Die Themen seiner Werke werden mehr und mehr von Umweltfragen, der Kriegsgefahr und der Dritte-Welt-Problematik bestimmt. *Die Rättin* (1986) spielt in der Welt nach dem Atomkrieg. Dieser Roman ist eine hoffnungslose Untergangsvision, in der die Menschheit von den Ratten abgelöst wird.

Der Butt

Ein Hauptthema ist die jahrtausendelange Geschichte der Machtverteilung zwischen Männern und Frauen. Einem Teil des Romans liegt das Märchen *Von dem Fischer un syner Fru* (Grimm, 1819) zugrunde. Der Icherzähler ist der seit Urzeiten lebende Fischer Edek. Der Butt, von dem der Roman seinen Titel hat, wird von Edek gefangen und wieder freigelassen. Aus Dankbarkeit gibt er dem Fischer Ratschläge. Dann fangen Feministinnen den Butt, und er prophezeit ein Zeitalter der Frauenherrschaft.

In *Totes Holz* (1990) veröffentlichte Grass Dutzende von Zeichnungen, die er vom sterbenden Wald gemacht hat. In *Zunge zeigen* (1988) berichtet er von einem längeren Indienaufenthalt in den Jahren 1986 und 1987. Er hat das Elend in Kalkutta gesehen, die 'Müllkinder', die im Abfall nach Brauchbarem suchen. Grass faßt seine Gefühle über den grenzenlosen Abstand zwischen Erster und Dritter Welt in einem Symbol zusammen: Kali, die indische Göttin der Zerstörung, streckt im Augenblick der äußersten Raserei die Zunge heraus, als Zeichen der Scham.

Aus *Zunge zeigen*

Ähnlich Einstein auf dem bekannten Photo. Es sollen ihn Journalisten provoziert haben. Seine – wie Kalis – Zunge ist übertrieben lang. Abgesehen von der hechelnden Zudringlichkeit einer Zunft, die mit Vorliebe von
5 privaten Abfällen lebt, könnte Scham auch Einstein befohlen haben, die Zunge zu zeigen.
Er und die Schwarze Göttin, beide auf einem Großplakat. Oder ich denke mir ein Gespräch aus, in dem sie zum Thema Jetztzeit-Letztzeit Erfahrungen austauschen.
10 Ort der Plauderei Dhapa, Calcuttas Mülldeponie. Zwischen den Müllkindern. Krähen und Geier darüber. Beide bilanzieren die Welt und deren finalen Zuwachs. Ein Kipplader kommt, schüttet aus. Die Kinder suchen, finden und zeigen vor. Einstein und Kali vergleichen
15 ihre Zungen. Fototermin. Die Müllkinder lachen.

◁ *Günter Grass, 'Kali, die Schwarze Göttin der Zerstörung' (1987). Grass hat viele seiner Werke selbst illustriert. In seinem Indienbuch 'Zunge zeigen' ist der Anteil der Zeichnungen sogar größer als der des Textes*

Die Blechtrommel

Oskar Matzerath sitzt in einer Irrenanstalt und erzählt seine Lebensgeschichte aus der Zeit zwischen 1930 und 1950 in Danzig. Oskar war bereits im Mutterleib mit Selbstbewußtsein ausgestattet. Aus Protest gegen die Erwachsenenwelt hört er mit drei Jahren auf zu wachsen. Sein wichtigstes Kommunikationsinstrument ist die Blechtrommel, die er zum Geburtstag bekommen hat. Mit der Trommel teilt er seine Stimmungen mit, mit ihr setzt er seinen Willen durch und stiftet Chaos. Einmal trommelt er einen ganzen Naziaufmarsch auseinander. Dem älter werdenden Zwerg Oskar bleibt ein erwachsenes Geschlechtsleben versagt. Er entdeckt aber zusammen mit der Verkäuferin Maria prickelnde Ersatzformen der Sexualität.

Im Krieg tritt Oskar in Varietés der Wehrmacht auf. Dort demonstriert er seine Gabe, mit schrillen Schreien Glas zerspringen zu lassen. Er übt verschiedene Berufe aus und landet schließlich in der Irrenanstalt.

△ *Oskar (David Bennent) mit seiner Blechtrommel. Szenenfoto aus der Verfilmung des Romans 'Die Blechtrommel' (1979)*
▷▷ *Oskar und Maria (Katharina Thalbach) experimentieren mit Brausepulver*

Bei einem großen Aufmarsch von SS, SA und Hitlerjugend versteckt sich Oskar unter der Tribüne:

Unter dem Rednerpult hockte ich. Links und rechts von mir und über mir standen breitbeinig und, wie ich wußte, mit verkniffenen, vom Sonnenlicht geblendeten Augen die jüngeren Trommler des Jungvolkes und die
5 älteren der Hitlerjugend. Und dann die Menge. Ich roch sie durch die Ritzen der Tribünenverschalung. Das stand und berührte sich mit Ellenbogen und Sonntagskleidung, das war zu Fuß gekommen oder mit der Straßenbahn, das hatte zum Teil die Frühmesse besucht und war
10 dort nicht zufriedengestellt worden, das war gekommen, um seiner Braut am Arm etwas zu bieten, das wollte mit dabeisein, wenn Geschichte gemacht wird, und wenn auch der Vormittag dabei draufging.
Nein, sprach sich Oskar zu, sie sollen den Weg nicht
15 umsonst gemacht haben. Und er legte ein Auge an ein Astloch der Verschalung, bemerkte die Unruhe von der Hindenburgallee her. Sie kamen! Kommandos wurden über ihm laut, der Führer des Spielmannszuges fuchtelte mit seinem Tambourstab, die hauchten ihre Fanfaren
20 an, die paßten sich das Mundstück auf, und schon

stießen sie in übelster Landsknechtmanier in ihr sidolgeputztes Blech, daß es Oskar weh tat und 'Armer SA-Mann Brand', sagte er sich, 'armer Hitlerjunge Quex, ihr seid umsonst gefallen!'
25 Die Trommel lag mir schon maßgerecht. Himmlisch lokker ließ ich die Knüppel in meinen Händen spielen und legte mit Zärtlichkeit in den Handgelenken einen kunstreichen, heiteren Walzertakt auf mein Blech, den ich immer eindringlicher, Wien und die Donau
30 beschwörend, laut werden ließ, bis oben die erste und zweite Landsknechttrommel an meinem Walzer Gefallen fand, auch Flachtrommeln der älteren Burschen mehr oder weniger geschickt mein Vorspiel aufnahmen. Dazwischen gab es zwar Unerbittliche, die kein Gehör
35 hatten, die weiterhin Bumbum machten, und Bumbumbum, während ich doch den Dreivierteltakt meinte, der so beliebt ist beim Volk. Schon wollte Oskar verzweifeln, da ging den Fanfaren ein Licht auf, und die Querpfeifen, oh Donau, pfiffen so blau. Nur der Fanfarenzugführer
40 und auch der Spielmannszugführer, die glaubten nicht an den Walzerkönig und schrien ihre lästigen Kommandos, aber ich hatte die abgesetzt, das war jetzt meine Musik. Und das Volk dankte es mir. Lacher wurden laut vor der Tribüne, da sangen schon welche mit, oh Donau, und
45 über den ganzen Platz, so blau, hüpfte mein Rhythmus, verstärkt durch das über mir vollaufgedrehte Mikrophon. Und als ich durch mein Astloch hindurch ins Freie spähte, doch dabei fleißig weitertrommelte, bemerkte ich,

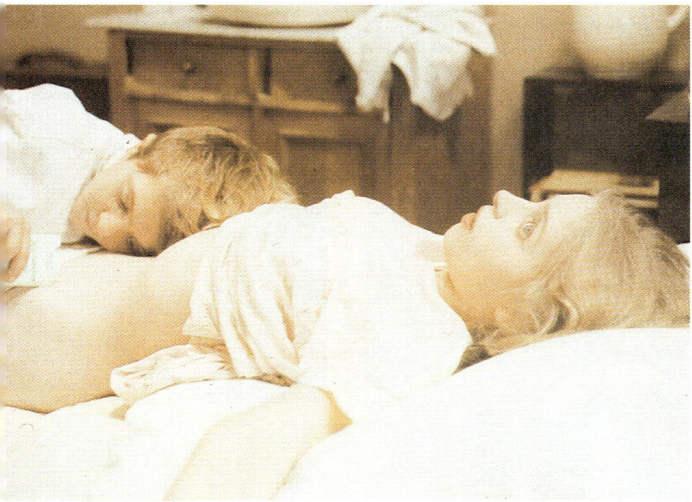

Oskar und Maria entdecken, wie sie mit Hilfe von Brausepulver und Spucke zu ungeahnten Erlebnissen kommen können.

In Marias Hand begann es zu zischen und zu schäumen. Da brach der Waldmeister wie ein Vulkan aus. Da kochte, ich weiß nicht wessen Volkes grünliche Wut. Da spielte sich etwas ab, was Maria noch nicht gesehen und wohl
5 noch nie gefühlt hatte, denn ihre Hand zuckte, zitterte, wollte wegfliegen, weil Waldmeister sie biß, weil Waldmeister durch ihre Haut fand, weil Waldmeister sie aufregte, ihr ein Gefühl gab, ein Gefühl, ein Gefühl... [...] Maria nahm das Brausepulver liegend zu sich. Da sie,
10 sobald das Pulver aufbrauste, mit den Beinen zu zucken und zu strampeln pflegte, rutschte ihr das Nachthemd oftmals schon nach dem ersten Gefühl bis zu den Schenkeln hoch. Beim zweiten Aufbrausen gelang es dem Hemd zumeist, über den Bauch kletternd sich vor
15 ihren Brüsten zu rollen. Spontan schüttete ich Maria, nachdem ich ihr wochenlang die linke Hand gefüllt hatte, den Rest eines Himbeerbrausepulvertütchens in die Bauchnabelkuhle, ließ meinen Speichel dazufließen, bevor sie protestieren konnte, und als es in dem Krater
20 zu kochen anfing, verlor Maria alle für einen Protest nötigen Argumente: denn der kochend brausende Bauchnabel hatte der hohlen Hand viel voraus. So übersteigert trat das Gefühl auf, daß Maria es kaum noch aushalten konnte. Sie beugte sich vor, wollte mit der
25 Zunge die brausenden Himbeeren in ihrem Bauchnabeltöpfchen abstellen, wie sie den Waldmeister in der hohlen Hand zu töten pflegte, wenn der seine Schuldigkeit getan hatte, aber ihre Zunge war nicht lang genug; ihr Bauchnabel war ihr entlegener als Afrika oder Feuer-
30 land. Mir jedoch lag Marias Bauchnabel nahe, und ich vertiefte meine Zunge in ihm, suchte Himbeeren und fand immer mehr, verlor mich so beim Sammeln, kam in Gegenden, wo kein nach dem Sammelschein fragender Förster sein Revier hatte, fühlte mich jeder einzelnen
35 Himbeere verpflichtet, hatte nur noch Himbeeren im Auge, Sinn, Herzen, Gehör, roch nur noch Himbeeren, war so hinter Himbeeren her, daß Oskar nur nebenbei bemerkte: Maria ist zufrieden mit deinem Sammelfleiß. Deshalb hat sie das Licht ausgeknipst. Deshalb überläßt
40 sie sich vertrauensvoll dem Schlaf und erlaubt dir, weiter zu suchen; denn Maria ist reich an Himbeeren.

daß das Volk an meinem Walzer Spaß fand, aufgeregt
50 hüpfte, es in den Beinen hatte: schon neun Pärchen und noch ein Pärchen tanzten, wurden vom Walzerkönig gekuppelt. Nur dem Löbsack, der mit Kreisleitern und Sturmbannführern, mit Forster, Greiser und Rauschning, mit einem langen braunen Führungsstabschwanz
55 mitten in der Menge kochte, vor dem sich die Gasse zur Tribüne schließen wollte, lag erstaunlicherweise der Walzertakt nicht. Der war gewohnt, mit gradliniger Marschmusik zur Tribüne geschleust zu werden. Dem nahmen nun diese leichtlebigen Klänge den Glauben
60 ans Volk. Durchs Astloch sah ich seine Leiden. Es zog durch das Loch. Wenn ich mir auch fast das Auge entzündete, tat er mir dennoch leid, und ich wechselte in einen Charleston, 'Jimmy the Tiger', über, brachte jenen Rhythmus, den der Clown Bebra im Zirkus auf
65 leeren Selterwasserflaschen getrommelt hatte; doch die Jungs vor der Tribüne kapierten den Charleston nicht. Das war eben eine andere Generation. Die hatten natürlich keine Ahnung von Charleston und 'Jimmy the Tiger'. Die schlugen – oh guter Freund Bebra – nicht
70 Jimmy und Tiger, die hämmerten Kraut und Rüben, die bliesen mit Fanfaren Sodom und Gomorrha. Da dachten die Querpfeifen sich, gehupft wie gesprungen. Da schimpfte der Fanfarenzugführer auf Krethi und Plethi. Aber dennoch trommelten, pfiffen, trompeteten die
75 Jungs vom Fanfarenzug und Spielmannszug auf Teufel komm raus, daß es Jimmy eine Wonne war, mitten im heißesten Tigeraugust, daß es die Volksgenossen, die da zu Tausenden und Abertausenden vor der Tribüne drängelten, endlich begriffen: es ist Jimmy the Tiger, der das
80 Volk zum Charleston aufruft.

Siegfried Lenz

'Ich bekenne, ich brauche Geschichten, um die Welt zu verstehen.' Siegfried Lenz (geb. 1926) will das Chaos der ungeordneten Wirklichkeit mit der Kraft des Erzählens überwinden. Sein Vorbild war der amerikanische Schriftsteller Ernest Hemingway. Die Spannung zwischen der Bewältigung der Vergangenheit und der Kritik der Gegenwart bestimmt sein Erzählen. Sein Talent verschaffte ihm Millionenauflagen.

Lenz stammt aus Ostpreußen. Mit siebzehn Jahren überlebte er als Marinesoldat beim ersten Einsatz die Versenkung seines Schiffes. Er desertierte und entkam der Verfolgung. Seit den fünfziger Jahren ist er freier Schriftsteller.

In den Erzählungen *So zärtlich war Suleyken* (1955) erzählt Lenz mit viel Humor von seinen masurischen Landsleuten. Der Roman *Der Mann im Strom* (1957) ist die Geschichte eines alternden Tauchers, der mit der neuen Konsumwelt nicht zurechtkommt. In *Der Verlust* (1981) erleidet ein Mann einen Gehirnschlag, der ihm die Sprechfähigkeit nimmt. Beschrieben wird die daraus entstehende Krise im Verhältnis zu seiner Freundin. Das bekannteste Werk von Lenz ist der Roman *Deutschstunde* (1968).

Deutschstunde

Siggi Jepsen ist Häftling in einer Jugendstrafanstalt. Es ist das Jahr 1954. Sein Deutschlehrer läßt ihn einen Aufsatz über 'Die Freuden der Pflicht' schreiben. Dies ist der Rahmen für eine umfangreiche Erinnerungsarbeit Siggis, in dem sein Leben in Schleswig-Holstein nach 1933 beschrieben wird. Siggis Vater ist ein Dorfpolizist, der es für seine Pflicht hält, ein Malverbot gegen einen 'entarteten' Maler durchzusetzen. Für die Figur des Malers Max Ludwig Nansen nimmt Lenz den Expressionisten Emil Nolde als Vorbild. Siggi will die Kunstwerke retten und wird deshalb später als 'Bilderdieb' eingesperrt. Sein Vater kann nach 1945 als Polizist weiterarbeiten.

Siggis Vater ist im Atelier des Malers Nansen, um die Einhaltung des Malverbots zu kontrollieren. Nansen arbeitet gerade an einem Bild, auf dem Siggis Bruder Klaas und ein Mann im roten Mantel zu sehen ist.

△ *Markus Lüpertz, 'Schwarz-Rot-Gold – dithyrambisch' (1974)*

Der Maler öffnete die Augen und stieß sich vom Schrank ab. Er legte die Pfeife auf das Fensterbrett. Er lauschte nach draußen, wo der Wind die Zweige des Walnußbaumes gegen die Dachrinne warf, dann trat er
5 ohne sichtbare Erregung an die Staffelei, nahm das Bild herunter, hielt es einen Augenblick weit von sich, zog es blitzschnell an seinen Körper heran, die kräftigen, erfahrenen Hände berührten sich am Rand des Bildes, zögerten, wollten und wollten nicht, seine kräftigen Hände
10 fuhren auf einmal hoch und trennten sich, und in dieser Aufwärtsbewegung riß das Bild. Der Riß trennte Klaas von dem Mann im roten Mantel und nahm seiner Furcht den Anlaß. Max Ludwig Nansen legte beide Teile aufeinander, nein, das ist nicht richtig, zuerst zerriß er
15 den Mann im roten Mantel und warf die leuchtenden Fetzen auf den Boden, dann widmete er sich meinem Bruder und riß das Porträt der Furcht in unregelmäßige Stücke, etwa von der Größe einer Zigarettenpackung, schichtete die Stücke und ging auf meinen Vater zu und
20 gab sie ihm mit den Worten: Da, da hast du was zum Mitnehmen, einen Arbeitsgang hab ich euch gleich erspart. [...]
Zufrieden? fragte der Maler, bist du nun zufrieden? Und gleich darauf, als ob er bedauerte, was er eben getan
25 hatte: Nein, das muß man euch überlassen, die Zerstörung sollte man euch nicht abnehmen. Ich hätte das nicht tun sollen, nein.

Hans Hellmut Kirst

Hans Hellmut Kirst (1914-1989) war ein Erfolgsschriftsteller mit Millionenauflagen. Als Führungsoffizier hat Kirst bis zur Kapitulation 1945 'an ein Deutschland geglaubt, das identisch mit Hitler gewesen ist'. Wie bei vielen Deutschen ist erst dann bei ihm seine Welt zusammengebrochen. Mit seinen Büchern wollte er vor einem neuen Militarismus warnen.

Die Romane Kirsts sind von den Gesetzen der Unterhaltungsliteratur bestimmt: Unkompliziertheit, klare Verhältnisse, flottes Erzählen, ständiger Spannungsaufbau. In seinem Menschenbild sind Männer soldatisch und 'mannhaft' und Frauen entweder 'stramm' und 'tierhaft' oder 'geschwätzig' und 'sentimental'.

Kirst schrieb viele Soldatenromane. Am bekanntesten ist *Null-acht fünfzehn* (1954-1955). Daneben reagierte er mit Romanen jeweils auf Themen, die in der Bundesrepublik gerade aktuell waren: *Die letzte Karte spielt der Tod* (1955) behandelt einen authentischen Spionagefall, *Keiner kommt davon* (1957) ist eine fiktive Reportage vom Atomkrieg, in *Alles hat seinen Preis* (1974) geht es um die wachsende Großstadtkriminalität.

08/15

Der erste Teil der Trilogie spielt im Jahre 1938. Das Leben der Soldaten in der Kaserne und in den Kneipen wird ausführlich geschildert. Das Saufen und die Liebe gehören auch dazu. Der Gefreite Asch hindert seinen Freund Vierbein an einem Selbstmordversuch. Vierbein war durch Mißverständnisse das schwarze Schaf der Kompanie geworden. Er wurde von den Ausbildern bis zur Verzweiflung schikaniert. Asch macht daraufhin durch strikte Befolgung aller Befehle die militärische Ordnung lächerlich. Schließlich schießt er sogar auf einen Ausbilder. Der Kommandant der Kaserne stellt sich hinter Asch und Vierbein. Der zweite und dritte Teil der Trilogie spielen im Krieg.

General Luschke hält trotz der nahenden amerikanischen Panzertruppen ein Militärgericht über den fanatischen Nazileutnant und Mörder Greifer ab.

Das brodelnde, kochende, dumpf brüllende Motorgedröhn war nahe. Die Fensterscheiben klirrten leise, in nervöser Hast, pausenlos. Dann zerkrachte und zersplitterte eine Wand aus Holz, Eisen und Glas – und es war,
5 als geschehe das alles unmittelbar unter den Fenstern des dürftig erleuchteten Raumes, in dem die Menschen den Atem anzuhalten schienen.
'Das allein,' sagte Greifer hektisch und wies mit weit ausgestrecktem, verkrampftem Arm auf die Fenster, 'ist
10 jetzt nur noch wichtig! Das ist das einzige Argument, das jetzt noch zieht. Danach haben wir uns zu richten!'
Der General sah den Ia scharf an. Und der sagte, indem er seine Hände um die Tischplatte krampfte. 'Die Verhandlung ist noch nicht beendet – sie wird auch nicht
15 unterbrochen.'
'Wir sind am Ende,' rief Greifer, krampfhaft um die letzten Minuten kämpfend. 'Und wir sind es, weil zuviel Versager unter uns sind. [...] Weil die Aussagen einer Nutte mehr wiegen, als die verdienter Soldaten! Weil
20 Deserteuren, Meuterern und Drückebergern geglaubt wird!' [...] Während sich Verräter und Saukerle bereicherten,' rief Greifer mit zügelloser Berauschtheit, 'haben wir uns bis zum letzten Atemzug eingesetzt. Wir wußten immer, was Pflicht war. Wir haben niemals feige
25 kapituliert.' [...]
Die Menschen im Raum schienen, ohne einen Schritt zu tun, zurückzuweichen. Das spärliche Licht flackerte wild. Die Fenster zitterten wie im Fieber. Und der General lächelte wie ein Toter.
30 'Wir,' gurgelte Greifer hemmungslos, 'sind keine Vaterlandsverräter! Die sind es, die uns einen Strick drehen wollen! Wir hatten einen geheimen, kriegsentscheidenden Auftrag durchzuführen – und der wurde sabotiert. Sabotiert von Schweinehunden, die die Heimat in Stich
35 ließen! Die Deutschland verraten haben!'
Greifer keuchte. Die Menschen im Raum schwiegen. Das Gedröhn der schweren Motoren schwoll zu alles erbarmungslos auslöschender Lautstärke an. Dann wurden sie plötzlich abgeschaltet – und lastende Stille lag im
40 Raum.
Und der General Luschke sagte: 'Aufhängen!'
Zehn Minuten später hing der ehemalige Oberleutnant Greifer auf dem Exerzierplatz der Artillerie-Kaserne.
[...]

Walter Kempowski

Eine Steigerung des Anspruchs auf Authentizität, auf die Darstellung von Geschichten aus der Geschichte, 'so, wie sie war', sind die Romane von Walter Kempowski (geb. 1929). Kempowski wurde 1948 in seiner Geburtsstadt Rostock aus politischen Gründen zu 25 Jahren Zuchthaus verurteilt. Nach einer Amnestie konnte er 1956 in den Westen ausreisen. Bis heute ist er als Lehrer tätig.

Kempowskis Methode hat die intensive Sammlung zeitgeschichtlicher Quellen als Grundlage. Familienchroniken, Tagebücher, Briefe, Interviews, Dokumente, Photoalben: alles dient ihm dazu, nach der Wirklichkeit ein möglichst genaues Bild des Lebens seiner Romanfiguren zu gestalten. In einer Kette von Romanen beschreibt er seit *Tadellöser & Wolff* (1971) die Familiengeschichte der Kempowskis in Rostock von 1900 bis in die Gegenwart.

△ *Joseph Beuys, 'Konzertflügel' (1969). Beuys verwendete für seine Kunstwerke oft Gegenstände aus unserer Alltagswelt, die er in einen neuen Zusammenhang stellte*

Tadellöser & Wolff

Der Roman spielt zwischen 1939 und 1945. Kempowskis Vater ist Reeder in Rostock. Sein Sohn Walter ist am Beginn der Erzählung zehn Jahre alt. Er erlebt eine gutbürgerliche Jugend. Dazu gehören Klavierstunde und Mozart, aber auch Hitlerjugend und Bombenalarm.

Ein Soldat kam die Treppe heruntergestiefelt. Er guckte sich wortlos um. Dann ging er wieder hinauf und stellte sich in die Haustür. Der Keller war ihm wohl nicht sicher genug.
5 'Oh! Oh! Das sieht ja böse aus.'
Es bumste, als ob die Erde festgestampft würde. Zunächst wurde dies in entfernteren Stadtteilen getan, dann hatten sie in der Nähe zu tun. Die Mauern zitterten, man duckte sich: klirr! schon wieder eine Scheibe kaputt.
10 (Hoffentlich nicht bei uns.) Ein Regen von Granatsplittern auf das Pflaster.
Plötzlich fiel eine Reihe Bomben. Die erste fern, die zweite näher, die dritte noch näher und da: ssst – bumm. Die vierte.
15 Die Schaufensterscheibe von Dr. Krauses Sonnenbrause zerschepperte, die Scherben fielen auf das Kellerfenster und zerschlugen es.

Ob im Wald, ob in der Klause,
Dr. Krauses Sonnenbrause...
20 Es rieselte und rasselte. Gleichzeitig ging das Licht aus. Die dicke Hauswirtsfrau in ihrer Kittelschürze fing an zu schreien. Meine Mutter schrie zurück, sie solle ruhig sein, sonst würde sie Maßregeln ergreifen. [...] Alle Kinder schrien natürlich mit. ('Wie gut, daß Ulla nicht hier
25 ist.') Und schon kam eine neue Bombenserie.
Ich saß hinter meiner Kartoffelkiste und Ute verkroch sich wimmernd unter ihrer Decke: 'Bitte, bitte, lieber Gott – hilf uns doch.'
Zwischendurch raste meine Mutter durch das Haus – ob
30 es brennt.
Der Soldat wollte ihr das verbieten.
'Sie haben mir gar nichts zu verbieten,' rief sie, 'mir passiert schon nix,' und wetzte ab.
Etwas später tasteten sich lauter Erdmänner in unseren
35 Keller. Das waren Heinemanns von gegenüber. Augen, Haare, alles voll von diesem Staub, die konnten kaum sprechen. 'Wasser, Wasser.' Alles verloren, mit Müh und Not noch rausgekommen. [...]
'Rettet meine Frau,' sagte der Mann. 'Rettet meine
40 Frau.' Die Frau schüttelte ihn und sagte: 'Ich bin ja bei dir.' Aber er verstand das nicht. 'Rettet meine Frau', sagte er immer wieder.

Uwe Johnson

Uwe Johnson (1934-1984) kam 1959 aus der DDR in die Bundesrepublik. Seine *Mutmaßungen über Jakob* (1959) sind ein Roman über eine Existenz in der gespaltenen deutschen Wirklichkeit.

Mutmaßungen über Jakob

Der Bahnbeamte Jakob Abs wird an einem Novembermorgen auf dem Dresdener Bahnhofsgelände von einer Lokomotive überfahren. Die Umstände seines Todes sind ungeklärt. Der Roman gibt in Gedankenbruchstücken und Erzählungen der drei Personen, die Jakob am besten kannten, ein Bild seines Lebens. Seine Mutter und seine Freundin Gesine waren in den Westen geflohen. Jakob wurde deshalb von der Spionageabwehr der DDR beschattet. Auch Jakob konnte nach Westdeutschland fahren, kehrte aber enttäuscht zurück. Am Tage seiner Rückkehr geschieht der merkwürdige Unfall.

Aber Jakob ist immer über die Gleise gegangen.

– Aber er ist doch immer quer über die Rangiergleise und die Ausfahrt gegangen, warum, außen auf der anderen Seite um den ganzen Bahnhof bis zum Straßenüber
5 gang hätt er eine halbe Stunde länger gebraucht bis zur Straßenbahn. Und er war sieben Jahre bei der Eisenbahn.

– Nun sieh dir mal das Wetter an, so ein November, kannst keine zehn Schritt weit sehen vor Nebel, besonders am Morgen, und das war doch Morgen, und alles
10 so glatt. Da kann einer leicht ausrutschen. So ein Krümel Rangierlok ist dann beinah gar nicht zu hören, sehen kannst du sie noch weniger.
– Jakob war sieben Jahre bei der Eisenbahn will ich dir sagen, und wenn irgend wo sich was gerührt hat was auf
15 Schienen fahren konnte, dann hat er das wohl genau gehört. [...]

– wenn einer dann er. Hat er mir doch selbst erklärt, so mit Physik und Formel, lernt einer ja tüchtig was zu in sieben Jahren, und er sagt zu mir: Bloß stehenbleiben,
20 wenn du was kommen siehst, kann noch so weit wegsein. 'Wenn der Zug im Kommen ist – ist er da' hat er gesagt. Wird er auch bei Nebel gewußt haben.
– Eine Stunde vorher haben sie aber einen Rangierer zerquetscht am Ablaufberg, der wird das auch gewußt
25 haben.
– Deswegen waren sie ja so aufgeregt. Wenn sie auch sogleich wieder Worte gefunden haben von dem tragischen Unglücksfall und Verdienste beim Aufbau des Sozialismus und ehrendes Andenken bewahren: der sich
30 das aus den Fingern gesogen hat weiß es gewiß besser, wär schon einer. Frag doch mal auf diesem ganzen verdammten Bahnhof ob einer jetzt noch im November Ausreiseerlaubnis nach Westdeutschland gekriegt hat, und Jakob ist am selben Morgen erst mit einem Inter
35 zonenzug zurückgekommen.

Johnson begann und vollendete das größte Romanprojekt zur Erinnerung eines deutschen Lebens in diesem Jahrhundert: Die vierbändigen *Jahrestage. Aus dem Leben der Gesine Cresspahl* (1970-1983) sind die Chronik eines exemplarischen Lebenslaufes. Die Handlung spielt teilweise auch in den USA zur Zeit des Vietnam-Krieges. Eine mecklenburgische Kleinstadt und New York bilden den örtlichen Kontrast. Weimarer Republik und Drittes Reich, DDR und Bundesrepublik sowie Amerika geben den historisch-politischen Kontext.

◁ *Jörg Immendorff, 'Café Deutschland I' (1978). In der Mitte des Bildes ein Selbstbildnis des Malers, der die Hand durch die Berliner Mauer streckt*

Martin Walser

Martin Walser (geb. 1927) beschreibt in seinen Romanen typische, durchschnittliche Angehörige der westdeutschen Mittelschicht. Die Hauptfigur in *Ehen in Philippsburg* (1957), Hans Beumann, kommt aus einer mittellosen kleinbürgerlichen Familie in der Provinz. Er versucht, sich als Journalist in der (fiktiven) Stadt Philippsburg in die mittelständische Gesellschaft zu integrieren. Die sozialen Ideale und Einsichten, die er hat, muß er dabei verraten. Er denkt nonkonformistisch, verhält sich aber konformistisch. Er funktioniert im gesellschaftlichen System und fühlt sich dabei nutzlos und ohnmächtig.

Die Lebensprobleme der Mittelschicht sind auch das Thema weiterer Romane und der vielbeachteten Novelle *Ein fliehendes Pferd* (1978). Den großen Roman eines Lebensschicksals in beiden deutschen Staaten legte Walser mit *Die Verteidigung der Kindheit* (1991) vor.

Ein fliehendes Pferd

Helmut trifft beim Urlaub am Bodensee seinen Schul- und Studienfreund Klaus Buch wieder. Beide sind jetzt 46 Jahre alt, aber sie haben sich sehr verschieden entwickelt: Helmut ist der halb gescheiterte Gelehrte. Er hat sich in ein aktions- und gefühlsarmes Leben zurückgezogen. Klaus erscheint dagegen jugendlich, sportlich und erfolgreich. Aus diesem Treffen der beiden Männer, zusammen mit ihren Frauen, entwickelt sich eine spannende Konfrontation der verschiedenen Lebenskonzepte. Auf dem Höhepunkt, beim Segeln auf dem Bodensee, nimmt sie den Charakter eines Kampfes auf Leben und Tod an.

△ *Umschlagillustration zu Martin Walsers 'Ein fliehendes Pferd'*

Sturmwarnung, rief Klaus Buch und zeigte begeistert in die Schweiz hinüber und zurück ans deutsche Ufer. An vielen Stellen zuckten die gelben Warnlichter. Eine Farbe, die sonst nicht vorkam. Die Böen fuhren von
5 allen Seiten her. Klaus Buch fluchte. Der spinnt wohl, schrie er. Den Wind meine er. Er schaute streitlustig herum, um die anfahrenden Böen rechtzeitig zu sehen. Wir brauchen Fahrt, dann können uns die Böen nichts mehr machen, rief er. [...]
10 Klaus Buch sagte, es sei höchste Zeit, daß Helmut aufhöre, dem Leben auszuweichen. Eine Bö schlug zu,

Klaus Buch rief: Fier auf. Aber Helmut ließ zu spät los. Da Klaus Buch das Großsegel rechtzeitig gefiert und mit dem Ruder ausgeglichen hatte, hatten sie die Bö gut
15 überstanden. Aber sofort kam die nächste. Helmut rief: Klaus, wir müssen hinein.
Jetzt war der See schon eine hellgrüne und weiß fauchende Fläche. Klaus Buch schrie vor Vergnügen. Helmut dachte, vielleicht ist er wirklich verrückt. Klaus
20 rief Helmut zu, der solle sich auf den Bootskörper setzen. Helmut setzte sich hinauf. Sie schossen jetzt in rauschender Fahrt in Richtung Schweiz. [...]
Klaus Buch benahm sich immer mehr wie ein Rodeoreiter. Er unterhielt sich mit dem Wind. Taufte jede Bö,
25 die er herankommen sah, auf einen neuen Namen. Das ist Susi, die uns mit ihren Schenkeln zerquetschen will, hohopp, fier auf, und weg ist sie. [...]
Er hielt seine Fockschot nur noch am letzten Zipfel. Dicht, brüllte Klaus Buch. Helmut schrie: Du spinnst.
30 Er war ganz sicher, daß das Boot kentern würde, wenn das Vorsegel auch noch unter Druck stünde. [...] Als sich Klaus aufrichtete und mit Pinne und Leine arbeitete, um das Boot wieder unter Kontrolle zu bringen, als das Boot schon wieder anfing, sich zur Seite zu neigen,
35 schrie Helmut: Nicht! Klaus Buch schrie: Wir heben ab! Und lachte! Unmäßig. Und hing in einer furchtbaren Art über das Boot hinaus. Er lag praktisch auf dem Rükken. [...] Als Helmut sah, daß die über Bord laufenden Wellen jetzt gleich ins Cockpit schlagen würden, stieß er
40 mit einem Fuß Klaus Buch die Pinne aus der Hand. Jetzt passierte alles gleichzeitig. Das Boot schoß wieder in den Wind. Klaus Buch stürzte rückwärts ins Wasser.

Das Hörspiel

Das *Hörspiel* war nach 1945 und in den fünfziger Jahren in Deutschland die Form von Literatur, die das größte Publikum erreichte. Diese neue literarische Gattung hatte ihren Ursprung in der Einführung des Rundfunks in den zwanziger Jahren. Viele Autoren wandten sich dem Hörspiel zu, z.B. auch Andersch, Böll, Bachmann und Walser. Das hatte nicht nur künstlerische, sondern auch finanzielle Gründe: Die wiederholten Aussendungen bei den verschiedenen deutschen Rundfunkanstalten brachten mehr ein als ein Buch in relativ kleiner Auflage.

Auch das *Feature* wurde eine beliebte Form. Hierbei werden die verschiedenen Möglichkeiten des Hörfunks – Dialog, Interview, Tonzitat, Kommentar, akustische Effekte – zu einem wirkungsvollen Ganzen gemischt. Die große Publikumswirksamkeit des Rundfunks wurde jedoch schon in den sechziger Jahren durch das konkurrierende Medium Fernsehen stark beeinträchtigt.

Die wichtigsten Hörspielautoren der fünfziger und sechziger Jahre waren Günter Eich (1907-1972), Wolfgang Weyrauch (1907-1980), Marie Louise Kaschnitz (1901-1974) und Wolfgang Hildesheimer (1916-1991), später Dieter Kühn (geb. 1935) und Gabriele Wohmann (geb. 1932).

In den siebziger und achtziger Jahren wurde das Hörspiel die Sache eines kleinen, exklusiven Publikums. Neue Autoren erprobten neue Spielformen, die die technisch-akustischen Möglichkeiten des Rundfunks ausnutzten.

▽ *Radio aus den fünfziger Jahren*

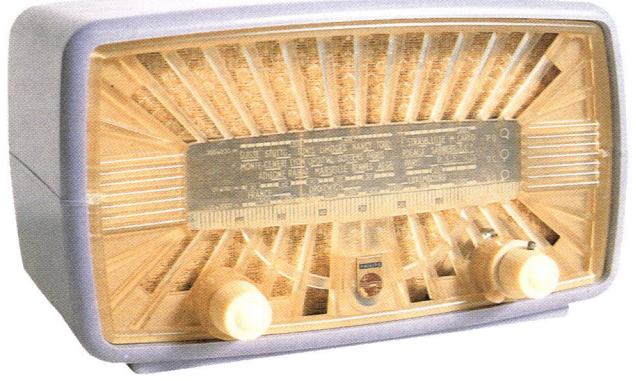

Das erste 'Neue Hörspiel' dieser Art war *Fünf Mann Menschen* (1969) von Ernst Jandl (geb. 1925) und Friederike Mayröcker (geb. 1924).
Aber auch das realistische Hörspiel konnte sich bis in die Gegenwart behaupten. Reinhard Lettau (geb. 1929) plädierte anläßlich seiner *Frühstücksgespräche in Miami* (1979) für das Gebrauchshörspiel, das nicht ständig auf künstlerische Erneuerung aus sein müsse.

Ingeborg Bachmann, Der gute Gott von Manhattan (1958)

In einer Gerichtsverhandlung muß sich der Angeklagte, der der 'gute Gott von Manhattan' genannt wird, verantworten. Er hat durch seine Agenten, die Eichhörnchen, ein Bombenattentat auf das Liebespaar Jennifer und Jan verübt. Nur Jennifer, die wirklich an die Liebe geglaubt hat, ist dabei getötet worden. Der Angeklagte bringt zur Verteidigung vor, daß die Liebe eine gefährliche Krankheit sei. Als Beweis läßt er die verschiedenen Stadien der Liebesgeschichte von Jennifer und Jan Revue passieren. Der gute Gott plädiert für Ordnung und Gleichgewicht. Die Liebe bringe dagegen alles durcheinander und sei 'verderblicher als jedes Verbrechen'. Der Richter wird überzeugt, daß der Angeklagte der Vertreter der Ordnung ist und läßt ihn gehen.

Wolfgang Weyrauch, Die japanischen Fischer (1955)

Der Fischer Susushi berichtet vom Untergang seines Dorfes. In der Nähe haben amerikanische Atomwaffenversuche stattgefunden. Die Dorfbewohner sind durch die Strahlung verseucht. Sie vernichten sich selbst, um ein Mahnmal für die Welt zu sein. Susushi ist geflohen, aber auch dem Tode geweiht. Er erzählt die Geschichte, während er sein eigenes Grab gräbt.

Jandl/Mayröcker, Fünf Mann Menschen (1969)

Eine Handlung im konventionellen Sinne gibt es nicht. Die Rolle der Sprache ist stark reduziert. Vorgeführt wird der Weg fünf männlicher Menschen von der Geburt bis zum Tod. Die verschiedenen Stationen – zum Beispiel Gebärklinik, Schule, Kaserne, Kneipe, Gefängnis – werden über Geräusche vermittelt.

Peter Weiss

'Ich war nie ein Deutscher', hat Peter Weiss (1916-1981) kurz vor seinem Tod gesagt. Seine Eltern und Vorfahren waren jüdisch, deutsch, slowakisch und ungarisch. Die Naziherrschaft zwang ihn zur Emigration nach England und Schweden. Daß er Auschwitz entgangen ist, blieb für ihn ein lebenslanges Thema.

Erst nach dem Krieg begann Weiss zu schreiben. Einer seiner ersten Prosatexte, *Der Schatten des Körpers des Kutschers* (1960), hat die westdeutsche sprachexperimentelle Literatur stark beeinflußt.

△ *Peter Weiss, 'Selbstbildnis' (1946-1950)* △ *Sigmar Polke, 'Lager' (1982)*

Böll, Grass, Walser und Johnson haben in ihren Romanen Geschichten erfunden und in die reale deutsche Geschichte des 20. Jahrhunderts eingebettet. Ihre Erzählungen sind symbolisch und realistisch. So hat zum Beispiel die Figur des Blechtrommlers Oskar Matzerath die symbolische und moralische Funktion des Widerstands. Peter Weiss wählte ein anderes Verfahren. Er hatte seit den sechziger Jahren ein immer stärkeres Mißtrauen gegenüber erfundenen Geschichten, weil sie politisch wirkungslos waren. Sein radikaler und vor dem Hintergrund von Auschwitz sehr ernst gemeinter Ausgangspunkt war: 'Wer braucht meine Arbeit, und kann mein Schreiben helfen, die Erde bewohnbar zu machen?'

Weiss wendete sich, in der Tradition Brechts, dem engagierten Theater zu. Auf seinem Theater sollte es um die 'Dokumentation eines Stoffes' aus der Wirklichkeit gehen: 'Das dokumentarische Theater enthält sich jeder Erfindung, es übernimmt authentisches Material und gibt dies, im Inhalt unverändert, in der Form bearbeitet, von der Bühne wieder.'

Weiss war nicht der einzige Vertreter dieser Form des Theaters, aber der literarisch wichtigste. Spektakulärer und von größerer politischer Wirkung waren die Stücke von Rolf Hochhuth (geb. 1931). In *Der Stellvertreter* (1963) tritt Papst Pius XII. auf, der laut Hochhuth während der Naziherrschaft nichts gegen den Völkermord an den Juden getan hat. Das Stück *Juristen* (1979) führte zum Rücktritt des Ministerpräsidenten von Baden-Württemberg, der in der Nazizeit Todesurteile gefällt hatte.

Peter Weiss wählte als Stoff für sein Stück *Die Ermittlung* (1965) den Frankfurter Prozeß von 1964 gegen die Wachmannschaft des Konzentrationslagers Auschwitz. Sein Text enthält 'Zeugnisaussagen, Protokolle, Akten und Briefe', die er kürzte, straffte und neu ordnete. In elf 'Gesängen' zu je drei 'Verhören' wird das Tribunal präsentiert. In dem Stück wird immer wieder betont, daß die alten Nazitäter nicht bestraft worden sind und in der Bundesrepublik Deutschland in hohen Ämtern sitzen. Weiss vertrat die marxistische Faschismustheorie, nach der ein kapitalistisches Land zwangsläufig die Entwicklung zum Faschismus in sich trägt.

Gesang von den Feueröfen III

RICHTER: Herr Zeuge
Es wird berichtet von einem Aufstand
des Sonderkommandos
Wann fand dieser Aufstand statt

ZEUGE 7: Am 6. Oktober 1944
Das Kommando sollte an diesem Tag
von den Wachmannschaften liquidiert werden

RICHTER: War dies dem Kommando vorher bekannt

ZEUGE 7: Alle wußten

10   daß sie umgebracht werden sollten
Lange vorher schon hatten sie sich
durch Häftlinge
die in den Rüstungsbetrieben arbeiteten
Büchsen mit Ekrasit besorgt

15   Der Plan war
die Wachposten unschädlich zu machen

die Krematorien zu sprengen
und zu fliehen
Doch das Krematorium
20 in dem die Sprengbomben verwahrt lagen
wurde früher als erwartet ausgehoben
und die Leute sprengten sich selbst
in die Luft
Es kam noch zum Kampf
25 doch alle wurden überwältigt
Mehrere hundert lagen
hinter dem Birkenwäldchen
Sie lagen auf dem Bauch
und die Männer der Politischen Abteilung
30 töteten sie durch Kopfschüsse
RICHTER: Wer von den Angeklagten war dabei
ZEUGE 7: Boger war der Leitende [...]
ANKLÄGER: Herr Zeuge
Halten Sie es für möglich
35 daß der Adjutant des Lagerkommandanten
nicht über die Vorgänge in den Krematorien
unterrichtet war
ZEUGE 3: Ich halte es für unmöglich
Jedem der 6000 Mitglieder des Personals
40 die im Lager arbeiteten
waren die Vorgänge bekannt
und jeder leistete auf seinem Posten
was für das Funktionieren des Ganzen
geleistete werden mußte
45 Des weiteren wußte jeder Zugführer
jeder Weichensteller
jeder Bahnhofsbeamte
der mit der Verfrachtung der Menschen
zu tun hatte
50 was im Lager geschah
Jede Telegraphistin und Stenotypistin
an denen die Deportationsbefehle vorbeiliefen
wußte davon
Jeder einzelne
55 in den hundert und tausend Amtsstellen
die mit den Aktionen beschäftigt waren
wußte
worum es ging
VERTEID.: Wir protestieren gegen diese Behauptungen
60 die vom Haß diktiert sind

niemals kann Haß
eine Grundlage bilden
für die Beurteilung
der hier zur Sprache geführten
65 Einzelheiten
ZEUGE 3: Ich spreche frei von Haß
Ich hege gegen niemanden den Wunsch
nach Rache
Ich stehe gleichgültig
70 vor den einzelnen Angeklagten
und gebe nur zu bedenken
daß sie ihr Handwerk
nicht hätten ausführen können
ohne die Unterstützung
75 von Millionen anderen
VERTEID.: Hier steht nur zur Diskussion
was unseren Mandanten
bewiesenerweise vorgehalten werden kann
Vorwürfe allgemeiner Art
80 bleiben belanglos
vor allem Vorwürfe
die sich gegen eine ganze Nation richten
die während der hier zu erörternden Zeit
in einem schweren und aufopfernden
85 Kampfe stand.
ZEUGE 3: Ich bitte nur
darauf hinweisen zu dürfen
wie dicht der Weg von Zuschauern gesäumt war
als man uns aus unsern Wohnungen vertrieb
90 und in die Viehwagen lud
Die Angeklagten in diesem Prozeß
stehen nur als Handlanger
ganz am Ende
Andere sind über ihnen
95 die vor diesem Gericht nie
zur Rechenschaft gezogen wurden
Einige sind uns hier begegnet
als Zeugen
Diese leben unbescholten
100 Sie bekleiden hohe Ämter
und vermehren ihren Besitz
und wirken fort in jenen Werken
in denen die Häftlinge von damals
verbraucht wurden.

Hans Magnus Enzensberger

1968 demonstrierten Tausende von Studenten auf den Straßen von Berlin, Frankfurt, Paris und vieler anderer Städte. Sie protestierten gegen den amerikanischen Krieg in Vietnam, aber auch gegen den erstarrten Zustand der Gesellschaft, in der sie lebten.

Hans Magnus Enzensberger (geb. 1929) hatte das neue kritische Bewußtsein schon früh formuliert. In seinem ersten Gedichtband *Verteidigung der Wölfe* (1957) ruft er zur Wachsamkeit auf.

ins lesebuch für die oberstufe

lies keine oden, mein sohn, lies die fahrpläne:
sie sind genauer. roll die seekarten auf,
eh es zu spät ist. sei wachsam, sing nicht.
der tag kommt, wo sie wieder listen ans tor
5 schlagen und malen den neinsagern auf die brust
zinken. lern unerkannt gehn, lern mehr als ich:
das viertel wechseln, den paß, das gesicht.
versteh dich auf den kleinen verrat,
die tägliche schmutzige rettung. nützlich
10 sind die enzykliken zum feueranzünden,
die manifeste: butter einzuwickeln und salz
für die wehrlosen. wut und geduld sind nötig,
in die lungen der macht zu blasen
den feinen tödlichen Staub, gemahlen
15 von denen, die viel gelernt haben,
die genau sind, von dir.

Enzensberger ist einer der wichtigsten Essayisten der Nachkriegszeit. In den *Einzelheiten* (1962) griff er bereits eine Reihe von Themen auf, die in den sechziger und siebziger Jahren die kulturelle und politische Diskussion der Bundesrepublik beherrschten, zum Beispiel das Thema der Macht der Presse und der Manipulation durch die Bild-Zeitung.

Um 1968 entstand das Schlagwort vom 'Tod der Literatur'. Dem wachsenden Zweifel am Sinn und Zweck von Literatur begegnete Enzensberger durch neue literarische Formen. In der ersten Nummer der Zeitschrift *Kursbuch*, deren Herausgeber in Berlin er von 1965-1975 war, heißt es:

'Unser literarisches Bewußtsein ist begrenzt; es ignoriert weite Zonen der zivilisatorischen Realität. Wo die literarische Vermittlung versagt, wird das Kursbuch den unvermittelten Niederschlag der Realien zu fassen suchen: in Protokollen, Gutachten, Reportagen, Aktenstücken, polemischen und unpolemischen Gesprächen.' Nicht zufällig stand in diesem ersten *Kursbuch* auch der Vorabdruck der *Ermittlung* von Peter Weiss.

Enzensberger hat als Essayist, Herausgeber und Übersetzer die moderne deutsche und internationale Literatur in der Bundesrepublik gefördert wie kaum ein anderer. Sein Enthusiasmus für die tausend Möglichkeiten der Literatur zeigt sich zum Beispiel in der Anthologie *Das Wasserzeichen der Poesie oder Die Kunst und das Vergnügen, Gedichte zu lesen* (1985), die er unter dem Pseudonym Andreas Thalmayr herausgegeben hat. In dem Essay *Die große Wanderung* (1992) beschäftigt er sich mit den Ursachen der Migration und der wachsenden Ausländerfeindlichkeit der Deutschen.

▽ *Jörg Immendorff, 'Hört auf zu malen' (1966).*
Das Bild bietet eine Parallele zum Schlagwort vom 'Tod der Literatur'

Günter Wallraff

Die literarische Methode von Günter Wallraff (geb. 1942) hat immer wieder für Skandale gesorgt. Mit falschen Dokumenten, unter falschem Namen, oft auch verkleidet, hat er sich bei verschiedenen großen Betrieben eingeschlichen. Er schrieb kritische Reportagen über die dort herrschenden Arbeitsbedingungen. Schon seine ersten *Industriereportagen* (1970) waren ein großer Verkaufserfolg. In seinen spektakulärsten Aktionen ließ Wallraff sich als 'Sensationsreporter' bei der Bild-Zeitung und als 'türkischer Leiharbeiter Ali' bei McDonald's und beim Thyssen-Konzern einstellen. Er berichtet hierüber in den Reportagen *Der Aufmacher. Der Mann der bei 'Bild' Hans Esser war* (1977) und *Ganz unten* (1985).

Seine Methode ist von verschiedenen Seiten kritisiert worden. Vertreter der Wirtschaft beschimpften ihn als 'kommunistischen Psychopathen'. Die betroffenen Firmen haben viele Prozesse gegen ihn geführt. Sie konnten aber die Wahrheit der von Wallraff beschriebenen Zustände nicht unterdrücken.

◁ *Titelumschlag von Günter Wallraff, 'Ganz unten'. Der Mann auf dem Bild ist Günter Wallraff in seiner Verkleidung als türkischer Arbeiter Ali*

Wallraff hat von Anfang an dokumentarisch schreiben wollen. Er vertrat diese Position schon in der *Gruppe 61*, die zu einem Forum für Arbeiterliteratur wurde.

Aus *Ganz unten*

Günther Wallraff hat sich als türkischer Arbeiter (Ali) verkleidet. Ein deutscher Vorarbeiter unterhält sich mit dem Tunesier Jussuf und Ali über Frauen und Urlaub.

'Hör mal, das sind doch ganz scharfe Frauen da bei euch. So richtige Wildkatzen. Wenn man denen erst mal den Schleier 'runterreißt, dann sind die doch echt geil. Hast du denn keine Schwester? Oder ist die noch zu jung? Bei
5 euch muß man ja immer gleich heiraten.' Jussuf versucht, seine Demütigung vor uns anderen Kollegen zu überspielen [...]. 'Hör mal, wie sprecht ihr überhaupt? Sprecht ihr Spanisch?' – Jussuf erträgts nicht länger. Er wendet sich ab, rechtfertigt sich aber noch und sagt:
10 'Nein Arabisch. Ich muß zu Toilett.' –
Der Vorarbeiter nimmt's zum Anlaß, sich bei uns niederzulassen, um ebenfalls in Urlaubsstimmung und ins Schwärmen zu geraten. Er räkelt sich. 'Jetzt im Süden sein. Keine Arbeit. Immer Sonne. Und Frauen, Frauen.'
15 Zu mir (Ali) gewandt: 'Hab' ich recht? Bei euch in Anatolien kann man doch schon für eine Ziege eine Frau kaufen.' Als ich (Ali) unbeteiligt in eine andere Richtung schaue, fordert er mich: 'Stimmt etwa nicht? Wie bist du denn an deine Alte geraten?' – 'Die Deutsche meine
20 immer, könn alles kauf,' antwortet Ali. 'Aber die schönst' Sach auf der Welt kriegs nicht für Geld. Darum die Deutsch' auch so arm, trotz ihr viel Geld.' Der Vorarbeiter fühlt sich angegriffen und zahlt's Ali heim: 'Eure anatolischen Haremsdamen, die möcht ich nicht
25 geschenkt haben. Die sind doch dreckig, die stinken. Die muß man erst einmal gründlich abschrubben.' [...] Jussuf nimmt mich (Ali) anschließend zur Seite und sagt: 'Is nicht gut, daß wir Deutsch gelernt und verstehen. Immer viel Ärger. Besser so tun, als ob wir nich verste-
30 hen.' Er erzählt von jüngeren tunesischen Kollegen, die aufgrund ähnlicher Erfahrungen und Demütigungen die deutsche Sprache ganz bewußt nicht weiter erlernen und 'egal, was Meister sagt, immer 'ja Meister' sagen, so gibt auch kein Palaver.'

Migrantenliteratur

In den siebziger und achtziger Jahren wuchs der Anteil der Ausländer an der westdeutschen Bevölkerung auf 7,5%. Von den rund 5 Millionen Ausländern bilden die Türken, Jugoslawen, Italiener und Griechen die größten Gruppen.

Immer mehr Auswanderer stellten ihre Erfahrungen literarisch dar. Aras Ören (geb. 1939 in Istanbul) und Yüksel Pazarkaya (geb. 1940 in Izmir) gehören zur ersten Migrantengeneration der fünfziger und sechziger Jahre. Ihre Literatursprache ist Türkisch. Ihre Themen sind die Bedingungen des Lebens zwischen zwei Kulturen, die Probleme der Integration in die deutsche Gesellschaft und die Ablehnung, die sie erfuhren.

Yüksel Pazarkaya, deutsche sprache

die ich vorbehaltlos liebe –
die meine zweite heimat ist
die mir mehr zuversicht
die mir mehr geborgenheit
5 die mir mehr gab als die
die sie angeblich sprechen

sie gab mir lessing und heine
sie gab mir schiller und brecht
sie gab mir leibniz und feuerbach
10 sie gab mir hegel und marx
sie gab mir sehen und hören
sie gab mir hoffen und lieben
eine welt in der sich leben läßt

die in ihr verstummen sind nicht in ihr
15 die in ihr lauthals reden halten sind nicht in ihr
die in ihr ein werkzeug der erniedrigung
die in ihr ein werkzeug der ausbeutung sehn
die sind nicht in ihr sie nicht

meine behausung in der kälte der fremde
20 meine behausung in der hitze des hasses
meine behausung wenn mich verbiegt die bitterkeit
in ihr genoß ich die hoffnung
wie in meinem türkisch

△ Hanefi Yeter, 'Berlin ist doch eine bunte Palette' (1988)
▷▷ Natascha Ungeheuer, 'Fathma' (1985). Multikultur in Berlin-Kreuzberg

In dem langen Erzählgedicht *Was will Niyazi in der Naunynstraße?* (1973) schildert Aras Ören die Lebenswelt im Berliner Stadtteil Kreuzberg, in dem mehr als hunderttausend Türken wohnen. Der Gedichtband *Deutschland – ein türkisches Märchen* (1978) nimmt Bezug auf Heinrich Heines *Deutschland. Ein Wintermärchen*. Ören vergleicht so seine Lebenssituation mit der Heines.

Die gleichen Themen bestimmen auch die Erzählungen Pazarkayas in *Heimat in der Fremde* (1979), des Italieners Franco Biondi (geb. 1947 in Forli) in *Passavantis Rückkehr* (1982) und des Syrers Rafik Schami (geb. 1946 in Damaskus) in *Das letzte Wort der Wanderratte* (1984).

Rafik Schami belebt in seinen Werken orientalische Traditionen der Märchenerzählung. Er erhielt 1985 den ersten Adalbert-von-Chamisso-Preis.

Viele Autoren der 'Zweiten Generation', die bereits in Deutschland aufgewachsen sind, schreiben auf deutsch.

Die Schauspielerin Renan Demirkan (geb. 1955 in Ankara) kam als Kind mit ihren Eltern nach Deutschland. In *Schwarzer Tee mit drei Stück Zucker* (1991) beschreibt sie ihre türkisch-deutsche Jugend.
Eine multikulturelle Gesellschaft ist die Bundesrepublik nicht geworden. Die Bereicherung ihrer Lebenskultur durch die Ausländer haben aber sehr viele Deutsche akzeptiert.

Rafik Schami,
Der Wald und das Streichholz

Es war einmal ein großer Wald. Hunderte von Pinien lebten stolz und mit erhobenem Haupt neben drei Olivenbäumen, die klein und schmächtig, aber nicht weniger stolz waren.

5 'Was interessiert uns, daß die Pinien weit sehen, sie sind nur arrogant, und vom schwächsten Wind werden sie hin- und hergeschaukelt. Tief verwurzelt sind wir, und nichts auf dem Boden entgeht uns,' dachten die Olivenbäume, aber die Pinienbäume interessierten sich kaum

10 für das, was auf dem Boden geschah. Sie waren stolz auf ihren weiten Blick.
Ab und zu stritten die Nachbarn, ob die Oliven oder die Piniennüsse besser seien.

'Wir geben den Armen die Nahrung. Euch braucht der

15 Mensch höchstens als Verzierung für mißlungene Gerichte,' höhnten die Olivenbäume.
'Die wertvollsten Früchte tragen wir. Ihr seid schmierig und ranzig', antworteten die Pinien. Da sich die Nachbarn nicht aus dem Weg gehen konnten, waren sie sehr

20 höflich zueinander, wenn sie sich grüßten.
Eines Tages sahen die Olivenbäume ein Streichholz auf dem Boden liegen. Irgend jemand hatte es verloren. Das Streichholz flüsterte den Olivenbäumen zu: 'Habt keine Angst, ihr bescheidenen, gütigen Olivenbäume. Ich will

25 nur die Pinien anzünden. Die Pinien haben meine Mutter, die Pappel, beschimpft, deshalb will ich sie rächen.'
Zwei Olivenbäume sagten: 'Was geht uns das an, das Streichholz will ja nur die Pinien anzünden, und die sind wirklich arrogant.'

30 Der älteste Olivenbaum mit seinem knorrigen Gesicht sagte: 'Das Streichholz ist gemein,' und rief den Pinien zu: 'Holt den Wind! Holt die Wolken! Laßt sie regnen und dieses gemeine Biest zerstören.'
Die Pinienbäume lachten höhnisch: 'Was kann schon

35 ein Streichholz anrichten, der erbärmliche Sohn einer dämlichen Pappel.' Einige Pinien dachten aber: 'Wenn es brennt, dann brennen die kleinen häßlichen Olivenbäume ab. Wir holen dann die Wolken, löschen das Feuer und verteilen unsere Kerne in der neu entstande-

40 nen Lichtung, und dann sind wir, die aufrechten Pinien, unter uns.'
Der alte Olivenbaum reckte seine Zweige gen Himmel und versuchte den Wind und die Wolken herbeizurufen, aber seine Arme waren kurz und starr. Er konnte weder

45 den Wind noch die Wolken erreichen.
Als die Sonne schien, rollte sich das Streichholz unter eine Glasscherbe, die in der Nähe lag, und nach einer Weile loderte eine kleine Flamme empor. Das Feuer wurde größer, und es fraß die Oliven- und Pinienbäume.

50 Die Pinien schrien nach dem Wind und den Wolken, aber das höhnische Lachen des Feuers war lauter, und es regnete und stürmte nicht. Der Wald brannte nieder.
Seit diesem Tag hören alle Pinien der Welt die Berichte der Olivenbäume über alles, was auf dem Boden ge-

55 schieht, und diese lauschen aufmerksam, was die Pinien von der Ferne erzählen. Tag für Tag aber springen Streichhölzer aus ihren Schachteln und lauern auf eine Chance.

Peter Schneider und Nicolas Born

Im Strahl der Wasserwerfer der Berliner Polizei stand bei den Demonstrationen von 1968 auch Peter Schneider (geb. 1940). Er war einer der Aktivisten der 'Außerparlamentarischen Opposition' (APO). Fünf Jahre später wurde er deshalb als 'Verfassungsfeind' eingestuft und durfte nicht Lehrer werden.

Die außerparlamentarische Bewegung war inzwischen in viele, teils gewalttätige Gruppen zerfallen. Der Staat hatte mit den international kritisierten 'Berufsverboten' auf die Radikalisierung der Studenten reagiert.

Das Ausbleiben größerer gesellschaftlicher Veränderungen enttäuschte die Studenten. Trotzdem hatte die Studentenrevolte eine Liberalisierung und Demokratisierung der Bundesrepublik zur Folge. In diesem Klima schrieb Peter Schneider seine erste Erzählung *Lenz* (1973).

Lenz

Lenz ist ein junger linker Intellektueller, der 1969 in Berlin lebt. Er hat Probleme mit seinen Freundinnen und er hat Probleme mit den revolutionären Aktionen. Die Tendenz zur Gewalt macht er nicht mit. Diskussionen über die marxistische Theorie erscheinen ihm auf einmal lächerlich. Er reist nach Italien. Bei den Arbeiterkämpfen im norditalienischen Trento hat er für kurze Zeit das Gefühl, eine echte Aufgabe zu haben. Aber Lenz wird von der Polizei nach Deutschland abgeschoben. Er läuft wieder durch Berlin und weiß nicht, was weiter wird.

Der Mauerspringer

In der Erzählung *Der Mauerspringer* (1982) macht Schneider die wachsende Kluft zwischen Westdeutschen und Ostdeutschen zu seinem Thema. Ironischerweise tut er das mit Hilfe von Romanfiguren, die er unentdeckt über die scharfbewachte Berliner Mauer springen läßt. Sieben Jahre vor dem Fall der Mauer verkündete Schneider in dieser Erzählung die prophetische Erkenntnis: 'Die Mauer im Kopf einzureißen, wird länger dauern, als irgendein Abrißunternehmen für die sichtbare Mauer braucht.'

△ *Westberlin lag wie eine Insel auf dem Gebiet der DDR. Die 1961 gebaute Mauer war nicht die Grenze zwischen Ost- und Westdeutschland, sondern zwischen Ost- und Westberlin. Sie wurde im Laufe der Jahre mit Tausenden Zeichnungen und Inschriften bedeckt*

Willy Wacholt und Willy Walz wohnen in einem Ostberliner Haus nahe an der Mauer.

Die jahrelange Beobachtung der Grenzer durch zwei Jugendliche, die allmählich in das Alter kamen, in dem man ohnehin nur die Fehler der Erwachsenen sieht, mußte Lücken im Wachsystem aufdecken – und sei es
5 nur die, daß ein menschliches Augenpaar nicht gleichzeitig in zwei Richtungen blicken kann.
Tatsächlich fanden die beiden Willy heraus, daß Menschen im Dienst Gewohnheiten entwickeln. Zuerst fiel ihnen nur auf, daß der Mann im Turm häufig allein war
10 und in einem bestimmten Rhythmus die Blickrichtung wechselte. Fast auf die Sekunde ließ sich vorhersagen, wann er ihnen den Hinterkopf zudrehen würde. Dann kam ihnen der Verdacht, daß der Mann sie auch dann nicht bemerkte, wenn er in ihre Richtung schaute.
15 Experimente auf dem Dach des Vorbaus, die sich von Winken mit der Hand bis zum Schwingen der roten Fahne steigerten, ergaben, daß das Dach und das erreichbare Mauerstück im toten Winkel des Blickfeldes des Mannes im Turm lagen.
20 Vielleicht hätten die beiden Willy von ihrem Wissen nie Gebrauch gemacht, hätte sich der ältere von beiden nicht einem Freund vom Prenzlauer Berg anvertraut.

△ *Wolf Vostell, 'Coca Cola' (1961). Die Kultur des Westens*

Lutz verbrachte sein arbeitsfreies Leben im Kino und gab den Erkenntnissen der beiden Willy sofort eine
25 praktische Richtung. Er schraubte einen starken Haken im First des Anbaus fest, knotete ein Seil daran und warf es mit dem anderen Ende über die Mauer. Lutz war auch der erste, der den kurzen Abgrund zwischen Osten und Westen übersprang und von der anderen Seite der
30 Mauer den Abstieg der ganzen Seilschaft sicherte. Auf westlichem Boden angekommen, erkundigten sich die drei nach dem nächsten U-Bahnhof und fuhren schwarz zum Kurfürstendamm. Dort hatten sie die Wahl zwischen dem 'Schulmädchenreport', Teil drei,
35 und 'Spiel mir das Lied vom Tod'. Lutzens Plädoyer gab den Ausschlag für den Italo-Western. An der Kinokasse stießen sie auf das erste größere Hindernis. Da die Kassierin das leichte DDR-Geld verächtlich in der Hand wog, verlangte Lutz den Geschäftsführer.
40 Nun sei er extra den weiten Weg vom Prenzlauer Berg über die Mauer zum Kurfürstendamm gekommen, erklärte Lutz, um Charles Bronson zu sehen, und da rede ihm die Kassiererin über den Unterschied zwischen Mark und Demark. Wie er seinen Freunden im Kiez
45 einen solchen Empfang klarmachen solle? Der Geschäftsführer mochte den dreien die Geschichte ihres Weges vom Haus hinter der Mauer zum Kino nicht glauben. Erst als sie sich auswiesen, erkannte er ihre Papiere als Eintrittskarten an. Die 18-Uhr-Vorstel-
50 lung hatte schon angefangen; Lutz kannte den Plot in

groben Zügen und hielt die beiden Willy über das Verpaßte auf dem laufenden. Nach der Vorstellung erkundigten sich die drei nach dem Start für den nächsten Film – kein richtiger Western,
55 wußte Lutz, aber sehenswert wegen eines Doppelauftritts von Brigitte Bardot und Jeanne Moreau. Dann machten sie sich auf den Heimweg. Kaum vier Stunden nach ihrem ersten Kinobesuch im Westen lagen die beiden Willy in ihren Betten, und Lutz sauste mit dem Motor-
60 rad zum Prenzlauer Berg zurück.

Viele Schriftsteller der siebziger Jahre wandten sich in ihren Texten dem alltäglichen Leben und seinen Frustrationen zu. Nikolas Born (1937-1979) hat nicht den politischen Hintergrund wie Peter Schneider. Aber das selbstbezogene Lebensgefühl und die Orientierungslosigkeit, die er in seinem Roman *Die erdabgewandte Seite der Geschichte* (1976) und den Gedichten von *Keiner für sich, alle für niemand* (1978) beschreibt, entsprechen der *Neuen Subjektivität* der Figur Lenz.

Die Hauptfigur in seinem letzten Roman *Die Fälschung* (1979) ist der deutsche Reporter Laschen, der vom libanesischen Bürgerkrieg berichtet. Die 'Fälschung' bezieht sich sowohl auf Laschens Privatleben wie auf seine berufliche Tätigkeit als Kriegsberichterstatter und auf das schreckliche Kriegsgeschehen selbst. Damit überwand Born den Narzißmus, die extreme Selbstbetrachtung, seiner früheren Werke.

Die Fälschung

Der Reporter Laschen ist zusammen mit dem Fotografen Hoffmann in Beirut, um Berichte über den Bürgerkrieg im Libanon nach Deutschland zu schicken. Laschen erlebt den Krieg in kurzen Ausflügen von seinem Hotelzimmer aus. Die Schrecklichkeit des Geschehens betäubt ihn. Was von ihm beruflich erwartet wird, kann nur Fälschung sein. Er flüchtet sich in eine Liebesaffäre. Aber er versteht Ariane nicht, die Deutsche, die Araberin geworden ist und ein Kind angenommen hat. In einem dunklen Schutzkeller ersticht er in Panik einen Araber. Verwirrt kehrt er nach Hamburg zurück zu seiner Frau Greta, von der er sich entfremdet hat.

Sprachexperimente

Anfang der fünfziger Jahre trafen sich in der *Wiener Gruppe* einige antibürgerliche Autoren. Sie griffen die Traditionen des Dadaismus wieder auf. Ihre Absicht war, das bürgerliche Publikum Österreichs zu schockieren und alte Nazis aus der Reserve zu locken.

In der Tradition dieser Gruppe steht auch Ernst Jandl (geb. 1925). Jandl kann mit kleinen Tricks große Effekte erzielen:

lichtung

Manche meinen
lechts und rinks
kann man nicht velwechsern
werch ein illtum!

In den siebziger und achtziger Jahren hatte Jandls Publikum Spaß an den 'Lautgedichten' aus *Laut und Luise* (1976), die man als 'Sprechgedichte' hören muß.

▽ *Jean Tinguely, 'Klamauk' (1979).*
Der Schweizer Tinguely setzte seine Metallplastiken oft aus gebrauchten Maschinenteilen zusammen

'das sprechgedicht wird erst durch lautes lesen wirksam, länge und intensität der laute sind durch die schreibung fixiert. spannung entsteht durch das aufeinanderfolgen kurzer und langgezogener laute (booooooooooooooooorr
5 rrannn), verhärtung des wortes durch entzug der vokale (schtzngrmm), zerlegung des wortes und zusammenfügung seiner elemente zu neuen ausdrucksstarken lautgruppen [...].'

```
   schtzngrmm
   schtzngrmm
   t-t-t-t
   t-t-t-t
 5 grrrmmmmm
   t-t-t-t
   s  c  h
   tzngrmm
   tzngrmm
10 tzngrmm
   schtzn
   schtzn
   t-t-t-t
   t-t-t-t
15 schtzngrmm
   schtzngrmm
   tsssssssssssss
   grrt
   grrrrrt
20 grrrrrrrrrt
   scht
   scht
   t-t-t-t-t-t-t-t-t
   scht
25 tzngrmm
   tzngrmm
   t-t-t-t-t-t-t-t-t
   scht
   scht
30 scht
   scht
   scht
   grrrrrrrrrrrrrrrrrrrrrrrrr
   t-tt
```

△ Ludwig Wittgenstein,
'Der H-E-Kopf' (1946-1947).
Der Philosoph Wittgenstein
demonstriert mit dieser Zeichnung
unsere Wahrnehmungsweise

△ René Magritte,
'Ceci n'est pas une pipe' (1928).
'Dies ist keine Pfeife.' Die Zeich-
nung illustriert das Thema
Illusion und Wirklichkeit

Für die 'konkrete Poesie' von Eugen Gomringer (geb. 1925) ist dagegen der optische Eindruck des gedruckten Textes unerläßlich. Die Gedichte seiner *konstellationen constellations constelaciones* (1953) muß man sehen:

```
das schwarze geheimnis
ist                    hier
hier                   ist
das schwarze geheimnis
```

Gomringer geht auf das *Manifest der konkreten Kunst* (1930) des niederländischen Dadaisten Theo van Does-burg zurück. Die abstrakte Malerei seit der Jahrhundert-wende verzichtete auf die Illusion, ein Abbild der Wirk-lichkeit geben zu können. Sie schuf eine eigene Wirklich-keit der Kunst. 'Konkrete Kunst' darf laut Van Doesburg 'keine Anlehnung an die Natur enthalten [...]. Es soll mit rein plastischen Mitteln gestaltet werden, d.h. mit Flächen und Farben. Ein bildnerisches Element bedeutet nur sich selbst; folglich bedeutet das Bild ebenfalls nur sich selbst.' In der Literatur wurde auf dieselbe Art und Weise mit den Mitteln der Sprache verfahren: Bilder werden Worte, Worte werden Bilder.

Philosophische und wissenschaftliche Erkenntnisse haben das Bild vom Menschen als 'Subjekt' in Frage gestellt. Das gilt auch für die 'Objektivität' unserer Wahrnehmungs-möglichkeiten und für die Wiedergabe unserer Erfahrun-gen durch Sprache.

Ror Wolf (geb. 1932) sucht in seiner Prosa Möglichkeiten, die Wahrnehmungsweise des Menschen auszudrücken. In *Pilzer und Pelzer. Eine Abenteuerserie* (1967) ist die schöne Ordnung traditionell erzählter Geschichten reine Illusion. In unserem Erleben, im Strom unseres Bewußtseins, gibt es keinen Anfang und kein Ende, keine klare, strukturierte Handlung. Die Beschreibung des Alltagserlebens und -geschehens gestaltet Wolf manchmal spannend wie einen Kriminalroman und mit viel Komik. Auf diese Weise hat er sich auch in *Die heiße Luft der Spiele* (1980) mit der (Sprach-)Welt des Fußballs befaßt:

```
    Ball Ball Ball Ball Ball  Ball Ball Ball Ball Ball
    Ball Ball           Ball Ball  Ball Ball Ball Ball Ball
    Ball      Ball Ball       Ball Ball Ball
                    Ball           Ball Ball
5                                    Ball
```

Ja meine Damen und Herren, das ist das Geräusch, das Sie alle lieben, es geht gleich los, es beginnt, wir werden wohl beginnen, wieder einmal herzlich willkommen zu unserer aktuellen Nachmittagssendung. Ich darf Sie sehr
10 herzlich begrüßen. Es geht sofort los bei uns, und ich begrüße Sie. Es ist soweit. In diesem Augenblick ist es soweit. Und zwar jetzt, in jedem Augenblick: jetzt geht es los. Fertig. Und es geht ab. – Die Mannschaften haben das Spielfeld betreten, in blauen Jerseys und
15 weißen Hosen. Sie tragen ein mittelblaues Trikot, eine weiße Hose und rote Stutzen, hellblau dunkelblau die Hose, in weißen Hemden und schwarzen Hosen, mit roten Hemden, weißen Hosen und roten Stutzen, ich hatte es angedeutet, im grünen Trikot, in den weißen
20 Hosen, in den grünen Stutzen, mit den roten Stutzen und den roten Hemden und den weißen Hosen, und während die Musikkapelle hier das Stadion verläßt, kommen die Schweizer, die uns so oft die Hand gereicht haben, in ihren roten Hemden und den weißen Hosen –
25 und roten Stutzen.

Nun warten wir ab, was heute daraus wird. Der Ball liegt bereit. Der Ball ist rund. Er stellt hier wahrlich das bisher gesehene gründlich auf den Kopf, aber was solls: der Ball ist rund, ganz gleich wie auch immer jedenfalls
30 ja. Das mags gewesen sein, wir hören uns dann wieder.

Peter Handke

Mit der *Publikumbeschimpfung* (1966) begann der Österreicher Peter Handke (geb. 1942) seine Laufbahn als Provokateur der gesamten literarischen Szene. In diesem Theaterstück beschimpfen tatsächlich die Schauspieler eine Stunde lang das Publikum.

Handke persönlich beschimpfte die Autoren der *Gruppe 47* auf einer ihrer letzten Tagungen. Auch er bekämpfte – wie Weiss und Enzensberger – die erfundenen Geschichten der etablierten Autoren. Aber er ging einen anderen Weg als den der Politisierung der Achtundsechziger. In seinen 'Sprechstücken' bietet er seinem Publikum keine Möglichkeit zur Identifizierung, kein Element einer fiktiven Wirklichkeit: kein Bühnenbild, keine Charaktere. Sie sind ein Antitheater, das die Bedingungen des Theaters und der Sprache selbst zum Thema macht. In *Kaspar* (1968) ist die einzige Figur der Kaspar Hauser, der Sprachlose, der noch alles lernen muß:

> Der Satz ist dir nützlicher als ein Wort. Einen Satz kannst du zu Ende sprechen. Mit einem Satz kannst du es dir gemütlich machen. Du kannst dich mit dem Satz beschäftigen und unterdessen schon einige Schritte wei-
> 5 tergekommen sein. Mit dem Satz kannst du Pausen machen. Ein Wort gegen das andre ausspielen. Ein Wort mit dem andern vergleichen kannst du mit dem Satz. Nur mit dem Satz, nicht mit einem Wort, kannst du dich zu Wort melden.
> 10 Du kannst dich mit dem Satz dumm stellen. Dich mit dem Satz gegen andre Sätze behaupten. Alles bezeichnen, was sich dir in den Weg stellt, und es aus dem Weg räumen. Dir alle Gegenstände vertraut machen. Mit dem Satz alle Gegenstände zu einem Satz machen. Du kannst
> 15 alle Gegenstände zu deinem Satz machen. Mit diesem Satz gehören alle Gegenstände zu dir. Mit diesem Satz gehören alle Gegenstände dir.

In seinen frühen Werken hat sich Handke der Gesellschaft und ihren Zwängen mit experimentellen und sprachkritischen Texten entgegengestellt. In den siebziger Jahren gelingen ihm mit *Wunschloses Unglück* (1972) und *Die linkshändige Frau* (1976) eindringliche Darstellungen der Zwänge, denen Frauen in der Gesellschaft ausgesetzt sind.

△ *Josef Bramer, 'Kaspar im Winter' (1972)*

Wunschloses Unglück

Peter Handke schreibt die Geschichte seiner Mutter, die Selbstmord begangen hat. Sie stammt aus einem kleinen Dorf in Slowenien, in dem die gesellschaftlichen Verhältnisse noch wie im 19. Jahrhundert sind. Sie heiratet einen Unteroffizier der deutschen Wehrmacht und bekommt ihren Sohn Peter. Der Ehemann vergißt sie; sie fährt zu seinen Eltern nach Berlin. Sie gewöhnt sich an die Großstadt, kehrt aber 1948 zurück nach Österreich in ihren Geburtsort. In Armut lebt sie bis zu ihrem Freitod im Jahre 1971.

> Unter der Rubrik VERMISCHTES stand in der Sonntagsausgabe der Kärntner 'Volkszeitung' folgendes: 'In der Nacht zum Samstag verübte eine 51jährige Hausfrau aus A. (Gemeinde G.) Selbstmord durch Einnehmen einer
> 5 Überdosis von Schlaftabletten.'
> Es ist inzwischen fast sieben Wochen her, seit meine Mutter tot ist, und ich möchte mich an die Arbeit machen, bevor das Bedürfnis, über sie zu schreiben, das bei der Beerdigung so stark war, sich in die stumpf-
> 10 sinnige Sprachlosigkeit zurückverwandelt, mit der ich auf die Nachricht von ihrem Selbstmord reagierte. Ja, an die Arbeit machen: denn das Bedürfnis, etwas über

△ *Paul Cézanne, 'Montagne Sainte-Victoire' (1904–1906). Handke hat die Gegend um diesen Berg erwandert und versuchte, literarisch nachzuvollziehen, wie Cézanne in vielen Bildern den Sainte-Victoire gemalt hat*

meine Mutter zu schreiben, so unvermittelt es sich auch manchmal noch einstellt, ist andrerseits wieder so un-
15 bestimmt, daß eine Arbeitsanstrengung nötig sein wird, damit ich nicht einfach, wie es mir gerade entsprechen würde, mit der Schreibmaschine immer den gleichen Buchstaben auf das Papier klopfe. Eine solche Bewegungstherapie allein würde mir nicht nützen, sie würde
20 mich nur noch passiver und apathischer machen. Ebensogut könnte ich wegfahren – unterwegs, auf einer Reise, würde mir mein kopfloses Dösen und Herumlungern außerdem weniger auf die Nerven gehen.
Seit ein paar Wochen bin ich auch reizbarer als sonst, bei
25 Unordnung, Kälte und Stille kaum mehr ansprechbar, bücke mich nach jedem Wollfussel und Brotkrümel auf dem Boden. Manchmal wundere ich mich, daß mir Sachen, die ich halte, nicht schon längst aus der Hand gefallen sind, so fühllos werde ich plötzlich bei dem Gedan-
30 ken an diesen Selbstmord. Und trotzdem sehne ich mich nach solchen Augenblicken, weil dann der Stumpfsinn aufhört und der Kopf ganz klar wird. Es ist ein Entsetzen, bei dem es mir wieder gut geht: endlich keine Langeweile mehr, ein widerstandsloser Körper, keine anstrengenden
35 Entfernungen, ein schmerzloses Zeitvergehen.
Das schlimmste in diesem Moment wäre die Teilnahme

eines anderen, mit einem Blick oder gar einem Wort. Man schaut sofort weg oder fährt dem anderen über den Mund; denn man braucht das Gefühl, daß das, was man
40 gerade erlebt, unverständlich und nicht mitteilbar ist: nur so kommt einem das Entsetzen sinnvoll und wirklich vor. Darauf angesprochen, langweilt man sich sofort wieder, und alles wird auf einmal wieder gegenstandslos. Und doch erzähle ich ab und zu sinnlos Leuten vom Selbst-
45 mord meiner Mutter und ärgere mich, wenn sie etwas dazu bemerken wagen. Am liebsten würde ich dann nämlich sofort abgelenkt und mit irgendwas gehänselt werden.
Wie in seinem letzten Film James Bond einmal gefragt
50 wurde, ob sein Gegner, den er gerade über ein Treppengeländer geworfen hatte, tot sei, und 'Na, hoffentlich!' sagte, habe ich zum Beispiel erleichtert lachen müssen. Witze über das Sterben und Totsein machen mir gar nichts aus, ich fühle mich sogar wohl dabei.

Die linkshändige Frau

Eine dreißigjährige Frau lebt in einer Bungalowsiedlung. Sie hat ein Kind. Ihr Mann Bruno ist Verkaufsleiter in einer Porzellanfirma. Als er von einer Geschäftsreise zurückkehrt, teilt sie ihm mit, daß sie allein leben möchte. Sie will vom Übersetzen leben. Ihr Sohn, ihre Freundin und der Verleger, der sich für sie interessiert, sind die einzigen Menschen, mit denen sie zu tun hat. Oft hört sie die Platte 'The lefthanded woman'. Sie ist einsam.

In den achtziger Jahren wendete Handke sich ganz seiner eigenen Wirklichkeitserfahrung zu. Wie bei der frühromantischen 'Universalpoesie' geht es ihm um die Verschmelzung von Kunst und Leben. In *Die Lehre der Sainte-Victoire* (1980) versucht er auf eine fast religiöse Art nachzuvollziehen, wie der Maler Paul Cézanne die Berglandschaft der Provence wahrgenommen hat. Schön ist der *Versuch über die Jukebox* (1990), in dem er die Rolle der Musikbox für seine Generation beschreibt.

Mit dem Theaterstück *Die Stunde da wir nichts voneinander wußten* (1992) kehrt Handke in gewisser Weise zu seinen Anfängen zurück: Hunderte von Figuren spielen Dutzende von Situationen. Gesprochen wird kein Wort.

Thomas Bernhard

In seinem Testament verbot der Österreicher Thomas Bernhard (1931-1989) den Druck und die Aufführung seiner Werke in Österreich für die nächsten siebzig Jahre. Er setzte damit sein lebenslanges Verhältnis einer Haßliebe für und gegen den Staat Österreich fort.

Bernhards letzter Theatererfolg war das Stück *Heldenplatz* (1988), das in Wien uraufgeführt wurde. Es geht darin um die Rolle der Österreicher während des Nationalsozialismus. Die Erregung vieler konservativer Österreicher über Bernhards Versuche zur Vergangenheitsbewältigung nahm daraufhin noch zu.

Thomas Bernhard ist neben Peter Handke der bedeutendste österreichische Nachkriegsschriftsteller. Er ist der Autor der Sinnlosigkeit und der absoluten Trostlosigkeit der Existenz. Seine Figuren leiden an der Gesellschaft, an sich selbst und an ihren Mitmenschen. Die Kunst ist für sie die einzige Möglichkeit, Widerstand zu leisten und zu überleben. Sie wird zur Obsession. Die Masse verachtet den Künstler, und der Künstler verachtet die Masse.

In dem Roman *Das Kalkwerk* (1970) erschießt Konrad, die Hauptfigur, seine Frau. Grund dafür ist sein Versagen beim Schreiben einer wissenschaftlichen Studie, an der er jahrzehntelang gearbeitet hat. In *Korrektur* (1975) errichtet ein Architekt in einem abgelegenen Wald ein kegelförmiges Bauwerk als Rückzugsort für ihn und seine geliebte Schwester. Im Moment der Fertigstellung stirbt die Schwester. Daraufhin begeht der Architekt Selbstmord.

Nach 1975 schrieb Bernhard autobiographische Werke und Kurz-Prosa. Viele seiner kurzen Texte haben anekdotischen Charakter. Seine Bekanntheit verdankt Bernhard den Theaterstücken, die in den siebziger und achtziger Jahren entstanden. Er wurde zu einem der meistgespielten Autoren. Der bittere Ernst seiner Prosa wird in den Stücken komödiantisch aufgehoben.

In *Vor dem Ruhestand. Eine Komödie von deutscher Seele* (1979) ist die ganze bisherige Problematik der Romane verarbeitet. Es geht aber auch um die kollektive Vergangenheit Deutschlands, die den Nationalsozialismus ermöglicht hat.

△ *Joseph Beuys, 'Fettecke in Kartonschachtel' (1963)*

Der Diktator

Der Diktator hat sich aus über hundert Bewerbern einen Schuhputzer ausgesucht. Er trägt ihm auf, nichts zu tun als seine Schuhe zu putzen. Das bekommt dem einfachen Mann vom Land, und er nimmt rasch an Gewicht zu
5   und gleicht seinem Vorgesetzten – und nur dem Diktator ist er unterstellt – mit den Jahren um ein Haar. Vielleicht ist das auch zum Teil darauf zurückzuführen, daß der Schuhputzer dieselbe Kost ißt wie der Diktator. Er hat bald dieselbe dicke Nase und, nachdem er seine Haare
10 verloren hat, auch denselben Schädel. Ein wulstiger Mund tritt heraus, und wenn er grinst, zeigt er die Zähne. Alle, selbst die Minister und die nächsten Vertrauten des Diktators fürchten sich vor dem Schuhputzer. Am Aben kreuzt er die Stiefel und spielt auf einem Instrument. Er
15 schreibt lange Briefe an seine Familie, die seinen Ruhm im ganzen Lande verbreitet: 'Wenn man der Schuhputzer des Diktators ist,' sagen sie, 'ist man dem Diktator am nächsten.' Tatsächlich ist der Schuhputzer auch dem Diktator am nächsten; denn er hat immer vor seiner
20 Türe zu sitzen und sogar dort zu schlafen. Auf keinen Fall darf er sich von seinem Platz entfernen. Eines Nachts jedoch, als er sich stark genug fühlt, betritt er unvermittelt das Zimmer, weckt den Diktator und schlägt ihn mit der Faust nieder, so daß er tot liegen bleibt. Rasch ent-
25 ledigt sich der Schuhputzer seiner Kleider, zieht sie dem toten Diktator an und wirft sich selbst in das Gewand des Diktators. Vor dem Spiegel des Diktators stellt er fest, daß er tatsächlich aussieht wie der Diktator. Kurz entschlossen stürzt er vor die Tür und schreit, sein Schuh-
30 putzer habe ihn überfallen. Aus Notwehr habe er ihn niedergeschlagen und getötet. Man solle ihn fortschaffen und seine hinterbliebene Familie benachrichtigen.

Botho Strauß

Gescheiterte Beziehungen, die Verlassenheit des Intellektuellen in der nachrevolutionären Zeit: das sind Themen von Botho Strauß (geb. 1944). Der Schriftsteller kann die Welt nicht mehr erklären, kann keinen Sinn vermitteln, keine Richtung anweisen.

Groß und klein

Strauß zeigt die Erfahrung dieses Verlusts in seinen Stücken und in seiner reflektierenden Prosa. Die Figuren im Stück *Groß und klein* (1978) sind isoliert. Lotte, die Hauptfigur, sucht nach Menschen. Sie will Zuwendung, Gespräche. Sie hat den 'Glauben an das Gute im Menschen'. Aber sie ist keine Heilige, keine Erneuerin, keine Identifikationsfigur, sondern eine Durchschnittsexistenz. Von Station zu Station des Dramas wird sie abgewiesen. Ihre Kommunikationskrankheit ist nicht heilbar. In der letzten Szene, die den ironischen Titel *In Gesellschaft* trägt, sehen wir sie im Wartezimmer eines Arztes:

▽ *Georg Baselitz, 'Der Rote Mann' (1984–85) und 'Frau aus dem Süden' (1990). Diese Holzplastiken gehen auf die afrikanische Skulptur zurück*

In Gesellschaft

Wartezimmer eines Internisten. An den Wänden schockierende Antiraucher-Plakate. Lotte wartet mit sechs weiteren Patienten. Sie blättern in Illustrierten, lösen Kreuzworträtsel, starren vor sich hin. Eine dicke Frau strickt, ein Türke bewegt sich unruhig auf seinem Stuhl. Über der mit weißem Leder bespannten Tür zum Sprechzimmer ruft ein Lautsprecher die Namen der Patienten auf. [...] Für jeden Patienten nimmt sich der Arzt ein bis zwei Minuten. [...] Es werden, in Abständen, aufgerufen: 'Fräulein Quadt, bitte'...'Herr Werner Schmid, bitte'...'Frau Doktor Melchior, bitte'. [...] Auf einmal spricht Lotte laut in die Runde der schweigenden Leute...

LOTTE: Vielleicht interessiert es Sie, daß mein Mann vor kurzem eine hohe Auszeichnung erhielt...
Mein Mann ist der Publizist Paul Liga.
Schreibt auch unter dem Namen Smoky.
Er –

Alle Patienten sehen Lotte verwundert an. Sie verstummt und starrt auf den Boden. Frau Doktor Melchior kommt aus der Ordination zurück und holt einen Sommermantel von der Garderobe. Sie sagt laut und deutlich 'Auf Wiedersehen' beim Rausgehen. Alle erwidern. Der Name 'Herr Üranüz, bitte' wird aufgerufen. Der Türke steht eilig auf und geht ins Sprechzimmer. Eine junge Frau kommt herein, sagt so leise 'Guten Tag,' daß niemand antwortet. Alle mustern sie. Der Name 'Frau Pentowski, bitte' wird aufgerufen. Die dicke Frau steht auf, läßt ihr Strickzeug auf dem Stuhl liegen, geht zur Tür, kehrt um, nimmt ihre Handtasche mit, geht ins Sprechzimmer... Es wird dunkel und gleich darauf wieder hell. Lotte sitzt allein im Wartezimmer. Der Arzt kommt herein, wirft die neueste Ausgabe des 'Spiegel' auf den Lesetisch. Er sieht Lotte...

ARZT: Sind Sie nicht aufgerufen worden?
LOTTE: Nein.
Ich bin hier nur so.
ARZT: Sie waren angemeldet für heut vormittag?
LOTTE: Nein. Ich bin hier nur so.
Mir fehlt ja nichts.
ARZT: Gehen Sie bitte.
LOTTE: Ja.
Lotte geht langsam hinaus. Der Arzt schließt hinter ihr die Tür. Geht ins Sprechzimmer, schließt die Tür. – Dunkel.

Jugendliteratur

Jedes Kind kennt den Räuber Hotzenplotz. Der Autor des bekanntesten westdeutschen Kinderbuches der Nachkriegszeit, *Der Räuber Hotzenplotz* (1962), ist der aus Böhmen stammende Otfried Preußler (geb. 1923). Er schreibt, um Kinder zum Lachen zu bringen und ihre Phantasie anzuregen. Das Fernsehen verhalf seinem Werk zu einer großen Breitenwirkung.

Preußler schrieb auch Bücher für Jugendliche und ältere Leser. Er schuf darin spannende und phantasievolle Märchenwelten.

Die Geschichten spielen in einer kleinbürgerlichen, vorindustriellen Welt. Die Hektik der großen Städte, die Probleme der modernen Industriegesellschaft haben in ihnen keinen Platz. In den siebziger Jahren ist Preußler deswegen oft kritisiert worden. Der Trend der Zeit forderte eine realistische Jugendliteratur, in der die Probleme behandelt wurden, die Kinder und Jugendliche in ihrem wirklichen Leben haben. Entsprechende Bücher haben z.B. Leonie Ossowski (geb. 1925), Christine Nöstlinger (geb. 1936) und Mirjam Pressler (geb. 1940) geschrieben. In den achtziger Jahren schlug der Trend um. Eine Fülle von Fantasy-Literatur überschwemmte den Markt. Sie bietet Märchen- und Zauberwelten, vermischt mit Science-fiction-Elementen.

Preußler bewahrte demgegenüber immer seine Eigenart. Sein Roman *Krabat* (1971) ist eine Mischung aus böhmischen Sagen und Preußlers eigener Phantasie.

Krabat

Der Meister der schwarzen Mühle hat zwölf Gesellen. Jedes Jahr tötet er einen von ihnen. Der Betteljunge Krabat wird neuer Geselle in der Mühle. Der Altgeselle Tonda wird sein Freund; er ist aber der nächste, der sterben muß.

Nach Tondas Tod beginnt Krabats Kräftemessen mit dem Meister. Seine Fluchtversuche scheitern an der übermächtigen Zauberkraft. Aber Krabat lernt mehr von der Schwarzen Kunst als alle anderen Gesellen. Und er verliebt sich in das Mädchen Kantorka. Die Kraft der Liebe ermöglicht ihm schließlich, den Meister zu überwinden.

Krabat ist gerade als neuer Müllerbursche angestellt:

Nachts wurde Krabat von einem Traum erschreckt: Feuer war in der Mühle ausgebrochen. Die Mühlknappen stoben von ihren Strohsäcken hoch, rannten polternd die Treppe hinunter; er selbst aber, Krabat, lag wie

5 ein Holzklotz auf seiner Pritsche, unfähig, sich vom Fleck zu rühren.

Schon knisterten im Gebälk die Flammen, schon sprühten die ersten Funken ihm ins Gesicht – da fuhr er mit einem Aufschrei empor.

10 Er rieb sich die Augen, er gähnte, er blickte umher. Da – mit einemmal stutzte er, glaubte nicht recht zu sehen. Wo waren die Müllerburschen?

Die Strohsäcke leer und verlassen – in Eile verlassen, dem Anschein nach: hastig zurückgeschlagene Decken,

15 zerknüllte Leintücher. Hier eine Wolljacke auf dem Fußboden, dort eine Mütze, ein Halstuch, ein Gürtel – deutlich zu sehen alles, im Widerschein eines zuckenden roten Lichts vor dem Giebelfenster...

Brannte die Mühle wirklich?

20 Krabat, hellwach nun mit einem Schlag, riß das Fenster auf. Sich hinausbeugend, sah er, daß auf dem Vorplatz der Mühle ein Fuhrwerk stand, schwer beladen, mit praller, vom Regen geschwärzter Plane, sechs Rösser davorgespannt, rabenschwarz alle sechs. Auf dem Kutschbock

▽ *Jeff Wall, 'The Drain' (1989). Die Konfrontation der nüchternen Alltagswelt mit dem Unheimlichen ist ein Trend in der Jugendliteratur*

25 saß einer mit hochgeschlagenem Mantelkragen, den Hut
in die Stirn gezogen, nachtschwarz auch er. Nur die
Hahnenfeder, die er am Hut trug – die Feder war hell
und rot. Gleich einer Flamme loderte sie im Wind: bald
aufzüngelnd, jäh und grell, bald sich dukkend, als ob sie
30 verlöschen wollte. Ihr Schein reichte hin, um den Vorplatz in flackerndes Licht zu tauchen.
Die Mühlknappen hasteten zwischen Haus und Plan-
wagen hin und her, luden Säcke ab, schleppten sie in die
Mahlstube, kamen aufs neue herbeigerannt. Stumm
35 ging das alles vonstatten, in fiebernder Eile. Kein Zuruf,
kein Fluch, nur das Keuchen der Müllerburschen – und
dann und wann ließ der Fuhrmann die Peitsche knallen,
knapp über ihren Köpfen, daß sie den Luftzug zu spüren
bekamen: das spornte zu doppeltem Eifer an. [...]
40 Das Wasser schoß in den Mühlgraben ein, kam heran-
gebraust und ergoß sich mit Schwall und Prall ins Gerin-
ne. Ächzend begann sich das Rad zu drehen; es dauerte
eine ganze Weile, bis es in Fahrt kam, dann lief es ganz
munter weiter. Nun hätten mit dumpfem Gepolter die
45 Mahlgänge einsetzen müssen, aber nur einer lief an –
und der eine mit einem Geräusch, das dem Jungen fremd
war. Es schien aus dem hintersten Winkel der Mühle zu
kommen, ein lärmendes Rattern und Schnarren, von
häßlichem Quietschen begleitet, das bald in ein hohles,
50 die Ohren marterndes Jaulen überging.
Krabat entsann sich des Toten Ganges, er spürte, wie
ihm die Gänsehaut über den Rücken lief.

Auch der erste Erfolg von Michael Ende (geb. 1929) war
ein Kinderbuch. *Jim Knopf und Lukas der Lokomotiv-
führer* (1960) sind jedem westdeutschen Kind ein Begriff,
nicht zuletzt durch die Fernsehaufführungen des Augsburger Puppentheaters.
Aber auch Michael Endes Spezialität war es, Bücher zu
schreiben, die von Jugendlichen und Erwachsenen gelesen werden können. Seine Märchenromane *Momo oder
Die seltsame Geschichte von den Zeit-Dieben und von dem
Kind, das den Menschen die gestohlene Zeit zurückbrachte*
(1973) und *Die unendliche Geschichte* (1979) erzielten
riesige Auflagen. Der Grund dafür ist wohl in den Welt-
erlösungsphantasien dieser Geschichten zu suchen. Der
Leser kann sich aus der immer unüberschaubarer werdenden realen Welt in eine Märchenwelt versetzen, in der
Gut und Böse klar getrennt sind.
Das Erzählmuster Endes ist einfach: Held der Geschichte
ist ein Kind. Kinder sind die besseren Menschen; sie sind
unverdorben und rein. Ein Kind rettet die Welt, die vom
Fortschritt der Technokraten bedroht ist.

Endes Geschichten sind sorgfältig durchkonstruiert. Sie
verkünden eine Philosophie, die ihre Wurzeln in der
deutschen Romantik hat. In der *Unendlichen Geschichte*
sind Phantasie und Wirklichkeit untrennbar miteinander
verbunden und voneinander abhängig.

Die unendliche Geschichte

Der Junge Bastian Baltasar Bux stiehlt in einem Anti-
quariat das Buch *Die unendliche Geschichte*. Er liest darin
vom Land Phantásien. Das Land ist vom Nichts bedroht;
es löst sich von seinen Rändern her auf. Seine Herrscherin,
die Kindliche Kaiserin ist schwer erkrankt. Der Junge
Atréju soll ein Heilmittel suchen. Er erlebt viele gefährliche Abenteuer. Der Glücksdrache Fuchur hilft ihm dabei.
Der Leser Bastian wird selbst in die Handlung einbezogen.
Nur er kann mit seiner Phantasie das Land Phantásien
retten. Atréju und Fuchur werden seine Freunde.

◁ *Roswitha Quadflieg, Illustrationen zu Michael Endes 'Die unendliche
Geschichte'. Der Roman hat 24 Kapitel, die nach den Buchstaben von A
bis Z benannt sind. Ende betont damit den universellen Anspruch seines
romantischen Großmärchens*

Gabriele Wohmann

Die gesamte alltägliche Lebenswelt der westdeutschen Nachkriegszeit wurde zur unendlichen Geschichte von Gabriele Wohmann (geb. 1932). Unermüdlich bringt sie seit 1958 jedes Jahr oft mehrere Titel auf den Markt.

Ihr Werk ist das umfassendste Protokoll des privaten Denkens und Fühlens der wohlhabenden westdeutschen Mittelschicht. Sie schreibt unterhaltsam über das Freizeitmilieu, das ewige Lamentieren über Krankheiten und Ängste, Beziehungen und Beziehungsprobleme, Eltern und Kinder. Ihre Darstellungen von Glück, Unglück und der Normalität psychischen Elends beschönigen nichts. In ihren früheren Büchern, wie z.B. *Ernst Absicht* (1970) führt das bis zum Lebensekel. Seit *Schönes Gehege* (1975) schreibt sie sorgfältiger, detailreicher und bewertet weniger. Verbindungen mit der politischen Geschichte spielen in ihrem Werk kaum eine Rolle.

Ihr Gesellschaftsroman der achtziger Jahre, *Der Flötenton* (1987), bildet insofern eine Ausnahme, als seine Handlung genau datierbar ist und auf das Zeitgeschehen eingeht:

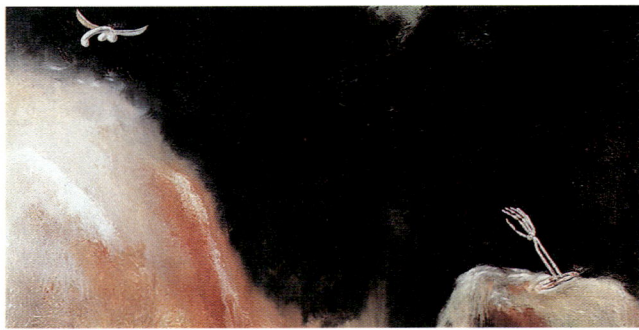

△ *Jiri Georg Dokoupil, 'Auf der Suche nach dem Symbol des 20. Jahrhunderts' (1983)*

Aus *Der Flötenton*

Frau Asper liegt auf dem Sofa und liest Zeitung. Es ist die Zeit nach dem Reaktorunfall in Tschernobyl 1986.

Aha, machte Frau Asper, die Überschrift genügte ihr; sie faltete die Zeitung auf die nächste Seite. Für die Freizeit- und Eßgewohnheiten der Bevölkerung war Entwarnung gegeben worden. Hatten die gefährlichen Strahlungen
5 ausgespielt? Ihr Nachbar, der alte Knabe Herr Kast, schien ihr in letzter Zeit garstig zuzuschauen, wenn sie ein bißchen im Garten hantierte. Von Anton und Emily hatte sie erfahren, sie dürfe diesen Strahlenkommissionsleuten nicht trauen. Den Politikern nicht, den konfusen
10 Experten. Nur auf die sei Verlaß, die am strengsten warnten. Wer sollte sich da auskennen? War sie denn nicht mehr ganz von dieser Welt, weil sie sich trotz allem mehr über die ihr bevorstehende Stadtfahrt zum Arzt aufregte als über die Empfehlung, keine Blumen-
15 sträuße zu pflücken? Nun, sie hatte einen Strauß gepflückt, und dort drüben auf dem kleinen runden

Biedermeiertisch leuchtete er hübsch in drei Farben. Eigentlich genoß Frau Asper ihre kleinen geheimen Übertretungen. Und außerdem: Der Chef der Strahlen-
20 schutzkommission sah wie ein Blockwart aus, wirklich, sie mußte an einen Luftschutzwart denken, der – na, vor wieviel Jahren denn genau – vor sicher vierzig Jahren ihre Wohngegend schikaniert hatte. Nun war er einer, der Entwarnung gab.
25 Den Balkon zu benutzen, anstatt hier im Zimmer auf dem Sofa herumzuliegen, wäre die bessere Lösung; Frau Asper dachte es, und ein bißchen braun werden wollte sie auch so bald wie möglich, doch blieb sie liegen. Sie war gesund bis auf Alterssymptome, diese oft fürchter-
30 liche Müdigkeit, und es fehlte an Behendigkeit, vielfach auch an Entschlußkraft. Pappelsamen war über Nacht auf den Balkon geweht worden, und Abkehren half nichts. Das Zeug klebte. Zum Aufwaschen fühlte Frau Asper sich jetzt, am Spätnachmittag, völlig unfähig.
35 Schrecklich langweiliges Feuilleton. Es stand darin keine Zeile, die Frau Asper hätte interessieren können. Du mußt dich mehr interessieren! Diesen Appell hörte sie gelegentlich von den Kindern. Ein Ausstellungsbericht, eine Glosse über neue Sprachgewohnheiten, zwei Buch-
40 kritiken; eine Ballettinszenierung wurde besprochen. Leute, die sie nicht kannte, waren entweder gestorben oder hatten Ehrendoktortitel bekommen. Das Magazin vom letzten Freitag lag noch ungelesen auf dem ovalen Nähtisch, der jetzt als Ablage diente, obenauf die Fern-
45 sehzeitschrift. In diesem Magazin war für Frau Asper auch nichts mehr lesbar und nichts zu betrachten. Aktphotos diesmal. Die Seite mit dem Fragebogen schlug sie aber immer auf. Sie las gar nicht mehr, wer da in dieser Woche mit Antworten an der Reihe war, sie las außer
50 der Antwort auf die Frage: IHR LIEBLINGSVOGEL nur noch die auf: MÖCHTEN SIE STERBEN?

Christine Brückner

'Einzig die Wirklichkeit beweist gelegentlich noch den Mut zum Kitsch', schreibt Christine Brückner (geb. 1921). Mit ihren Romanen *Jauche und Levkojen* (1975) und *Nirgendwo ist Poenichen* (1977) ist sie zur Erfolgsschriftstellerin geworden.

Nirgendwo ist Poenichen

Im Herbst 1945 flieht Maximiliane Quint mit ihren Kindern vor den sowjetischen Truppen. Ihr Mann ist im Krieg gefallen. 13 Millionen Deutsche verlassen die Ostgebiete des ehemaligen Reiches. Maximiliane zieht im Treck von Hinterpommern nach Westen. Im Gegensatz zu vielen anderen Vertriebenen wird sie dort nicht seßhaft. Sie fährt zu ihrer Mutter nach Kalifornien. Ihr Heimatort Poenichen liegt jetzt im Nirgendwo. Im Alter von sechzig Jahren fährt sie ins polnische Pommern zu ihrem Geburtshaus. Im Gespräch mit den Polen gelingt es ihr, die neuen Grenzen in Mitteleuropa zu akzeptieren.

Frauenfiguren interessieren Christine Brückner besonders. In *Wenn du geredet hättest, Desdemona. Ungehaltene Reden ungehaltener Frauen* (1983) läßt sie eine Reihe historischer und fiktiver Frauengestalten zu Wort kommen: u.a. Christiane von Goethe, Katarina Luther und Effi Briest. Sie sagen Dinge, die ihnen in der männlich-autoritären Gesellschaft ihrer Zeit nicht möglich waren.

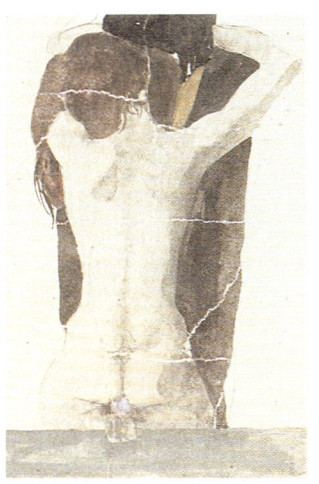

Triffst du nur das Zauberwort

Effi Briest an den tauben Hund Rollo

So hat Mutter mich erzogen: Jeder Mann ist der Richtige. Gutes Aussehen, Adel, gute Stellung. Als ich Instetten zum erstenmal sah, überfiel mich ein nervöses Zittern. Als ob mein Körper sich hätte wehren wollen. Aber
5 ich kannte die Äußerungen meines Körpers nicht. Ich hatte immer ein wenig Angst, und das hat er wohl auch gewollt. [...]
Ich bin eine sehnsüchtige Natur. Ich hatte soviel Zeit zum Träumen und Mich-Sehnen, und du hattest dein
10 Tun und sehntest dich nach nichts, du wolltest alles erreichen. Eigentlich war ich doch erst in der Knospe, aber von Blumen hast du nichts verstanden und von Frauen auch nicht viel. Du hast mich nicht zum Blühen gebracht. Ich bin, halbaufgeblüht, verwelkt. Ich war
15 dein liebstes Spielzeug, das hast du selber gesagt, und so ein Spielzeug holt man hervor, zeigt es, spielt damit und legt es zurück in die Schublade. [...]
Und dann – was du so Zärtlichkeit nanntest! Jetzt habe ich vor Augen, wie du abwehrend die Hand hebst und
20 sagst: Aber Effi! Da mußte es dunkel sein, damit ich dein Gesicht nicht sehen sollte, als ob wir etwas Verbotenes täten. Du bestimmtest, wann es Zeit für Zärtlichkeiten war, und wenn ich mal die Hand nach dir ausstreckte, dann gabst du mir einen Kuß auf den Handrücken und
25 legtest meine Hand wieder auf meine Bettdecke zurück, und ich wußte Bescheid, für heute nichts weiter, meine liebe Effi! Eigentlich habe ich mich vor deinen Zärtlichkeiten immer gefürchtet, da war auch Gewalt dabei und auch Pflicht. Du wolltest ein vorbildlicher Ehemann und
30 Vater sein und nicht nur der Erzeuger unserer kleinen Tochter Annie. Und deshalb mußte ich ins Bad fahren und Brunnen trinken. Aber daran lag es nicht. Es war das Planmäßige. Ich war mehr fürs Heimliche, für die Dünen. Es muß doch auch Leidenschaft dabei sein, und
35 man muß schwindlig werden, und die Erde muß sich drehen, und es muß sein wie auf der Schaukel, man fliegt und der Strick reißt. Ach, Instetten! Wir hätten miteinander reden sollen. Statt dessen rede ich jetzt mit Rollo.

◁ *Horst Janssen, Illustrationen zu Christine Brückner, 'Wenn du geredet hättest Desdemona' (1983)*

Elfriede Jelinek und Friederike Roth

Der 'kalte Blick' der in Wien lebenden Elfriede Jelinek (geb. 1946) hat nicht nur die österreichischen Männer gegen sie in Wut versetzt. 'Man hält sie für unmenschlich, lieblos und zynisch, weil sie die Unmenschlichkeit und Lieblosigkeit so zynisch beschreiben kann', bemerkte jedoch eine Journalistin treffend.

Jelineks Thema sind die Beziehungen und Machtverhältnisse zwischen Mann und Frau. Sie erzählt nach den Mustern trivialer Heftchenromane. Nur dreht sie die dort vermittelte Ideologie bürgerlicher Liebesgeschichten radikal um. Die scheinbaren Selbstverständlichkeiten bürgerlicher Paare erscheinen im Spiegel von Jelineks Prosa völlig entmenschlicht. In *Die Liebhaberinnen* (1975) ist die Liebe zwischen Mann und Frau völlig auf die nackten materiellen Interessen reduziert.

Erika Kohut, die Hauptfigur in *Die Klavierspielerin* (1986), wird von ihrer Mutter systematisch und gefühllos gedrillt. Dadurch ist sie zu einer normalen Liebesbeziehung nicht fähig. Nur durch Schmerz und Strafe vermag sie noch Lust zu empfinden.

In *Lust* (1989) beschreibt Jelinek die sozial gebräuchlichen Formen der heterosexuellen Sexualität. Die Sprache, die sie für die Beschreibung der Machtverhältnisse bei der Ausübung sexueller Handlungen gefunden hat, ist in der deutschen Literatur ohne Beispiel.

Die Liebhaberinnen

Die siebzehnjährigen Mädchen Brigitte und Paula arbeiten in einer Miederwarenfabrik in der Steiermark. Brigitte stellt sich dem Elektroinstallateur Heinz als Sexualobjekt zur Verfügung und erreicht so den sozialen Aufstieg durch Heirat. Paula hat sich in einen alkoholsüchtigen Waldarbeiter verliebt. Sie wird schwanger und heiratet ihn. Er kann die Familie nicht ernähren. Sie prostituiert sich. Ihr Mann verläßt sie, und deshalb bleibt sie ihr ganzes Leben Fabrikarbeiterin.

△ *William Wegman, 'Snap and Chanel' (1982). Das Bild stellt eine Verbindung zwischen Blut und Parfum her*

eines tages beschloß brigitte, daß sie nur mehr frau sein wollte, ganz frau für einen typ, der heinz heißt.
sie glaubt, daß von nun an ihre schwächen liebenswert und ihre stärken sehr verborgen sein würden.
5 heinz findet nichts liebenswertes an brigitte, auch ihre schwächen findet er nur ekelhaft.
brigitte pflegt sich jetzt auch für heinz, denn wenn man eine frau ist, dann kann man von diesem weg nicht mehr zurück, dann muß man sich auch pflegen. brigitte
10 möchte, daß die zukunft es ihr einmal durch ein jüngeraussehen danken wird. vielleicht hat brigitte aber gar keine zukunft. die zukunft hängt ganz von heinz ab.
wenn man jung ist, dann sieht man immer jung aus, wenn man älter ist, dann ist es sowieso zu spät. wenn
15 man dann nicht jünger aussieht, dann heißt das erbarmungslose urteil für die umwelt: kosmetisch in der jugend nicht vorgesorgt!
also hat brigitte etwas getan, das in der zukunft wichtig sein wird.
20 wenn man keine gegenwart hat, muß man für die zukunft vorsorgen.

brigitte näht büstenhalter. [...] brigitte könnte viele
arbeiter bekommen, sie will aber den einzigen heinz
bekommen, der ein geschäftsmann werden wird.

25 das material ist nylonspitze mit einer dünnen portion
schaumgummi unterlegt. ihre fabrik hat viele marktan-
teile, die im ausland sind, und viele näherinnen, die aus
dem ausland kommen. viele näherinnen scheiden aus
durch heirat, kindesgeburt oder tod.

30 brigitte hofft, daß sie einmal durch heirat und kindesgeburt ausscheiden wird. brigitte hofft, daß heinz sie
hier herausholen wird. [...]
außer heinz gibt es nichts. etwas, das besser ist als heinz,
ist für brigitte absolut unerreichbar, etwas das schlechter

35 ist als heinz, will brigitte nicht haben. brigitte wehrt sich
verzweifelt mit händen und füßen gegen den abstieg, der
abstieg, das ist der verlust von heinz.
brigitte weiß aber auch, daß es keinen aufstieg für sie
gibt, es gibt nur heinz oder etwas schlechteres als heinz

40 oder büstenhalternähen bis ans lebensende. büstenhalternähen ohne heinz bedeutet jetzt schon lebensende.
es ist absolut dem zufall überlassen, ob brigitte lebt, mit
heinz, oder dem leben entkommt und verkommt.
es gibt keine gesetzmäßigkeiten dafür. das schicksal ent-

45 scheidet über das schicksal von brigitte. nicht was sie
macht und ist, zählt, sondern heinz und was er macht
und ist, das zählt. [...]
die liebe kommt von der seite von brigitte. sie muß
heinz davon überzeugen, daß die liebe auch von seiner

50 seite her kommt. er muß erkennen lernen, daß es für
ihn ebenfalls keine zukunft ohne brigitte geben kann. es
gibt natürlich für heinz schon eine zukunft, und zwar als
elektroinstallateur. das kann er haben, auch ohne brigitte. elektrische leitungen kann man legen, ohne daß b.

55 überhaupt vorhanden ist. ja sogar leben! und bowling
oder kegeln gehen kann man ohne brigitte.
brigitte hat jedoch eine aufgabe.
sie muß heinz ständig klar machen, daß es ohne sie
keine zukunft für ihn gibt, das ist eine schwere anstreng-

60 gung. außerdem muß nachdrücklich verhindert werden,
daß heinz vielleicht seine zukunft in jemand andrem
sehen könnte. davon später.

▷ *Rosemarie Trockel, 'Ohne Titel' (1985).*

Friederike Roth (geb. 1948) macht die Diskrepanz von
romantischem Liebestraum und banaler Sexualität im
Zusammenleben von Mann und Frau zu ihrem Thema.
In dem Theaterstück *Ritt auf die Wartburg* (1981) machen
vier Frauen einen Ausflug zur Wartburg. In ihren Gesprächen wird der Stand ihrer Selbstfindung und ihrer
Enttäuschung und Resignation vorgeführt. Dies ist auch
ein Thema in den Gedichtbänden *Schieres Glück* (1981)
und *Schattige Gärten* (1987).

Wandlung

So müßte es sein:
daß die Frauen
tanzen die Frauen
Blutorangen in den Himmel
5 werfen die Sonne
recht nett dazu scheint

Man
sieht aber nichts hört nichts:
Keine Bewegung
10 Stille bloß diese
so sonderbare Stille

Nachts
waren sie
Mondjuwelen geworden ganz
15 kalt, die Frauen
die Blutorangen aus Stein.
Diese Angst.

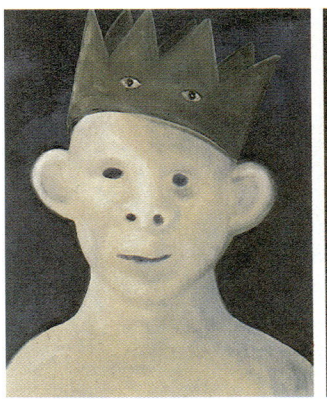

Neue Autoren

'Wir fahren ins Blaue', sagt man über einen Ausflug, bei dem man noch nicht weiß, wo er hinführen wird. *Ins Blaue* (1985) heißt ein kleiner Roman von Klaus Modick (geb. 1951). Ein arbeitsloser junger Soziologe in Hamburg kann keinen Urlaub machen, weil seine Freundin im Examen steht. So erfindet er am Schreibtisch eine Urlaubsreise nach Südfrankreich. In einer französischen Landkommune erlebt er die paradiesische Aufhebung seiner Alltags- und Sexualprobleme. Modick verpackt in diesem unterhaltenden Roman ironisch viele Lebensklischees der westdeutschen Intellektuellengeneration der achtziger Jahre.

In seinen anderen Werken überwiegt die Intellektualität. Phantastisch ist *Das Grau der Karolinen* (1985), in dem ein merkwürdiges Bild, das nur aus Grautönen besteht, die Hauptrolle spielt. Über Generationen hinweg erzeugt es eine prophetische Untergangsvision, die in einer Atomexplosion Wirklichkeit wird.

Das Lebensgefühl der jüngeren Generation beschreibt Bodo Morshäuser (geb. 1953) in *Die Berliner Simulation* (1983). Die Erzählung spielt in der anarchistischen Berliner Hausbesetzerszene zu Anfang der achtziger Jahre. Zwischen Straßenkämpfen und Beziehungsproblemen wird die Desorientierung einer ganzen Generation deutlich: alles was geschieht ist unecht, 'Simulation'. Dies gilt ähnlich auch für den intensiven Roman *Stier* (1991) von Ralf Rothmann (geb. 1953)

Sten Nadolny (geb. 1942) wählt das Motiv der Reise, wenn er seine Hauptfiguren auf die Suche nach ihrem wahren Selbst schickt. In dem auch landeskundlich sehr unterhaltsamen Roman *Netzkarte* (1981) kauft sich ein junger Lehrer eine Monatskarte für die Deutsche Bundesbahn und fährt 30 000 Kilometer auf der Suche nach sich selbst und der Frau seiner Träume. Am Ende begegnet er einer Frau, die das gleiche tut wie er.
Nadolnys schönster Roman ist *Die Entdeckung der Langsamkeit* (1983). Hinter der Biografie eines englischen Entdeckungsreisenden verbirgt sich ein Plädoyer gegen die Hektik des Industriezeitalters. Die Langsamkeit wird zu einem Synonym für Menschlichkeit.

△ Helmut Middendorf, 'City of the Red Nights' (1981)

Die Entdeckung der Langsamkeit

Nadolny erzählt teils erfindend, teils biografisch genau die Geschichte des britischen Seeoffiziers und Entdeckungsreisenden John Franklin (1786-1847). Franklin nimmt an mehreren Seegefechten teil. Auf Expeditionen in die Arktis sucht er nach der Nordwestpassage zur Verkürzung der Handelsrouten. Auf einer solchen Expedition stirbt er. Auch seine Mannschaft kehrt nie zurück. Nadolnys Franklin ist in all seinen Lebensäußerungen besonders langsam. Das Positive dieser Langsamkeit wird in verschiedenen Situationen und Zusammenhängen gezeigt. Franklins Langsamkeit rettet ihm mehrfach das Leben. Sie ermöglicht ihm eine besondere Intensität der Wahrnehmung.

▽ Salomé, 'Ti amo' (1979). Beiden Bilder drücken etwas vom Lebensgefühl der jungen Generation der achtziger Jahre in Westberlin aus

△ *William Turner, 'Die letzte Fahrt der Téméraire' (1839). Dieses Bild wurde für die Umschlagillustration von Sten Nadolnys Roman 'Die Entdeckung der Langsamkeit' benutzt. Die 'Langsamkeit' ist für Nadolny ein positives Bild für die Möglichkeit, ein menschliches Leben zu führen*

Der fünfzehnjährige John Franklin ist Matrose bei der englischen Kriegsmarine. Vor Kopenhagen greifen die Engländer die dänische Flotte an.

Als er wieder im Geschützdeck war, gab es jäh eine scharfe Helligkeit und großes Getöse: ein Schiff in der Nähe war explodiert. Er hörte 'Hurra', dazwischen immer wieder einen Schiffsnamen. Mitten im Hurra aber
5 kamen ein durchdringendes Knarren und Krächzen und ein Stoß: ein dänisches Schiff legte sich längsseits. Und durch die zerrissene Stückpforte sprang einer herein. John fing das Bild eines hellen, fremden Stiefels auf, der plötzlich hereinfuhr und Halt fand, eine schnelle be-
10 drohliche Bewegung, über der John, weil das Bild in ihm stehenblieb, alle weiteren Vorgänge nicht erfaßte. Sein Kopf dachte automatisch: Wir zeigen es ihnen!, denn dies war die Situation, an die er gedacht hatte, als er dem Satz zum erstenmal begegnet war. Das nächste,
15 was er sah, war der geöffnete Mund ebendieses Mannes und seine, Johns, Daumen an dessen Hals. Irgendein Zufall hatte den anderen zum Unterliegen gebracht, jetzt konnte er ihn fassen, er! Wenn John einen gepackt hatte, gab es kein Entkom-
20 men. Nun sah er an der unteren Peripherie seines Blicks die Pistole auftauchen. Das lähmte sofort. Er sah gar nicht hin, behielt lieber seine starken Daumen im Auge, als könnte er ihnen damit den Sieg über die Pistole erzwingen, die sich, nicht zu leugnen, auf seine Brust
25 richtete. Im Kopf begann sich eine einzige Sorge gegen

alle anderen durchzusetzen, sie wuchs und wuchs. Sie hielt keinerlei Grenzen ein, sie explodierte: der konnte sofort abdrücken und ihn töten, daß er sterben mußte oder langsam brandig zugrunde ging. Das war jetzt da,
30 kein Ausweichen möglich. Es stand bevor und war nicht abzuwandeln. Ganz klar fühlte John plötzlich, wo sein Herz saß, wie jeder, der weiß, daß der Tod perfekte Sache ist. Warum konnte er nicht die Pistole wegschlagen oder sich zur Seite werfen? Unerfindlich, aber er
35 konnte nicht! Er hatte den da an der Kehle und dachte nur, daß einer, der erstickt ist, keine Pistole mehr abfeuert. Daß aber einer, der noch nicht erstickt ist, sondern am Ersticken, weil ihn ein anderer würgt, die Pistole erst recht abfeuert, ja, das wollte John vielleicht den-
40 ken, konnte aber nicht, denn hier stellte sich sein Gehirn bereits tot. Lebendig blieb nur die Vorstellung, durch fortgesetztes äußerstes Würgen jener Kehle die Gefahr zu bannen. Der andere schoß immer noch nicht. Es war ein Mann, für einen Soldaten alt, bestimmt über
45 vierzig. John hatte noch nie auf jemandem gekniet, noch nie auf jemanden heruntergesehen, der sein Vater hätte sein können. Die Kehle war warm, die Haut weich. John hatte noch nie einen Menschen so lange angefaßt. Jetzt war das Chaos wirklich da, die Schlacht innerhalb
50 seines Körpers. Denn die Nerven, die zu seinen Fingern gehörten, fühlten während des Zudrückens ein Entsetzen über diese Wärme und Weichheit. Sie fühlten, wie die Kehle – schnurrte! Sie vibrierte, zart und elend, ein tiefes elendes Schnurren. Die Hände waren entsetzt,
55 aber der Kopf, der die Erniedrigung des Getötetwerdens fürchtete, dieser Verräterkopf, der dabei noch falsch dachte, tat, als verstünde er nichts. Die Pistole fiel herunter, die Beine hörten auf zu treten, der Mann rührte sich nicht mehr. Schußwunde an der
60 Schulter, helles Blut. Die Pistole war nicht geladen gewesen. Hatte der Däne nicht noch irgend etwas gesagt, hatte er sich ergeben? John saß da und starrte dem Toten auf die Kehle. [...] 'Ich habe den umgebracht,' sagte John und bebte.
65 Der Mann mit dem hohen Schädel sah ihn aus müden Augen an. Er blieb unbeeindruckt. 'Ich konnte nicht aufhören zuzudrücken,' sagte John. 'Ich war für das Aufhören zu langsam.'

Patrick Süskind

Das Parfum – Die Geschichte eines Mörders (1985) war der
erste Roman von Patrick Süskind (geb. 1949). Er wurde
das international erfolgreichste Buch eines deutschen
Autors überhaupt. Die Weltauflage betrug 1993 über sieben
Millionen. Der Roman wurde in 28 Sprachen übersetzt.

Das Parfum

Die Geschichte spielt im Paris des 18. Jahrhunderts. Jean-
Baptiste Grenouille ist ein häßlicher, abstoßender Junge,
den keiner liebt. Aber er hat die besondere Fähigkeit,
Hunderte von Düften zu erkennen. Grenouille tritt in die
Dienst eines Parfumeurs. Heimlich beschäftigt er sich
damit, den 'absoluten' Duft zu komponieren, der die Menschen zwingt, ihn zu lieben. Dazu braucht er den letzten
Duft frisch getöteter Jungfrauen. Er wird des Mordes
überführt. Auf dem Weg zum Galgen benutzt er das absolute Parfum. Die Menschen geraten in Verzückung und
fallen in grenzenloser Lust übereinander her. Am Ende der
Erzählung läßt Grenouille sich von der Menge zerreißen.

Das Parfum ist als 'postmoderner' Roman mit dem
berühmten *Der Name der Rose* (1980) von Umberto Eco
verglichen worden. Wie Eco bedient sich Süskind vieler
literarischer und kulturgeschichtlicher Anspielungen. So
enthält die Anfangsszene eine deutlichen Bezug zur *Blechtrommel* von Günter Grass. Sie stellt mit der Geburt
Grenouilles unterm Rock seiner Mutter zwischen stin-
kenden Fischköpfen eine regelrechte 'Blechtrommel-
Montage' dar.

Der Roman läßt sich auf verschiedene Weisen lesen, insbesondere natürlich als außerordentlich spannender Kriminalroman. Dazu braucht der Leser die literarischen
Anspielungen nicht zu verstehen.
Die Konstruktion der Handlung hat etwas Parabelhaftes.
Nur wofür dieser Roman ein Gleichnis ist, darüber gibt
es unterschiedliche Meinungen: Manche fühlen sich vom
'größten Parfumeur aller Zeiten' an den 'größten Führer
aller Zeiten' erinnert; andere sehen in Grenouilles Passion
für die Düfte ein Gleichnis für die Tätigkeit des Künstlers
überhaupt.

Begonnen hat Patrick Süskind seine schriftstellerische
Laufbahn als Theaterautor. *Der Kontrabaß* (1981) war in
den achtziger Jahren das meistgespielte Stück im deutschsprachigen Raum. In diesem tragikomischen Einperso-
nenstück geht es um einen vereinsamten Musiker. Er gibt
seinem Instrument, dem Kontrabaß, die Schuld für all
seine Probleme. Ein Kontrabaßspieler steht nie im Mittelpunkt der Aufmerksamkeit, da die Baßgeige ein Hin-
tergrundinstrument im Orchester ist.
In der Erzählung *Die Taube* (1987) wird der Wachmann
Jonathan von Angst und Panik ergriffen, nur weil er morgens früh vor der Zimmertür eine Taube antrifft. Die
Ordnung seines Lebens wird dadurch zerstört.
Mit *Die Geschichte von Herrn Sommer* (1991), einer Erzählung für Kinder und Erwachsene, setzte Süskind seinen
Erfolg fort. Es handelt sich um eine Novelle über die
Kindheit, die von dem bekannten Zeichner Sempé illu-
striert wurde.

Aus *Das Parfum*

Grenouille ist auf dem Weg zu seinem Opfer:

Grenouille ging zur äußeren Tennenluke, an die eine Leiter gelehnt stand. Er hob die Leiter ab und balancierte sie aufrecht, drei Sprossen unter den freien rechten Arm geklemmt, den Überstand gegen die rechte Schul-
5 ter gepreßt, über den Hof bis unter ihr Fenster. Das Fenster stand halb offen. Als er die Leiter hinaufstieg, bequem wie auf einer Treppe, beglückwünschte er sich zu dem Umstand, den Duft des Mädchens hier in Napoule ernten zu dürfen. In Grasse, bei vergitterten Fen-
10 stern und streng bewachtem Haus, wäre alles sehr viel schwieriger gewesen. Hier schlief sie sogar allein. Er brauchte niet einmal die Zofe auszuschalten.

Er drückte den Fensterflügel auf, schlüpfte in die Kammer und legte das Laken ab. Dann wandte er sich dem
15 Bett zu. Der Duft ihres Haares dominierte, denn sie lag auf dem Bauch, und sie hatte das Gesicht, vom Armwinkel umrahmt, ins Kissen gedrückt, so daß sich ihr Hinterkopf in geradezu idealer Weise dem Keulenschlag präsentierte.
20 Das Geräusch des Schlages war dumpf und knirschend.

Er haßte es. Er haßte es allein deshalb, weil es ein Geräusch war, ein Geräusch in seinem ansonsten lautlosen Geschäft. Nur mit zusammengebissenen Zähnen konnte er dieses ekelhafte Geräusch ertragen, und nach-
25 dem es vorüber war, stand er noch eine Weile lang steif und verbissen da, die Hand um die Keule gekrampft, als fürchte er, das Geräusch könne zurückkehren als wiederhallendes Echo von irgendwoher. Es kehrte aber nicht zurück, sondern die Stille kehrte zurück in die Kammer,
30 eine vermehrte Stille sogar, da nun nicht einmal mehr der schlürfende Atem des Mädchens ging. Und alsbald löste sich Grenouilles verspannte Haltung (die man vielleicht auch als eine Ehrfurchtshaltung oder eine Art verkrampfter Schweigeminute hätte deuten können), und
35 sein Körper sank geschmeidig in sich zusammen.

Er steckte die Keule weg und war nun nur noch von emsiger Betriebsamkeit erfüllt. Als erstes faltete er das Beduftungstuch auseinander, breitete es locker mit der Rückseite über Tisch und Stühle und achtete darauf,
40 daß die Fettseite unberührt blieb. Dann schlug er die Bettdecke zurück. Der herrliche Duft des Mädchens, der plötzlich warm und massiv aufquoll, berührte ihn nicht. Er kannte ihn ja, und genießen, genießen bis zum Rausch, würde er ihn später, wenn er ihn erst wirklich
45 besaß. Jetzt ging es darum, möglichst viel davon einzufangen, möglichst wenig verströmen zu lassen, jetzt waren Konzentration und Eile geboten.

Mit raschen Scherenschnitten schlitzte er das Nachtgewand auf, zog es ihr aus, ergriff das befettete Laken und
50 warf es über ihren nackten Körper. Dann hob er sie hoch, strich ihr das überhängende Tuch unter, rollte sie ein wie ein Bäcker den Strudel, falzte die Enden, umhüllte sie von den Zehen bis an die Stirn. Nur ihr Haar schaute noch aus dem Mumienverband hervor. Er
55 schnitt es dicht über der Kopfhaut ab, packte es in ihr Nachthemd, das er zu einem Bündel verknotete. Zuletzt klappte er ein freigelassenes Stück Tuch über den geschorenen Schädel, strich das überlappende Ende glatt, tupfte es mit zartem Fingerdruck fest. Er überprüf-
60 te das ganze Paket. Kein Schlitz, kein Löchlein, kein aufgekniffenes Fältlein klaffte mehr, an dem der Duft des Mädchens hätte entweichen können. Sie war perfekt verpackt. Es blieb nichts mehr zu tun, als zu warten, sechs Stunden lang, bis der Morgen graute.

◁◁ *Sempé, Illustration zu Patrick Süskind, 'Die Erzählung von Herrn Sommer' (1991)*
▽ *Antoine Watteau, 'Nymphe und Satyr' (um 1714). Dieses Bild wurde für die Umschlagillustration des Romans 'Das Parfum' verwendet*

10 Die Wende

Michail Gorbatschow, der Generalsekretär der KPDSU (1985-1991) und Präsident der Sowjetunion (1990-1991), leitete mit seiner Politik die Auflösung des Ost-West-Gegensatzes ein.

Die Führung der DDR unter Erich Honecker (1971-1989) versuchte vergeblich, das Rad der Geschichte aufzuhalten. Zigtausende von DDR-Bürgern gelangten 1989 über die durchlässigen Grenzen von Ungarn nach Österreich. Mit den Losungen 'Wir sind das Volk' und 'Keine Gewalt' vollzog sich in der DDR eine gewaltlose Revolution. Die Massendemonstrationen in Leipzig und Dresden hatten Erfolg: Im Oktober 1989 wurde Honecker gestürzt. Am 9. November 1989 öffneten seine Nachfolger die innerdeutsche Grenze. In dieser Nacht tanzten die Menschen auf der Berliner Mauer. Die darauffolgenden Tage waren vom Rausch der neuen Freiheit bestimmt.

Der westdeutsche Kanzler Helmut Kohl und sein Außenminister Hans-Dietrich Genscher entwickelten einen Plan zur Vereinigung Deutschlands. Die Geschichte nahm ein atemberaubendes Tempo an. Am 3.10.1990 traten die fünf neuen Bundesländer Mecklenburg-Vorpommern, Brandenburg, Sachsen-Anhalt, Sachsen und Thüringen der Bundesrepublik Deutschland bei.

Die neunziger Jahre werden von den finanziellen, psychischen und geistigen Problemen der Vereinigung bestimmt. Die meisten ostdeutschen Betriebe waren nicht konkurrenzfähig. Die abrupte Umwandlung der volkseigenen sozialistischen Planwirtschaft in die private kapitalistische Marktwirtschaft führte zu großer Arbeitslosigkeit. Radikalisierung und Ausländerhaß waren die Folge.

Die Verwicklung vieler Menschen in den Machtapparat der ehemaligen Stasi (Staatssicherheit) und die Aufarbeitung dieser Vergangenheit wurden ein beherrschendes Thema.

9./10. November 1989: die Mauer fällt. Einen historischen Augenblick lang wird die Realität zum Märchen. Die Menschen tanzen auf der Berliner Mauer

Die Literatur der Wende

Der Fall der Berliner Mauer am 9. November 1989 erschien den Deutschen wie ein Märchen, das wahr wird. Der ostdeutsche Lyriker Thomas Rosenlöcher (geb. 1947) beschreibt die entscheidenden Tage in seinem Dresdener Tagebuch *Die verkauften Pflastersteine* (1990):

> Mittwoch, den 8.11.
> Gestern Regierungsrücktritt. Die einstmals stillstehende Zeit ist in einen Galopp übergegangen, als wollte sie die verlorenen 40 Jahre wieder einholen. [...]
>
> 10.11.
> Die irrsinnigste Meldung wieder früh am Morgen, da
> 5 ich noch mit ohropaxverpaxten Ohren auf meinem Notbett in der Stube liege: Die Grenzen sind offen! Liebes Tagebuch, mir fehlen die Worte. Mir fehlen wirklich die Worte. Mit tränennassen Augen in der Küche auf und ab gehen und keine Zwiebel zur Hand haben, auf die
> 10 der plötzliche Tränenfluß zu schieben wäre.
>
> 11.11.
> Nachdem Dornröschen wachgeküßt wurde, erwachten die Majestäten und '...der ganze Hofstaat und sahen einander mit großen Augen an. Und die Pferde im Hof standen auf und rüttelten sich; die Jagdhunde sprangen
> 15 und wedelten; die Tauben auf dem Dache zogen das Köpfchen unterm Flügel hervor, sahen umher und flogen ins Feld...' und selbst die Fliegen an den Wänden wunderten sich, warum sie so lange geschlafen hatten.

Für die Westdeutschen änderte sich durch die Vereinigung wenig oder nichts, für die Ostdeutschen änderte sich alles. Nach dem märchenhaften Augenblick, in dem die Menschen auf der Mauer tanzten, folgte die Ernüchterung.

Viele Millionen Deutsche waren durch die Teilung gezwungen gewesen, in dem autoritären Staat DDR zu leben. Auch sie haben vierzig Jahre gearbeitet. Sie haben gelebt und geliebt, gedacht und gefühlt. Die Identität dieser Millionen Lebensgeschichten sollte nun auf einmal null und nichtig sein? So erfuhren es die Ostdeutschen, die 'Ossis', in ihrer Begegnung mit den 'Wessis', den West-

deutschen. Die Wessis dagegen fragten sich, wieso sie ihr Geld in den Bankrott des Sozialismus stecken sollten.

Christa Wolf erzählt in *Was bleibt* (1990) von ihrer Überwachung durch die Stasi. Westdeutsche Kritiker griffen sie scharf an, weil sie diese 1979 entstandene Erzählung erst jetzt, nach der Wende, veröffentlichte.

Das 1992 von ostdeutschen Politikern und Schriftstellern gegründete *Komitee für Gerechtigkeit* versuchte, dem immer schwächeren Einfluß der Ostdeutschen ein neues Forum zu schaffen.

Nur wenige Westdeutsche kannten die Bedingungen des Lebens in der Diktatur und die Menschen der DDR so gut, daß sie sich in ihre Situation versetzen konnten. Der Westberliner Schriftsteller Friedrich Christian Delius (geb. 1943) schildert in seiner Erzählung *Die Birnen von Ribbeck* (1991) eine typische Begegnung zwischen Wessis und Ossis:

> Als sie anrückten von Osten aus dem westlichen Berlin mit drei Omnibussen und rot und weiß und blau lackierten Autos, aus denen Musik hämmerte, lauter als die starken Motoren, und mit den breitachsigen, herrischen

△ *Jörg Immendorff, 'Wartebiene 1' (1990-1991)*
◁◁ *Die Bundesrepublik Deutschland am 3.10.1990. Der Tag der Einheit ist der neue Feiertag*

5 Fahrzeugen das Dorf besetzten, wie es seit den russischen
   Panzern, dem Luftwaffengebell und den Ribbeckschen
   Jagdfesten nicht mehr besetzt war, fünfzig oder sechzig
   glänzende, frisch gewaschene Autos auf den drei Straßen,
   und ausstiegen wie Millionäre mit Hallo und Fotoappa-
10 raten und Sonnenschirmen und zuerst die Kinder, dann
   uns nach und nach aus Stuben und Gärten lockten und
   Bier und Faßbrause, Birnenschnaps, Würstchen und
   Luftballons, Kugelschreiber und Erbsensuppe verschenk-
   ten und einen Tanz machten um einen jungen Birn-
15 baum, den sie mitgebracht hatten und nach einer kurzen
   Rede, die der Bürgermeister wie gewohnt mit schafäugi-
   gem Nicken begleitete, in den Vorgarten des Altenpflege-
   heims, das früher das Schloß war, einpflanzten und
   dabei mehr auf die Videokameras als auf den Baum
20 schielten und sich selber Beifall klatschten und uns auf
   die Schultern hieben, als hätten sie ein großes Spiel
   gewonnen oder ihre Fahne in erobertes Gebiet gesteckt,
   und lauter wurden, Bierbecher herumreichten und uns
   Birnengeist probieren ließen und schnell ihr sagten und

25 du, haben wir auf die Frage gewartet, was wir zu dem
   neuen Birnbaum zu sagen hätten, denn immerhin war
   das Dorf einmal berühmt wegen der Birnen, und ob der
   Platz seitlich vom Altersheim der richtige wäre, denn
   wenn schon Tradition, wie sie Fontane der Dichter auf-
30 geschrieben hat, dann richtig, ein Birnbaum in seinem
   Garten stand, wer das Gedicht nicht flüssig hersagen
   konnte, bekam in der Schule, wo jetzt der Konsum ist,
   vom Lehrer für jedes Stocken und jedes falsche Wort
   mit dem Rohrstock eins auf die flache Hand, also auf
35 der Gartenseite oder, längst wölbt sich ein Birnbaum
   über dem Grab, auf den schattigen Wiesen vor der Kirche, wo die Gräber seit langem geschleift sind,

   aber sie fragten nicht [...].

Die deutsche Literatur nach der Wende hat die Aufgabe,
die Literatur immer gehabt hat: dem Gedächtnis der Ver-
luste und Verletzungen und der Schönheit des Sagbaren
zu dienen.

Deutsches Roulette (1991) ist der erste Gedichtband der
ostdeutschen Lyrikerin Barbara Köhler (geb. 1959). Wie
bei Rosenlöcher und Delius wird in ihren Gedichten aus
der Geschichte der deutschen Literatur zitiert.

Endstelle

DIE MAUERN STEHN. Ich stehe an der Mauer
des Abrißhauses an der Haltestelle;
erinnre Lebens-Läufe, Todes-Fälle,
vergesse, wem ich trau in meiner Trauer.

5 SPRACHLOS UND KALT: mein Herz schlägt gegen vieles
– nicht nur die Gitterstäbe in der Brust –
und überschlägt sich für ein bißchen Lust
und schlägt sich durch zum Ende dieses Spieles.

IM WINDE KLIRREN Wörter, Hoffnungsfetzen,
10 Nach-Ruf für die, die ausgestiegen sind
vor mir. Warum noch schrein. Es reißt der Wind

DIE FAHNEN AB. Was soll mich noch verletzen;
Verlust liegt hinter mir, vor mir die Schlacht-
Felder im Halblicht, zwischen Tat und Nacht.

Register

Quellennachweis zu den Abbildungen

Alte Pinakothek, München 10
Thomas Ammann Fine Art, Zürich 220*u*
ANP, Amsterdam 118
Atrium Verlag, Zürich 132
B & U International Picture Service, Amsterdam 109 *(Photo: Loek Polders)*
Berliner Ensemble, Berlin 127, 129 *(Photo: Percy Paukschta)*
H.C. Blossom, London 199 *(Photo: Paul Straker-Welds)*
Josef Bramer, Wien 210
Bücher, Bayreuth 140*l*
Bulls, Frankfurt am Main 124
Deutscher Bundestag, Berlin 182
Diogenes Verlag, Zürich 222
S. Fischer Verlag, Frankfurt am Main/Berlin 121*l (Umschlaggestaltung: Wilhelm Schulz)*, 121*r (Umschlaggestaltung: Erich M. Simon)*, 122*r (Umschlaggestaltung: Georg Salter)*, 180*r (Photo: Gisela Celan-Lestrange)*
Foto Marburg, Marburg 88
Foto Riwkin, Stockholm 140*r*
Galerie der Stadt Stuttgart, Stuttgart 106*u*
Galerie Johnen & Schöttle, Köln 214
Galerie Junge Kunst, Frankfurt an der Oder 148*r*
Galerie Monika Sprüth, Köln 219
Galerie Michael Werner, Köln 168
Goethe Nationalmuseum, Weimar 32*l*, 33*r*, 35, 41*u*
Goethe-Haus und Frankfurter Goethe-Museum, Freies Deutsches Hochstift, Frankfurt am Main 30*r*, 63
Goethe-Museum, Anton-und-Katherina-Kippenberg-Stiftung, Düsseldorf 31, 32*r*, 40*lu*
Hamburger Kunsthalle, Hamburg 38*u*, 55, 56, 74
Peter Hammer Verlag, Wuppertal 105*l*
Harenberg Kommunikation, Dortmund 206 *(Photo: Klaus D. Appuhn)*
Heimatmuseum Neuruppin, Neuruppin 39*ru*
Heinrich Heine-Institut, Düsseldorf 68*o*, 68*u*
Herzog Anton Ulrich-Museum, Braunschweig 20
Herzog August Bibliothek, Wolfenbüttel 12, 26
Isabelle Hesse, Bern 125
Hessisches Landesmuseum Darmstadt, Darmstadt 49
J. Hetzel, Paris 58*l*
Hinstorff Verlag, Rostock 152 *(Umschlaggestaltung: Leopoldo Mendez)*, 170
Hof- und Staatsbibliothek, München 6, 8*r*, 9
Hoffman und Campe, Hamburg 217
Hölderlin-Archiv, Stuttgart 54*r*
Holly Solomon Gallery, New York 218
Hôtel de Ville, Orléans 44*r*
Hôtel-Dieu, Beaune VI
Jörg Immendorff, Düsseldorf-Oberbilk 227
Verlag Kiepenheuer und Witsch, Köln 184*ro (Umschlaggestaltung: Celestino Piatti)*, 203
Gerhard Kiesling, Berlin 154
Paul Klee-Stiftung, Kunstmuseum Bern, Bern 93

Kleist-Forschungs- und Gedenkstätte, Frankfurt an der Oder 52, 53
Ernst Klett Verlag, Stuttgart 142
Kommanditgesellschaft Gerd Bucerius, Hamburg 51
Barbara Köppe, Berlin 151
Kulturgeschichtliches Museum, Osnabrück 139
Kunsthalle Rostock, Rostock 148*l*
Kunsthaus Zürich, Zürich 211
Kunsthistorisches Museum, Wien 19
Kunstmuseum Basel und Museum für Gegenwartskunst, Basel 141
Kunstmuseum Solothurn, Solothurn 47
Landesbildstelle, Berlin 144
Literarisches Colloquium, Berlin 176 *(Photo: Renate von Mangoldt)*
Luchterhand Literaturverlag, Darmstadt 191 *(Zeichnung: Günter Grass)*
Ludwig Forum für Internationale Kunst, Aachen 197
Mapminded bv, Maarssen 2, 18, 39*o*, 79*u*, 177*u*, 226
Marlborough-Gerson Gallery, New York 111
G. Mattioli, Mailand 122*l*
Musée du Louvre, Paris 223
Musée Gustave Moreau, Paris 79*lo*
Museum Boymans-van Beuningen, Rotterdam 15*r*, 99*r*
Museum Ludwig, Köln 78*m*, 183, 207
Museum of Fine Arts, Sammlung Robert Treat Paine, Boston 96*u*
Museum of Modern Art, New York 108*r*
Nasjonalgalleriet, Oslo 94
National Gallery of Scotland, Edinburgh 38*o*
National Gallery, London 221
Nationale Forschungs- und Gedenkstätten der klassischen deutschen Literatur, Weimar 40*ru*
Neue Pinakothek, München 40*o*, 66
Niedersächsische Staats- und Universitätsbibliothek, Göttingen 4*l*
Oberhessisches Museum und Gail'sche Sammlungen, Giessen 30*l*
Isolde Ohlbaum, München 160*l*, 184*lo*, 190*o*
Österreichische Galerie, Wien 39*lu*
Österreichische Nationalbibliothek, Wien 99*l*
Panorama DDR, Berlin 164
Paramount Orion/Bioskop-Film 184*u*
Helga Paris, Berlin 158
R. Piper & Co, München 180*l*
Presse- und Informationsamt der Bundesregierung, Berlin 84*m*, 84*r*, 146, 149
Privatbesitz 67, 98, 103*l*, 110*r*, 123, 148*m*, 174, 177*o*, 194, 200*r*, 213*r*, 216, 220*o*
Philipp Reclam jun. Verlag, Leipzig 71
Reclam-Verlag, Leipzig 166 *(Umschlaggestaltung: Grischa Meyer/ Photo: Heiner Müller)*
Rijksmuseum Amsterdam, Amsterdam 33*l*
Rowohlt Verlag, Reinbek 62, 130*r*, 133
Sammlung Hannah Höch, Berlin 78*r*
Sammlung Pia und Franz Meyer, Zürich 213*l*
Scala, Antella 61
Schiller-Nationalmuseum und Deutsches Literaturarchiv, Marbach 34*o*, 45, 54*l*
Schloßmuseum, Neuburg 59
Schocken Books, New York 117

Quellenangabe der Texte

Kapitel 1
S.3 Pfaffe Konrad, *Das Rolandslied*, S. Fischer Verlag, Frankfurt a.M. 1976
   Friedrich von Hausen, *Mein Herz und mein Leib* , in: *Des Minnesangs Frühling*, S. Hirzel Verlag, Stuttgart 1967
S.4 Reinmar von Hagenau, *Sie is mir liep*, in: *Des Minnesangs Frühling*, S. Hirzel Verlag, Stuttgart 1967
Heinrich von Morungen, *Verkêre daz*, in: *Des Minnesangs Frühling*, S. Hirzel Verlag, Stuttgart 1967
   Des Minnesangs Frühling, S. Hirzel Verlag, Stuttgart 1967
S.5 Walther von der Vogelweide, *Gedichte*, hrg. u. übersetzt von Peter Wapnewski, S. Fischer Verlag, Frankfurt a.M 1966
S.7 Hartmann von Aue, *Erec*, S. Fischer Verlag, Frankfurt a.M. 1977
S.9 *Das Nibelungenlied*, S. Fischer Verlag, Frankfurt a.M. 1979

Kapitel 2
S.13 Martin Luther, *Eine feste Burg ist unser Gott*, in: Echtermeyer/von Wiese, *Deutsche Gedichte*, August Bagel Verlag, Düsseldorf 1975
S.14 Hans Sachs, *Die Wittenbergische Nachtigall*, Philipp Reclam jun. Verlag, Stuttgart 1974
   Hans Sachs, *Der fahrende Schüler im Paradies*, in: H. Sachs, *Drei Fastnachtspiele*, Insel-Verlag, Leipzig o.J.
S.15 *Das Volksbuch vom Till Eulenspiegel*, in: *Deutsche Schwänke*, Philipp Reclam jun. Verlag, Stuttgart 1979

Kapitel 3
S.19 Andreas Gryphius, *Es ist alles eitel*, in: Herbert Heckmann (Hg.), *80 Barock-Gedichte*, Verlag Klaus Wagenbach, Berlin 1979
S.21 Paul Fleming, *Wie er wollte geküsset sein*, in: Herbert Heckmann (Hg.), *80 Barock-Gedichte*, Verlag Klaus Wagenbach, Berlin 1979
   M. Opitz, *Grabinschrift eines Kochs*, in: Herbert Heckmann (Hg.), *80 Barock-Gedichte*, Verlag Klaus Wagenbach, Berlin 1979

Kapitel 4
S.25 Friedrich Karl von Moser, *Wir haben gegessen*, in: *Deutsche Fabeln*, Philipp Reclam jun. Verlag, Stuttgart 1965
S.26 Gotthold Ephraim Lessing, *Siebzehnter Literaturbrief*, in: G.E.Lessing, *Briefe die neueste Literatur betreffend*, Philipp Reclam jun. Verlag, Stuttgart 1972
S.27-29 Gotthold Ephraim Lessing, *Nathan der Weise*, in: G.E.Lessing, *Gesammelte Werke*, Aufbau-Verlag, Berlin/Weimar 1954
S.30-31 Johann Wolfgang von Goethe, *Die Leiden des jungen Werthers*, Philipp Reclam jun. Verlag, Stuttgart 1986
S.32 Johann Wolfgang von Goethe, *Willkommen und Abschied*, in: J.W. von Goethe, *Gedichte*, Verlag C.H. Beck, München 1978
S.33 Johann Wolfgang von Goethe, *Prometheus*, in: J.W. von Goethe, *Gedichte*, Verlag C.H. Beck, München 1978

Kapitel 5
S.42 Johann Wolfgang von Goethe, *Erlkönig*, in: J.W. von Goethe, *Gedichte*, Verlag C.H. Beck, München 1978
S.43 Friedrich von Schiller, *Der Handschuh*, in: *Schillers Werke*, Bd.1, Bibliographisches Institut, Leipzig o.J.
S.45-47 Friedrich von Schiller, *Wilhelm Tell*, in: *Schillers Werke*, Bd.6, Bibliographisches Institut, Leipzig o.J.
S.48-49 Johann Wolfgang von Goethe, *Iphigenie auf Tauris*, Philipp Reclam jun. Verlag, Stuttgart 1974
S.50-51 Johann Wolfgang von Goethe, *Faust*, Christian Wagner Verlag, Hamburg 1973
S.53 Heinrich von Kleist, *Der Findling*, in: H. von Kleist, *Heinrich von Kleists Werke*, Dritter Teil, Deutsches Verlagshaus Bong & Co., Berlin/Leipzig/Wien/Stuttgart
S.54 Friedrich Hölderlin, *Hälfte des Lebens*, in: F.Hölderlin, *Werke und Briefe*, Bd.1, Insel Verlag, Frankfurt a.M. 1969
   Friedrich Hölderlin, *Hyperion oder der Eremit in Griechenland*, in: F.Hölderlin, *Werke und Briefe*, Bd.1, Insel Verlag, Frankfurt a.M. 1969
S.56 Novalis, *Die Christenheit oder Europa*, in: Novalis, *Werke und Briefe*, Deutscher Bücherbund, Stuttgart 1962
S.57 Novalis, *Heinrich von Ofterdingen*, in: Novalis, *Werke und Briefe*, Deutscher Bücherbund, Stuttgart 1962
S.59 Clemens Brentano, *Der Spinnerin Lied*, in: Echtermeyer/von Wiese, *Deutsche Gedichte*, August Bagel Verlag, Düsseldorf 1966
S.60-61 Joseph von Eichendorff, *Das Marmorbild* , in: J. von Eichendorff, *Das Marmorbild und andere Novellen*, Goldmann Verlag, München o.J.
S.62 Brüder Grimm, *Die drei Faulen*, in: Brüder Grimm, *Kinder- und Hausmärchen*, Bd.2, Manesse Verlag, Zürich o.J.
S.63 E.T.A.Hoffmann, *Der goldene Topf*, in: E.T.A. Hoffman, *Werke*, 1.Bd., Insel Verlag, Frankfurt a.M 1967
S.64-65 Adelbert von Chamisso, *Peter Schlemihls wundersame Geschichte*, in: A. von Chamisso *Sämtliche Werke*, 3./4.Bd., Verlag für Literatur und Kunst, Berlin o.J.
S.66 Euduard Mörike, *Verborgenheit*, in: Echtermeyer/von Wiese, *Deutsche Gedichte*, August Bagel Verlag, Düsseldorf 1966
S.67 Franz Grillparzer, *Der arme Spielmann*, in: F. Grillparzer, *Werke*, Aufbau-Verlag, Berlin/Weimar 1980
S.68 Heinrich Heine, *Die Lorelei*, in: Echtermeyer/von Wiese, *Deutsche Gedichte*, August Bagel Verlag, Düsseldorf 1966
S.69 Heinrich Heine, *Die Harzreise*, in: H. Heine, *Reisebilder*, Verlag Hoffmann und Campe, Hamburg/Berlin 1922
   Heinrich Heine, *Sie saßen und tranken am Teetisch*, in: Echtermeyer/von Wiese, *Deutsche Gedichte*, August Bagel Verlag, Düsseldorf 1966
S.70-71 Heinrich Heine, *Deutschland ein Wintermärchen*, Verlag Hoffmann und Campe, Hamburg/Berlin 1922

S.73 Georg Büchner, *Woyzek*, in G. Büchner, *Werke und Briefe*, dtv, München 1973
S.74-75 Georg Büchner, *Der hessische Landbote*, in: G. Büchner, *Werke und Briefe*, dtv, München 1973
S.75 Heinrich Heine, *Die schlesischen Weber*, in: Echtermeyer/von Wiese, *Deutsche Gedichte*, August Bagel Verlag, Düsseldorf 1966

Kapitel 6
S.81 Gottfried Keller, *Romeo und Julia auf dem Dorfe*, in: G. Keller: *Sämtliche Werke und ausgewählte Briefe*, Carl Hanser Verlag, München 1958
S.82 Conrad Ferdinand Meyer, *Im Spätboot*, in: C.F. Meyer, *Sämtliche Gedichte*, Philipp Reclam jun. Verlag, Stuttgart 1978
    Conrad Ferdinand Meyer, *Zwei Segel*, in: C.F. Meyer, *Sämtliche Gedichte*, Philipp Reclam jun. Verlag, Stuttgart 1978
S.85 Theodor Fontane, *Effi Briest*, in: Th. Fontane, *Romane und Erzählungen*, Bd.7, Aufbau-Verlag, Berlin/Weimar 1969
S.86-87 Theodor Fontane, *Frau Jenny Treibel*, in: Th. Fontane, *Romane und Erzählungen*, Bd.6, Aufbau-Verlag, Berlin/Weimar 1969
S.88-91 Gerhard Hauptmann, *Vor Sonnenaufgang*, in: G. Hauptmann, *Gesammelte Werke*, Bd.1, S. Fischer Verlag, Berlin 1913
S.92-93 Friedrich Nietzsche, *Also sprach Zarathustra*, Kröner Verlag, Leipzig 1918
S.95 Arthur Schnitzler, *Fräulein Else*, in: A. Schnitzler, *Das erzählerische Werk* , Bd.5, S. Fischer Verlag, Frankfurt a.M. 1978
S.96 Rainer Maria Rilke, *Der Panther*, in: Echtermeyer/von Wiese, *Deutsche Gedichte*, August Bagel Verlag, Düsseldorf 1966
S.97, Stefan George, *Der herr der insel*, in: Echtermeyer/von Wiese, *Deutsche Gedichte*, August Bagel Verlag, Düsseldorf 1966
S.99 Hugo von Hofmannsthal, *Das Märchen der 672. Nacht*, in: H. von Hofmannsthal, *Die Frau ohne Schatten*, Verlag der Nation, Berlin 1983
S.100-101 Frank Wedekind, *Frühlings Erwachen*, in: F. Wedekind, *Dramen* , I, Aufbau-Verlag, Berlin/Weimar 1969
S. 102 Kurt Pinthus, *Vorwort*, in: *Menschheitsdämmerung*, Rowohlt Verlag, Reinbek bei Hamburg 1959
    Jakob von Hoddis, *Weltende*, in: *Menschheitsdämmerung*, Rowohlt Verlag, Reinbek bei Hamburg 1959
    Georg Heym, *Der Gott der Stadt*, in: *Menschheitsdämmerung*, Rowohlt Verlag, Reinbek bei Hamburg 1959
    Ernst Stadler, *Fahrt über die Kölner Rheinbrücke bei Nacht*, in: *Menschheitsdämmerung*, Rowohlt Verlag, Reinbek bei Hamburg 1959
S.104 Georg Trakl, *Verfall*, in: G. Trakl, *Dichtungen und Briefe*, Otto Müller Verlag, Salzburg 1969
    Georg Trakl, *Grodek*, in: G. Trakl, *Dichtungen und Briefe*, Otto Müller Verlag, Salzburg 1969
S.105 Else Lasker-Schüler, *Weltende*, in: E. Lasker-Schüler, *Sämtliche Gedichte*, Kösel Verlag, München 1966
    Else Lasker-Schüler, *Mein blaues Klavier*, in: E. Lasker-Schüler, *Sämtliche Gedichte*, Kösel Verlag, München 1966
S.106 Gottfried Benn, *Nachtcafé*, in: G. Benn, *Gesammelte Werke*, Limes Verlag, Wiesbaden 1960
S.107 Gottfried Benn, *Gehirne*, Philipp Reclam jun. Verlag, Stuttgart 1974
S.110 Hans Arp, *kaspar ist tot*, in: *113 dada Gedichte*, Verlag Klaus Wagenbach, Berlin 1982
S.111 Raoul Hausmann, *Pamphlet gegen die Weimarische Lebensauffassung*, in: *Dada Berlin*, Reclam jun. Verlag, Stuttgart 1977
    Kurt Schwitters, *An Anna Blume*, in: *113 dada Gedichte*, Verlag Klaus Wagenbach, Berlin 1982

Kapitel 7
S.117 Franz Kafka, *Vor dem Gesetz*, in: F. Kafka, *Das Urteil und andere Erzählungen*, S. Fischer Verlag, Frankfurt a.M. 1962
S.118-119 Heinrich Mann, *Der Untertan*, Paul Zsolnay Verlag, Berlin 1925
S.120-121 Thomas Mann, *Buddenbrooks*, S. Fischer Verlag, Berlin o.J.
S.122-123 Alfred Döblin, *Berlin Alexanderplatz*, dtv, München 1968
S.124-125 Hermann Hesse, *Siddharta*, in: H. Hesse, *Gesammelte Werke*, Bd.5, Suhrkamp Verlag, Frankfurt a.M. 1972
S.126 Bertolt Brecht, *Die Moritat von Mackie Messer*, in: B. Brecht: *Gesammelte Werke*, Bd.2, Suhrkamp Verlag, Frankfurt a.M. 1967
S.128 Bertolt Brecht, *Die kaukasische Kreidekreis*, in: B. Brecht: *Gesammelte Werke*, Bd.5, Suhrkamp Verlag, Frankfurt a.M. 1967
S.129 Bertolt Brecht, *Das Lied vom Wasserrad*, in: B. Brecht, *Gesammelte Werke*, Bd.3, Suhrkamp Verlag, Frankfurt a.M. 1967
S.130-131 Kurt Tucholsky, *Hitler und Goethe, ein Schulaufsatz*, in: *Panter, Tiger & Co*, Rowohlt Verlag, Reinbek bei Hamburg 1954
S.132 Erich Kästner, *Kennst du das Land, wo die Kanonen blühen?*, in: E. Kästner, *Herz auf Taille*, dtv, München 1988
S.133 Hans Fallada, *Kleiner Mann – was nun?*, Rowohlt Berlin Verlag, Berlin 1935
S.134 Erich Maria Remarque, *Im Westen nichts Neues*, Ullstein Verlag, Frankfurt a.M./Berlin/Wien 1981
S.135 Klaus Mann, *Der Wendepunkt*, Fischer Bücherei, Frankfurt 1963
S.136-139 Lion Feuchtwanger, *Die Geschwister Oppenheim*, Querido Verlag, Amsterdam 1933
S.140 Bertolt Brecht, *Über die Bezeichnung Emigranten*, in: *Welch Wort in die Kälte gerufen*, Verlag der Nationen, Berlin 1968
    Theodor Kramer, *Stehn meine Bücher...*, in: *Welch Wort in die Kälte gerufen*, Verlag der Nationen, Berlin 1968
S.141 Hans Sahl, *Beim Lesen deutscher KZ-Berichte*, in: *Welch Wort in die Kälte gerufen*, Verlag der Nationen, Berlin 1968
    Nelly Sachs, *Welt, frage nicht...*, in: *Welch Wort in die Kälte gerufen*, Verlag der Nationen, Berlin 1968
S.142-143 Ernst Jünger, *Auf den Marmorklippen*, in: E. Jünger, *Werke. Erzählende Schriften*, I, Klett-Cotta, Stuttgart o.J.
S.145 Wolfgang Borchert, *Draußen vor der Tür*, in: W. Borchert, *Das Gesamtwerk*, Rowohlt Verlag, Reinbek bei Hamburg 1949

Kapitel 8
S.150 Johannes R. Becher, *Das Lied der neuen Erde*, in: J.R. Becher, *Gedichte*, Aufbau-Verlag, Berlin/Weimar 1960
    Johannes R.Becher, *Auferstanden aus Ruinen*, in: J.R.Becher, *Gedichte*, Aufbau-Verlag, Berlin/Weimar 1960
S.152-153 Anna Seghers, *Das siebte Kreuz*, Reclam-Verlag, Leipzig o.J.
S.154-155 Erwin Strittmatter, *Ole Bienkopp*, Aufbau-Verlag, Berlin/Weimar 1966

S.157 Hermann Kant, *Die Aula*, Rütten & Loening, Berlin 1966
S.158-159 Christa Wolf, *Der geteilte Himmel*, Reclam-Verlag, Leipzig 1964
S.161 Stefan Heym, *Der König David Bericht*, S.Fischer Verlag, Frankfurt a.M. 1974
S.162 Volker Braun, *Regierungserlaß*, in: *Saison für Lyrik*, Aufbau-Verlag, Berlin/Weimar 1968
S.163 Volker Braun, *Die unvollendete Geschichte*, Suhrkamp Verlag, Frankfurt a.M. 1977
S.164-165 Ulrich Plenzdorf, *Die neuen Leiden des jungen W.*, in: *Sinn und Form*, 2.Heft, Rütten & Loening, Berlin 1972
S.166-167 Heiner Müller, *Der Lohndrucker*, in: H. Müller, *Geschichten aus der Produktion 1*, Rotbuch Verlag, Berlin 1975
S.168 Wolf Biermann, *Frage und Antwort und Frage*, in: W. Biermann, *Mit Marx- und Engelszungen*, Verlag Klaus Wagenbach, Berlin 1968
S.169 Wolf Biermann, *Deutschland, ein Wintermärchen*, Verlag Klaus Wagenbach, Berlin 1973
S.171 Erich Loest, *Es geht seinen Gang oder Mühen in unserer Ebene*, Deutscher Taschenbuch Verlag, München 1980
S.172-173 Christoph Hein, *Der Tangospieler*, Luchterhand Verlag, Darmstadt und Neuwied 1989

Kapitel 9
S.178 Alfred Andersch, *Die Kirschen der Freiheit*, Diogenes Verlag, Zürich 1968
S.179 Alfred Andersch, *Sansibar oder Der letzte Grund*, S. Fischer Verlag, Frankfurt a.M./Hamburg 1960
S.180 Ingeborg Bachmann, *Die gestundete Zeit*, in: I. Bachmann, *Gedichte, Erzählungen, Hörspiel, Essays,* R. Piper & Co. Verlag, München 1964
S.181 Paul Celan, *Todesfuge*, in: P. Celan, *Mohn und Gedächtnis*, Deutsche Verlags-Anstalt, Stuttgart 1952
S.182-183 Heinrich Böll, *Mein teures Bein*, in: H. Böll, *Romane und Erzählungen* , Bd.1, Middelhauve/Kiepenheuer & Witsch, Köln o.J.
S.185 Heinrich Böll, *Die verlorene Ehre der Katharina Blum*, in: H. Böll, *Romane und Erzählungen* , Bd.5, (Gertraud)Middelhauve (Verlag)/(Verlag) Kiepenheuer & Witsch, Köln o.J.
S.186 Max Frisch, *Homo faber*, Suhrkamp Verlag, Frankfurt a.M. 1977
S.187 Max Frisch, *Biedermann und die Brandstifter*, Suhrkamp Verlag, Frankfurt a.M. 1965
S.188 Friedrich Dürrenmatt, *Weihnacht*, in: Franz Hohler (Hg.), *111 einseitige Geschichten*, Luchterhand Verlag, Darmstadt und Neuwied
S.188-189 Friedrich Dürrenmatt, *Der Besuch der alten Dame*, in: *Spectaculum,* 2, Suhrkamp Verlag, Frankfurt a.M. 1962
S.191 Günter Grass, *Zunge zeigen*, Luchterhand Verlag, Darmstadt und Neuwied 1988
S.192-193 Günter Grass, *Die Blechtrommel*, S. Fischer Verlag, Frankfurt a.M. 1964
S.194 Siegfried Lenz, *Deutschstunde*, Verlag Hoffmann und Campe, Hamburg 1970
S.195 Hans Hellmut Kirst, *08/15 bis zum Ende*, Goldmann Verlag, München o.J.
S.196 Walter Kempowski, *Tadellöser & Wolff*, Carl Hanser Verlag, München 1971
S.197 Uwe Johnson, *Mutmaßungen über Jakob*, S. Fischer Verlag, Frankfurt a.M. 1970
S.198 Martin Walser, *Ein fliehendes Pferd*, Suhrkamp Verlag, Frankfurt a.M. 1978
S.200-201 Peter Weiss, *Gesang von den Feueröfen III*, in: P. Weiss, *Die Ermittlung*, Suhrkamp Verlag, Frankfurt a.M. 1965
S.202 Hans Magnus Enzensberger, *ins lesebuch für die oberstufe*, in: H.M. Enzensberger, *Gedichte*, Suhrkamp Verlag, Frankfurt a.M. 1968
S.203 Günter Wallraff, *Ganz unten*, Verlag Kiepenheuer & Witsch, Köln 1985
S.204 Yüksel Pazarkaya, *deutsche sprache*, in: Helmut Lamprecht, *Wenn das Eis geht*, dtv, München 1985
S.205 Rafik Schami, *Der Wald und das Streichholz*, in: Heinz Friedrich (Hg.), *Chamissos Enkel*, dtv, München 1986
S.206-207 Peter Schneider, *Der Mauerspringer*, Luchterhand Verlag, Darmstadt und Neuwied 1984
S.208 Ernst Jandl, *Lichtung*, in: E. Jandl, *Laut und Luise*, Philipp Reclam jun. Verlag, Stuttgart 1986
 Ernst Jandl, *das sprechgedicht*, in: E. Jandl, *Laut und Luise*, Philipp Reclam jun. Verlag, Stuttgart 1986
S.209 Eugen Gomringer, *konstellationen constellations constelaciones*, in: E. Gomringer, *Konstellationen, Ideogramme, Stundenbuch,*, Philipp Reclam jun. Verlag, Stuttgart 1977
S.209 Ror Wolf, *Die heiße Luft der Spiele*, Suhrkamp Verlag, Frankfurt a.M. 1980
S.210 Peter Handke, *Kaspar*, Suhrkamp Verlag, Frankfurt a.M. 1968
S.210-211 Peter Handke, *Wunschloses Unglück*, Suhrkamp Verlag, Frankfurt a.M. 1974
S.212 Thomas Bernhard, *Der Diktator,* in: Th. Bernhard, *Ereignisse*, Suhrkamp Verlag, Frankfurt a.M. 1991
S.213 Botho Strauß, *In Gesellschaft*, in: B. Strauß, *Groß und klein*, Carl Hanser Verlag, München/Wien 1980
S.214-215 Otfried Preußler, *Krabat*, dtv, München 1982
S.216 Gabriele Wohmann, *Der Flötenton*, Luchterhand Verlag, Darmstadt 1987
S.217 Christine Brückner, *Wenn du geredet hättest, Desdemona*, Verlag Hoffmann und Campe, Hamburg 1983
S.218-219 Elfriede Jelinek, *Die Liebhaberinnen*, Rowohlt Verlag, Reinbek bei Hamburg 1989
S.219 Friederike Roth, *Wandlung*, in: F. Roth, *Schattige Gärten*, Suhrkamp Verlag, Frankfurt a.M. 1987
S.221 Sten Nadolny, *Die Entdeckung der Langsamkeit*, R. Piper & Co. Verlag, München 1987
S.223 Patrick Süskind, *Das Parfum*, Diogenes Verlag, Zürich 1985

Kapitel 10
S.226 Thomas Rosenlöcher, *Die verkauften Pflastersteine*, Suhrkamp Verlag, Frankfurt a.M. 1990
S.226-227 Friedrich Christian Delius, *Die Birnen von Ribbek*, Rowohlt Verlag, Reinbek bei Hamburg 1991
S.227 Barbara Köhler, *Endstelle*, in: B. Köhler, *Deutsches Roulette*, Suhrkamp Verlag, Frankfurt a.M. 1992